Amazônia *na* encruzilhada

Míriam Leitão

Amazônia na encruzilhada

O poder da destruição e o tempo das possibilidades

Preparação
Kathia Ferreira

Revisão
Eduardo Carneiro
Jean Marcel Montassier

Design de capa e projeto gráfico
Angelo Bottino

Foto de capa
Anna Carolina Negri

Reportagem
Álvaro Gribel
Cláudio Renato

CIP-BRASIL. CATALOGAÇÃO NA PUBLICAÇÃO
SINDICATO NACIONAL DOS EDITORES DE LIVROS, RJ

L549a
Leitão, Míriam, 1953-
Amazônia na encruzilhada : o poder da destruição e o tempo das possibilidades / Míriam Leitão. - 1. ed. - Rio de Janeiro : Intrínseca, 2023.

Inclui bibliografia e índice
ISBN 978-65-5560-620-1

1. Desmatamento - Amazônia. 2. Desmatamento - Aspectos ambientais - Amazônia. 3. Florestas - Conservação - Amazônia. 4. Políticas públicas - Amazônia. I. Título.

23-85197 CDD: 333.7509811
CDU: 630*4(811)

Gabriela Faray Ferreira Lopes - Bibliotecária - CRB-7/6643
21/07/2023 26/07/2023

Editora Intrínseca Ltda.
Av. das Américas, 500, bloco 12, sala 303
Barra da Tijuca, Rio de Janeiro – RJ
CEP 22640-904
Tel./Fax: (21) 3206-7400
www.intrinseca.com.br

Aos que lutam pela Amazônia,
aos que por ela deram a vida,
dedico este livro.

“O desaparecimento de uma floresta tropical
é uma tragédia cujas proporções
ultrapassam a compreensão ou a concepção humanas.”
— ***Warren* Dean**, *A ferro e fogo*

1 *A floresta*

2 O Plano *Real do* desmatamento

3 *A encruzilhada*

4 **Os primeiros *povos***

5 **Os crimes *amazônicos***

6 **Os caminhos da *economia***

1 *A* floresta

No chão incerto da *floresta úmida*

Quem anda na Amazônia pode ter os pés emaranhados nos cipós, ou pode afundá-los no chão incerto da floresta úmida. Não bastará ao caminhante olhar para o solo a fim de evitar os perigos, porque eles podem estar ao lado ou acima. Só é seguro caminhar pela Amazônia se os olhos estiverem percorrendo todos os pontos ao mesmo tempo. Às vezes, nem essa visão minuciosa do terreno é suficiente, porque em grande parte do trajeto não haverá caminho, ele precisará ser inventado, ou a distância terá que ser vencida pela água. Quem anda pela floresta de terra firme, quem cruza seus campos, navega seus rios, atravessa seus igapós, desliza de barco entre as copas das árvores durante a cheia fica diante de uma diversidade de dimensão incompreensível. Por isso a única atitude perante essa exuberância é a humildade. A humildade acalma porque ela sabe o que não sabe.

Em anos recentes ficou evidente que temos à nossa frente dois caminhos. Sempre houve essa encruzilhada, mas é como se o Brasil tivesse se aproximado mais do ponto da bifurcação em que, se persistirmos no erro, poderá não haver volta. Quem viu alguma entrevista do conhecido climatologista Carlos Nobre, copresidente do Painel Científico da Amazônia, já entendeu que a floresta está perto do ponto de não retorno. Ele faz essa afirmação com base em sólidos estudos científicos que vêm sendo sempre refeitos e confirmados. O mundo também está no momento mais dramático de escolha sobre a vida humana no planeta. Na nossa Amazônia é travada uma batalha crucial em torno dessa decisão de vida. A Terra sem a Amazônia pode ficar inviável para os bilhões de humanos. Em conversa com cientistas ao longo das últimas duas décadas, fiquei profundamente convencida disso. Os anos recentes mostraram como estão certas as pessoas que dizem que a Amazônia nos coloca e nos tira do mundo. Essa é a encruzilhada.

Como repórter e comentarista da área econômica, o que tenho sido ao longo da vida, vi a questão ambiental e climática invadir a lógica econômica, e a economia chegar, aos poucos, aos debates ambientais quando essas conexões ainda não eram tão evidentes. Por isso quero falar sobre esse ponto de encontro, onde há muito tempo espero a conciliação.

Este livro conta a história de como o Brasil teve sucesso durante dez anos no combate ao desmatamento e depois passou a regredir. De como opera o crime na Amazônia e de que forma reagem as várias forças policiais, o Ministério Público Federal (MPF) e os órgãos ambientais. De como foi possível ao país "ver" a Amazônia, com a ajuda da tecnologia de satélites e de comunicação. A maioria das empresas hoje garante ter uma agenda de boas práticas na área ambiental, mas poucas vozes empresariais se levantaram quando houve, por quatro anos seguidos, uma aceleração deliberada do projeto de destruição.

Tento trazer também o que nos contam os líderes indígenas sobre este tempo da História em que eles assumiram um papel de liderança na defesa do maior patrimônio nacional; o que nos alertam os cientistas; o que calculam os economistas que incorporaram a variável climática em suas equações; o que avisam os que nasceram e vivem no solo da Amazônia e querem acesso a bens, renda e ascensão social. No encontro do capital com a floresta, da ciência com os indígenas, do ambientalismo com os produtores, há muita novidade, há muita vida. E foi isso que eu fui buscar para contar aos leitores.

O livro foi escrito entre o governo de Jair Bolsonaro e o começo do governo Lula. Olhei para trás em busca de razões de otimismo nas travessias já feitas pelo país. Quando o assunto é a preservação da Amazônia ou o avanço da tecnologia de monitoramento, o passado oferece lições preciosas. Em muitos dos momentos em que me sentei diante do computador para escrever, o tempo presente era horrendo. Como eu tinha a visão da jornada, pude dizer para mim mesma que seguisse em frente porque aquele era o pior trecho da estrada, mas não o fim do caminho. A vitória do presidente Lula nas eleições de 2022 trouxe um paradoxo. Ao mesmo tempo que Lula mostrava desde o começo da campanha um forte compromisso com a agenda de proteção da floresta, revelava-se a profundidade da crise ambiental que o governo de Bolsonaro produzia.

Os obstáculos mudaram de patamar e parecem, às vezes, intransponíveis. Uma querida, sábia e experiente amiga me deu, porém, um conselho em relação a este livro: "Fale do tamanho do problema, mas não se esqueça de falar do tamanho das possibilidades." O futuro vem sendo tecido aos poucos há muito tempo. Como em qualquer das sagas brasileiras, essa também tem raízes profundas. Sempre houve quem quisesse fazer o certo em relação ao meio ambiente brasileiro e, nos anos da nossa democracia, vários momentos demarcaram essa caminhada em direção à proteção da Amazônia. Aqui vamos visitar esses marcos espalhados ao longo do tempo para traçar o fio que nos conduz à época atual. Houve, como em qualquer caminhada, idas e vindas, avanços e derrotas. Mas a direção já foi dada. A História se escreve por uma série de encontros fortuitos que tecem uma escolha. Este é o melhor tempo de reafirmarmos nosso pacto pela proteção do patrimônio natural.

Se existe um lugar em que a pessoa pode se perder é na Amazônia. Por isso quem escreve um livro sobre o assunto deve saber o que precisa levar na bagagem, com quem vai e aonde quer chegar. No início da pandemia de covid-19, em 2020, quando essa doença ainda era definida como surto de "um novo coronavírus", preparei minha viagem, que, dessa vez, teria de começar a ser feita pelos meios eletrônicos. Assim, abri as janelas das plataformas digitais para as entrevistas de que precisava. Estudar a Amazônia, entrevistar especialistas, tentar mais uma vez compreendê-la por ângulos diversos foi a forma como me resgatei do confinamento.

A sensação que eu tinha era de haver algo maior para onde se pode ir quando o corpo está prisioneiro por imposição de um risco externo. Minha cabeça ficou solta por aí e eu fui atrás dos olhos e da sabedoria dos que estudam, vivem e protegem a Amazônia. Houve uma hora na preparação do livro em que pude voltar fisicamente à região, mas no início havia esta contradição: o vírus, invisível e mortal, me prendia, mas pensar na Amazônia me libertava. Devo muito a este livro, porque ele me pegou pela mão no meio do labirinto pandêmico e num tempo politicamente distópico.

Convivi com dois sentimentos opostos ao escrevê-lo. Os dois pelo mesmo motivo: eu estava diante da Amazônia, a maior floresta tropical do mundo, o maior reservatório de água doce, o maior patrimônio de biodiversidade do planeta, o mais completo dos ecossistemas da Terra, um bioma que é, em si, uma coleção de biomas. Sou jornalista há meio século. Conheço a euforia que sentimos quando estamos na pauta certa. Conheço também o desconforto de estar fazendo uma reportagem que não termina. A Amazônia é inquietante pelos dois motivos. É a pauta certa e é tema inesgotável.

Nada é igual nas muitas *Amazônias*

O Brasil tem a maior parte da maior floresta tropical do mundo. Isso é mais do que temos entendido. A Pan-Amazônia se espalha por 7,8 milhões de km^2 em nove países da América do Sul. O Brasil tem cerca de 60% de toda essa riqueza. O país que vem logo depois na distribuição desse patrimônio é o Peru, com 13%, em seguida, a Colômbia com 10%. Se olharmos todas as florestas tropicais do planeta, a conta também é assombrosa. Em segundo lugar como detentor de floresta tropical está a República Democrática do Congo, na África Central. A nossa cobertura vegetal é quatro vezes maior do que a deles. Somos os mais afortunados e os maiores responsáveis por um bioma exuberante cuja proteção — ou destruição — tem o poder de definir o destino do planeta. Essa magnitude impõe aos brasileiros a nossa hora da verdade. Queremos ser parte da destruição da possibilidade de vida humana na Terra ou vamos entender a imensidão do nosso privilégio?

A Amazônia tem o maior estoque genético do planeta, a maior bacia hidrográfica do mundo, é o mais decisivo regulador do clima. Sua existência é a garantia de que chova em outras partes do Brasil e de que o próprio país seja habitável. Ela é enorme, mas é também imenso o precipício que se abre diante de nós se continuarmos essa demolição constante.

A Amazônia nunca foi desabitada, os ancestrais dos atuais indígenas chegaram a contar com populações muito mais numerosas do que sabíamos, eles manejaram a floresta, domesticaram alimentos que até hoje pessoas de diversos países consomem. É estranho falar em domesticar um ser vegetal, mas esta é a expressão dos especialistas para definir o processo de mudança de espécies rústicas, por vezes venenosas, em plantas próprias para o consumo humano. Tudo parece ser estimulante e novo quando nos debruçamos sobre a Amazônia sem as visões preconcebidas do passado e sem as certezas vãs que fizeram o Brasil errar tanto.

Nos últimos anos, tudo sobre a Amazônia tem sido repensado, inclusive seu passado. Ele é mais antigo e interessante do que o que foi ensinado para a minha geração. A História da Amazônia começou há muito mais tempo do que temos em mente. Há quantos milênios os humanos estão na floresta? Os estudos e as escavações continuam, mas, segundo o arqueólogo Eduardo Góes Neves, professor da Universidade de São Paulo (USP) e autor do livro *Arqueologia da Amazônia*, a ocupação humana na Amazônia se iniciou há pelo menos 11 mil anos e é possível que seja ainda mais antiga.

Os indígenas existem porque a floresta existe e porque fizeram com ela uma completa simbiose desde a História Antiga. Nos últimos anos, sábios de vários povos sentaram-se com os cientistas para conversar, em pé de igualdade, sobre a ciência e os saberes tradicionais. Líderes negociaram com os formuladores de políticas públicas. Falaram com o país através das modernas tecnologias de comunicação. Está mudando o olhar dos brasileiros não indígenas sobre os povos originários. Antes, os que defendiam sua proteção os viam como uma relíquia e tinham, em geral, uma atitude benemerente e paternalista. Os que não entendiam o privilégio de tê-los, participaram de seu genocídio. O novo encontro começa com o respeito. Hoje eles são interlocutores indispensáveis na grande mesa em que precisamos discutir o futuro do Brasil. Há diversos estágios de relacionamento dos povos originários com a sociedade não indígena, por isso não é possível generalizar. Há povos que permanecem em isolamento voluntário e há os que participam da sociedade brasileira como professores, líderes, políticos, mantendo as respectivas identidade e cultura.

Os conceitos de Amazônia se confundem, porque pode se estar falando da Amazônia Legal, do bioma amazônico no Brasil ou da Pan-Amazônia sul-americana. A Amazônia Legal brasileira tem 5 milhões de km² que representam 59% do Brasil, mas essa é apenas uma definição político-administrativa. Inclui todos os estados do Norte e parte do Maranhão, que fica no Nordeste, e de Mato Grosso, que pertence ao Centro-Oeste. O bioma amazônico é menor e se refere à floresta. Está presente em nove estados: Acre, Amapá, Roraima, Rondônia, Amazonas, Pará e parte do Maranhão, Tocantins e Mato Grosso. Corresponde a 48% do território brasileiro, tem 4,2 milhões de km² em florestas e rede hidrográfica tão imensa que 81% dos recursos hídricos brasileiros estão na região. A Amazônia não é só nossa, como se sabe. Quando se fala da Pan-Amazônia, a referência é ao bioma presente também no Peru, Colômbia, Venezuela, Equador, Bolívia, Guiana, Suriname e Guiana Francesa. Mas a maior parte da floresta é brasileira e nesse vasto verde mora muita gente. A demografia regional vem mudando muito, a população era de 8,2 milhões em 1972 e passou para 28 milhões de pessoas em 2020, só na parte brasileira.

Nem tudo é floresta na Amazônia. Há a Amazônia urbana e também a Amazônia desmatada, que se estende por 86 milhões de hectares, 21% da região. Há muitas florestas na floresta. Há campos e regiões de árvores gigantes, há terra firme e áreas em que as águas engolem as árvores nas cheias e as devolvem na seca, formando praias de areia branca. Existem muitas diferentes Amazônias: a floresta de terra firme, que é a maior parte da região; a floresta de igapós de terras alagadas por água preta; a floresta de várzea também alagada, mas por rios de água branca ou barrenta.

Uma das belezas da Amazônia é ser esse reino dos rios coloridos. Os rios Amazonas, Purus, Madeira e Juruá são definidos como de águas barrentas, com alta taxa de sedimentos. Os rios de águas claras são transparentes, esverdeados às vezes, e três exemplos são Xingu, Tapajós e Trombetas. Os rios de águas pretas, que formam os igapós, são o Negro e o Urubu. Quando eles se reúnem sem se misturar imediatamente parece pura magia. É o que se pode ver, por exemplo, no encontro das águas do Solimões e do Negro, perto de Manaus, a partir do qual o maior rio do mundo encontra seu nome definitivo: Amazonas. Mas tudo isso junto não é capaz de explicar completamente os muitos ecossistemas dentro da mesma floresta. Há até campos abertos, como savanas, que são partes do mesmo bioma. Em cada região em que aparecem esses espaços abertos, não de desmatamento, mas de campos naturais, existem espécies próprias e endêmicas.

Quem nunca ouviu falar que o solo da Amazônia é arenoso e pobre? Quem nunca se espantou ao ver o tamanho das árvores e a explosão de vida na Amazônia? Um hectare, o que equivale a 10 mil m^2 de terra, pode ter 480 espécies de árvore. A explicação é que há um delicado equilíbrio entre a floresta e seu solo. A própria floresta enriquece a terra que a abriga. É um sistema que se mantém tirando vida da própria vida, alimentando-se da biomassa que deposita no solo, da serrapilheira com que protege a terra. A Amazônia é autossustentável. Vive dela mesma.

Mas onde ela começa? O geógrafo e ambientalista Aziz Ab'Saber, falecido em 2012, descreveu assim no ensaio "Bases para o estudo dos ecossistemas da Amazônia brasileira": "Para quem faz pesquisas nos confins de Mato Grosso, no extremo norte de Tocantins, é fácil saber onde começa a Amazônia. Quando as florestas deixam de ser apenas galerias amarradas ao fundo aluvial dos vales; quando as matas sobem e fecham as vertentes e interflúvios das colinas onduladas, onde antes, para o sul, o sudeste e o leste existiam extensos cerrados; ou, ainda, quando cerrados e matas secas cedem lugar para intermináveis florestas de 'terra firme': aí começa a Amazônia."

A história dos estudos sobre a diversidade amazônica sempre leva a Alexander von Humboldt, brilhante naturalista que viajou pelas Américas no século XVIII, e a Carl Friedrich von Martius, naturalista alemão que, entre 1817 e 1820, fez expedições científicas pelo Brasil. Os dois nos legaram um vasto conhecimento de espécies e da natureza da Amazônia. No caso de Humboldt, além de tudo o que ele deixou de registros da descrição científica da Amazônia, ficaram também seus conceitos pioneiros sobre a relação entre as florestas, a temperatura e os recursos hídricos. "Quando as florestas são destruídas, como o são em toda a parte na América, por obra dos plantadores europeus, com uma precipitação imprudente, as fontes de água secam por completo ou se tornam menos abundantes", escreveu em um de seus estudos, acrescentando que é essa também a causa de outro fenômeno extremo, as tragédias das grandes enxurradas. Sua biógrafa, Andrea Wulf, entende que a descrição feita por Humboldt de como a humanidade, através do desmatamento, estava alterando o clima, torna-o o pai do moderno ambientalismo.

Há outras paradas obrigatórias para se entender o que é a floresta do ponto de vista biológico e botânico, como o Museu Paraense Emílio Goeldi, em Belém, fundado em 1866, e o Instituto Nacional de Pesquisas da Amazônia (Inpa), em Manaus, criado em 1952. O museu e o instituto estão com muitas e novas pesquisas em andamento. Serão sempre referências. E o Museu da Amazônia (Musa), criado em 2009, dentro do Inpa, já tem um acervo valioso. A trilha da ciência na Amazônia é tão relevante, pelo que ela já fez por todo o país, que se eu enveredasse por aí escreveria outro livro. O que eu quero neste livro-reportagem é relatar o que vi nas matérias que fiz para televisão ou jornal, o que me disseram entrevistados nas conversas conduzidas especialmente para o livro, o que aprendi nos textos que estudei, o que sinto, o que pressinto. Quero também compartilhar, com quem por aqui passar, que é impossível entender essa diversidade exuberante.

A Amazônia é a geografia onde as certezas se desfazem. Ficam as dúvidas, permanece o deslumbramento. A floresta é arrebatadora para quem se posta diante dela, humilde e ouvinte, tentando entender o que ela nos fala neste momento da nossa História. A floresta vem de muito longe e vem sendo trazida até nós, desde tempos ancestrais, pelas mãos de quem cuidou dela. Agora, a floresta e nós estamos diante do mundo como solução ou ameaça. Não é exagero, não é ufanismo. Todos os que estudam o tema dizem que a Amazônia está no centro da sobrevivência da vida humana na Terra.

O jornalista não é especialista em coisa alguma, e quando pensa que é, começa a enfraquecer a sua própria função na sociedade. Cada jornalista escolhe uma área de maior interesse e dedicação, como fiz com a economia, mas, se não vê o todo, fecha-se no gueto e fala apenas para uma parte das pessoas, desliga-se das conexões, fica prisioneiro, ou prisioneira, de uma única lógica, se isola. Somos o meio do caminho, o canal de diálogo, a rede que liga fios que saem de pontos diferentes. E é com essa noção de fazer parte de uma conversa que o país está tendo consigo mesmo, neste ponto crucial da nossa História, que eu escrevi este livro.

Rios que voam, árvores que *transpiram, água que* inunda o mar

Foi preciso ler várias vezes a mesma frase para entender, e ainda assim é difícil alcançar toda a grandeza que ela enuncia. No site The Amazon We Want, uma das iniciativas de proteção da Amazônia, na qual está envolvido o professor Carlos Nobre, que é pesquisador do Instituto de Estudos Avançados da USP, está escrito que em dois "acres" (o equivalente a menos de um hectare) de floresta amazônica há mais variedade de árvores do que em toda a América do Norte. Eu tinha ido ao site após manter uma primeira conversa com Carlos Nobre para este livro, mas abri a segunda conversa perguntando:

— Entendi bem? Em menos de um hectare na Amazônia há mais espécies de árvore do que em toda a América do Norte?

— Sim. E mais do que em toda a Europa — respondeu Nobre.

Existem mais espécies de peixe na Bacia Amazônica do que em todo o Oceano Atlântico. Há mais água na Bacia Amazônica do que em qualquer outra do planeta. Há mais diversidade no Brasil do que em qualquer outro país do mundo. As palavras que temos que usar quando falamos de Amazônia e de Brasil são: mais e maior. Tudo é superlativo. Não à toa, uma das ideias de Nobre é conhecer a Amazônia no sentido científico do termo, por meio da implantação na região de uma espécie de Massachusetts Institute of Technology (MIT), a famosa universidade americana onde ele estudou, mas inspirada, em parte, no Instituto Tecnológico de Aeronáutica (ITA), onde ele também estudou. Seria o AMIT.

Outra informação que me espanta, e que está em diversos textos sobre a Amazônia, registro aqui nas palavras do arqueólogo Eduardo Góes Neves em *Arqueologia da Amazônia*: "O rio Amazonas despeja em média 200 mil m^3 por segundo de água e sedimentos no Oceano Atlântico, o que representa quase um quinto do total de água doce despejada nos oceanos e mares por todos os rios da Terra." O ambientalista e gestor público João Paulo Capobianco, em seu livro *Amazônia, uma década de esperança*, escreve assim sobre essa fantástica fábrica de água, referindo-se não apenas aos rios, mas também às árvores: "Sua massa florestal libera algo em torno de 20 bilhões de toneladas de água diariamente para a atmosfera, via evapotranspiração, e seus rios descarregam, através do rio Amazonas, cerca de 17 bilhões de toneladas de água por dia no Oceano Atlântico, 20% de toda a água doce que é despejada nos oceanos pelos rios existentes no globo terrestre."

Pensem bem: nas nossas terras corre um rio que, sozinho, entrega ao oceano quase 20% de toda a água que os rios todos do mundo despejam em todos os mares. É incrível, é maravilhoso. Nenhum livro sobre a Amazônia esgota a dimensão dos muitos temas que se abrem quando se está diante da floresta. Há um mar de informação nessa biblioteca inesgotável, na qual podemos nos perder, ficar confusos numa encruzilhada ou encontrar a saída do labirinto.

Beto Veríssimo, do Instituto do Homem e Meio Ambiente da Amazônia (Imazon), é um engenheiro agrônomo e ecólogo paraibano que se estabeleceu em Belém e lá instalou seu campo de trabalho e estudo. O Imazon é um instituto que sempre atuou na Amazônia qualificando o debate, fazendo o monitoramento do desmatamento e construindo redes. Beto é indispensável em qualquer conversa sobre a floresta. Na primeira entrevista para este livro, ele tentou uma metáfora para explicar a sensação de quem se debruça sobre a Amazônia. Seria como estar diante de "um hipotético cinema com 100 salas de projeção, cada uma com um roteiro diferente". Depois admitiu que a analogia não dava conta da imensidão da tarefa:

— Há um ecólogo, Simon Levin, que diz que para ele não existe nada mais complexo do que uma floresta tropical. Mandar o homem à Lua foi simples, perto da complexidade da floresta tropical. Toda tentativa de "conquistar" a Amazônia foi a busca inútil de domesticar o ambiente que não entendemos. A gente vai entendendo o valor dela aos poucos, e todas as vezes que estudamos um pouco mais descobrimos que ela tem mais valor do que achávamos antes. Só isso já deveria ser suficiente justificativa estratégica para não a destruir. Esse é o ponto de partida.

Simon Levin, que dirige o Centro de BioComplexidade de Princeton, nos Estados Unidos, é um dos maiores ecólogos do mundo. O que Beto Veríssimo está dizendo é que Levin considera que a floresta tropical é a maior das complexidades. Numa conversa em Belém, quando o engenheiro florestal Tasso Azevedo, do MapBiomas, me falava sobre todos os reflexos da floresta na vida brasileira, para ser mais claro ele decidiu usar uma categoria da qual os militares gostam:

— Proteger a Amazônia é questão de segurança nacional. A segurança energética depende de haver água para as hidrelétricas. A segurança alimentar depende da capacidade de cultivo em todos os biomas e isso é regulado pela umidade que sai da Amazônia. Em caso de escassez hídrica, sobem os preços da energia e dos alimentos e, portanto, a segurança econômica do país fica afetada. Proteger a Amazônia deveria ser uma obsessão nacional.

Tasso ainda abordou a irracionalidade da destruição de outra forma:

— Digamos que você tenha um tesouro, mas que você não conheça todo o valor desse tesouro. O Brasil descobre duas espécies novas na Amazônia por semana, por outro lado, duas espécies se extinguem sem serem conhecidas, por semana. Tudo o que se usa na medicina, todas as bases fundantes da medicina são baseadas em espécies que existem na natureza. O Brasil está perdendo um tesouro que nem sequer conhece.

O escritor Warren Dean, autor do clássico *A ferro e fogo: a história e a devastação da Mata Atlântica brasileira*, escreveu que, "comparadas com a impressionante produtividade, abundância e variedade das florestas tropicais da América do Sul, nem a América do Norte nem a Europa jamais possuíram uma história tão maravilhosa para contar". Ele explica que o clima no Hemisfério Norte "desestimula a novidade e o experimento evolutivos" e, por isso, diz que as florestas de lá "se amontoam em tímida uniformidade, vastas formações com umas 20 árvores diferentes, ou uma dúzia, ou apenas uma única". Esse trecho me lembra um passeio que fiz com meu marido por 11 quilômetros no Parque Algonquin, no Canadá. Rimos daquela monotonia vegetal de coníferas e *maple trees*, comparando-a mentalmente com a exuberância explosiva que vimos numa viagem que tínhamos feito um pouco antes à Amazônia.

A obra de Warren Dean, de onde tirei a epígrafe deste livro, é um clássico inigualável da história florestal e nos dá a dimensão da preciosidade que temos. Diz ele no livro: "A destruição dessas florestas é irreversível, no âmbito de qualquer escala temporal humana. Quando a floresta tropical é destruída, a perda em termos de diversidade, complexidade, originalidade não é apenas maior do que a de outros ecossistemas: é incalculável." Ele narra a destruição da Mata Atlântica, bioma que hoje, graças à luta de tantos, vai se mantendo com 12% do que foi um dia. O leitor de *A ferro e fogo* é assaltado várias vezes pela angústia diante da semelhança com o que acontece na Amazônia. Pelo fato de já sabermos o final daquela história, ela é um alerta para que não se repita o mesmo erro. "O último serviço que a Mata Atlântica pode prestar, de modo trágico e desesperado, é demonstrar todas as terríveis consequências da destruição do seu imenso vizinho do oeste", escreveu Dean.

O imenso vizinho do oeste é maior do que podemos entender. Por isso tomo emprestada do autor a palavra "incalculável" como medida da sua riqueza, diversidade e importância para o Brasil e o mundo. Qualquer pessoa que, por atos ou palavras, por ação ou omissão, atente contra a Amazônia estará cometendo não apenas um crime de lesa-pátria, mas também um crime contra a humanidade.

Beto Veríssimo, do Imazon, alerta para uma tragédia previsível:

— A Amazônia é resiliente, sobreviveu a muitas coisas, mas talvez venha a sucumbir agora. Na relação com os humanos, ela é uma floresta que convive, sempre teve muita gente vivendo nela. A Amazônia nunca foi um vazio demográfico. Ela não é frágil, ela sempre foi mexida pelos povos indígenas. No entanto, está agora diante da sua maior ameaça, a mudança climática e a ação do ser humano.

A maior ameaça em quanto tempo? No tempo de nossas vidas? Na História do Brasil? Não. Muito mais.

— As florestas tropicais têm 50 milhões de anos — explica Beto Veríssimo. — Houve um período na história geológica em que o mundo era uma grande floresta tropical. As condições foram mudando e elas foram mudando. Sobraram de 7% a 9% da floresta tropical do mundo, e ela vem resistindo a tudo.

Essa foi a herança que recebemos. O maior quinhão da maior riqueza que atravessou milhões de anos. Sem ela, todo o planeta está ameaçado. Sem ela não chove em São Paulo, não há Cerrado, Pantanal. Não há lugar no Brasil longe da Amazônia, porque de lá saem os rios voadores que provocarão a chuva e a fertilidade não só no país, mas também no restante do mundo. Carlos Nobre explica o princípio:

— Há uma evolução geológica e biológica que dá uma característica única à Amazônia. Em milhões de anos os Andes surgiram e se elevaram ali na Bolívia até 4 quilômetros de altura. E modificaram muito a circulação atmosférica. Os ventos que vêm do Atlântico Norte, os chamados ventos alísios, entram na Bacia Amazônica mas não saem para o Pacífico. Uma boa parte do vento vem para o Sul e carrega bastante umidade. Se não fosse isso, haveria menos chuva no Sul do Brasil, no Sudeste da América do Sul, no Centro-Leste da Argentina. Outro fator é que a Amazônia recicla muito eficazmente o vapor de água. Chove, a água vai para o solo, as raízes puxam essa água, vai para a folha, transpira e evapora.

Essa transpiração da floresta, esse vapor, é a umidade que o vento carrega. Rio voador é uma imagem fascinante. Imagine aquele tapete de água sobre nós. Eu já ouvira falar do fenômeno, mas, em julho de 2009, numa reunião da Sociedade Brasileira para o Progresso da Ciência (SBPC), em Manaus, pedi a vários cientistas que me explicassem melhor isso. Contei o que eles me disseram em duas colunas no jornal *O Globo*. Era abstrato demais e muito concreto. Um dia ficou visível em fotos de Sebastião Salgado na exposição *Amazônia*, que rodou o mundo em 2022.

Nesses blocos de umidade que se formam sobre a Amazônia, nem todo vapor de água será chuva, por isso os cientistas falam em umidade precipitável. Diante de um mapa-múndi, o doutor em Ciências Atmosféricas Pedro Leite da Silva Dias, da USP, explicou, naquele seminário da SBPC, que sobre três regiões do mundo se formam imensas massas de umidade: Amazônia, África e Indonésia. Essa água em estado gasoso é transportada para outras regiões do globo terrestre e é responsável em grande parte pelas chuvas do mundo. Como se dá essa formação de massas úmidas e como são transportadas? De onde exatamente vêm? Os cientistas estão estudando isso há anos.

Já no fim dos anos 1970, o físico Eneas Salati, falecido em 2022, e que era professor titular de Física e Meteorologia na Escola Superior de Agricultura da USP, fez modelos para ajudar a encontrar a resposta. Em 1985, uma parceria entre a Nasa e o Instituto Nacional de Pesquisas Espaciais (Inpe), aprofundou os estudos dos Jatos de Baixo Nível (JBNs), batizados com o feliz nome de “rios voadores”. A nova e complexa metodologia de pesquisa foi explicada pelo professor Marcelo Moreira, também da USP, numa aula tão técnica, naquela reunião da SBPC em 2009, que achei os economistas seres simples e o economês, língua corrente. O desafio da pesquisa é captar no ar o vapor de água e condensá-lo, para estudar fisicamente as gotas.

— Precisamos conversar com as moléculas, perguntar de onde elas vêm — explicou-me, naquele dia, Pedro Leite Dias. — Elas têm características diferentes, dependendo da origem.

Mas quem iria pegar gotas no ar para fazer essas perguntas? Quem seria o louco? Foi quando entrou em cena o suíço Gerard Moss. Morando havia décadas no Brasil, apaixonado por rios e florestas, Moss fora empresário e passara a voar pela ciência. Seu avião parecia um laboratório. Ao lado do piloto ficava uma engrenagem que lembrava uma coleção de grandes tubos de ensaio. Sua missão, a cada decolagem, explicou, era capturar a umidade externa, que depois seria condensada nos tubos e guardada em miúdas gotas que seriam estudadas. Elas trazem consigo uma informação preciosa: dizem onde nascem as chuvas. Elas nascem na terra, no céu, nos rios, nos oceanos e debaixo da terra, e as árvores da Amazônia possuem um papel essencial nesse complicado processo. Uma grande árvore consegue evaporar até 300 litros num dia. A floresta é inigualável na capacidade de concentrar umidade no ar. Os ventos empurram essas massas de vapor de água, que são imensas, comparáveis a rios.

Enquanto ouvia os cientistas e Gerard Moss na SBPC, não pensava em nada mais. Fascinada, acompanhava as explicações nas salas da Universidade Federal do Amazonas (Ufam). Já havia lido sobre aqueles rios que voam — e nos anos seguintes a expressão se popularizaria —, mas nada como ouvir de perto sobre os estudos que tentam desvendar mais um dos mistérios da Amazônia. Quanto da nossa chuva devemos à floresta?

— Um dos dados captados pela pesquisa é que a vazão de um dos rios voadores que estudamos, indo da Amazônia para a área mais degradada de São Paulo, foi de 3,2 mil m^3 por segundo — me disse Moss na ocasião. — Esse volume de água é 27 vezes o do rio Tietê, é maior que o do São Francisco. Não é perene. Nem tudo será chuva. Por isso se diz que é vapor de água precipitável. Mas é água passando lá em cima.

Ele chegou ao painel sobre rios voadores, na SBPC, avisando aos alunos e professores presentes que não era cientista e contando que já foi até acusado de vulgarizar a ciência, mas enfatizou que passar informação para a população é fascinante. Ajuda a proteger a Amazônia.

— Para mim, desmatamento não é uma estatística. Eu voo no Brasil há 20 anos e vi a degradação avançando. Sou sentimental, eu sei, mas, se tivéssemos noção do valor da Amazônia, lutaríamos para manter cada árvore em pé.

O Brasil é campeão das chuvas. Aqui chove três vezes mais do que nos Estados Unidos. Desorganizar esse regime de chuvas é o maior risco agora. O desequilíbrio de um sistema delicado e intrincado que cria dependências mútuas — a chuva precisa da floresta, que precisa da chuva, que cai na Amazônia, que vai para o resto do Brasil — é um dos riscos neste momento de mudança climática. O desequilíbrio provocará chuvas extremas concentradas em um ponto e secas prolongadas em outras áreas do país. Já está provocando. Há muitos sinais disso. No fim de março de 2023, Rio Branco, no Acre, estava completamente alagada.

A Amazônia tem a ver diretamente com o clima. Por isso precisa ser estudada: cada fenômeno, cada espécie, cada correlação. Se a floresta for ocupada pela ciência, como propunha a geógrafa Bertha Becker, uma das mais extraordinárias cientistas que o Brasil já teve, teremos muito mais ganhos do que com a predatória ocupação de hoje. Esse valor se perde na motosserra dos madeireiros, com o fogo, que prepara os pastos, com o rebanho, que ocupa os pastos, com a soja e com outras culturas que podem vir depois.

Darei um salto no tempo até 2023 para contar uma boa notícia e falar de outro grande cientista do Brasil, Ennio Candotti. Ele se aposentou na Universidade Federal do Rio de Janeiro (UFRJ), depois de uma carreira brilhante, e foi para Manaus ser diretor-geral do Museu da Amazônia. Em 2023, em uma apresentação on-line num seminário na Pontifícia Universidade Católica do Rio de Janeiro (PUC-Rio), ele espantou a plateia ao mostrar um mapa de uma rede extensa de centros públicos de estudos científicos no interior da Amazônia, presente em 160 municípios. O mapa era revelador por apontar a amplitude e o alcance dessa rede da ciência.

Ao fim do seminário, entrei em contato com Candotti. Fiquei sabendo de uma carta que ele havia enviado ao presidente Lula no início do seu terceiro mandato. Aquela expansão da ciência na Amazônia começara a ser montada pelo próprio Lula. "Nos últimos 20 anos os *campi* das universidades federais e estaduais, da Embrapa e de outros institutos, instalados no interior da Amazônia, se multiplicaram. Eram 20, hoje são mais de 300", disse ele em um trecho da carta. Candotti lembrou na carta a Lula que essa havia sido a diretriz política do seu primeiro governo e que ela já estava dando frutos. E acrescentou que a rede de instituições científicas "empregam centenas de profissionais, graduados, mestres e doutores, que estão formando milhares de jovens, representantes dos povos da floresta".

Voltando a 2009. Naquele encontro da SBPC em Manaus, fui ao Bosque da Ciência, no Inpa. Lá encontramos uma árvore mais velha que o Brasil que conhecemos — uma tanimbuca de uns 600 anos. O tronco traz cavidades, mas ela está viva; quem sabe por ter um tronco assim é que sobreviveu tanto tempo, já que é espécie madeireira. Em algumas épocas do ano ela fica frondosa, em outras, fica com poucas folhas, explicou o cinegrafista da Rede Amazonas. Debaixo dessa tanimbuca entrevistei dois cientistas, o químico Ângelo da Cunha Pinto, da UFRJ, o biólogo Philip Fearnside, do Inpa, e Gerard Moss para um programa na televisão. Fearnside é PhD em Ciências Biológicas e, na época, era o segundo cientista mais citado no mundo quando o tema era aquecimento global. Seu sotaque não nega que é estrangeiro, mas sua história assegura que já é brasileiro. Veio para o Brasil em 1974. Tanto ele quanto Gerard Moss usaram o pronome "nós" quando se referiram aos brasileiros. Eles me disseram que o mais racional é pesquisar a floresta porque da sua biodiversidade exuberante quase nada sabemos. Moss contou um pouco sobre como são feitos os difíceis e dispendiosos voos para se pegar no ar material para o estudo dos rios voadores.

O que vi e ouvi naquela viagem confirmei em outras que fiz depois. O dilema entre agronegócio e Amazônia não existe. Sem a floresta não seríamos o que somos em produção de alimentos. Os produtores que ainda não entenderam isso não sabem do futuro do próprio negócio. Quem cultiva devia pensar bem no que tem sido feito com a Amazônia — as culturas precisam de chuva, de água, e é isso que andam destruindo quando se desmata e queima. Como disseram os professores com dados e ênfase: a floresta presta serviços ambientais ao país e ao mundo. É hoje o tempo de a economia ouvir o que a ciência tem a dizer. Amanhã pode ser muito tarde.

Foi o que escrevi naquela época e publiquei depois no livro *Convém sonhar*, lançado em 2010. Mais de uma década depois, aquelas ideias defendidas pelos cientistas parecem muito mais corretas a muito mais pessoas. Ao mesmo tempo, o ataque à floresta se intensificou. O explorador, aviador, escritor e ambientalista naturalizado brasileiro Gerard Moss morreria cedo, aos 66 anos, em 2022, de complicações do mal de Parkinson. Foi um privilégio vê-lo naquela reunião da SBPC e entrevistá-lo para a minha coluna no *Globo* e um programa na GloboNews. O jornalismo permite o encontro com pessoas assim ao longo de cada trabalho. Com todos os personagens das minhas histórias, reportagens e colunas, com todos os meus entrevistados, tenho dívida impagável.

A Amazônia tem notícias estimulantes. Hoje calcula-se que existam 12 milhões de hectares em recuperação no bioma, segundo um estudo de Paulo Amaral, do Imazon, engenheiro agrônomo e mestre em Manejo Florestal. Não é resultado de um projeto de reflorestamento, é a natureza sozinha que, agredida e abandonada, se refaz com as próprias forças. Como o estado do Rio de Janeiro tem 4,5 milhões de hectares de extensão, pode se dizer que mais de dois Rios de Janeiro estão rebrotando nas áreas desmatadas, diz o engenheiro florestal Tasso Azevedo. Outro dado, do MapBiomas, aponta que 98,9% de todo o desmatamento da Amazônia ocorrido em 2020 tem indícios de ilegalidade.

O antropólogo e primatólogo americano Russell Mittermeier, com décadas de estudo sobre o Brasil, construiu a teoria dos países "megadiversos". Ele comparou 200 países e comprovou que 18 deles continham, sozinhos, dois terços da biodiversidade do mundo. O Brasil é o primeiro dos 18, o campeão no planeta em diversidade biológica. Dois dos biomas mais biodiversos estão no Brasil: a Mata Atlântica e a Amazônia. O Brasil é, segundo Mittermeier, o país mais importante para a primatologia do mundo.

Há muito trabalho a fazer na Amazônia e um deles é dar um destino a terras que são públicas mas estão ao léu, como se de ninguém fossem. São florestas públicas que ainda não se tornaram Unidades de Conservação (UCs). São áreas que foram ocupadas ilegalmente e depois abandonadas. São terras que ainda estão sendo invadidas por grileiros. Se forem somadas todas essas áreas sem destinação, toda a bagunça fundiária da região, chega-se a 143,6 milhões de hectares, um terço da Amazônia.

— Isso é do tamanho da Espanha, da França e da Alemanha juntas — me disse Beto Veríssimo, que adora dar concretude geográfica aos números.

Essa é a dimensão do território em disputa.

Ataque e resistência

Josefa Machado Neves mora numa estrada vicinal do município de São Félix do Xingu, no sul do Pará. A rua não tem nome, chama-se Linha 51. Para ir do Centro da cidade até a casa dela, de balsa e carro, é preciso um par de horas. Magra, baixa, com o cabelo amarrado num coque perto da nuca, cercada de filhos e netos, Josefa lidera, de forma destemida, a luta de mulheres produtoras de polpa de fruta contra grandes fazendeiros locais que espalham agrotóxicos de avião, contaminando e destruindo suas plantações. Josefa e suas companheiras, com quem passei um dia agradável, insistem em produzir em paz com a floresta, respeitando as regras do sistema agroflorestal e da agricultura orgânica.

— Nós peleja para fazer o orgânico — diz ela.

Quando alertei que é perigoso pelejar com poderosos fazendeiros numa terra sem lei, ela deu uma resposta contundente:

— Perigoso é nós ficar desse jeito. Isso é perigoso. Morre nós e a natureza junto. Nós sem a natureza não é nada.

Há muitos amazônidas vivendo essa realidade no seu cotidiano. Depois de uma experiência altamente exitosa entre 2003 e 2012, quando as políticas públicas que se destinavam a manter a Amazônia em pé permitiram a queda de mais de 80% da taxa de desmatamento anual na região, passamos ao extremo oposto. Entre 2013 e 2018, o desmatamento voltou a subir um pouco a cada ano, e não por acaso. O governo Dilma Rousseff havia reduzido o tamanho de áreas de conservação para os projetos de hidrelétricas, e o governo Michel Temer cedeu ao lobby contra a proteção quando propôs, por exemplo, a redução em 26,5% da área da Floresta Nacional do Jamanxim, no sudoeste do Pará, para favorecer grileiros.

Veio então o pesadelo. De 2019 a 2022, o governo Bolsonaro assumiu abertamente o projeto de destruição implantado durante a ditadura militar, quando o governo em campanha publicitária afirmava: "Vamos vencer o inferno verde." Na contabilidade feita pelo Imazon, divulgada no começo de 2023, se comparados os quatro anos de Bolsonaro com os quatro anos anteriores, em que o Brasil havia sido governado por Dilma e Temer, o aumento do desmatamento foi de 150%. A maior destruição em 15 anos. De acordo com o Inpe, foram desmatados 45.586 km². Segundo o Imazon, foram derrubados quase 3 mil campos de futebol por dia de floresta. Conforme o MapBiomas, só em 2022 foram cortadas 21 árvores por segundo na Amazônia.

Bolsonaro estimulou o desmatamento e a grilagem de forma escancarada e permitiu que grupos fora da lei se armassem, fortalecendo as cadeias do crime, o que resultou em morte de indígenas e de quem defende a natureza. O indigenista Bruno Pereira e o jornalista Dom Phillips, mortos em emboscada na Terra Indígena (TI) Vale do Javari, no Amazonas, em 5 de junho de 2022, são dois exemplos desses assassinatos em série que atingiram antes de tudo, e sobretudo, os indígenas como guardiões da floresta que eles são. Em 20 anos, o Brasil passou pela experiência de dois projetos radicalmente opostos: o comprometimento real com a proteção da Amazônia e o radical conluio com o crime. Após viver esses dois polos opostos, o país está diante de uma encruzilhada. Por qual dos dois caminhos pretendemos andar?

Essa pergunta continuará conosco nos próximos anos. No começo do terceiro governo Lula, em 2023, o Brasil se viu diante da chance de retomar seu pacto com a Amazônia, o caminho virtuoso. Mas nada tem sido fácil. A realidade mostra a verdade brutal da proliferação do crime, da morte dos indígenas, dos venenos pulverizados por aeronaves sobre as plantações dos pequenos produtores, das terras não demarcadas de quilombolas e indígenas, das leis aprovadas em Brasília que convalidam a grilagem das terras públicas, da exploração criminosa do ouro que vai do crime mais brutal para os endereços mais elegantes.

Não basta a vitória política, porque tudo ficou mais difícil. Ainda há muitas dúvidas sobre se teremos a persistência e a capacidade necessárias para proteger a Amazônia. Nos próximos anos, em vários momentos o país será testado. Haverá perdas e ganhos, haverá tentativas de conciliar o inconciliável. Teremos que pensar bem antes de cada decisão. Nos últimos anos, as notícias da devastação se sucederam com uma desesperadora repetição. Em janeiro de 2022, primeiro mês do último ano do governo Bolsonaro, os alertas de desmatamento detectados pelo Inpe somaram 430 km², quase quatro vezes o número do ano anterior, que já fora ruim. As notícias trazidas diariamente nos últimos anos eram sempre estas: o Brasil estava cavando cada vez mais fundo o próprio abismo, batendo recordes sucessivos na sua capacidade destruidora.

Faltavam 15 dias para o governo Bolsonaro terminar, quando o *Diário Oficial* publicou a Instrução Normativa (IN) nº 12/22, com a permissão da exploração de madeira em áreas indígenas inclusive por não indígenas. A instrução normativa era mais um boi da infinita boiada, como passaram a ser chamados os atos infralegais com os quais aquela administração atacava o meio ambiente. A expressão "boiada" se popularizou com esse sentido após uma reunião ministerial feita em 22 de abril de 2020 por Bolsonaro, cuja gravação foi liberada no mês seguinte para divulgação pelo Supremo Tribunal Federal (STF). Nessa reunião, em que o então presidente demonstrou querer intervir na Polícia Federal (PF) e na qual defendeu armar a população, o ministro do Meio Ambiente, Ricardo Salles, propôs abertamente o desmonte da proteção ambiental. "Precisa ter um esforço nosso aqui enquanto estamos nesse momento de tranquilidade no aspecto de cobertura de imprensa, porque só se fala de covid, e ir passando a boiada e mudando todo o regramento e simplificando normas", disse ele.

Na época daquela Instrução Normativa de dezembro de 2022, Salles não era mais ministro, mas seu método continuava em ação. O novo absurdo, a 15 dias de terminar o governo, soava mais como provocação. Era assinado pelo presidente da Fundação Nacional dos Povos Indígenas (Funai), Marcelo Xavier, que violentou sistematicamente os direitos dos indígenas e foi indiciado pela Polícia Federal por omissão nas mortes de Dom e Bruno. A instrução normativa era assinada também pelo então presidente do Instituto Brasileiro do Meio Ambiente e dos Recursos Naturais Renováveis (Ibama), Eduardo Bim, que chegou a ser afastado do cargo por decisão judicial sob suspeita de contrabando de madeira.

O Brasil visitou por quatro anos o pior cenário. O tempo foi de resistência diária. No dia 16 de janeiro de 2023, a ministra Sonia Guajajara, nomeada para comandar o recém-criado Ministério dos Povos Indígenas, postou no Twitter: "Revogada a IN 12/22, de Funai e Ibama, que facilitava a exploração de recursos madeireiros em terras indígenas. Este foi um dos últimos atos assinados na gestão Bolsonaro. Nosso compromisso é com a proteção das terras indígenas. Não permitiremos mais retrocessos!" Cada ato revogando os absurdos do governo anterior era comemorado no governo Lula, mas fato é que foram muitos ao longo de quatro anos.

Naquele mesmo 16 de janeiro, o repórter Vinicius Sassine, da *Folha de S.Paulo*, publicou reportagem revelando que, no dia 14 de dezembro de 2022, duas semanas antes de se encerrar a gestão Bolsonaro, o general Augusto Heleno, ministro do Gabinete de Segurança Institucional (GSI), havia autorizado a exploração de ouro numa área de 9,8 mil hectares vizinha à Terra Indígena Yanomami a uma mulher que já havia cumprido pena por tráfico de drogas e sido denunciada pelo Ministério Público Federal por suspeita de receptação de pneus roubados. Para dar uma ideia do tamanho da área concedida, o repórter escreveu que era 60 vezes maior do que o Parque Ibirapuera, na capital paulista. Esses flagrantes do absurdo eram diários no governo Bolsonaro, em vários setores, e foi assim até o fim da sua administração.

O mal avançava também no Legislativo. Houve um dia que merece ser descrito para que permaneça na memória a realidade de que se travou luta em todos os campos. Era 9 de março de 2022. Artistas liderados pelo cantor e compositor Caetano Veloso desembarcaram em Brasília, encontraram-se com líderes indígenas, ambientalistas e inúmeros manifestantes no que foi chamado de Ato pela Terra. Milhares de pessoas ocuparam o espaço em frente ao Congresso, enquanto uma comitiva corria os gabinetes do Legislativo e do Judiciário entregando cópias de uma carta que alertava para a série de medidas que o governo estava conseguindo aprovar na Câmara para facilitar a grilagem, o garimpo ilegal, o avanço sobre terras públicas e a liberação de mais agrotóxicos. A Câmara ouviu depoimentos de indígenas, entre eles o da jovem líder Txai Suruí.

— É um ato pela terra, mas é também um ato pelas nossas vidas mesmo. As vidas dos povos indígenas, que diariamente são ameaçados, que diariamente têm seus territórios invadidos, destruídos — disse Txai, do povo Suruí, de Rondônia.

No final do ano anterior, Txai tinha discursado na 26ª Conferência das Partes da Convenção-Quadro das Nações Unidas sobre Mudança do Clima, a COP26. Ao se dirigir a chefes de Estado do mundo todo, Txai citou como parte das suas dores a morte do amigo Ari Uru-Eu-Wau-Wau. Mais velho do que ela e pai de dois meninos, Ari, um ativista da defesa da floresta, foi assassinado e teve o corpo deixado na beira de uma estrada em Rondônia. Desde a infância Txai conviveu com esse amigo, porque as duas etnias têm estreito contato. Portanto, quando ela disse que era "pelas nossas vidas mesmo", era isso que queria dizer. Falava do corpo na estrada.

Em visita ao STF, o grupo de artistas e ativistas conversou com os ministros. Naquele momento, aquela Corte estava evitando o pior nessa guerra contra a floresta que partia tanto do Executivo quanto do Legislativo. Em seguida, os artistas, os ativistas e as lideranças indígenas foram ao Senado Federal denunciar um conjunto de propostas que tramitava no Congresso, definido como "Pacote da Destruição". Eles entregaram uma carta ao presidente do Senado, Rodrigo Pacheco. Caetano Veloso, emocionado, com a máscara de proteção contra a covid-19 teimando em escorregar no seu rosto, leu um manifesto:

— O país vive hoje a sua maior encruzilhada ambiental desde a redemocratização. O desmatamento saiu do controle, a violência contra os indígenas e outros povos tradicionais aumentou e as proteções sociais e ambientais construídas nos últimos 40 anos vêm sendo solapadas, nossa credibilidade internacional está arrasada, o prejuízo é de todos nós.

Ao final daquele encontro, Caetano cantou "Terra", com acompanhamento da plateia inteira. No mesmo dia ele a cantaria outra vez. A música foi composta por ele durante a ditadura, e nos anos da democracia havia se transformado num verdadeiro hino ambiental. No fim do dia, durante a gigantesca manifestação em frente ao Congresso, Caetano cantou de novo e foi acompanhado pela multidão formada por pessoas de todos os tipos, de todas as idades, de várias regiões do país. As vozes de todos juntos entoavam: "Por mais distante,/ o errante navegante,/ quem jamais te esqueceria?"

Naquela noite, o plenário da Câmara dos Deputados, presidida por Arthur Lira, estava decidido a esquecer a Terra. No sentido inverso ao que se pedia, Lira propôs que tramitasse em regime de urgência o mais nocivo dos projetos antiambientais daquele pacote contra o qual o ato fora convocado, o Projeto de Lei (PL) nº 191. O PL abria as Terras Indígenas a mineração, exploração de petróleo, projetos hidrelétricos e plantação de transgênicos. Se fosse implantado como estava escrito, seria o fim da Terra Indígena como nós a conhecemos. A urgência mudava o ritual de tramitação, suprimia os debates, as audiências públicas, as reuniões nas comissões. Só se justifica esse tipo de tramitação expressa quando há mesmo uma emergência. Aquele projeto havia sido preparado pelo governo Bolsonaro no início de 2020. Na época, eu havia entrevistado o então presidente da Câmara, Rodrigo Maia, e perguntei como ele iria receber o PL nº 191.

— Eu recebo e engaveto, recebo e engaveto — respondeu.

A matéria era extremamente polêmica e não havia andado até aquele dia do Ato pela Terra. Retirá-la da gaveta para tramitar na correria, com o debate silenciado, no exato dia em que tantos pediam pela Terra, era mais uma afronta. Dentro da Câmara, conspirava-se contra as Terras Indígenas e contra a Amazônia. Lá fora, Caetano cantava "Um índio", outra composição sua. "Um índio descerá de uma estrela colorida, brilhante/ De uma estrela que virá numa velocidade estonteante/ E pousará no coração do Hemisfério Sul." O público que ocupava todo o gramado o seguia com o coro: "Virá, virá que eu vi."

Diante de uma plateia emocionada, o cantor baiano chegou aos versos finais: "E aquilo que nesse momento se revelará aos povos/ Surpreenderá a todos não por ser exótico/ Mas pelo fato de poder ter sempre estado oculto/ Quanto terá sido o óbvio." Ao fim da música, líderes indígenas informaram no carro de som que o requerimento de urgência do PL havia sido aprovado. Foi quando então Caetano cantou "Terra" pela última vez naquele dia.

— Uma cena de filme — me relatou meu filho Vladimir, que acompanhara toda a movimentação ao longo das horas.

O painel do plenário mostrou o resultado: 279 votos a favor da urgência, 180 contra e 3 abstenções.

E por que a Câmara fazia, simbolicamente no mesmo instante, no mesmo local, o oposto do que artistas, ambientalistas e indígenas pediam? Era claramente um tapa na cara da sociedade. O lobby do garimpo ilegal na Amazônia dominava o governo. E naquele dia estava dobrando a aposta, na reta final do mandato. Bolsonaro usou a guerra da Rússia contra a Ucrânia como arma e pretexto. Mentiu, como sempre. Disse que a falta de fertilizantes no Brasil, por causa do conflito, tornava urgente a aprovação daquele projeto para se encontrar potássio no país. Até os favoráveis ao projeto sabiam que aquele argumento era falso. Não havia potássio em Terra Indígena. Havia 500 pedidos de estudo relacionados ao mineral na Agência Nacional de Mineração (ANM) e nenhum deles em Terra Indígena. Eles estavam atrás de ouro extraído ilegalmente. Esse era o cotidiano vivido naqueles tempos. A sociedade se organizando para proteger e preservar e a destruição avançando em todas as frentes, inclusive por meio da mudança das leis. Foi um tempo de resistência.

Há boas notícias também. Quando o ataque à Amazônia ficou mais feroz, ampliou-se a coalizão da proteção. O projeto, mesmo com a aprovação da urgência, não chegou a ser votado. Em 31 de março de 2023, o presidente Lula pediu ao Congresso, em uma mensagem publicada no *Diário Oficial*, que o retirasse de tramitação.

O governo Bolsonaro representou a radicalização do modelo de degradação ambiental, que não começou com ele, evidentemente. No sentido inverso, muita gente aprofundou a busca por um modelo sustentável. A rede do crime ganhou força e se sentou em alguns dos mais estratégicos gabinetes de Brasília, inclusive no mais poderoso deles; em contrapartida, a coalizão em torno do meio ambiente criou pontes como nunca antes entre os mais diversos interesses ligados à proteção. Em alguns momentos, a luta pareceu perdida, em outros, o país avançou.

Os indígenas se organizaram em associações para comunicar o que querem e o que pensam e começaram a mostrar ao mundo e ao Brasil que eles têm sido, desde sempre, os guardiões da floresta. No começo do terceiro governo Lula, eles chegaram ao ponto mais elevado de uma longa caminhada. Foi criado o Ministério dos Povos Indígenas e Sonia Guajajara foi nomeada ministra, enquanto a Funai, pela primeira vez, passou a ser presidida por um indígena, aliás, uma mulher, Joênia Wapichana. São ambas lideranças que se consolidaram nos últimos anos, inclusive os mais duros. O Censo de 2010 havia encontrado 860 mil indígenas. O de 2022 encontrou mais de 1,4 milhão de pessoas.

Os *muitos* olhares sobre a *Amazônia*

É animadora a quantidade de iniciativas nos últimos anos unindo especialistas de áreas diferentes para pensar o futuro da Amazônia com objetividade. Não mais a visão mítica do paraíso. Não mais o exótico ou a ideia da selva a ser conquistada. O que se quer é informação sobre o que é a floresta, que modelo de desenvolvimento levará dinheiro e riqueza para as suas populações, principalmente as tradicionais, como protegê-la verdadeiramente. A informação precisa, que vem da pesquisa, da ciência, das dúvidas, sempre foi a melhor arma para qualquer projeto.

Em 1988 a Organização das Nações Unidas (ONU) criou o Painel Intergovernamental sobre Mudanças Climáticas (IPCC), com cientistas do mundo inteiro, que tem feito relatórios mostrando o avanço das evidências da mudança do clima provocada pela ação humana. Inspirado no IPCC foi criado, em 2019, o Scientific Panel of the Amazon (SPA), dedicado exclusivamente a fazer na Amazônia um grande diagnóstico do estado atual da floresta. Há 240 cientistas envolvidos no trabalho e o primeiro relatório foi divulgado em 2021, alertando que a Amazônia está correndo riscos extremos. Liderados pelo economista Jeffrey Sachs e pelo climatologista Carlos Nobre, esses cientistas trabalham na Pan-Amazônia, ou seja, vão além do Brasil, abrangendo um total de nove países. Uma das cientistas do painel é a professora da Universidade de Brasília (UnB) Mercedes Bustamante, que, em 2023, passou a presidir a Coordenação de Aperfeiçoamento de Pessoal de Nível Superior (Capes).

Como houve a pandemia, os cientistas tiveram que se reunir remotamente e trabalhar on-line. Eles tomaram a decisão de integrar os representantes dos povos indígenas da região. Mercedes Bustamante disse numa entrevista que me concedeu na época do lançamento do primeiro relatório que esse encontro de saberes tem sido enriquecedor:

— O relatório fala da agrobiodiversidade que foi gerada também pelo trabalho das comunidades indígenas. Elas têm toda uma história de perseguição, de exclusão de seus territórios, por isso o relatório foi muito feliz ao resgatar isso.

Há trabalhos dentro da lógica do Amazônia 4.0, liderados também por Carlos Nobre, que apontam para uma nova forma de ver o desenvolvimento. O Amazônia 4.0 começou a instalar pequenas biofábricas móveis, ou Laboratórios Criativos da Amazônia, em comunidades escolhidas na região. A ideia é, a partir do processamento de matéria-prima abundante por lá, como cacau e cupuaçu, conseguir um produto de maior valor agregado e mais retorno para a população local.

Outra interessante iniciativa reúne especialistas em áreas diversas para pensar uma nova estratégia para o futuro da região. É o Amazônia 2030, liderado por Beto Veríssimo, do Imazon, e pelo economista da PUC-Rio Juliano Assunção, do Climate Policy Initiative (CPI). No começo de 2023, estavam conectados ao Amazônia 2030 cerca de 60 especialistas em áreas diferentes e eles já tinham produzido 50 estudos. Há trabalhos sobre a demografia local, as características do desemprego, o comércio dos produtos da floresta, as características do crime. A demografia da Amazônia mostrou uma população mais jovem do que no restante do Brasil. Há estudo sobre as áreas mais promissoras para restauração, sobre como fazer o ordenamento territorial ou a respeito das finanças públicas. Tudo está sendo olhado em detalhes.

A ideia do Amazônia 2030 era, inicialmente, informar o debate eleitoral de 2022. Depois passou a ser um centro que produz informação para orientar as políticas públicas e as decisões corporativas até o fim da década. Beto tem um conhecimento incomum sobre a Amazônia. Apesar disso, numa das vezes em que conversamos ele admitiu que o projeto, um ano e meio depois de iniciado, já havia mudado muito o entendimento dele sobre a Amazônia.

— Eu sabia muito pouco — resumiu.

Esses centros de estudos não são compartimentos estanques, bolhas que se isolam e defendem sua exclusividade. Ao contrário. O ambiente é de cooperação e compartilhamento de dados, experiências, especialistas. No âmbito do Amazônia 2030, foi montado o data zoom, ferramenta criada para facilitar o acesso aos microdados e definida como "a maior base de dados sobre a Amazônia do mundo". O data zoom é feito com o acesso a 200 bases de dados de 20 fontes diferentes, entre elas o MapBiomas, coordenado por Tasso Azevedo desde o início. O próprio MapBiomas é um sistema colaborativo de mais de 70 entidades, entre universidades, centros de pesquisas, empresas de tecnologia. Com imagens de satélites, o MapBiomas possui um dos maiores bancos de imagens e dados dos biomas brasileiros, todos eles. E também de outros países. Cada polígono da Amazônia tem sua história registrada. Com o MapBiomas, todo o Brasil é monitorado e, portanto, a relação intensa entre os vários biomas fica mais evidente.

Em Princeton, formou-se um centro de estudos brasileiros chamado Brazil Lab, onde atua o historiador gaúcho Miqueias Mugge no painel montado especificamente para estudar a Amazônia. O Brazil Lab recebe pessoas do Brasil ou que estudam o Brasil.

— Normalmente eles passam uma, duas, três semanas, um mês aqui, fazem uma palestra, participam de eventos que a gente organiza, visitam as aulas e, no fim, fica uma conexão — explica Mugge.

Ele próprio foi chamado para dar um curso sobre Amazônia para estudantes de diversas partes do mundo. Pediu um ano para estudar e preparar o curso. E fez esse mergulho. A entrevista que ele me concedeu em setembro de 2020 me ajudou muito a organizar meu trabalho.

Outro centro de saberes, na mesma direção da busca de uma forma de desenvolvimento da Amazônia com a proteção da floresta, foi batizado de Uma Concertação para a Amazônia. Trata-se de uma rede de pessoas, instituições e empresas que agrega mais de 400 lideranças de áreas diversas, em reuniões frequentes para investigar os variados temas que envolvem a floresta.

O Observatório do Clima é uma articulação sobre mudanças climáticas que tem produzido estudos e relatórios com informação precisa sobre os riscos do desmatamento. A Coalizão Brasil Clima, Florestas e Agricultura reúne mais de 300 empresários do agronegócio, integrantes da academia e da sociedade civil. Eles se definem como "a união de diferentes vozes". Há muitos outros movimentos e organizações. Todos vão na mesma direção de consolidar um caminho que se oponha ao projeto predatório que tem vigorado no Brasil desde a chegada dos europeus ao continente. O caminho alternativo é pavimentado pela informação.

Há mudanças ainda nos grandes fundos de investimento, nos bancos globais, nos maiores mercados de destino das exportações brasileiras, que agora exigem uma nova forma de desenvolver a Amazônia. Aqui no Brasil foi marcante o momento em que três grandes bancos privados — Bradesco, Unibanco e Santander — deixaram de lado a sua natural competição para lançar uma ação conjunta sobre a Amazônia. Na entrevista que os dirigentes das três instituições me deram, no início do processo, eles garantiram estar a sério nesse movimento e não, como é comum no mercado financeiro, em uma moda que vem e passa.

Todos esses movimentos, coalizões, centros de estudos e redes são muito valiosos agora, quando se tenta novamente o caminho virtuoso da proteção da floresta. Entre 2003 e 2012 foi feito um trabalho, inicialmente sob o comando da então ministra do Meio Ambiente, Marina Silva, que levou a uma queda de mais de 80% da taxa anual de destruição da floresta. Em 2023, Marina assumiu de novo o ministério. Não foi fácil naquela época, não está sendo fácil agora. Mas a ideia da "transversalidade" que ela propõe, ou seja, a atuação do Estado através de diversos pontos ao mesmo tempo, está muito mais madura 15 anos depois. É preciso conhecer profundamente aquela experiência porque ela traz preciosas lições para o futuro.

2 O Plano *Real* *do* desmatamento

A volta *da* Marina

Marina Silva desceu a rampa interna do Palácio do Planalto no dia 4 de janeiro de 2023 sob palmas consagradoras. Dirigiu-se ao Salão Nobre para a cerimônia de posse como ministra do Meio Ambiente. Apoiadores e convidados estavam em todos os espaços e esparramavam-se para fora do Palácio. Não couberam no auditório. Era a mais concorrida das posses do terceiro mandato do presidente Lula. Marina voltava ao cargo de ministra do Meio Ambiente, após quase 15 anos, com vasto sentimento de gratidão.

— A Deus, em primeiro lugar — declarou.

Mas Marina estava grata também ao presidente, que havia permitido o seu retorno. Não para atender a um grupo, mas por escolha dele. Olhou ao redor e se sentiu grata também pelo movimento ambientalista que a sustentou durante todo o tempo em que esteve longe do poder e aos funcionários da área ambiental do governo, que resistiram. Viu rostos conhecidos dessa velha luta. A acreana nascida no Seringal Bagaço e alfabetizada aos 14 anos retornava ao comando da área mais sensível do governo.

Em 2008, no dia 13 de maio, Marina saíra do segundo governo Lula com sentimentos mistos. Dias antes Lula havia lançado o Plano Amazônia Sustentável e entregado a sua gestão ao então ministro de Assuntos Estratégicos, Roberto Mangabeira Unger, pessoa sem a mais remota afinidade com a agenda de proteção ambiental que ela conduzira tão bem por quase seis anos. Era o ato mais ofensivo de uma sucessão de derrotas internas ocorridas nos meses anteriores. Ao mesmo tempo, ela conseguiu fazer da sua saída um ato político e foi substituída no cargo pelo ambientalista Carlos Minc. Às pessoas próximas, repetia uma frase salomônica: "Prefiro meu filho vivo nos braços de outra pessoa." Minc manteve o filho vivo. O desmatamento continuou caindo e o programa foi seguido.

A reação à saída de Marina do ministério foi muito forte; o compromisso de Minc com a agenda, também. O governo teve que recuar e manter a política de Marina. Mesmo depois da saída de Minc, a queda do desmate continuou até 2012, quando chegou a 4,6 mil km^2, contabilizando a marca histórica — queda de mais de 80% do desmatamento em relação aos 27 mil km^2 de 2004. Depois disso, voltou lentamente a subir. Primeiro, pelos equívocos do governo Dilma, em seguida pelos erros de Michel Temer. Veio, então, a escalada do governo Bolsonaro, que deu apoio ao crime na Amazônia.

Nessa volta de Marina ao governo, 14 anos, sete meses e 22 dias depois, não bastaria à ministra ter feito o mais bem-sucedido plano de combate ao desmatamento do país. O Brasil havia mudado para muito pior, principalmente nos quatro anos anteriores. Agora ela enfrentaria redes de crime organizado atuando em consórcio e fortemente armadas. O narcotráfico estava se juntando aos outros crimes e ela teria que resgatar dos destroços os órgãos ambientais.

Marina gosta do improviso nos discursos. Naquele dia, preferiu ler. Queria que o discurso fosse um documento de orientação das ações do ministério. A retomada começaria com o relançamento do PPCDAm. A sigla é difícil e o nome, comprido: Plano de Ação para Prevenção e Controle do Desmatamento na Amazônia Legal. Mas fora o mais completo e efetivo plano contra o desmatamento já implantado no Brasil. Foi enfraquecido aos poucos, até ser revogado por Bolsonaro.

Um dos grandes articuladores do reencontro de Marina com Lula e o PT havia sido Fernando Haddad, que assumia agora, na terceira gestão Lula, o Ministério da Fazenda. Marina estava decidida a apoiar Lula no primeiro turno das eleições de 2022, quando o então presidente, Jair Bolsonaro, buscava a reeleição, e marcou até a data. Seria na segunda 12 de setembro. Houvesse ou não uma reunião entre os dois, ela declararia apoio. O encontro acabou ocorrendo na véspera da data marcada. Lula e Marina se reencontraram no domingo. O olho no olho tornou tudo mais fácil.

— Tivemos uma conversa de duas horas atravessadas por nossas memórias e pelo compromisso político e programático de ajudarmos a reconstruir o Brasil — anunciou Marina aos jornalistas em entrevista concedida após o encontro.

Os dois se conheceram quando ela era muito jovem e chorava a morte do seu líder e mentor, o seringueiro ambientalista Chico Mendes.

— Na política, de vez em quando tomamos decisões que nos fazem percorrer determinados caminhos, e nem sempre a gente se encontra nesse caminho — disse Lula na mesma entrevista, acrescentando que eles nunca estiveram longe nem política nem ideologicamente.

Marina declarou, ainda, que o Brasil estava entre a civilização e a barbárie, que a grande questão era a democracia e que Lula era o único capaz de derrotar Bolsonaro. Nos quase 15 anos que antecederam esse momento, ela saiu do governo, depois deixou o PT e disputou duas eleições presidenciais. Na campanha de 2014 estava em segundo lugar, atrás de Dilma Rousseff, com muita chance, mas foi abatida por uma violenta campanha de demolição de imagem comandada pelo marqueteiro de Dilma, João Santana. Entre outras mentiras, foi acusada de defender um programa que levaria pessoas à fome. A imagem na TV do prato vazio com uma pessoa pobre no escuro, desamparada, atingiu-a dolorosamente, porque ela, como Lula, conhecia a pobreza. Marina perdeu o rumo, sua campanha ficou à deriva e ela terminou em terceiro lugar. Na disputa de 2018 houve também a "onda Marina", desidratada, porém, pelo voto útil no candidato do PDT, Ciro Gomes. Marina terminou com uma votação pífia. Em 2022, mudou o domicílio eleitoral para São Paulo, disputou um mandato de deputada e ganhou.

Naquela cerimônia de posse de 4 de janeiro de 2023, Marina, a Amazônia e o país estavam tendo uma segunda chance. Mas nada fora fácil até ali. Nas semanas anteriores, a rede de intrigas a alvejara com argumentos especialmente perversos. Como o de que ela era tão forte internacionalmente, tinha tanto simbolismo para o ambientalismo, que teria se tornado indemissível, portanto, não poderia ser nomeada. Ao desabafar com uma pessoa amiga, ela usou uma palavra incomum para se referir à confusão criada por aquele debate:

— É tanta ingresia, que uma pessoa pobre, preta, que, apesar de tudo, consegue fazer alguma coisa e ter reconhecimento, é criticada. O próprio reconhecimento que você adquiriu conta ponto para te derrubar. Com todas as pessoas, o que você consegue de competência serve para te constituir, no meu caso serve para me derrubar.

O país havia passado por quatro anos de desmonte institucional. A ministra Cármen Lúcia, do STF, definiu esse processo como "cupinização". O governo Bolsonaro escolhera, na maioria das áreas, um inimigo da missão de cada órgão para chefiá-lo. Na área ambiental, a destruição ao longo de seu governo foi explícita, deliberada, assumida como parte do projeto político. No período, ocorreu "o maior aumento do desmatamento em um mandato presidencial desde o início da série histórica", segundo o Observatório do Clima no relatório "Nunca mais, outra vez". Houve também, segundo o mesmo instituto, um aumento de 212% nas invasões de terras pelos grileiros e de 125% no garimpo em Terras Indígenas. Além disso, as cadeias do crime ficaram fortalecidas. Por isso a posse de Marina, em 2023, estava cercada pela alegria dos ambientalistas.

Vários cenários haviam sido analisados por Lula. Uma das ideias era a de nomear para o ministério a ex-ministra Izabella Teixeira, que ocupara o cargo no governo Dilma, e Marina para a presidência da Autoridade Climática, autarquia que se decidiu criar para monitorar as emissões de carbono. Outro arranjo estudado foi o de nomear a senadora Simone Tebet para o Ministério do Meio Ambiente (MMA), com Marina na autarquia do clima. Numa reunião com Lula, Simone foi bem direta:

— Só aceitarei se a Marina concordar.

As duas haviam se aproximado na campanha eleitoral, quando Simone, que havia disputado as eleições presidenciais no primeiro turno, aderiu à candidatura Lula no segundo turno. E nada fora apenas uma formalidade. Elas se jogaram na campanha, dividiram palanques. Simone parecia mais entusiasmada do que na própria campanha. Marina exibia a alegria do retorno ao rio principal da esquerda brasileira.

A nomeação de Marina foi uma das últimas na Esplanada dos Ministérios. Só foi anunciada depois do Natal. Mas o convite foi feito por Lula no dia 23 de dezembro, depois de longa conversa entre os dois de uma hora e meia, da qual participaram também o futuro ministro das Relações Institucionais, Alexandre Padilha, e a presidente do PT, Gleisi Hoffmann. Lula nunca chamou Marina para ser autoridade climática, mas no seu entorno era essa a ideia e, indiretamente, falou-se disso na reunião na véspera do Natal.

— Eu queria entender, não seria importante ter uma pessoa como você nessa Autoridade Climática? — perguntou Gleisi a Marina.

Havia duas propostas de Autoridade Climática. A de Marina era a de uma autarquia ligada ao MMA. A de Izabella era a de um órgão da Presidência da República que exigiria uma criação muito maior de cargos. Gleisi ponderou, na reunião, que talvez fosse mais relevante Marina ficar nessa supervisão da redução das emissões. Marina discordou:

— Agora o mais decisivo é ter alguém para combater o desmatamento, que representa 75% das emissões. Uma autoridade ficará lançando palavras ao vento no mundo, se não houver quem resolva o problema aqui.

— Mas não é transversalidade? — perguntou Gleisi.

— É transversalidade — confirmou Marina. — Mas isso não significa um monte de penduricalho no Palácio do Planalto. É cada ministério fazendo a sua parte.

Marina imaginava a Autoridade Climática como um órgão técnico, um Inpe do clima, que veria qual trajetória o país está perseguindo. A meta é chegar a 2030 com desmatamento zero. A Autoridade então diria, diante de tudo o que está sendo feito na energia, nos transportes, no desmatamento, se o país está indo para o objetivo. E tudo isso sendo reportado ao Conselho Nacional de Mudança Climática, chefiado pelo presidente da República. Mas Marina preferia comandar um órgão executivo que lutasse diretamente contra o desmatamento. Se não fosse isso, ficaria com seu mandato na Câmara dos Deputados.

Dias antes, na segunda 19, Gleisi havia procurado Simone e proposto a ela o Ministério da Agricultura. A ideia era ter alguém que viesse do agronegócio, mas que fosse capaz de empurrar o setor para uma agenda mais sustentável.

— Gleisi, você me desculpe, mas vocês precisam de alguém ali que consiga trazer o agro — respondeu Simone. — Eu não consigo, eu briguei com o agro. Uma parte me odeia porque eu briguei com Bolsonaro.

Gleisi, então, propôs o Meio Ambiente.

— Mas e a Marina? — quis saber Simone.

Gleisi disse que talvez não fosse Marina a escolhida para o Meio Ambiente, mas Simone desconfiou. Disse que ofereciam a ela, Simone, duas pastas que não podia aceitar: a Agricultura e o Meio Ambiente. O que a incomodava era a sensação de que estava virando problema, por isso avisou que poderia ficar fora do Ministério. Tinha em mente instalar em São Paulo um instituto em defesa da democracia e da cidadania e foi enfática:

— Minha missão acaba no dia 31 de dezembro de 2026, quando tiver certeza de que não há risco de o país reeleger Bolsonaro.

Gleisi contrapôs dizendo que Lula a queria no governo e a procuraria na quinta-feira 22. Na verdade, procurou as duas, Marina e Simone, em encontros separados na sexta 23. De novo, o assunto Meio Ambiente foi tocado com Simone, mas de leve.

— Se Marina topar, eu topo — disse Simone.

Lula avisou que falaria em seguida com Marina. O convite que fez à sua antiga ministra foi o de voltar ao posto que ocupara, mas o anúncio mesmo viria apenas depois do Natal. Assim, aquela posse, no dia 4, coroava o longo percurso de volta ao objetivo de completar o trabalho que ela havia começado em 2003.

— Eu sou nascida e criada na mata — afirmou Marina no discurso.

Era a sua Natureza que estava morrendo.

— Chego a este momento com um misto de sentimentos. Não será fácil, não é mágica. Mas vamos colocar as pilastras, num trabalho conjunto, unidos, todos nós, com humildade e sabedoria. A sustentabilidade não é uma maneira só de fazer, é uma maneira de ser, é uma visão de mundo e um ideal de vida.

Ela teria de enfrentar, a partir daquele instante, a mais forte rede de criminosos que havia se formado em torno da destruição da Amazônia. Eles eram inimigos também da própria democracia. Quatro dias depois daquela posse, no domingo, 8 de janeiro, extremistas de direita invadiriam, com força destrutiva, as sedes dos Três Poderes. O Salão Nobre em que Marina comemorava sua volta ao governo também seria atacado pelos vândalos. Nenhuma das lutas do país seria fácil.

O desmatamento aumentou nos primeiros meses de 2023 porque os criminosos queriam provar que ainda estavam no domínio, apesar da mudança política. Não seria fácil a retomada do PPCDAm. Na luta contra o hiperdesmatamento, o PPCDAm só tem paralelo com o Plano Real. Como aconteceu com a moeda, também exigiu capacidade de formulação, persistência, ação conjunta do governo e leis — que vieram depois — para consolidá-lo. Também como no Real, o Plano de combate ao desmatamento só deu certo por uma década porque outros passos foram dados antes. Isso mostra que a construção de uma política pública de qualidade depende de decisões certas em vários governos. A diferença entre o PPCDAm e o Real é que a moeda permaneceu e surtos inflacionários foram debelados. Agora, a equipe que colocara de pé o Plano contra o desmatamento teria que superar um grande retrocesso. Para entender, é preciso dar vários passos atrás na história de um órgão sem o qual não teria sido possível saber o que se passa na Amazônia.

Como foi possível "ver" a *Amazônia*

O cientista da computação Gilberto Câmara estava no posto de diretor do Grupo de Observações da Terra em Genebra, na Suíça, em 2020, mas sua carreira foi feita no Inpe, órgão do qual se tornou diretor. No tempo em que trabalhava no setor público brasileiro, tudo aconteceu. O instituto montou o sistema de observação por satélite da Amazônia, incomodou governos, foi atacado, foi defendido, atravessou as administrações fazendo sempre um trabalho de disseminador de informações com precisão e qualidade. No período Bolsonaro, o Inpe enfrentou uma tentativa de extermínio, mas sobreviveu sendo os olhos do Estado brasileiro sobre a Amazônia. A história do instituto tem muitos lances emocionantes. Pode se puxar por qualquer dos grandes eventos.

— Eu me lembro como se fosse hoje. Era chefe da Divisão de Processamento de Imagens — conta Gilberto Câmara. — A coordenadora era

Thelma Krug. O ministro do Meio Ambiente era Gustavo Krause, o ministro da Ciência e Tecnologia, Israel Vargas, e o diretor do Inpe, Márcio Barbosa. Isso foi no governo Fernando Henrique.

Gilberto Câmara conta a cena do dia em que o então presidente, Fernando Henrique, foi informado do número que até hoje é o recorde negativo de desmatamento no Brasil: 29 mil km^2 desmatados em 1995. O dado saiu em julho de 1996. O país vivia a euforia de ter vencido a hiperinflação, mas o que estava acontecendo na floresta poderia ser chamado de hiperdesmatamento. Naquela reunião, da qual Gilberto não se esquece, foi dada a má notícia. Houve um minuto de silêncio, rompido por Krause:

— Esses dados são terríveis para o governo, mas eu acredito no Inpe. Agora vocês vão me dar de dois a três dias para a gente sair com uma medida.

No dia 25 de julho de 1996, o governo baixou a Medida Provisória (MP) nº 1.511, que mudava simplesmente tudo. E de uma vez. A reserva legal para a Amazônia, conceito criado ainda no governo militar, foi elevada de 50% para 80%, o que significava que produtor rural na região só poderia usar 20% da própria terra. A decisão até hoje causa polêmica, mas foi a primeira demonstração de que o caminho para reduzir o crime era o Estado dobrar a aposta. No ano seguinte, a taxa começou a cair, voltando a subir no fim do governo. Então como foi possível aumentar a reserva legal para 80% em 1996? Fiz essa pergunta ao ex-presidente Fernando Henrique, numa entrevista em 2020 para este livro.

— Quando começou a notícia do aumento do desmatamento, isso me preocupou bastante. Eu sempre tive preocupação com o meio ambiente e sempre me senti ligado à Amazônia até por razões familiares. Minha mãe era de Manaus, meu avô, do Pará. Minha mãe falava sempre da Amazônia como uma coisa maravilhosa. Além disso, sempre acompanhei toda a discussão ambiental internacional e na Constituinte. Quando vieram as informações de que as coisas estavam desandando no começo do governo, fiz uma visita à região com os militares. Dormi no meio da selva. Em seguida, fiz aquela proposta de aumento da reserva legal. A medida encontrou um Congresso que não era preservacionista, longe disso. Mas tudo no Congresso, para aprovar, o governo tem que querer. O Executivo dá as cartas e o Legislativo reage às cartas. Se encontra uma liderança que sabe o rumo, o projeto é aprovado — relatou o ex-presidente.

Sempre que o Inpe anunciava o aumento do desmatamento em qualquer governo, a notícia virava uma crise, havia tensão e, em alguns momentos, as autoridades entravam em negação, mas em seguida vinha uma reação para tentar combater o crime. Os bastidores das crises, tanto no governo Fernando Henrique quanto no governo Lula, mostram que nenhuma administração gosta de ouvir essa má notícia. Mas apenas as mentes autoritárias continuam a combater o mensageiro. Bolsonaro, por exemplo, fez uma intervenção militar no instituto, acusou-o de estar a serviço de uma instituição estrangeira e exonerou seu diretor, Ricardo Galvão. O diretor enfrentou o presidente definindo-o com uma palavra eloquente: "pusilânime".

O plano, em 2020, era enfraquecer o Inpe e tirar o monitoramento ambiental das mãos dos cientistas transferindo-o para as dos militares, minando-o por dentro até eliminar ou paralisar o instituto, de tantos serviços prestados ao país. O objetivo era a captura institucional para, numa segunda etapa, executar a implosão. Não nos enganemos, é isso que os governos autoritários querem. Não apenas matar o mensageiro, querem também eliminar a mensagem. O Inpe foi no governo Bolsonaro um ponto de resistência democrática. Precisa ser fortalecido para exercer sua missão, que muitas vezes é espinhosa, em qualquer tempo. Para entender a natureza dessa missão, é necessário recuar ao ponto da criação do instituto. Lá, civis e militares trabalharam juntos. Em harmonia.

— Vou começar do começo, do começo mesmo. Vou começar com um militar, aliás, dois. O brigadeiro Montenegro e o almirante Álvaro Alberto — detalhou Gilberto Câmara, quando pedi a ele que me contasse a história do instituto que viu crescer, dominar novas tecnologias e se tornar a ferramenta essencial para a defesa da floresta.

A geração militar do pós-guerra teve noção de que a defasagem tecnológica do país era o nosso maior calcanhar de Aquiles. O Brasil estava desatualizado, sem capacidade de atuação em qualquer eventual conflito.

— Um grupo de militares tomou para si o dever de organizar e moldar elementos fundamentais de tecnologia e ciência no Brasil. O brigadeiro Montenegro foi fundador do Correio Aéreo Nacional e disse que era preciso fazer avião no Brasil. Criou o Centro Técnico da Aeronáutica e a primeira escola de aeronáutica, o ITA, e trouxe professores do MIT. O almirante Álvaro Alberto foi a peça-chave na criação do CNPq na década de 50 — pontuou Gilberto, referindo-se ao Conselho Nacional de Desenvolvimento Científico e Tecnológico.

No ITA, estudaram nos anos seguintes vários civis e militares que se destacariam no futuro. Um desses era o coronel Fernandes de Mendonça, que, como vários outros, foi para os Estados Unidos fazer doutorado. Era o tempo da corrida espacial entre Estados Unidos e União Soviética e estava claro para os planejadores brasileiros que não havia como competir com eles. A ideia era que o Brasil pudesse se apoderar de algumas vantagens dessa corrida.

— O coronel criou, junto com outros, alguns grupos de estudo. Meteorologia por satélite, sensoriamento remoto, ciência espacial e astrofísica. Foram trazidos especialistas da Índia.

Em agosto de 1961, o presidente Jânio Quadros, pouco antes da sua renúncia, assinou o decreto que criaria o Grupo de Organização da Comissão Nacional de Atividades Espaciais, depois conhecido como Comissão Nacional de Atividades Espaciais (CNAE), embrião do Inpe, que seria fundado, afinal, em 1971. Assim, pela visão de alguns militares, cientistas, servidores civis e de um presidente breve, foi plantada a semente de uma instituição que, depois, tornou-se imprescindível no monitoramento da imensidão amazônica e indispensável para o combate ao desmatamento. Mas não era isso o que se pretendia então. Na lógica de determinados militares, era necessário se preparar contra o inimigo — eles funcionam assim, precisam de um inimigo, mas frequentemente se equivocam sobre quem realmente ameaça o país que juraram defender.

Naquela época, rondava a cabeça deles o risco de um conflito com a Argentina. Porém, quem era cientista, civil ou militar, entendia que o mais urgente era apropriar-se do máximo de tecnologia possível no momento, o mais tenso da Guerra Fria. Em 1965, foi então inaugurado o Centro de Lançamento de Foguetes da Barreira do Inferno, em Natal. Uma proposta do antigo CNAE ao Ministério da Aeronáutica. Os primeiros satélites lançados pelos Estados Unidos, como o Landsat, de 1973, tinham capacidade limitada de armazenamento e dependiam de uma estação que recebesse os dados e as imagens em tempo real e depois os enviasse para os Estados Unidos.

— O Brasil foi o terceiro país a fazer isso — disse Gilberto. — Primeiro, foram os Estados Unidos, o segundo foi o Canadá e nós fomos o terceiro país a ter uma estação Landsat operando, desde 1974, antes dos europeus. O Márcio Barbosa, do Inpe, foi aos Estados Unidos, trouxe uma equipe e montou a estação.

Durante esse começo dos anos 1970, uma geração que começou a ser formada no ITA teria muito destaque nas décadas seguintes para a estruturação do monitoramento ambiental brasileiro, caso dos cientistas Carlos Nobre e Gylvan Meira e do próprio Gilberto. Era um mundo sem notebook, internet, celular, computação em nuvem, sem nada do que se tem hoje como fácil e natural. Computador era muito caro. Assim começou o levantamento de imagens, em 1978, tudo ainda em papel. Uma fita era gravada na estação e ia de avião até Cachoeira Paulista, em São Paulo, onde era impressa. E foi assim que o Inpe começou a aprender a "ver" o desmatamento.

Na democracia, o órgão atingiu a maturidade e esse trabalho foi se tornando tecnologicamente avançado. O ambientalista Chico Mendes foi assassinado num ano de grande aumento do desmatamento, em 1988. A comoção interna e internacional causada pela morte do líder seringueiro levou o presidente José Sarney a criar o programa Nossa Natureza, para combater a derrubada de árvores. Mais do que nunca, era necessário ter informações precisas sobre o que acontecia na região. Márcio Barbosa, o diretor do Inpe, informou ao governo que o instituto estava preparado para colher os dados. Quiseram saber quanto da floresta o Inpe tinha capacidade de monitorar. E ele respondeu:

— Tudo, a Amazônia inteira.

Esse foi o tamanho do desafio que o órgão se impôs. A tecnologia da época, vista pelos olhos de hoje, era rudimentar, totalmente manual. Vinha uma imagem e tinha uma folha de papel transparente, onde estava marcada a floresta no ano anterior. Os cientistas iam verificando as novas áreas desmatadas. Depois tudo era armazenado. E todo ano, desde 1988, saíam os dados anuais. Aquele foi o ano zero da nova era das informações sobre a floresta.

O embaixador Rubens Ricupero participou de muitos eventos iniciais da estrutura do Estado para combater o desmatamento. Em longa entrevista concedida durante a pandemia para este livro, ele listou fatos marcantes do início do movimento de proteção, que começou no governo militar.

— Curiosamente, apesar de os militares não terem muita sensibilidade, houve a pessoa certa no lugar certo. O Henrique Brandão Cavalcanti, que morreu há pouco, era secretário-geral do Ministério do Interior e foi enviado para a Conferência Mundial de Estocolmo — relata Ricupero, referindo-se à primeira reunião de chefes de Estado sobre a questão ambiental, em 1972. — Ele convenceu os militares a criar a Secretaria de Meio Ambiente. Nomearam para ela Paulo Nogueira Neto, um diplomata, um homem ameno. Ele conseguiu sobreviver no governo militar construindo instituições políticas necessárias ao país. As primeiras leis de proteção da Mata Atlântica são dessa época. Também o Conama, Conselho Nacional do Meio Ambiente.

Quando o governo Sarney começou a conceber o Nossa Natureza, o assunto foi entregue ao jornalista Fernando Cesar Mesquita, ex-secretário de Comunicação da Presidência. Fundou-se o Ibama e Fernando Cesar foi o primeiro presidente do órgão, sem o qual é difícil hoje imaginar o Brasil. A decisão de Sarney de encomendar ao Inpe o monitoramento do desmatamento no Brasil foi outro marco inicial com fortes impactos futuros. Foi também o governo Sarney que ofereceu o Brasil para sediar a Rio-92, ou seja, a II Conferência das Nações Unidas sobre o Meio Ambiente e o Desenvolvimento, conhecida também como Cúpula da Terra. A Rio-92 ocorreria no governo Collor, entre 3 e 14 de junho de 1992, no Rio de Janeiro, e representaria um ponto de inflexão na questão ambiental no país.

O governo Collor vivenciou momentos fundamentais para a questão ambiental. A preparação da Rio-92 foi feita pelos embaixadores mais experientes que o Brasil tinha, como o próprio Ricupero, além de Marcos Azambuja, Bernardo Pericás, Ronaldo Sardenberg e Flávio Perri. Foi bem preparada e produziu documentos históricos. Collor teve também a coragem de mandar demarcar a Terra Yanomami, escolhendo para isso o brilhante sertanista Sydney Possuelo, e de retirar 20 mil garimpeiros que haviam invadido a região na época.

No governo Itamar Franco houve outro avanço: foi criado o Ministério da Amazônia. Para chefiar o novo órgão, o presidente chamou Ricupero, que comandava a embaixada em Washington. Ele conta esse começo:

— Quando eu cheguei para assumir o ministério, não tinha nada. Nem sala, nem funcionário. O Itamar me deu a sala da Vice-Presidência, que ele havia ocupado na época em que era vice do Collor. Muitos ministros queriam aquele espaço, mas ele entregou a mim. Itamar me deu alguns funcionários e eu trouxe pessoas do Itamaraty que eu conhecia, o Sérgio Danese, o Marcos Galvão. Existia o Ibama e a antiga estrutura da Secretaria de Meio Ambiente. O governo juntou tudo isso. Virou então o Ministério do Meio Ambiente e da Amazônia. Mas era um ministério curioso, a cabeça era pequena, com poucos funcionários, e o corpo era grande, porque o Ibama tinha mais de 3 mil servidores.

A primeira coisa que Ricupero fez foi criar duas secretarias-gerais, uma de Meio Ambiente e outra de Amazônia.

— Embora os problemas ambientais brasileiros não se resumam à Amazônia, a verdade é que a Amazônia constitui a parte mais sensível, a mais central da problemática ambiental brasileira e a que tem mais repercussão fora do Brasil — avalia o ex-ministro.

A gestão de Ricupero teve a sabedoria de mostrar como havia crescido a questão ambiental no mundo e no Brasil e como a Amazônia teria de ser o centro da discussão brasileira sobre o seu futuro. Ricupero fora construindo sua visão de Amazônia e aprofundando sua sensibilidade ambiental desde que ficara encarregado de negociar o Pacto da Amazônia, ainda no governo Geisel, e, depois, como um dos coordenadores da Rio-92. Essas minhas voltas no tempo da narrativa, tendo de dar passos atrás para puxar um fio, mostram que o país constrói assim as suas caminhadas.

Desde que os dados de desmatamento começaram a ser divulgados, em 1988, no governo Sarney, eles eram informados com grande atraso. Para efeito de cálculo do desmatamento, o ano não é contado de janeiro a dezembro. Ele começa em agosto de um ano e termina em julho do ano seguinte. Então os dados divulgados em 1996, no governo Fernando Henrique, eram os do ano de 1995, mas revelavam o que havia acontecido nos seis últimos meses de 1994 e nos primeiros seis de 1995.

Como a mudança da moeda brasileira foi anunciada no dia 1º de julho de 1994, os dados do desmatamento que chocaram o ministro Gustavo Krause registravam exatamente o que acontecera nos primeiros 12 meses do Plano Real. Ironia que quem tivesse que lidar com o problema fosse o mesmo Fernando Henrique que, como ministro da Fazenda, tinha dado os primeiros passos para a vitória sobre a hiperinflação. Quem olhasse para a economia, teria motivos para alegria cívica. Depois de anos de números impossíveis de se imaginar hoje, que chegaram a cerca de 5.000% nos 12 meses anteriores a julho de 1994, a inflação despencava. Foi de 22,41%, em 1995, para 9,5%, em 1996. A taxa estava em um dígito pela primeira vez em 50 anos. A economia brasileira entrava em outra era, a do Real. Contudo, quem olhasse para o meio ambiente tinha razões para se afligir. Eram sentimentos conflitantes. No primeiro ano da nova moeda, entre agosto de 1994 e julho de 1995, tombaram na Amazônia 29 mil km² de floresta, a maior taxa anual de que se tem registro.

Naquele tempo, tudo se passava como se economia e ecologia fossem compartimentos estanques da vida de um país. A vitória no campo monetário enfrentaria nos anos seguintes muitos desafios, como a crise bancária e a crise cambial, até a nova moeda se estabilizar. Entretanto a luta ambiental, sempre desprezada, tocada por uns poucos, era ignorada pela maioria dos economistas. A proposta, primitiva e grotesca, de destruição pura e simples da floresta como sinônimo de progresso, fora do governo militar.

A Constituição democrática de 1988 consagrou os novos ideais de desenvolvimento socioambiental. Mas só os visionários percebiam a dimensão desse mandamento constitucional.

Quando se diz que Chico Mendes foi o fundador de uma nova era no Brasil não é exagero. Ele andava pelos seringais, conquistando pessoas para a causa que ainda não fora entendida no país. Ele inventou uma nova forma de luta. Os grupos cercavam as árvores para impedir a derrubada, o que era chamado de "empate". Para organizar um empate era preciso planejamento, informação dos próximos alvos dos desmatadores. Era uma luta pacifista e efetiva.

Como lembram os que estiveram com ele naqueles tempos, caso de Arnóbio Marques, conhecido como Binho — que, entre 2006 e 2010, foi governador do Acre —, Chico Mendes também foi pioneiro na ideia de que não bastava evitar a derrubada das árvores, era preciso melhorar a vida das pessoas. Nasce dessa sua clareza a proposta de união entre o social e o ambiental. Esse conceito socioambiental unia o que os povos da floresta precisavam, em termos de progresso pessoal e coletivo, e o que a Amazônia significava. Em contato com as lideranças indígenas, Chico Mendes também mostrou que elas não lutavam uma luta solitária, faziam parte do grande rio do movimento social brasileiro. Tanto tempo depois de sua morte, Chico Mendes ainda não foi completamente entendido como precursor e formulador de políticas sociais.

— A minha relação com o Chico não era apenas profissional ou ideológica, ele era como se fosse meu irmão mais velho. Uma coisa notável sobre ele era como ele respeitava a juventude. Conheci Chico quando eu tinha 21 anos e era colega de Marina no curso de História. Eu tinha paixão pela floresta, mas não a conhecia. Quando conheci o Chico, passei a conhecer a floresta. O Chico Mendes tinha um compromisso social fortíssimo. Ele morreu pobre, por sua dedicação total à causa social. Abriu mão de tudo. E era uma pessoa que conversava com todo mundo, mesmo com quem discordasse dele. Eu participei de uma conversa dele com o Darly — recorda-se Binho Marques, referindo-se ao fazendeiro Darly Alves, mandante do assassinato de Chico Mendes.

Eu tinha pedido a conversa com Binho porque sabia que, junto com Marina, ele tinha militado ao lado de Chico Mendes e eu queria que ele contasse como era o Chico no cotidiano. Essa informação de que ele fora falar com Darly me impressionou e eu quis saber o porquê do encontro entre eles.

— Chico era candidato a prefeito de Xapuri. Fomos na fazenda de Darly num jipe velho. Eu fui dirigindo. Ele queria conversar com Darly, convencer Darly. Ele acha que se não convencesse poderia, pelo menos, neutralizar um pouco a pessoa. O Chico Mendes diminuía a ira das pessoas quando conversava com o inimigo, quando ele se mostrava desarmado diante do inimigo.

Binho explica que o ambientalismo era orgânico em Chico Mendes, estava dentro dele:

— Como todo seringueiro, como todo indígena, ele era um ecologista, tinha essa relação direta com a natureza.

O impacto do brutal assassinato do líder seringueiro produziu um forte crescimento do movimento ambientalista no Brasil. Chico é uma espécie de nascente desse rio que até hoje corre entre nós. Mas, voltando à história do órgão que são os nossos olhos da floresta, o Inpe, em 1996, no momento da explosão do desmatamento, o ministro do Meio Ambiente era Gustavo Krause, um economista que, por pouco tempo, comandara a Fazenda no governo Itamar. Foi ele, Krause, que, naquela reunião em que ficou sabendo do número de 29 mil km^2 de floresta destruídos em um ano, disse que o dado era terrível para o governo, mas acreditava no Inpe. Apenas pediu alguns dias para sair com uma medida. O presidente Fernando Henrique tinha então uma maioria folgada no Congresso e podia propor uma legislação tão dura quanto aquela que foi aprovada, que elevava a reserva legal na Amazônia para 80%, como mencionei anteriormente. Durante as décadas seguintes, os ruralistas reclamariam sempre dessa medida. Argumentavam que era uma mudança arbitrária das regras do jogo, no meio do jogo.

Muitos anos depois, em artigo publicado no Poder 360 no dia 30 de setembro de 2020, Gustavo Krause escreveria: "Foi-se o tempo em que economia e ecologia tinham, em comum, apenas a origem etimológica grega." Agora era um tempo novo, tanto que um grupo de ex-ministros da Fazenda e ex-presidentes do Banco Central assinaram carta ao governo defendendo a proteção ambiental naquele ano. A carta era mais uma tentativa de alertar o presidente Bolsonaro de que o caminho escolhido por ele não fazia sentido. "Reafirmamos que o Brasil não pode desembarcar do mundo em pleno século XXI. Mais do que isso, é preciso evitar que o país desembarque de si próprio", escreveram os banqueiros.

— O governo Fernando Henrique criou as bases para o respeito à lei, o *enforcement*, mas as condições políticas para avançar aconteceram quando Marina entrou — resume Gilberto Câmara.

Marina foi para o Ministério do Meio Ambiente em 2003. Antes disso, no governo FHC, quando os dados eram divulgados, ambientalistas como João Paulo Capobianco reclamavam que o Inpe dava os números globais de desmatamento, mas não a localização. Sabia-se o "quanto", mas não o "onde".

— Sem o "onde" não dá para fazer política — explica Gilberto Câmara. — Falar que é no Pará não resolve. O Pará é maior que a Alemanha e a França juntas.

O país passara décadas fazendo esforços para "ver" a Amazônia com a tecnologia dos satélites e do sensoriamento remoto, mas, para monitorar de fato o que se passava na floresta, eram necessários mais dados e maior transparência. Era preciso saber onde o crime acontecia.

A identificação exata do local do crime exigiria andar em uma longa estrada, cheia de acidentes, que começava naquele momento. O primeiro passo era pôr na internet os dados para que os especialistas e os ambientalistas pudessem analisar. Em 2001, Gilberto Câmara, que àquela altura era coordenador-geral da área de Observação da Terra no Inpe, defendeu numa reunião interna do governo que os números ficassem disponíveis na internet para quem quisesse avaliá-los. A resposta que ouviu foi de que se tratava de informação sigilosa, de segurança nacional. Tinham essa ideia não apenas os militares, mas também os diplomatas envolvidos com as questões ambiental e tecnológica. "Da próxima vez não vou perguntar a ninguém", pensou Gilberto.

A ocasião viria no primeiro governo Lula. Gilberto se lembra de ter dito à ministra Marina Silva:

— Amanhã vou contar que os dados do desmatamento estão na internet. Se eles cortarem a minha cabeça, você enterra.

Marina e Capobianco tiveram que se dedicar a uma trabalhosa costura interna para que os dados fossem tornados públicos. E, quando isso aconteceu, foi uma revolução. As informações foram expostas de forma transparente no primeiro governo Lula e, daí em diante, institutos privados e ONGs puderam acompanhar ponto por ponto onde o problema se agravava. Essa história começou quando Marina se tornou ministra do Meio Ambiente.

A convicção de Marina Silva, quando chegou ao Ministério do Meio Ambiente, era de que os números tinham que ser públicos. Para isso não bastava ter o Inpe como aliado na causa. Era preciso superar resistências cristalizadas em torno da ideia torta de que segurança nacional se faz suprimindo-se informações.

— Eu tinha discutido antes que o dado tem que ser transparente, que todo mundo em condições de analisar o dado, seja universidade, seja organização não governamental, seja engenheiro, seja jornalista, tem que ter acesso ao dado — me explicou Marina. — A todos os dados. Muita gente me dizia: "Você está louca, vai expor o país a um grande constrangimento. É a Amazônia." E eu pensava que a gente tinha mesmo que ser constrangido eticamente. Que deveria haver um grande constrangimento. Não faz sentido o desmatamento aumentar e a gente não fazer nada, porque não tem gasolina para pôr no carro, porque não tem o mínimo do mínimo.

O lobby do sigilo, porém, continuou a agir, provocando muitas discussões internas. O Itamaraty, o Ministério da Ciência e Tecnologia, os militares não queriam que os dados fossem divulgados, porque cada um, à sua maneira, achava que isso seria usado contra o Brasil. No Inpe, Gilberto Câmara e outros cientistas sempre quiseram a maior transparência possível. Quando Marina assumiu, a balança pesou para o lado de divulgar o máximo de informação, e isso foi muito antes da Lei de Acesso à Informação aprovada pela presidente Dilma Rousseff em 2011. A batalha da transparência nos dados de desmatamento teve vários lances surpreendentes e precisou da bravura de muita gente para superar a ideia herdada da ditadura de que, se o Brasil esconder o que se passa aqui dentro, o problema desaparece. Essa batalha, que já vinha sendo travada solitariamente pelo Inpe, ganhou força e aliados.

O susto da *ministra*

A escolha da então senadora Marina Silva como ministra do Meio Ambiente do primeiro governo Lula surpreendeu muita gente, mas o mais curioso é que ela mesma se espantou.

— Eu fui anunciada antes de ser convidada — contou-me em entrevista para este livro.

Lula, recém-eleito para o primeiro governo, estava em Washington. Era 10 de dezembro de 2002, uma terça-feira. Ele havia ido aos Estados Unidos no auge dos temores do mercado financeiro em torno de qual seria a sua política econômica, temor que ele começaria a desfazer naquela viagem. Por isso se preparara para anunciar o ministro da Fazenda e falar de economia, e se saiu bem. Vieram então as perguntas sobre a Amazônia. Lula fez uma fala ampla e genérica. E completou aproveitando o fator-surpresa — afirmou que não se preocupassem, a ministra seria Marina Silva.

Lula não havia conversado ainda com Marina sobre a ideia de nomeá-la para o ministério. Naquele dia, ela estava no Senado. Caminhava em direção ao plenário, quando foi alcançada por Erlando, seu assessor. Ele disse que tinha um batalhão de repórteres esperando por ela à porta do plenário, porque Lula havia acabado de anunciar o nome dela para o Ministério do Meio Ambiente. Marina embatucou. O que ela podia falar com os jornalistas, se ainda nem fora convidada? Deu então uma enrolada, dizendo que conversaria com o presidente eleito quando ele voltasse.

Na quinta-feira, já no Brasil, Lula anunciou o nome de Henrique Meirelles para a presidência do Banco Central e o de José Dirceu para a Casa Civil, mas nada falou sobre Marina. Ficou aquela perplexidade. No dia seguinte, confirmou o nome dela ao anunciar os outros ministros e fez questão de aparecer de mãos dadas com ela:

— Liguei para ela ontem e falei: companheira Marina, você não foi destituída. Foi apenas um lapso de minha parte.

Na conversa que tiveram por telefone, ela disse que aceitaria o cargo, mas queria ter liberdade de montar a própria equipe. E teve. Total liberdade. No meio do ambientalismo, o anúncio feito em Washington causou surpresa e alegria. O Instituto Socioambiental (ISA), na época coordenado por João Paulo Capobianco, havia montado um seminário no Instituto Goethe, em São Paulo, junto com diversas ONGs.

— Era um momento meio mágico que a gente estava vivendo com a eleição de Lula em 2002 — lembra Capobianco. — Nos reunimos para preparar uma plataforma de atuação da sociedade civil. Abria-se uma janela. Preparamos propostas. No meio da discussão, surgiu a ideia de defender o nome da Marina Silva para o ministério. Fizemos um manifesto defendendo o nome dela, mas a gente nem chegou a levar ao Lula. O anúncio foi surpreendente, uma vez que o ministro do Meio Ambiente é sempre um dos últimos a ser escolhido, e de repente lá estava o anúncio.

O biólogo Capobianco, ou Capô, como é conhecido, esteve entre os fundadores tanto da SOS Mata Atlântica quanto do ISA. Quando foi sondado para ir para o governo, a reação foi de recusa total. O ISA estava iniciando trabalhos promissores, junto com outras cinco instituições. Ele se casara novamente, acabara de ter uma filha e a mulher, Luciana, era vice-presidente de uma agência de publicidade em São Paulo. Tudo acabou contornado, até porque o que ele mais ouvia era que, afinal, o ambientalismo tinha uma agenda e aquela era a hora. Ele assumiu o cargo de secretário de Biodiversidade e Florestas do MMA e depois foi secretário executivo do ministério, cargo ao qual voltaria em 2023.

Quando Capobianco foi empossado, em 2003, ouviu de Marina o mesmo recado que ele dera a cada um dos seus assessores:

— Se a gente fizer tudo certo, mas não reverter o desmatamento, será como se a gente não tivesse feito nada.

Essa passaria a ser a luta dos meses e dos anos seguintes. Luta cheia de idas e vindas, de sustos e reviravoltas. Naquela gestão seria iniciada a queda recorde e histórica dos índices de desmatamento. Foi o mais bem-sucedido e consistente trabalho de proteção da Amazônia, hoje estudado como um caso de sucesso. Contudo, antes de melhorar, os números piorariam e a ministra teria que tomar difíceis decisões. Em algumas das muitas batalhas ambientais, ela foi derrotada. Quando, logo no primeiro semestre de 2003, foi aprovado o projeto que liberava os transgênicos no Brasil, um grupo de ambientalistas foi até o ministério para dizer que ela precisava se demitir. Marina respondeu:

— Eu também não gostei, mas com menos de seis meses? Os transgênicos nunca foram o meu Armagedom, o meu Armagedom é o desmatamento da Amazônia.

Marina achava que tinha que permanecer focada no seu objetivo principal e, conceitualmente, o ministério teria que trabalhar com três linhas. Primeiro, a participação social, o controle por parte dessas entidades externas ao governo. Foi acusada por muita gente de ter se deixado dominar por ONGs, mas havia uma razão pragmática.

— Era impossível cuidar daquela magnitude, que ia do trato dos resíduos sólidos às florestas, com meia dúzia de técnicos, sem a participação da sociedade.

O segundo ponto que ela estabeleceu foi o da "política ambiental integrada", e, de novo, não se tratava de uma teoria. Havia uma razão objetiva para isso. A questão ambiental e climática se espalha por assuntos de vários outros ministérios, então a agenda precisava atravessar os prédios, que se fecham como feudos em Brasília. Por isso ela passou a falar a palavra que a marca até hoje: "transversalidade". O terceiro ponto era o apoio ao desenvolvimento sustentável, que tinha como questão central o combate ao desmatamento. Ela explicava esses pontos aos seus assessores, mas, admitia, não possuía experiência administrativa.

— Minha vasta experiência anterior foi administrar a cantina da escola em que estudei, no Acre — dizia.

Quando Marina convidou o ex-presidente da União Nacional dos Estudantes (UNE) e ex-secretário do Meio Ambiente do Rio Grande do Sul, Claudio Langone, para ser o secretário executivo do ministério, ele disse que, além daqueles três pontos, seria preciso fortalecer o Sistema Nacional de Meio Ambiente.

— Fechou. Vai ser este o plano de trabalho — respondeu a ex-senadora.

Depois, convidou o ex-secretário de Biodiversidades e Florestas do Acre, Carlos Vicente, para integrar a equipe. Outro que se juntou ao grupo foi o engenheiro florestal Tasso Azevedo. No Ministério do Meio Ambiente Tasso montou um órgão novo, o Serviço Florestal Brasileiro. Anos depois, já fora do governo, ajudou a instalar e coordenar um poderoso instrumento de monitoramento independente das florestas, o MapBiomas. No começo da primeira gestão de Marina haveria uma surpresa para a turma nesse detalhamento de que alvos buscar.

— Capobianco ficou de pensar a arquitetura de um plano de combate ao desmatamento, que acabou virando o PPCDAm — conta Marina. — E foi assim que chegamos à conclusão de que quem tinha que coordenar isso teria que ser o presidente da República. Houve divergência, me diziam: "Mas como? Esse pessoal da Casa Civil não entende nada disso."

Ninguém em Brasília abre mão de poder, quanto mais do coração do projeto. Mas, no caso, o que Marina achava é que não podia ser apenas ela e sua equipe a buscar aquele objetivo. Além do mais, ela estava decidida a mudar a maneira como era anunciado o número do desmatamento.

— Aquilo era um ritual macabro, todo ano isso. O governo ficava ansioso, a mídia nacional e internacional buscando o número. E, no dia, o ministro brasileiro do Meio Ambiente se preparava para ir para o cadafalso. O nosso desafio era que o indicador dissesse o que a gente estava fazendo ali.

Para acabar com o ritual macabro muita coisa precisava acontecer. O primeiro passo tinha que ser um entendimento com o Inpe sobre novas ferramentas. O Inpe, sob o comando de Gilberto Câmara, tinha total afinidade com o MMA.

— Mesmo antes de ir para o governo, a gente estava sempre lá — explica Capobianco. — A gente tinha feito um programa para reduzir o desmatamento na Mata Atlântica. O Gilberto era nosso amigo daquela época, aberto, transparente.

Transparente mesmo, tanto que procurou o ministério para dizer o seguinte: o desmatamento está aumentando. E como o índice estava subindo havia três anos, levaria tempo para reverter. O dado era processado fora do ano-calendário, como expliquei, e se referia ao que acontecera na floresta entre agosto de um ano e julho do ano seguinte. Assim, em 2003, seria divulgado o dado correspondente ao ano de 2002, mas que, na verdade, revelava o que havia ocorrido na floresta entre agosto de 2001 e julho de 2002. Era, portanto, de inteira responsabilidade do governo Fernando Henrique. Em 2004, contudo, seria divulgado o dado de 2003 que, eles sabiam, continha seis meses do governo anterior, mas outros seis meses eram já da administração Lula. Gilberto então disse a Capobianco:

— Eu não tenho o número, mas, conversando com a equipe, sei que em 2003 a expectativa é de um número bem alto, e em 2004 também, porque o crescimento do desmatamento está acelerado.

Então já estavam contratados dois números ruins, duas cerimônias macabras. Seria preciso tomar medidas para interromper essa escalada. No meio do ano, estava criado o Grupo Interministerial que trataria do assunto, como resultado da ideia de Marina de que o assunto não ficasse só com o MMA, mas no coração do governo. O passo seguinte seria fazer um plano contra o desmatamento.

— A gente foi por tentativa e erro, descobrindo no meio de um furacão como fazer, manobrando um transatlântico para ele não bater no iceberg — lembra Marina.

Na verdade, havia várias manobras a serem feitas no desgovernado transatlântico. Tornar os números mais transparentes, envolver todo o governo, montar um plano para contornar vários icebergs. O número anunciado em 2003, referente ainda à gestão de Fernando Henrique, era de alta no desmatamento. O governo teve sucesso inicial, logo após o terrível número de 1995 (29 mil km² desmatados). Apesar disso a decisão de aumentar a área da reserva legal para 80% continuava sob ataque e o desmatamento voltara a subir. Aquele número final do governo tucano, anunciado pela administração petista, era de 21.665 km².

Veio então o número misto, anunciado em 2004, do ano de 2003, registrando o último semestre tucano e o primeiro semestre petista. Era uma má notícia redigida a quatro mãos. Foi alto: 25.393 km². O país estava em plena escalada de desmatamento, a destruição pegava ritmo. E como acontece no início de cada administração, os grileiros e madeireiros aceleram sua ação até para testar o novo governo. A grande dúvida era: como seria o primeiro número inteiramente da administração petista?

Isso viria depois. Por enquanto, o governo estava se organizando. A motosserra avançava de forma descontrolada na Amazônia e o governo

Lula estava imerso numa difícil negociação interna. Primeiro, pelo texto do decreto que criava o grupo interministerial. Segundo, pela formulação do programa para combater o desmatamento. Os dois lados afiavam as armas. Os desmatadores aumentavam o ritmo da destruição, testando a nova administração. O governo lutava para superar as divisões internas e ter um projeto eficiente. Os que defendiam o meio ambiente se afligiam com a demora por resultados. O tempo contava contra a administração. Marina queria, primeiro, montar essa arquitetura difícil que mobilizava todos no governo contra o desmatamento e que estava implícita no tal grupo interministerial.

Vários ministros achavam ruim a decisão de levar uma notícia negativa para dentro do Palácio do Planalto, ou de envolvê-lo nisso. Entre as ONGs também a reação foi negativa, como se a ministra estivesse querendo perder poder. Era a mesma interpretação que ocorrera internamente no MMA e Marina conseguira superar. Ela argumentava que era preciso ser um projeto do governo e não de um ministério, que, ademais, tinha pouca gente e quase nenhuma estrutura.

Numa das reuniões ministeriais, Ciro Gomes, então ministro da Integração Nacional, fez uma brincadeira, mas que refletia o que muita gente pensava:

— A Marina é muito esperta. Quer colocar o pepino no colo de todo mundo.

— Não, eu estou compartilhando com todo mundo, para que a vitória de reduzir o desmatamento seja de todos — ela respondeu.

No livro *Amazônia, uma década de esperança*, que foi sua tese de doutorado na USP, escrita após a sua saída do governo, João Paulo Capobianco, descreveu assim aquele momento em que a ideia do MMA era ampliar o compromisso com o projeto de reduzir o desmatamento: "Essa proposta enfrentou fortes resistências internas e externas. Dentro do governo, titulares de outras pastas apresentavam grande oposição, considerando uma pauta fortemente 'negativa' e que não estaria, conforme argumentavam, dentro de suas atribuições institucionais. Externamente, lideranças da sociedade civil criticavam o que parecia ser uma atitude de 'lavar as mãos' por parte da ministra Marina Silva, pois consideravam que os ministérios não agiriam no controle do desmatamento, visto a ligação direta dos mesmos com iniciativas estimuladoras de degradação na região."

O que Capobianco escreveu no livro e eu apurei nas minhas entrevistas é que foram semanas de discussão sobre a forma de criação do Grupo de Trabalho Interministerial. Havia uma regra, por exemplo, segundo a qual os ministros não podiam mandar qualquer representante — ou iria o titular da pasta, ou, no máximo, o secretário executivo, para não cair naquela tendência de Brasília em que grupos interministeriais, no fim das contas, acabam sendo tocados pelo quinto escalão. Estar na Casa Civil tinha uma fragilidade e uma força. Um ministro não pode convocar outro, mas o chefe da Casa Civil pode. Essa era a força do decreto. A fragilidade é que o ministro José Dirceu, à frente da Casa Civil, não tinha qualquer intimidade com a causa. Ele admitiu de público que nada entendia do assunto, mas, ao mesmo tempo, sempre teve uma atitude construtiva, o que facilitava as coisas. Só que toda hora o debate emperrava em algum ponto.

Na hora de formalizar a comissão dos ministros, o debate enrolou logo no nome do grupo. O MMA queria que o objetivo fosse reduzir o desmatamento e que isso estivesse consagrado no nome. Alguns ministros achavam temerário. Houve a sugestão de se usar uma palavra menos afirmativa e mais condicional, como buscar reduzir, ou procurar reduzir. Marina fincou pé. O decreto foi editado no dia 3 de julho de 2003. O nome ficou afirmativo: Grupo de Trabalho Interministerial para a Redução do Desmatamento. O debate continuou na formulação do plano. Qual deveria ser a meta do governo, qual seria o limite da ambição?

— Uma coisa que a gente colocou enfaticamente é que o plano não iria estabelecer um percentual. Porque se a gente coloca um percentual e cai mais, ótimo. Mas, se acontece o contrário, passa a ser uma vitória que vira uma derrota — explicou Marina.

Capobianco se lembra dessa conversa acalorada em que, em determinado instante, a ministra disse que se era para ter meta ela seria zero. Levar o desmatamento a zero. Enquanto o debate interno dava vitórias a Marina, era preciso, porém, atacar em outra área, a da repressão aos crimes.

Como *nasceu* a delegacia de *crimes ambientais*

O que Marina Silva se lembra da refrega inicial do PT, pela primeira vez no poder, é que ela ajudou a criar preciosas parcerias. Como a que foi feita com o ministro da Justiça, Márcio Thomaz Bastos, por exemplo. Houve um momento essencial em todo esse processo que foi a criação da delegacia especializada em meio ambiente na Polícia Federal. O delegado Jorge Pontes tinha um velho sonho de ter essa delegacia e já havia conversado sobre isso com Marina quando ela era senadora.

— Senadora, eu sou Jorge Pontes, estou aqui com um projeto, vê se a senhora ajuda a gente. Quando estiver com o ministro da Justiça, defenda essa ideia — explicou o delegado na sua peregrinação pelo Congresso.

Pontes tinha a proposta de criar uma delegacia especializada havia muito tempo. Veio pensando nisso devagar, desde os anos 1980. Aqui temos que fazer uma volta no tempo, mas vale a pena ouvir a narração dele. Mostra como é lento o trabalho de avanço institucional.

— O negócio, para você entender, é o seguinte: não havia área de meio ambiente na Polícia Federal. Não existia, não existia. Era como se os crimes ambientais não fossem algo relevante. Quando havia crime ambiental, os delegados mal sabiam o que fazer. E havia uma insensibilidade muito grande. A PF estava atrás de drogas. O clique que me deu de que era preciso haver um setor especializado foi um dia em que eu estava numa operação antidroga no Rio e paramos um barco no Recreio. O agente levantou a lona e disse: "Não é nada, não, são só tartarugas." Eu falei: "Cacete, tem umas 80 tartarugas e não é nada, não?" A gente estava atrás de 60 quilos de pasta base, mas 80 tartarugas a gente acha normal. Isso foi nos anos 80. Quando eu fiz concurso para delegado, apresentei uma proposta enorme, com exposição de motivos, para a criação da área especializada. Eu mostrava e falava: "Olha o prejuízo que isso está causando para o Brasil." Depois eu fiz uma viagem aos Estados Unidos, por minha conta, e passei 15 dias no Fish and Wildlife Service, voltei e propus uma área de repressão a crimes ambientais. Aí, tudo o que tinha crime ambiental, eles me chamavam. "Olha, tem aquele delegado lá." E qualquer coisa era: "Chama o Pontes."

O delegado apresentou a proposta em 1996 e, em 2001, no final do governo Fernando Henrique, foi criada uma divisão, mas sem qualquer estrutura.

— Eu tinha horror de político, então eu me lembro que para tentar convencer da necessidade de criação da área especializada eu falei com três políticos. O Fernando Gabeira, a Denise Frossard e a Marina Silva. Isso no governo FHC. A Marina era senadora. Eu cheguei e falei: "Senadora, eu sou Jorge Pontes, delegado da Polícia Federal, e tenho essa ideia aqui." Aí, o Lula foi eleito e em 2003 a Marina assumiu como ministra. Eu pensei: "Não tem como eu passar por cima de todo mundo e ir falar com a ministra, sendo eu um delegadinho, chefe de divisão sem estrutura."

Marina lembra que ele a procurou, sim, e tão logo ela assumiu:

— Ele vinha falando comigo desde a época do governo Fernando Henrique, quando eu era senadora, mas não havia dado certo. Eu tinha acabado de chegar ao ministério e o Pontes me liga e diz que era hora de criar a delegacia especializada de combate a crimes ambientais. Eu falei: "Então venha aqui." Nós tínhamos que ir no Márcio [*Thomaz Bastos*] e falar antes que ele fosse brifado contra. Eu tinha acabado de chegar e descoberto que havia *briefing* para ministro. Vinha alguém e dizia para não fazer determinada coisa. Toda hora tinha alguém falando comigo: "Não vai nessa onda do Capô, do Tasso, eles não têm experiência administrativa, estão achando que isso é ONG." Pensei: "Se eu estou sendo brifada, os outros também estão." Queria ser a primeira a falar com ele sobre o assunto. Liguei: "Márcio, tenho uma coisa séria aqui na área de meio ambiente, quero uma conversa urgente." Ele disse: "Se puder vir agora, eu posso conversar." Eu disse: "Vamos, Pontes." Fomos e explicamos a ideia. Ele chamou o secretário executivo e se comprometeu na hora a criar a estrutura. Márcio Thomaz Bastos foi um grande parceiro nosso.

Foram criadas 27 Delemaphs, Delegacias de Repressão a Crimes contra o Meio Ambiente e Patrimônio Histórico. Elas cumpriram um papel relevante. Naquele momento, nasceu esse braço da burocracia de repressão, essencial para o combate ao crime ambiental. E o problema era urgente. O desmatamento continuava intenso. No governo Bolsonaro, a delegacia foi desmobilizada. Em 2023, o governo Lula elevou ainda mais a ambição. O ministro da Justiça, Flávio Dino, não quis apenas reforçar a delegacia de crimes ambientais. Logo que assumiu anunciou que estava criando uma diretoria para o combate aos crimes ambientais. Nível muito mais elevado na hierarquia. E necessário, porque, do outro lado, o crime ambiental também atingira outro patamar.

O meio ambiente está em *toda parte*

A palavra "transversalidade" é longa, quase pesada. Mas tem o mesmo significado do que o escritor Guimarães Rosa escreveu ao falar da natureza que amou: "O sertão está em toda parte, o sertão é dentro da gente." Com esse sentimento se trabalhou no Ministério do Meio Ambiente pelo decreto que criava o Grupo de Trabalho Interministerial para a Redução do Desmatamento. Foi editado em julho de 2003. Em setembro, eles conseguiram um avanço em um dos projetos: o de aumentar a transparência dos dados. A ideia da equipe do MMA era a mesma pela qual se batiam há muito tempo alguns cientistas do Inpe, como Gilberto Câmara.

Marina tentava convencer o ministro da Ciência e Tecnologia, na época, Roberto Amaral, a divulgar a série histórica em formato digital. Gilberto Câmara havia avisado que os dados estavam disponíveis, mas ele não tinha autorização para divulgar. Havia dados por estado e por fitofisionomia, não por município. Mas era a transparência avançando. Marina levou Capobianco para a conversa com o ministro Roberto Amaral. O ministro disse que não podia divulgar. Marina então subiu, foi ao presidente Lula. Ele mandou divulgar.

Entretanto, ainda eram os dados do passado. Havia indicações de aumento do desmatamento no tempo presente, mas não o número. No começo de 2005, ficou pronto o indicador referente a 2004. Esse era inteiramente da administração Lula. O número era péssimo. Seria apresentado na reunião do grupo interministerial. Essa reunião ficou na lembrança de vários participantes. Estavam presentes Marina e Capobianco, os ministros Ciro Gomes, da Integração Nacional, Alfredo Nascimento, dos Transportes, Roberto Rodrigues, da Agricultura, o embaixador Everton Vargas, do Itamaraty, Miguel Rossetto, do Desenvolvimento Agrário, o ministro da Ciência e Tecnologia, que já era Eduardo Campos. Da Casa Civil, estava o secretário executivo Swedenberger Barbosa.

Marina e Capobianco mostraram os dados. O desmatamento havia batido em 27,7 mil km^2. Ficou um ambiente fúnebre. A reação de Swedenberger foi imediata:

— Esse dado é péssimo para o governo.

Seguiu-se uma discussão. Gilberto Câmara lembra que Swedenberger completou a frase dando um prazo de 30 dias para o Inpe mudar o dado e ele respondeu:

— Nem 30 dias, nem 30 meses. O Inpe não é a casa da Mãe Joana. O dado é este.

Marina, segundo conferi com outras fontes, encerrou a discussão, afirmando:

— Eu sou a maior prejudicada com esses dados. Eu confio no Inpe.

Esse número entraria para a história do desmatamento como o segundo pior do Brasil, perdendo apenas para o dado de 1995, divulgado em 1996 no governo Fernando Henrique. Capobianco, no relato dessa reunião, disse que a reclamação foi geral, mas não se pensou em não divulgar. Perguntei se a Casa Civil tinha reclamado do número e ele disse:

— Todo mundo reclamou do número. Em nenhum momento o governo tentou não divulgar. O número era ruim mesmo, principalmente para nós. Nós estávamos a mil por hora e veio aquele número. O que houve na reunião foi muita reclamação, e o Ciro, então, iniciou uma discussão metodológica.

Na reunião, Ciro começou a fazer perguntas.

— Gilberto, espera um pouco, me explica esse dado — pediu.

E seguiu-se uma verdadeira sabatina.

Naquela época, o Inpe trabalhava apenas com um satélite, o Landsat. Não tinha o Cbers ainda. Havia certas áreas da Amazônia que estavam encobertas quando o satélite passava. Às vezes, quando ele voltava, 16 dias depois, a mesma área permanecia encoberta. Até na estação seca várias partes costumam ficar cobertas por nuvens.

— Ninguém tinha falado isso para ele, mas, como o Ciro é muito inteligente, ele ficou me apertando e apertava onde doía — conta Gilberto Câmara.

— Gilberto, como é que você faz com a parte que está encoberta?

— Eu estimo.

— Como estima?

— Eu pego a imagem como um todo. Tem áreas com nuvens e áreas sem nuvens. Eu meço o desmatamento e digamos que deu 100 km^2. Eu estimo que deu o mesmo nas áreas encobertas.

— E quanto dá a área estimada por ano?

— Dois mil km^2.

— Como é que você pode reportar aquilo que você não viu?

O interrogatório foi tenso, mas Gilberto, em vez de ficar bravo, se sentiu desafiado.

— Ele pegou na ferida, mas eu expliquei que no ano seguinte, quando aquela área estivesse visível, eu iria descontar, ou corrigir. Não haveria dupla contagem.

— Mesmo assim — disse Ciro, inconformado.

De novo, Marina reafirmou que estava ao lado do Inpe, que acreditava nos cientistas e que o número era terrível para ela, mas precisava ser divulgado.

— O dado do Inpe é o dado do Inpe, eu vou preservar a instituição — teria dito Marina.

Desde o começo do governo, Marina vinha pedindo a Gilberto que fornecesse dados mais ágeis que permitissem ao governo implementar alguma forma de ação imediata contra o crime.

— Não consigo fazer uma política contra o desmatamento dessa forma — dizia a ministra. — Estamos falando do passado. Eu quero ter dado em tempo real.

No início de 2004, ela deu um xeque-mate. Precisava de informações mais rápidas. O diretor de Fiscalização do Ibama, Flávio Montiel, é descrito pelos colegas como um cara cheio de energia que ficava em cima do presidente do Ibama, Marcos Barros, querendo saber para onde devia mandar as equipes de fiscalização. Mas, sem os dados, isso não era possível.

— Aí tivemos uma reunião com o Gilberto e o Dalton [*Valeriano*] e pedimos uma solução — relata Capobianco. — Isso foi, se não me engano, logo depois do lançamento do PPCDAm, em março de 2004. A gente fez o pedido de um sistema que mostrasse o desmatamento em tempo real. Aí eu me lembro que o Gilberto olhou pro Dalton, o Dalton olhou pro Gilberto e o Gilberto disse: "Bom, a gente responde daqui a algum tempo. Deixa a gente pensar."

Gilberto Câmara e Dalton Valeriano, pesquisador do Inpe, entraram imediatamente em ação. Aquele desafio só poderia ser vencido com um salto tecnológico. Resolveram então montar um sistema com outro satélite, o Modis, que tinha pior resolução, de 250 em 250 metros, mas a vantagem de passar todo dia sobre a Amazônia. Convocaram um grupo de técnicos para serem treinados a identificar as imagens de baixa resolução. O nome do novo instrumento passaria a ser alerta de desmatamento, porque era isso que ele teria de ser, apenas um aviso, mais do que passar a ideia de precisão de um número. Quando fossem identificados muitos alertas numa região, a indicação seria a de que ali era um lugar para enviar a fiscalização. Foi essa ferramenta que permitiu que o Plano de combate ao desmatamento tivesse sucesso.

— Foi uma loucura! — exclama Capobianco. — Três meses depois eles trouxeram o Deter pronto. Foi uma coisa chocante. Eles montaram em três meses.

— Foi um empenho muito grande — lembra Marina.

Não foi fácil tecnicamente, mas assim nasceu o Deter, um "sistema de levantamento rápido de alertas de evidências de alteração da cobertura florestal", como está definido até hoje no site do Inpe. O objetivo era orientar a fiscalização, mas não só internamente, para o governo. O Deter foi concebido como uma plataforma aberta, uma ferramenta de internet. Numa apresentação do novo sistema no Palácio do Planalto para ministros, no começo de 2004, os dados foram projetados na parede. Um dos ministros quis saber onde estavam aqueles dados. "Na internet", explicaram os integrantes da equipe do Meio Ambiente.

— Como assim, na internet? Quer dizer que se um sueco quiser saber, lá na Suécia, o que foi desmatado, onde foi desmatado, quando foi desmatado e quanto foi desmatado na Amazônia, ele poderá entrar no sistema e saber? — perguntou o ministro.

Era exatamente isso. Um sueco ou um brasileiro. Os dados passariam a ser divulgados de forma digital. A informação poderia ser jogada no mapa de tal forma que permitiria identificar exatamente os polígonos do desmatamento. Enfim, estava sendo informado o "onde" e não apenas o "quanto" da destruição. Esse novo sistema de informações rápidas seria a melhor ferramenta do plano de combate ao desmatamento, que estava nascendo. O Deter tornou possível o PPCDAm. O Deter era excelente para a fiscalização e a supervisão da sociedade. E tudo começou a mudar da água para o vinho, porque os fiscais poderiam ir imediatamente aonde estava havendo o desmatamento. Mas Marina tinha outra encomenda ao Inpe:

— Sempre no fim do ano havia a COP, Conferência das Partes, da ONU, para discutir o clima. Não podíamos ir para a reunião em dezembro de 2005 apenas com os dados de 2004. Precisávamos de uma estimativa de como aquele ano havia sido.

O número horrível que eles tinham na mesa era aquele 27,7 mil km², que se referia ao ano de 2004, mas refletia o que acontecera de agosto de 2003 a julho de 2004. Mas, no fim de 2005, quando houvesse a COP11 de Montreal, no Canadá, o ano, para efeito de desmatamento, já teria terminado em julho. A expectativa era de que esse dado começasse a refletir todo o esforço de fortalecimento do Ibama, das novas ferramentas do Inpe, da visão integrada dentro do governo com o envolvimento de vários ministérios, das ações de fiscalização. Era preciso antecipar a divulgação. Mas como? O processamento do Prodes, ou seja, do Projeto de Monitoramento do Desmatamento na Amazônia Legal por Satélite, o sistema que vê o desmatamento em termos anuais, é complexo. Um seminário para discutir o assunto na sede do instituto, em São José dos Campos, no interior de São Paulo, foi então organizado. A equipe do MMA foi para lá. O Inpe respondeu que antecipar dados seria mais complicado.

— Fomos para São José dos Campos — detalha Marina. — O Inpe disse: para poder avançar e ter dados preliminares em novembro ou dezembro, temos que incluir um *pool* de satélites. Não dá para fazer só com o Landsat, porque o período de retorno dele é muito longo. Foi liberado um recurso para o Inpe usar outras imagens. Quando embarcamos para Montreal, já levamos a primeira estimativa do desmatamento do próprio ano de 2005.

No discurso feito em Montreal, no dia 8 de dezembro de 2005, Marina anunciou que o desmatamento havia caído:

— É com grande satisfação que compareço aqui para anunciar que, pela primeira vez, desde 1997, verifica-se redução nas taxas de desmatamento da Amazônia. Os dados de 2005, divulgados pelo Brasil há dois dias, apontam uma acentuada redução de 31% das nossas taxas. É importante notar que se verificou queda nas taxas de desmatamento em todos os estados amazônicos, mas essa queda foi particularmente forte nas áreas onde houve maior intervenção do governo federal, por meio do Plano de Ação para Prevenção e Controle do Desmatamento na Amazônia, o mesmo plano que apresentamos em Buenos Aires.

Em 2005, o desmatamento ficou em 19 mil km². Uma enormidade, mas era o começo de uma nova tendência. As taxas cairiam ano após ano. Fora resultado de um esforço considerável a antecipação dos prazos de cálculo do desmatamento para o período entre o fim de novembro e o começo de dezembro de cada ano. O número oficial do desmatamento anual é dado pelo Prodes, o sistema de monitoramento que consolida todas as informações de satélites. Se o Prodes conseguisse antecipar o dado anual do desmatamento, este poderia ser mostrado nas reuniões climáticas da ONU.

Durante uma década, o Brasil tomou decisões acertadas, fez um trabalho minucioso de construção institucional e se tornou referência para o mundo. Em 2012, o desmatamento foi de 4.571 km², nosso menor número até hoje. Em 2021, o Brasil viveria a situação oposta à de 2005, época em que foi feito grande esforço para aumentar a transparência. No penúltimo ano do governo Bolsonaro, o Ministério do Meio Ambiente foi para a COP26, em Glasgow, na Escócia, e escondeu a informação de que o desmatamento aumentara. Mas continuemos com as histórias virtuosas, porque há muito a contar desse passado para ajudar no futuro imediato. O maior acerto do passado foi ter criado o PPCDAm, mas o que mesmo tem esse plano?

PPCDAm, o sonho é possível

Um avanço nas políticas públicas nunca começa do nada e, quando é bem-feito, sempre tem resultado prolongado. O PPCDAm, plano do qual só é íntimo quem trabalha na área, virou algo concreto que teve reflexo benéfico por muitos anos. É o Plano de Ação para Prevenção e Controle do Desmatamento na Amazônia Legal. É de 2004, mas começou a ser elaborado desde o primeiro dia da equipe da ministra Marina Silva no cargo, em 2003.

Conto no livro *Saga brasileira*, de 2011, que muita coisa aconteceu antes do Plano Real para que ele tivesse sucesso e que muitas outras coisas vieram depois para consolidá-lo. Vi a mesma dinâmica do sucesso longo quando analisei os antecedentes e os desdobramentos do PPCDAm na luta contra o hiperdesmatamento. São histórias, na economia e no meio ambiente, que têm similaridades. A destruição florestal precisava ser combatida pelo governo inteiro. Por isso todos aqueles passos anteriores contribuíam para que o plano desse certo. O lema interno no Ministério do Meio Ambiente era: ou vamos com tudo e todos ou não conseguiremos.

Além de alguns ministros, que achavam que o governo não deveria prometer redução de desmatamento sem saber se poderia cumprir a promessa, alguns estados também se opuseram. O governo de Mato Grosso não queria estar integralmente no bioma Amazônia, que, como já explicado, tem uma regra de preservação de 80% da mata desde o governo Fernando Henrique. O IBGE teve que definir as fronteiras, e 50% do estado ficou na Amazônia. De fato, é um estado que também se estende pelo Cerrado.

Aquele grupo interministerial, já no decreto, estabelecia trabalho para todos os ministérios. Incentivos fiscais para a proteção do meio ambiente seria assunto da Fazenda, do Planejamento e do Desenvolvimento. Respeitar a ideia de sustentabilidade nos projetos de infraestrutura, assunto do Ministério dos Transportes e do das Minas e Energia. Geração de emprego e renda nas áreas desmatadas, tarefa para o Ministério da Agricultura. Combate ao desmatamento seria assunto do Ministério da Justiça, da Polícia Federal, da Polícia Rodoviária Federal, do Exército, do Ministério da Ciência e Tecnologia, do Inpe. É por isso que o assunto tinha de ser coordenado pela Casa Civil, porque distribuía missões e, pior, dava prazos.

Havia ainda no decreto a obrigação de que o grupo apresentasse ao presidente da República, em 30 dias, a contar da data da publicação, um "plano de ação" com medidas emergenciais. Além disso, o grupo teria de fazer reuniões bimestrais para avaliar a implementação do plano e propor medidas complementares. Em Brasília há um velho truque — quando não se quer resolver um problema, cria-se um grupo ou uma comissão. E o assunto parece estar em debate, mas fica, na verdade, postergado. Marina tinha criado um grupo para funcionar, distribuiu tarefas, pediu resultados e estabeleceu prazos. Foi uma trabalheira, mas funcionou.

Desse grupo de trabalho surgiu o PPCDAm, em março de 2004. Foi apresentado como o início da "maior investida" já realizada no país para combater a retirada de madeira ilegal da Região Norte. O plano, que nasceu com um orçamento de R$ 364 milhões, foi lançado em cerimônia com a presença de Lula e com data para sair do papel e ir para o cotidiano do governo. Em agosto, os diversos órgãos já estavam com a mão na massa. Pode se perguntar hoje: era muito ou pouco esse valor de R$ 364 milhões? O contexto era de aperto fiscal no início do primeiro governo Lula. Não havia como ampliar despesas.

O MMA encontrou o caminho do dinheiro num tempo de escassez: foram analisados os Planos Plurianuais já aprovados e destinaram-se os recursos que já estavam no Orçamento. Essa foi a diretriz. Os 13 ministérios encaminhariam verbas já existentes no programa a ações que possuíam sinergia. Equipes e recursos fiscais foram reorganizados. Por isso o programa já nascia com dinheiro que parecia muito para aquele contexto.

Lula tinha acompanhado tudo, mas, evidentemente, não ficou mergulhado nos detalhes. No dia do lançamento do PPCDAm, Marina e alguns assessores diretos subiram ao terceiro andar do Palácio do Planalto para apresentá-lo oficialmente ao presidente. Depois, desceram juntos para a cerimônia. Lula então fez uma pergunta.

— E os recursos?

— Serão R$ 364 milhões — respondeu Marina.

— Como assim? Quem autorizou?

Um dos assessores de Marina conta que pensou: "Nós estamos numa situação difícil." E começou a explicar que não era recurso novo, era dinheiro do orçamento dos ministérios, apenas a junção de linhas orçamentárias já existentes que estavam sendo reorganizadas com maior sinergia.

— Ah, bom — disse Lula, e desceram para o anúncio.

O plano estabelecia exatamente o que deveria ser executado em oito áreas para se combater o desmatamento. As ações abrangiam o combate em si à prevenção do fogo, a criação de Unidades de Conservação e Terras Indígenas e o aumento dos assentamentos rurais. Enfim, para encurtar a conversa, nessas oito áreas estabeleceu-se o planejamento detalhado de 149 atividades, todas com o mesmo objetivo: reduzir o desmatamento. Cada atividade contava com um responsável, com período de execução e forma de avaliação definidos.

No relato de Capobianco em *Amazônia, uma década de esperança*, ele diz que "a elaboração do PPCDAm envolveu diretamente 54 integrantes das equipes de 12 ministérios responsáveis, tornando-se o primeiro esforço registrado no histórico de formulação de políticas públicas para a Amazônia a mobilizar um conjunto tão expressivo de profissionais de diferentes setores do governo federal na definição de estratégias e prioridades". Assim se caminhou nos anos seguintes. Para tudo dar certo, uma ferramenta foi o Deter, o tal sistema que detecta o desmatamento em tempo real e alerta o governo. O Ibama sabia onde atuar, a PF tinha os dados para a ação preventiva, o Ministério Público podia ter uma ação mais efetiva.

Como os dados eram todos públicos, fossem bons ou ruins, a sociedade se envolveu e acompanhou cada passo dessa caminhada, que, durante anos, reduziu o desmatamento. Foram organizados seminários com técnicos do governo e especialistas da sociedade civil. Uma vez por ano, a ministra comandava esses seminários, que incluíam o Greenpeace, o Imazon, o Instituto de Pesquisa Ambiental da Amazônia (Ipam), entre outras instituições não governamentais, misturadas aos órgãos governamentais Inpe, Ibama, Empresa Brasileira de Pesquisa Agropecuária (Embrapa) e Instituto Nacional de Colonização e Reforma Agrária (Incra). Tais encontros foram realizados anualmente até 2010 e considerados valiosos para o sucesso da política.

Foram o PPCDAm, que orientava o governo com ações concretas e objetivos claros para 13 ministérios, e o envolvimento da sociedade que levaram o desmatamento da taxa de 27,7 mil km², em 2004, para 4.571 km², em 2012. O número ia caindo ano a ano, porém, como se percebia que havia risco de ele voltar a subir, foi necessário dar mais um aperto em todas as metas. Mas o primeiro número depois do plano, o de 2005, já mostrou o começo dessa vitória. O PPCDAm levou a um *boom* de áreas protegidas. Segundo Capobianco, "entre 2004 e 2009 foram criadas 40 UCs na Amazônia, somando 26 milhões de hectares". Em apenas seis anos, "o PPCDAm ampliou em 76%" a área total protegida nos 43 anos anteriores desde que João Goulart criou, em 1961, a Floresta Nacional do Caxiuanã, no Pará. Foram, ainda, homologados 10 milhões de hectares de Terras Indígenas.

Um estudo do Imazon informa que a primeira Unidade de Conservação criada na Amazônia foi o Parque Nacional do Araguaia, em 1959, na Ilha do Bananal, em Tocantins. "Do total de Unidades de Conservação existentes em 2010, quase 40% foram criadas no período entre 2003 e 2006", revela o estudo. Houve também uma onda de criação de áreas protegidas estaduais. Esse é o círculo virtuoso da política pública. O Deter permitiu que o PPCDAm fosse bem-sucedido e o PPCDAm criou Unidades de Conservação num ritmo nunca visto e foi a base para a criação do Fundo Amazônia. Por meio desse fundo, entraram recursos de colaboração internacional para financiar novas ações de combate ao desmatamento. O sucesso veio de todas as ações somadas.

A Polícia Federal foi para a rua atrás do crime ambiental, mas em ações integradas com o Ibama e as polícias estaduais, com critérios técnicos e planejamento. O resultado foi impressionante. As operações fecharam 1.500 empresas clandestinas, apreenderam mais de 1 milhão de m^3 de madeira, levaram à prisão de 659 pessoas, inclusive servidores dos governos federal e estaduais. Algumas operações tiveram mais impacto do que outras, mas uma delas viraria um marco de referência na história do comando e controle na área ambiental, a Operação Curupira.

Marina no empate *federal*

No dia 2 de junho de 2005, mais de 480 policiais federais e 40 fiscais do Ibama saíram bem cedo às ruas em Mato Grosso, seguindo o que vinha sendo preparado havia 22 meses. Marina Silva estava na cabine de comando da mais decisiva ação do governo contra o desmatamento. A Operação Curupira entraria para a História. Foram feitas outras antes dela, houve muitas depois, mas naquele dia ocorreria a maior, a mais emblemática, a mais lentamente preparada. Quando a operação foi deflagrada, por um instante Marina voltou no tempo:

— Como eu gostaria que o Chico Mendes estivesse vendo essa operação... Para ele, seria inacreditável a gente estar fazendo o empate institucional.

A estratégia de Chico Mendes contra a derrubada de árvores era pacifista. A técnica era chamada de "empate". Binho Marques conta como era:

— O empate era uma coisa incrível. Juntava homem, mulher, criança, todo mundo, e ficava em frente à motosserra. Era emocionante, porque os manifestantes faziam discursos, davam as mãos e cantavam o Hino Nacional. Isso sensibilizava os trabalhadores do desmatamento e eles ficavam sem coragem de enfrentar o povo. Os empates foram sendo vitoriosos e foram ganhando a opinião pública.

Naquele dia de 2005, a ministra, que quando jovem também abraçava árvores, acompanharia o desfecho da operação. Foram presas 100 pessoas em Mato Grosso na luta contra o desmatamento e a venda de madeira ilegal. Chico Mendes, que havia sido perseguido pela polícia, gostaria, sim, de ver toda a força do Estado, mas dessa vez em favor da proteção da Natureza.

Dias antes, homens de preto e de óculos escuros entravam à tarde no Hospital Sarah Kubitschek, em Brasília. Dirigiam-se a uma sala contígua a um quarto onde estava internada a ministra Marina para um tratamento de água no fêmur. Era a preparação da Operação Curupira. Eles nada informavam que a ministra não pudesse saber e ela nada perguntava que pudesse ferir a necessidade do sigilo da ação. Havia, porém, preparativos e a ministra estava sendo consultada, porque partira do próprio ministério o alerta para alguns dos ilícitos que se combatiam. Marina mantinha segredo do que sabia. Entre seus auxiliares, e na própria Polícia Federal, poucos sabiam exatamente o que estava para acontecer. Naquelas tardes, em lugar tão inusitado quanto um hospital de reabilitação, foram sendo detalhados pontos da grande operação contra o desmatamento na Amazônia.

Marina ficou 40 dias no Sarah Kubitschek. A terapia exigia internação e longas horas com a perna numa tração, além de intervenções com injeções no local. O médico Aloysio Campos da Paz, fundador do hospital, havia montado um escritório perto do quarto da ministra. De lá ela administrava o ministério. O que mais a angustiava é que o dia da operação estava chegando. Nos últimos 20 dias da sua hospitalização, aquelas visitas começaram. Na semana final, os homens de preto iam todos os dias. Chegavam sempre às cinco da tarde. O entra e sai chamava a atenção dos outros pacientes. Campos da Paz foi cravado de perguntas. Quem eram aquelas pessoas que chegavam às cinco em ponto? Dias antes da deflagração, Marina pediu para sair. O médico negou, disse que ela precisava ficar mais alguns dias. Ela recorreu à diretora executiva:

— Doutora Lucinha, eu preciso ir embora, convença o doutor Aloysio a me dar alta.

Foi do MMA que ela pôde ver a força do Estado brasileiro sobre os mesmos adversários contra os quais caminhara nos anos 1980, no Seringal Bagaço, sob as ordens e as esperanças de Chico Mendes. Marina e dois assessores, os únicos informados da operação, prepararam todo o material para a imprensa, explicando o objetivo e os alvos daquela ofensiva contra os criminosos do desmatamento. Na madrugada do dia 2 de junho de 2005, ao se dirigir a quem chefiaria a operação, pelo lado do ministério, ela pediu que não houvesse pirotecnia:

— Nós vamos pegar pessoas suspeitas de serem criminosas, mas seus pais, seus filhos, seus amigos não são. Todo cuidado na operação.

Do seu gabinete, Marina ligou para o maior adversário da política ambiental daquele tempo, o governador de Mato Grosso, Blairo Maggi, que a acusava de incompetência, de atrapalhar o agronegócio. Junto com o governador de Rondônia, Ivo Cassol, eram os grandes inimigos da política que estava sendo implantada. E a operação acontecia exatamente em Mato Grosso. Foi uma surpresa para Blairo, e até para os assessores da ministra que ouviram a conversa, o tom conciliador com o qual Marina a conduziu. Contou que a operação estava deflagrada e que, naquele momento, os alvos estavam sendo atingidos.

— Governador, o que está acontecendo no seu estado é uma coisa boa. Eu sugiro que você não fique reativo, não fique contra a operação. Dê um sinal de que você está favorável à investigação, do contrário, o estado estará assumindo a defesa de bandidos.

Do outro lado da linha, um perplexo Blairo Maggi ouvia. Marina propôs que eles fizessem uma reunião para construir uma agenda. Assim Mato Grosso, que estava sendo visto como vilão, por ser o estado que exibia as maiores taxas de desmatamento, poderia passar a contribuir para a solução. Maggi ouviu em silêncio, sem se comprometer com aquela mão estendida. Os policiais baixaram na Fundação Estadual de Meio Ambiente (Fema) de Mato Grosso e levaram tudo. Computadores, arquivos, tudo. O secretário de Meio Ambiente, Moacir Pires, saiu preso. A reação do governador foi nomear um interventor na Fema e depois fechá-la. Mas não desistiria da sua posição.

Blairo Maggi achava que a política ambiental estava arruinando o agronegócio. Ele havia sido definido pelo jornal inglês *Independent* como "estuprador da floresta" e havia recebido o "prêmio" Motosserra de Ouro, dado pelo Greenpeace como forma de constranger quem defende o desmatamento. O pior para Blairo tinha sido aquele título dado pelo *Independent*. Isso o incomodou profundamente, como ele mesmo admitiria, em entrevista à *Folha de S.Paulo*: "[...] acho uma injustiça. Em resumo, não gostei." Entre as várias declarações controversas que ele emitiu em entrevistas na época, uma delas era a de que não dava para desenvolver o país "catando coquinho". Eu o entrevistei na televisão nesse período e era fácil perceber que, ainda que liderasse o movimento contra a política ambiental, ele estava desconfortável no papel de vilão. Isso poderia ser ruim para os seus negócios.

O paranaense Blairo Maggi acumulava, naquele momento, o cargo de governador do estado que mais desmatava no país e o posto de dono da empresa brasileira que mais exportava soja. Queria ser reeleito em 2006 e ambicionava sonhos maiores. Ele fingiria seguir o conselho da ministra.

Reformulou a legislação ambiental do estado e deu entrevistas tentando mudar sua imagem. Mas, depois da reeleição ao governo de Mato Grosso, voltaria com mais força em seu combate contra o MMA. Os integrantes da equipe de Marina dizem que jamais foi possível estabelecer uma agenda comum com o então governador de Mato Grosso.

Marina dedicou algumas horas naquele dia da Curupira às ligações para jornalistas, aos quais ela quis explicar o objetivo e o peso da operação. Seu telefonema me alcançou em Mato Grosso do Sul. Eu estava na Reserva Particular do Patrimônio Natural (RPPN) Fazenda Rio Negro, na época de propriedade da ONG Conservação Internacional, conhecendo o trabalho de biólogos, pesquisadores e ambientalistas na proteção do Pantanal. A notícia da Curupira já havia chegado à reserva, mesmo num período em que a comunicação era deficiente. Chegou com uma surpresa. O nome de Carlos Hummel, o diretor de Florestas do Ibama, entre os presos causou espanto. Os ambientalistas que estavam no local e o conheciam não podiam conceber que ele tivesse algo a ver com aquilo. Funcionário de carreira do Ibama, ele era considerado um dos melhores servidores da área. Trabalhador, dedicado à proteção ambiental e com reputação de absolutamente sério. Por isso o sentimento entre ambientalistas era misto. Havia torcida pela operação e perplexidade com a notícia da prisão de Hummel.

Também no ministério a inclusão do nome dele na lista causou espanto e tristeza. O presidente do Ibama o defendeu. A ministra disse que ainda não recebera o inquérito que o incriminava. Descobriu-se, em seguida, que era de fato um erro. Foi corrigido, mas submeteu Hummel a constrangimentos narrados 20 dias depois pelo jornalista Élio Gaspari, em sua coluna da revista *Veja*. "Depois de ser tratado como foragido, Hummel se apresentou à Polícia Federal em Brasília. Viajou algemado para Cuiabá." O procurador Mário Lucio Avelar o acusara de ter autorizado operações ilegais que teriam permitido a comercialização de 10 milhões de m^3 de madeira. Ficou preso quatro dias. Não havia prova alguma contra ele. Na coluna "Ser direito dá cadeia", Gaspari conta como foi: "No dia 7, depois de passar quatro noites na cadeia, o engenheiro soube pelo procurador que seria solto. Só então iriam ouvi-lo. Com a palavra, o delegado Tardelli Boaventura, responsável pela Operação Curupira: 'O procurador acompanhou o interrogatório. A Polícia Federal não tinha nada contra ele. No final, o procurador concluiu que não deveria sequer ter indiciado ele.'"

Quatro dias depois de iniciada a Curupira, a *Folha de S.Paulo* publicou a entrevista concedida pelo deputado Roberto Jefferson a Renata

Lo Prete, denunciando a existência do que ficou conhecido como "escândalo do mensalão". O governo entrou em parafuso, o país passou a girar em torno do desdobramento da notícia, que acabou em uma Comissão Parlamentar de Inquérito (CPI) num Congresso conflagrado. Enquanto isso, o Ministério do Meio Ambiente tentava combater crimes ambientais no estado de um dos mais poderosos governadores que davam sustentação ao governo. Junho de 2005 foi vivido no Brasil com extrema tensão e intensidade.

Houve outros momentos decisivos na luta contra o desmatamento. Eles dão lições básicas sobre como é possível vencer o crime na floresta. É esclarecedor entender cada detalhe, saber os bastidores desses momentos decisivos, olhar os números, avaliar as políticas. O Brasil precisará agora conhecer essa história.

O decreto *voador*

No final de 2007, havia inquietação no MMA. O desmatamento anual havia caído para 19 mil km^2, em 2005, 14,3 mil km^2, em 2006, e 11,9 mil km^2, em 2007, já como resultado do PPCDAm. Contudo, alguns dados mostravam que começava uma reversão que poderia aparecer nos dados de 2008.

A proposta do ministério foi baixar um decreto draconiano, que ficaria na História como um tempo em que o governo dobrou a aposta no combate ao desmatamento. O decreto cortava o crédito de quem desmatasse. Mas era mais que isso. Estabelecia que as propriedades rurais em municípios com mais desmatamento não teriam crédito, as áreas poderiam ser embargadas, os produtores responderiam nas pessoas física e jurídica. Marina convencera o presidente a transformar até o ato da assinatura do decreto numa simbologia de que o governo não recuaria.

A medida acirrou o conflito interno entre as forças que defendiam o agronegócio e as que sustentavam a atuação do ministério. Até quem era a favor das medidas ambientais achou que o decreto, ao cortar o crédito por município, não fazia distinção entre o joio e algum eventual trigo. Um alto funcionário da época, comprometido com a política ambiental mas assustado com a medida, definiu da seguinte forma a situação:

— Era assim: atira em todo mundo, sem saber quem é culpado ou inocente, sem saber quem é temente a Deus ou ao diabo. Mata todo mundo e Deus vai escolher os dele.

Na equipe do ministério, o decreto era apresentado como a única solução naquele momento. Não era possível enfraquecer quando o outro lado queria testar a convicção do governo. As vitórias dos anos anteriores tinham sido palpáveis. Queda de 32% em 2005, 25% em 2006, 18% em 2007. No final daquele ano, os primeiros dados que entrariam na conta de 2008 traziam esses sinais de alerta que o decreto tentava combater. Marina disse ao presidente que seria preciso aumentar a repressão ao ilegal. O decreto foi preparado com esmero. A área técnica da Casa Civil olhou cada detalhe cuidadosamente para nada sair errado. A lembrança que ficou nos integrantes do governo foi a de que a preparação deu muito trabalho.

A assinatura seria em grande estilo e, portanto, teria que ser na própria Região Amazônica. Voaram todos para Manaus. Ficaram hospedados na base militar. Lula chegou cansado e se recolheu para descansar até a hora da cerimônia. Foi quando aconteceu um fato inesperado. Capobianco pediu a um funcionário do cerimonial o texto final do documento para fazer a derradeira verificação. Nada podia dar errado, nenhuma vírgula poderia estar fora do lugar. Normalmente os textos são preparados pelo Palácio, impressos com brasão e colocados em pastas específicas, com várias cópias. Capobianco pediu para ver essa versão final impressa, mas o responsável no cerimonial disse simplesmente:

— O decreto não veio.

— Não? Como assim?

— Não veio.

Capô saiu lívido e foi atrás da ministra.

— Marina — disse, quase gritando —, o decreto não veio!

— Meu Deus, não pode ser. Preciso falar com o Lula, ele tem que assinar esse decreto. Veja se tem fax aqui.

Lula dormia. Marina sentou-se no chão, à porta do quarto do presidente e esperou. Lula, ao sair, tomou um susto com a ministra sentada ali.

— Querida, o que você faz aqui?

— Lula, você terá que assinar num fax — contou de chofre.

O Decreto nº 6.321, de vida inicial tão tumultuada, criaria outros problemas, seria o pomo de novas discórdias, mas, naquele dia 21 de dezembro, terminou assinado com todas as suas ameaças pesando sobre os desmatadores. No governo, tentou-se revogar essa lei várias vezes. E haveria novos dias de empate federal nesse esforço para manter o desmatamento em queda no Brasil.

O voo da *discórdia*

— Me lembro de tudo naquele voo. Até da cor do manche — me disse uma das fontes com quem conversei sobre um momento inusitado no governo Lula.

Houve vários dias tensos na longa luta contra o desmatamento. Talvez o mais inesperado tenha sido 30 de janeiro de 2008. Nesse dia houve o voo que aqui narro. No helicóptero do Exército, os passageiros representavam os dois lados em guerra. Marina, sua equipe e o Inpe, de um lado. De outro, o então governador de Mato Grosso, Blairo Maggi, e seus assessores. No meio, o ministro da Agricultura, Reinhold Stephanes, e o general Enzo Peri, comandante do Exército. Era um tira-teima. O Inpe havia alertado sobre um grande aumento do desmatamento e Marina divulgara o alerta. Maggi dizia que os dados e os especialistas haviam lhe garantido que isso era mentira. Tudo desaguaria na sala do presidente Lula. Impasse. Essa história é tão surpreendente que é preciso contar como aquele estranho voo foi marcado.

A reunião no Palácio do Planalto estava tensa. Segundo um participante que eu ouvi, foi a reunião mais tensa da qual ele havia participado no governo. Lula estava furioso. Normalmente, ele contemporizava, batia nas costas, resolvia conflitos de uma forma mais leve. Estava bravo naquele dia.

— Por que vocês divulgaram esse número sem preparar a divulgação? — perguntava Lula.

O número era de que o desmatamento voltara a crescer. O Ministério do Meio Ambiente convocara uma entrevista, no começo de 2008, para contar que os alertas de desmatamento haviam crescido repentinamente. Como eram monitorados com lupa, tinham apontado um movimento atípico nos meses de chuva, a partir de outubro de 2007. Chamaram Gilberto Câmara, do Inpe, e pediram que ele checasse. Ele disse que o desmatamento não apenas havia aumentado, como continuava aumentando. Marina então decidiu convocar uma coletiva para contar logo a má notícia, argumentando que se o ministério só chamava a atenção quando a taxa caía, era hora de fazer o contrário.

Fez-se a coletiva e a notícia caiu como uma bomba: o presidente se irritou com a divulgação intempestiva e convocou todo mundo para aquela reunião. A ministra Dilma Rousseff, da Casa Civil, o ministro Sérgio

Rezende, da Ciência e Tecnologia, o ministro Reinhold Stephanes, Marina e parte de sua equipe. Marina apresentou todos os dados que já havia mostrado aos jornalistas. Lula estava inconformado.

— Mas vocês não podiam ter feito a coletiva — dizia ele.

— Presidente, a credibilidade do governo depende de a gente informar sempre. Você não pode informar apenas quando tem boa notícia. A credibilidade aumenta quando se divulga a má notícia — respondia Marina.

— Deveria ter preparado antes — prosseguia Lula.

Lula já mostrara que era a favor da divulgação. O problema era o momento. Fora extemporâneo. O ministério nunca havia convocado uma reunião em início de ano para falar de dados de alerta de desmatamento. No MMA se temia que, como os números eram públicos, alguém de fora do governo acabaria notando. Seria preferível estar na ofensiva, sendo o primeiro a divulgar a má notícia. A equipe também explicou ao presidente que era um número impactante e seria melhor o próprio governo chamar a atenção, porque, afinal, o desmatamento vinha caindo havia três anos.

Lula surpreendeu a equipe do MMA. Disse que o problema maior é que os números poderiam estar errados. Contou que havia recebido dados bem diferentes de Blairo Maggi, que estava se colocando de forma cada vez mais clara contra o ministério. O Decreto nº 6.321 havia sido a gota d'água. Dois anos antes, a Operação Curupira pegara em cheio o seu governo e ele fingira recuar. A Fundação do Meio Ambiente, onde foi encontrado o maior foco de corrupção, já não existia, mas, em troca, a Secretaria de Meio Ambiente estabelecera um sistema próprio de medição de desmatamento e se fizera acompanhar do economista Evaristo Miranda, da Embrapa, o mais conhecido negacionista. Todo desmatador que quer provar que o problema não existe começa usando os números de Evaristo. Ele se aposentou em 2023, depois de décadas de serviços prestados a quem quisesse duvidar dos números oficiais do desmatamento.

Com ele e um sistema de verificação de desmatamento montado às pressas, Blairo colecionara números e supostas provas de que as informações do Inpe estavam erradas. E desembarcou no gabinete do presidente, garantindo que ele assinara um decreto absurdo e sustentado por dados exagerados e radicais. Lula balançou. Afinal, a política ambiental estava colhendo frutos na redução de desmatamento, mas criando uma série de fricções com diversos aliados — os políticos ligados ao agronegócio. Os dados que Evaristo de Miranda sempre produzia para quem quisesse provar que não havia desmatamento no Brasil pareciam sólidos. Por isso Lula falou firme sobre os números poderem estar errados. Essa era a dúvida que ele passara a ter. Os representantes do Ministério do Meio Ambiente e do Inpe lhe garantiram que os dados do governo estavam corretos. No entanto, a dúvida permanecia.

Aí foi o momento de Marina surpreender a todos:

— Se tem dúvidas, vamos checar.

— Checar como? — perguntou alguém na sala.

— Ué, basta pegar um desses helicópteros em que cabe um monte de gente e vamos pra lá.

"Lá" era a maior floresta tropical do planeta. "Lá" é um mundo. Como assim, "vamos pra lá"? Uma das fontes que me relatou a conversa disse que imediatamente pensou: "Ah, a Marina... que ideia louca. O Lula vai dizer que isso é loucura."

Lula, porém, surpreendeu também:

— É isso aí. Só tem uma condição, levem o Blairo junto. Então vai você, Marina, vai o Stephanes, o Sérgio Rezende, e leve o Blairo. Quero o Blairo junto.

Viagem marcada, no dia 30 de janeiro chegaram todos os integrantes do governo à Base Aérea e lá estava o monstro: o enorme helicóptero Panther. Foi entrando gente. Ministros e assessores. A ministra do Meio Ambiente foi com Capobianco e o secretário Carlos Vicente. Do Ministério da Ciência e Tecnologia foi o secretário executivo. Do Inpe, foram Gilberto Câmara e Dalton Valeriano, com mapas, papéis, documentos. Foram também o ministro da Agricultura e o ministro da Justiça, Tarso Genro. Em Sinop, Mato Grosso, entrou Blairo Maggi, com seus papéis, mapas, certezas e assessores. Tudo era aparentemente muito cordial. A tensão estava no ar. O piloto pôs a mão no manche para comandar aquela estranha viagem. Era verde-escuro o manche.

O plano de voo era visitar alguns polígonos, exatamente aqueles nos quais o Inpe vira desmatamento e o novo serviço de monitoramento de florestas montado por Blairo negara. Dadas as coordenadas, voaram. Foram até Marcelândia, o primeiro dos 36 municípios mato-grossenses com mais desmatamento. Saíram para o sobrevoo e o que viram foi desmatamento. Blairo reagiu.

— Isso aí não foi desmatamento, foi fogo.

— Gilberto Câmara ia falando "polígono tal, coordenada tal", e, quando se chegava lá, estava aquela baita destruição — contou-me um dos passageiros.

Na equipe do Inpe havia um problema. O instituto tinha feito o dever de casa e estudado todo o relatório elaborado por Evaristo de Miranda em que ele indicava vários pontos de erro nos dados do Inpe. Os cientistas do instituto analisaram cada divergência. Tudo estava preparado, mas quem conhecia mais profundamente todo aquele trabalho, do ponto de vista técnico, era o Dalton. Competente, com doutorado no exterior, ele sabia exatamente como explicar cada item do extenso relatório, porque era o coordenador da área. O problema é que, diante da tensão dentro daquele aparelho, ele se encolheu. Difícil ir para o confronto com tanta autoridade presente. Era um técnico, afinal de contas. Passou a falar o mínimo possível e coube ao presidente do Inpe, Gilberto Câmara, falar pelos dois.

Seguiram as coordenadas em direção a outro polígono em que o Inpe dizia que tinha havido desmatamento e o relatório de Blairo garantira que não. Quando chegaram, estava lá tudo destruído. Houve uma cidade em que quase desceram, mas muitos moradores vieram correndo ver o que era aquilo e eles não puderam pousar. O constrangimento do governador foi aumentando. O helicóptero parou na Base do Cachimbo, no Pará. O ministro Tarso Genro falou ao ouvido de Gilberto:

— Diretor, relaxa. Vou falar pro Lula que o Inpe tá certo.

A equipe do ministério, que sempre garantira confiar cegamente no Inpe, sabia que se algo desse errado eles estariam todos perdidos. A equipe do Inpe também.

— O constrangimento do Blairo foi ficando cada vez mais evidente — lembra um viajante daquele voo. — Eu estava sentado mais atrás, mas dava para ver. Ele tinha dito que o Deter estava 100% errado. E, na verdade, as evidências mostravam o oposto.

— A reação do Blairo e do Stephanes foi ficando chocante — recorda-se outro participante da viagem, sentado mais perto do governador. — O Stephanes havia se colocado contra o decreto e se impressionara com o relatório do Blairo. Houve um momento em que o próprio Blairo disse: "Tudo bem, chega, está bom, vamos voltar."

Quando saíram do helicóptero, o saguão da Base Aérea estava tão lotado que parecia fim de Copa do Mundo, como comparou um dos viajantes. Nesse instante, uma das minhas fontes apressou o passo para ouvir o que o ministro da Agricultura diria aos repórteres.

— E aí, ministro, como foi?

— Comprovado. O desmatamento é real — declarou Stephanes.

Não podia levar imprensa no voo. Fora uma decisão do governo. Mesmo assim, a *Folha de S.Paulo*, em outro avião, saindo de Cuiabá, acompanhou parte do trajeto. O repórter Rodrigo Vargas viajou junto com o superintendente de Infraestrutura da Secretaria de Estado de Meio Ambiente (Sema), Salatiel Araújo. Foram em direção a uma área em que o Inpe detectara 4 mil km² desmatados. Mesmo diante das evidências, o superintendente disse aos repórteres que aquilo era resultado de "queimada". Gilberto Câmara rebateu:

— Não é uma queimada natural. A metodologia do Inpe considera áreas desmatadas as que estão suficientemente degradadas. Considerar [*isso*] como queimada é sofisma.

O ministro Sérgio Rezende estava vitorioso ao sair do voo. Disse aos jornalistas que os dados do Inpe tinham entre 95% e 97% de segurança.

— Em ciência, nunca há 100% de certeza — ensinou o ministro, que é físico, e deu uma alfinetada: — Curioso é que quando o Inpe informava que o desmatamento estava caindo, ninguém questionava o dado.

Foram muitos momentos assim, de disputa interna, de escolhas difíceis. A história de todas as boas políticas públicas tem a mesma dinâmica: o terreno precisa ser preparado antes, exige decisão de quem comanda o Executivo e requer capacidade de resistência de todas as pessoas que as executam. Aquela política de combate ao desmatamento iria enfrentar reveses. Muitos. No entanto, muito se aprendeu com aqueles anos de inauguração de uma visão macroambiental nas decisões do governo. O PPCDAm e seu sucesso nos levaram a outra vitória de impacto internacional.

Tomate, *a* pedra filosofal do *Fundo Amazônia*

O êxito da política contra o desmatamento levou o Brasil para mais longe. O país passou a ser um protagonista no debate global do clima e descobriu como era possível desenvolver mecanismos concretos para a proteção das florestas. Parece simples, posto assim, mas foi uma longa jornada, com emoção, reviravoltas e surpresas. Tradicionalmente, o Brasil se opunha à inclusão da redução das emissões provenientes de desmatamento na agenda do clima. O Itamaraty, sobretudo, achava que isso poderia suscitar intervenção em assuntos de soberania nacional. Tratava-se de resquício de um velho e persistente equívoco brasileiro: a ideia da cobiça internacional sobre a floresta. No fundo, era a defesa do "direito" de destruir, já que a floresta é nossa.

O Mecanismo de Desenvolvimento Limpo, que veio ainda do Protocolo de Kyoto, tratado internacional assinado em 1997, contou com a participação de negociadores brasileiros no seu desenho. Nele, a ideia básica era que para combater as mudanças climáticas seria preciso transformar a energia e os transportes. Isso geraria créditos de carbono e um mercado de compra desses créditos para que países ricos cumprissem suas metas. As duas áreas sempre foram fortes emissoras de gases de efeito estufa, principalmente nos países de industrialização madura. O problema é que no Brasil a maior parte das emissões vem do desmatamento, então, não incluir combate ao desmatamento nesse mecanismo representava um prejuízo para nós mesmos. Quando o desmatamento caía, nós não ganhávamos nada com isso nesse mercado.

Esse posicionamento começou a mudar durante as negociações internacionais em torno do clima ocorridas naqueles anos dos governos Lula, primeiro e segundo, em que se lutou contra o desmatamento com método e um plano. Desde a época do Protocolo de Kyoto, o Brasil era um dos líderes da posição de que florestas não entram nos debates sobre mudança climática. E seguiu assim tanto nas reuniões das COPs quanto nas reuniões da Convenção da Biodiversidade.

Essa foi a mudança de paradigma daqueles anos. De integrante da coalizão do veto, o Brasil se tornou, a partir de 2006, o país ativo nas propostas de solução de proteção das florestas com incentivos internacionais. Isso não apenas nos levou do "não" ao "sim", ou seja, do bloqueio à cooperação, como fez do Fundo Amazônia um exemplo concreto, e pioneiro, de solução para que países desenvolvidos financiassem os esforços de conservação dos países florestais. Acabou também nos levando a aceitar a criação de metas nacionais, coisa que o Brasil nunca quis. O argumento para rejeitá-las baseava-se na tese de que as metas deveriam ser estabelecidas para os países que mais poluíram ao longo da História e não para os países de renda média e baixa, pois isso criaria obstáculos ao seu desenvolvimento. Muitos equívocos somados, como esse, se eternizaram na posição brasileira. Era a leitura literal do princípio que orientava essas negociações das "responsabilidades comuns, porém diferenciadas". Claro que o princípio é indispensável, todavia é evidente que ele não nos desobriga de estabelecer metas.

Na COP de Montreal, no final de 2005, quando Marina anunciou aquele primeiro bom resultado do PPCDAm, estava surgindo o esboço de um mecanismo para estimular a redução do desmatamento. Com pagamentos aos países que conseguissem isso. Era o RED (Redução da Emissão de Desmatamentos), que, na evolução da ideia, ganhou mais um D, de "degradação florestal", e depois um +. Hoje é REDD+, com a cobertura também do esforço contra a degradação e em favor da proteção das florestas.

O assunto no Brasil começou a avançar primeiro na sociedade, para só depois chegar ao governo. Pioneiros nesse debate, os ambientalistas Paulo Moutinho, do Ipam, e Márcio Santilli, do ISA, escreveram juntos um *paper* sobre o tema naquele momento inaugural. A ideia era que, sim, o Brasil precisava ter financiamento para a proteção da floresta. O Ipam, *think tank* criado em 1995, promoveu um evento paralelo à COP6, em Haia, na Holanda, em 2000, questionando o fato de o Protocolo de Kyoto não ter incluído florestas como fontes de geração de crédito de carbono. Depois disso, e nos anos seguintes, organizou uma série de debates no Brasil, e durante as COPs, com outras organizações não governamentais, amadurecendo a proposta de que houvesse canais que levassem dinheiro para a proteção das florestas. O RED, depois REDD+, era um mecanismo em que doações financiam a redução das emissões por desmatamento e degradação. O mundo estava começando a entender de forma gradual o que hoje parece óbvio, que floresta e clima são indissociáveis.

Em 2006, a reunião anual dos países foi em Nairóbi, no Quênia, e o Brasil tinha então dois bons resultados para mostrar. O primeiro é que o desmatamento no ano anterior caíra de 27,7 mil km² para 19.014 km². O segundo bom resultado era que naquele ano, 2006, o dado preliminar, levado para a conferência, mostrava nova queda, agora para 14 mil km². Nessa reunião foi proposto que os países elaborassem projetos dentro da ideia de incentivar a redução das emissões pela queda do desmatamento. O debate ficou intenso dentro do governo e uma pessoa-chave foi Tasso Azevedo, que, na época, era o fundador e primeiro diretor do Serviço Florestal Brasileiro. No começo de 2007, as conversas entre as equipes dos ministérios do Meio Ambiente, das Relações Exteriores e de Ciência e Tecnologia giravam em torno de como evitar experiências negativas do passado.

Numa reunião em fevereiro de 2007, a grande questão era encontrar algo que fosse diferente do que existia até então. Durante a Rio-92 fora criada uma forma de estimular a proteção de florestas chamada Programa Piloto para Proteção das Florestas Tropicais do Brasil, o PPG7, pelo qual os países ricos financiariam projetos de conservação. Mas tudo era tão complexo e trabalhoso que só saiu em 1998. Os estudos e os pequenos projetos eram feitos com monitoramento do Banco Mundial, que mandava missões, impunha condicionalidades. O que a burocracia brasileira sustentava é que, fosse qual fosse o caminho, não se deveria repetir a trilha do PPG7.

Mas qual a alternativa? Tasso Azevedo é apontado como a pessoa que teve a ideia original que levou à criação do Fundo Amazônia. Tudo, claro, na esteira do amadurecimento da longa discussão que começou nos *think tanks* brasileiros sobre como encaminhar recursos externos de combate à mudança climática para financiar a proteção das florestas e da biodiversidade. A formulação desse Fundo na sua forma final teve uma passagem curiosa.

— Eu estava num supermercado que só tem em Brasília, o Big Box, e tive um estalo na banca do tomate — descreve Tasso. — Pensei: "Você paga mais pelo tomate orgânico, mas ninguém coloca uma plaquinha assim: pague mais pelo tomate porque da próxima vez que vier aqui o tomate será orgânico. Você paga mais porque o produto já é orgânico." Então é isso que nós vamos fazer. Como já está reduzido o desmatamento, vamos pensar num programa em que eles paguem pelo resultado já alcançado.

Esse deve ter sido o local mais estranho em que nasceu uma política pública. No avião que pegou em seguida, Tasso foi lendo uma reportagem sobre um programa que pagava por vacina aplicada na África. Era isso, então. O Brasil já tinha reduzido o desmatamento, o que impedira muita destruição, portanto, as emissões haviam sido evitadas. Isso estava sendo feito. O caminho livrava o país de fazer programas com as velhas complexidades e o estimularia a ir adiante com a política.

Foram feitas várias reuniões internas no governo com o propósito de se preparar uma apresentação para a COP13, que seria em Bali, na Indonésia. Na proposta, o BNDES seria o gestor do novo mecanismo. A ideia desenvolvida era usar os dados do Prodes de desmatamento de cada ano e compará-los com a taxa média dos últimos dez anos. Se o Brasil desmatasse menos do que a média, teria a receber; se desmatasse mais, descontaria depois. Elaboraram a proposta de se ter um Comitê Científico que calcularia quanto o país deixara de emitir de gases de efeito estufa pela queda do desmatamento. Isso significava que o desmatamento evitado passaria a ser valorizado. Calcularam que em cada hectare não desmatado o país estaria poupando a emissão de 100 toneladas de carbono. E chegaram ao preço de US$ 5 a tonelada. Tasso relata o debate que se travava:

— Muita gente perguntava: quem vai pagar por um troço já feito? Todo mundo achava a ideia boa, mas a dúvida é se convenceriam algum país a colocar dinheiro nisso.

Tasso pensava no tomate orgânico. O consumidor aceitava pagar mais pelo investimento já feito pelo produtor. Além disso, os anos de debate amadurecido nas organizações científicas não governamentais levavam naturalmente a essa ideia. Marina sempre defendera que derrubar o desmatamento era uma obrigação moral do Brasil, com vantagens intrínsecas. Mas se o já realizado fosse valorizado, melhor ainda. O interessante da proposta é que ela corria ao largo do sempre complexo mercado de crédito de carbono. O dinheiro oferecido ao Brasil pelo esforço já despendido de redução das emissões por desmatamento não geraria créditos para o país que investisse no mecanismo. Era fazer por fazer, porque o Brasil também tinha reduzido o desmatamento, pois avaliava ser a política certa, mas os ganhos eram globais.

Veio então a COP de Bali, no fim de 2007. As tensões internas no Brasil provocadas pela reação à política antidesmatamento cresciam. A preocupação na delegação brasileira concentrava-se em como seria aceita a proposta. Ela seria apresentada num *side event*. Nas COPs, as conversas se dão em linhas paralelas. A oficial, no plenário, é a menos interessante, mesmo assim pode ter momentos fortes nas grandes reviravoltas, nos discursos dramáticos feitos pelos representantes dos Estados-ilhas que estão submergindo, como Tuvalu, na Polinésia. As negociações, em si, acontecem em reuniões de grupos de diplomatas e ministros que varam a madrugada. E há os *side events*. Organizações não governamentais do mundo inteiro desabam nos países que recebem as Partes, como são chamadas as nações que assinaram a convenção. A cidade que acolhe uma COP é praticamente invadida por gente do mundo inteiro, delegações oficiais, jornalistas, ambientalistas, ativistas de todos os tipos, alguns dispostos a participar de manifestações em qualquer circunstância.

Em Copenhague, em 2009, eu andei de metrô em um ambiente que nada lembrava a metódica Dinamarca, mais parecia um trem da Central do Brasil em hora de *rush*. Houve um dia em que só consegui descer no local onde foi realizado o evento, o Bella Center, porque me deixei levar como parte do mar de passageiros desembarcando na mesma estação. Uma amiga que tentou abrir caminho até a porta por conta própria, só conseguiu descer na estação seguinte, e teve que ir a pé na gélida Copenhague até o centro de convenções. Manifestantes de todas as vertentes do ambientalismo cercavam de protestos o Bella Center e, às vezes, invadiam o local. A sala de imprensa foi imaginada para 3 mil jornalistas e éramos 4 mil. Tínhamos de chegar bem cedo para conquistar territórios. Na praça de alimentação, subdimensionada, disputávamos cachorro-quente. Os dinamarqueses nos olhavam como se fôssemos bárbaros.

A apresentação que Tasso Azevedo faria, em nome do Ministério do Meio Ambiente, seria num desses eventos paralelos em Bali, mas tinha ares até de encontro oficial, porque estavam presentes, na plateia, além da equipe do MMA, dois ministros brasileiros: Marina Silva e Celso Amorim, das Relações Exteriores. Um pouco antes de começar, Tasso explicou para a equipe do ministério que ele estava preocupado com o nome do produto que apresentaria. Era uma boa ideia, mas mal batizada, com um daqueles nomes enormes, burocráticos, que começava com "Programa Piloto para Proteção...". Aquilo poderia derrubar a apresentação.

— Se não tiver um nome mais atraente, não vai voar — reclamava Tasso.

Dez minutos antes de falar, ele teve outro estalo. O que estava ali não era nenhum programa-piloto de coisa alguma, mas um fundo, um fundo para a Amazônia. Pronto. Fundo Amazônia! E assim o diretor-geral do Serviço Florestal Brasileiro, Tasso Azevedo, subiu para falar. Na plateia, ele percebeu a presença de Erik Solheim. E isso, naquela noite, faria toda a diferença. Solheim era a Marina da Noruega, era o ministro do Meio Ambiente deles. Uma figura conhecida em seu país e em organismos multilaterais. Ele havia começado a vida pública como militante da Juventude Socialista, depois se elegeu parlamentar pelo Partido Socialista da Noruega. Assumiu três ministérios: o do Meio Ambiente, o das Relações Exteriores e o do Desenvolvimento Internacional. Mais tarde, foi diretor executivo do Programa das Nações Unidas para o Meio Ambiente.

Na verdade, o interessante da presença dele ali não se devia apenas a seu currículo, mas ao que havia acontecido nas 24 horas anteriores em Bali. Na véspera, o Banco Mundial fizera seu evento para falar de REDD+ e de iniciativas para estimular a redução do desmatamento. Todos os países desenvolvidos integrantes do banco estavam dispostos a financiar, juntando tudo, US$ 40 milhões. No dia seguinte, pela manhã, a Noruega expusera o seu projeto anunciando que iria investir, sozinha, US$ 500 milhões em programas de proteção de florestas. Tudo é tão intenso numa COP que nem todo mundo da delegação estava sabendo do volume de dinheiro que a Noruega colocara na mesa. Na tarde do mesmo dia, haveria a apresentação brasileira e o norueguês Erik Solheim compareceu, atento. Quando Tasso apresentou o recentemente batizado, e muito bem desenhado, Fundo Amazônia, Solheim pediu a palavra:

— Muito bem, vocês sabem que nós lançamos um mecanismo agora há pouco e queremos ser o primeiro contribuinte dessa iniciativa brasileira.

O espanto foi geral na delegação brasileira. Nem os diplomatas, nem os integrantes do MMA tinham a menor ideia de que aquilo aconteceria. O Fundo Amazônia continuaria assim, cercado de fortes emoções, com seus altos e baixos e sua característica única. Era dinheiro doado, não reembolsável, como pagamento pelo desempenho já demonstrado pelo Brasil na queda do desmatamento. Nasceu não como fundo público, para evitar os rigores dos contingenciamentos, quando parte do dinheiro do Orçamento é congelado por descumprimento de metas fiscais. Era fundo privado de interesse público, gerido pelo BNDES. O dinheiro financiaria atividades governamentais e não governamentais. O país doador não teria o poder de dizer para onde iria o dinheiro, nem teria, com a doação, direito a crédito de carbono. Mesmo assim, a Noruega entrou.

Euforia completa na delegação brasileira. O Fundo Amazônia estava taxiando na pista e poderia voar. Aquela coincidência de o evento da Noruega acontecer no mesmo dia da apresentação brasileira fora um alinhamento dos astros. Tasso Azevedo fazia as contas de cabeça e em voz alta.

— A gente reduziu as emissões em 200 milhões de toneladas. Se a Noruega quiser nos apoiar com 20 milhões de toneladas, terá que colocar US$ 100 milhões. Seria o equivalente a ter contribuído com 20 milhões de toneladas.

No dia seguinte, as manchetes dos jornais falavam que a Noruega prometera dar US$ 100 milhões para o Fundo Amazônia. Tasso se recorda:

— Eu pensei: "Pronto, morreu, não vamos nunca mais conseguir dinheiro da Noruega."

Eles continuaram firmes. Em março, veio ao Brasil uma delegação para começar a negociação, depois outra foi para a Noruega a fim de continuar as conversas. Tasso fez a sua apresentação até para o primeiro-ministro e o gabinete.

— Troquei um pouco o personagem da história. Achei que tomate poderia não ter o mesmo efeito e troquei para "*organic bananas*".

Hoje isso se chama Payment for Performance Finance, e o Fundo Amazônia foi seu precursor. A maior inovação é que o mecanismo capta os recursos pelo resultado que já aconteceu em escala nacional e o país doador desembolsa um valor não necessariamente vinculado a carbono. Ele financia projetos que vão resolver problemas concretos — da sociedade, dos pequenos produtores, do governo — que ajudam a preservar a floresta. Mas o país recebedor não precisa comprovar quanto reduziu. Antes de concluir a negociação do Fundo Amazônia, o enredo do combate ao desmatamento teve mais um lance dramático: a queda de Marina.

O filho de *Marina* *nos braços* de outro

A negociação com a Noruega, com idas e vindas de delegação, estava a pleno vapor quando uma notícia atravessou o cenário, provando o destino de fortes emoções em torno do Fundo Amazônia. No dia 13 de maio de 2008, a ministra Marina Silva pediu demissão em caráter irrevogável. A informação criava turbulência no Brasil e naquela mesa de negociação Brasil-Noruega. O Fundo afundaria antes de decolar? A notícia repercutiu no ambientalismo global. Quem liderara a mais bem-sucedida política antidesmatamento no Brasil estava renunciando ao ministério. O Brasil retrocederia?

Marina havia angariado prestígio internacional. O jornal inglês *The Guardian* a colocara entre as 50 pessoas do mundo que podiam salvar o planeta. A menina de Seringal Bagaço, preta, magra, que só se alfabetizara na adolescência, era a heroína improvável, mas incontestável, daquela façanha brasileira e ganhara o mundo naqueles anos de intenso trabalho. A pergunta feita em jornais do mundo inteiro era se a saída dela significava o fim do compromisso ambiental de Lula.

Tudo começou a se precipitar exatamente a partir das vitórias: o decreto que aumentou a punição para desmatadores e aquele voo de helicóptero em que ficou provado que o Ministério do Meio Ambiente estava certo ao se alarmar com a volta do desmate.

— Logo na sequência, a gente achava que ia correr para o abraço — rememora João Paulo Capobianco, descrevendo o ambiente da época. — Conseguimos fazer o decreto, implementar o decreto, mostrar que estávamos certos e reverter, já no mês de março, a tendência de alta do desmatamento. Isso teve muito impacto. Dei entrevista para o mundo inteiro. Quando começamos a ver o aumento, projetamos que fosse crescer 30%. Conseguimos inverter essa lógica. Era hora de correr para o abraço.

Os adversários da política ambiental passaram a dobrar a pressão contra Marina. Desde 2007, o Ministério do Meio Ambiente estava envolvido na costura do Plano Amazônia Sustentável, que seria uma espécie de guarda-chuva das ações ambientais do governo dali em diante. A ideia era terminar o trabalho institucional do formato pluriministerial da política ambiental. O lançamento era esperado com ansiedade. Horas antes do evento, Lula fez uma reunião prévia, convidando todos a ir ao Palácio. Foram até mesmo os governadores da Amazônia. Fora da mesa, numa cadeira, estava Mangabeira Unger, o secretário de Assuntos Estratégicos, que tinha uma visão completamente destoante do MMA em relação à Amazônia. Marina perguntou a um dos seus assessores.

— O que o Mangabeira está fazendo aqui?

Lula entrou, simpático, alegre, e disse, como se fosse um detalhe menor, que estava comunicando a todos, em primeira mão, que o coordenador do Amazônia Sustentável seria Mangabeira Unger. O governador de Rondônia, Ivo Cassol, aproveitou a deixa e criticou mais uma vez o decreto que bloqueava financiamentos para produtores de todas as cidades campeãs de desmatamento, e Lula falou algo que foi entendido como a promessa de se mudar o decreto.

Marina voltou para o ministério depois da cerimônia. Ligou para alguns aliados fiéis, o então governador do Acre, Binho Marques, e o ex-governador do estado Jorge Viana, e avisou que havia chegado o momento de sair. Reuniu os principais assessores e disse que pediria demissão. Ali mesmo começou a redigir a carta. Pediu a Bazileu Margarido, presidente do Ibama, que fosse o portador. Depois de cinco anos, quatro meses, 13 dias e uma coleção impressionante de embates e de vitórias, Marina arrumou suas gavetas para deixar o cargo e voltar para o Senado Federal.

— Eu quero que essa carta seja entregue ao Lula. Não pode ser na portaria. Quero que ele seja o primeiro a saber. Eu só não vou ligar porque ele não pode atender, está agora no Itamaraty, recebendo Angela Merkel. Bazileu, lacra essa carta, leva ao Palácio e diga que eu quero que o Lula leia antes de qualquer coisa. Entrega na mão do Gilberto Carvalho — pediu Marina, referindo-se ao chefe de gabinete da Presidência à época.

"Vossa Excelência é testemunha das crescentes resistências encontradas por nossa equipe junto a setores importantes do governo e da sociedade", escreveu ela na carta. A escolha de Mangabeira Unger para chefiar o Comitê Gestor do Plano Amazônia Sustentável ficaria para os registros históricos como o fator detonador. Mas o que estava claro àquela altura do conflito entre grupos de interesse dentro do governo Lula é que Marina perdia espaço. Não para Mangabeira, que conseguiu entrar e sair do governo sem dizer a que veio, mas para a chefe da Casa Civil, Dilma Rousseff. Durante todo o tempo em que Marina conviveu com José Dirceu, à frente da Casa Civil, ela se sentiu respaldada. Dilma, no entanto, que ocupou o lugar de Dirceu, era defensora de um tipo de proposta de crescimento econômico que frequentemente colocava as duas em polos opostos. O conflito em torno das hidrelétricas na Amazônia estava latente. Marina jamais daria licença para a construção da Usina Belo Monte, no norte do Pará, e Dilma sabia disso.

O primeiro conflito entre as duas por uma hidrelétrica havia acontecido longe da Amazônia. A Usina de Barra Grande fica entre Santa Catarina e o Rio Grande do Sul. A licença que a empresa de engenharia Engevix havia conseguido no governo Fernando Henrique partia de uma fraude. Ao descrever a vegetação que teria de ser suprimida, o estudo de impacto ambiental apontava que era um "capoeirão". Quando o paredão de 180 metros ficou pronto e teria que haver mesmo o corte das árvores, já no governo Lula, descobriu-se que se tratava de uma preciosa Mata Atlântica com 5 mil araucárias centenárias. Marina ficou contra o corte, Dilma, então ministra de Minas e Energia, ficou a favor, e José Dirceu mandou parar tudo para tentar encontrar uma saída. Abatido pelo escândalo do mensalão, Dirceu deixaria o governo. Aquelas 5 mil araucárias foram as primeiras vítimas da ida de Dilma para a Casa Civil. Ela arbitrou em favor da usina e as árvores foram derrubadas. O empreendimento, àquela altura, estava com o grupo Baesa, que reunia Bradesco, Camargo Corrêa e Votorantim.

Mais do que os embates localizados, a visão de mundo das duas mulheres fortes que cercavam Lula era totalmente diferente. Em janeiro de 2007, na primeira apresentação do Plano de Aceleração do Crescimento (PAC) no Planalto, a cena que vi prenunciava o irremediável conflito entre as duas. Marina, sentada na plateia junto com outros ministros, assistia, séria e calada, à apresentação de Dilma. No palco, com uma ponteira laser, Dilma explicava seus projetos de infraestrutura na Amazônia. A luz do laser atravessava sem cerimônia a floresta de um lado a outro. A Amazônia aparecia toda retalhada por rodovias, ferrovias, hidrelétricas. Nada naquela apresentação do PAC ficava a dever ao que os militares faziam durante a ditadura para apresentar seus projetos de impacto para a região. Lula queria acelerar o crescimento para garantir o sucesso do seu segundo mandato e fazer seu sucessor. A proposta de Dilma era bem mais sedutora para Lula, mas exigia licenciamentos ambientais mais rápidos e flexíveis.

Nesse período como ministra do Meio Ambiente, Marina havia sentido várias vezes o conforto do respaldo de Lula. No começo do segundo governo, por exemplo, ela chegou com a proposta de criar o Instituto Chico Mendes. Na reunião estavam a ministra Dilma, da Casa Civil, e o ministro Paulo Bernardo, do Planejamento. Marina chegou com o seu secretário executivo e o projeto foi apresentado política e tecnicamente. Dilma permaneceu em silêncio. Lula perguntou:

— Quais são os riscos?

— O risco é de greve no Ibama — disse Marina.

— Greve no Ibama? — indagou Dilma.

— Eu acho que vai ter greve. É uma questão corporativa.

— Por quanto tempo essa greve? — quis saber Dilma.

— Ah, eu acho que durante o período da aprovação da medida provisória — respondeu Marina.

— Isso é loucura. Presidente, nós não podemos ter greve no Ibama. Ainda mais quatro meses de greve.

Ficou um ambiente pesado no silêncio que se seguiu, quebrado por Lula.

— Ô, companheira, você me conhece muito bem. Eu não vou deixar de fazer uma coisa importante por causa de greve de funcionário, mas é o seguinte — e declarou, virando-se para o secretário executivo: — Você vai cortar o ponto dos grevistas.

A greve durou mesmo todo o período da tramitação. O desconforto entre os servidores que foram deslocados para o ICMBio, o Instituto Chico Mendes de Conservação da Biodiversidade, era enorme. Eles se sentiram durante um tempo no limbo. Nem eram do Ibama, nem deixavam de ser. Mais tarde, tudo se normalizou, com o Ibama na fiscalização e repressão aos crimes ambientais e o ICMBio na conservação.

Voltando ao seu pedido de demissão, Marina proibiu a equipe de tocar no assunto da demissão irrevogável em conversa com qualquer pessoa. O problema é que, meia hora depois, já estava na imprensa. Ela quis fazer por carta porque, em outro momento em que tivera dúvidas, Lula a convencera a ficar. Mas, dessa vez, ela achava que havia perdido as condições políticas de manter seu programa. Agora estava tentando salvar a política de controle do desmatamento — ao entregar o cargo, fazia da sua saída um gesto político.

A presença da chanceler alemã no Brasil foi uma dessas coincidências difíceis de explicar. O presidente Lula saiu do almoço com Angela Merkel e ambos foram falar com a imprensa. Um jornalista se dirigiu primeiro a Merkel, fazendo uma pergunta mais ou menos assim:

— Agora que Marina saiu do governo, como a senhora acha que ficará a política ambiental?

Ela olhou para Lula e respondeu:

— Eu espero que nada mude.

— Nada vai mudar — comprometeu-se Lula.

O ministro escolhido para substituir Marina Silva, o ambientalista Carlos Minc, na época era o secretário de Meio Ambiente do Rio de Janeiro. Lula ligou para o então governador do estado, Sérgio Cabral, e pediu autorização para desfalcar sua equipe. Lula recebeu o sim de Cabral, mas de Minc recebeu apenas um talvez. Ele, primeiro, queria entender em que terreno estava pisando. Falou com Izabella Teixeira, que era subsecretária de Meio Ambiente no Rio e funcionária do Ibama desde 1984. Minc a levaria para ser secretária executiva no MMA.

— Eu não tinha a menor ideia do que encontrar no ministério, por isso perguntei a Izabella o que fazer — relata Minc. — E ela me disse: "Antes de falar com a Dilma e o Lula, fala com a Marina." Eu fui para Brasília, conversei com Sarney Filho, que era da Frente Parlamentar Ambiental, e depois fui conversar com a Marina. Ela me deu o mapa da mina e pediu para eu manter algumas pessoas. Mantive metade do pessoal dela. O Tasso Azevedo, do Fundo Amazônia, por exemplo.

Minc conversou também com Capobianco, que explicou a ele toda a complicação do Decreto nº 6.321:

— O decreto é o ponto de não retorno. Se deixar esse decreto cair, você não terá governança na Amazônia. Esse é o seu ponto de honra.

Assim, Minc foi para o Palácio. Antes de ir, fez uma lista de dez pontos que defenderia na conversa com Lula. Manter o decreto seria um deles, mas ele queria garantir a integridade técnica do Ibama e ser ouvido a respeito de políticas de outros ministérios que tivessem ligação com a questão ambiental. Ele se lembra de que, na antessala presidencial, Dilma perguntou quem ele pensava em colocar no Ibama. Uma pessoa que assistiu à cena conta que Dilma também sugeriu mudanças no decreto. Minc não se lembra disso. Ele se recorda apenas que ficou uma hora conversando com Lula e Dilma para garantir o espaço.

Minc e Dilma tinham sido guerrilheiros do mesmo grupo na ditadura militar, a VAR-Palmares. Integrantes do governo lembram que quando os dois se desentendiam por alguma coisa, ele a chamava de *Wanda*, codinome usado por ela na clandestinidade.

— Quando a Dilma ficava brava, eu a chamava de Wanda, sim. Ninguém entendia nada. A senha era "calma, Wanda".

Aquela primeira reunião deu certo, mas Minc sabia que uma coisa era concordar no papel e outra, muito diferente, seria o dia a dia no governo.

— Moral da história: eu segui a orientação do Capobianco. O decreto ficou, mas o grande desafio que eu tinha era o de substituir a Marina. Marina é uma entidade. Entidade protetora da floresta. Imagina um ecologista do Rio chegar lá para substituir Marina.

Minc tinha ficado com a fama de ter sido no Rio de Janeiro o gestor que deu licenças ambientais da forma mais rápida, com menos burocracia. Era isso que se esperava dele. Ele estava disposto a fazer processos menos burocráticos, mas não a colocar em risco a política ambiental.

— Acreditavam que eu seria o carimbador maluco do Raul Seixas.

Na busca de um estilo próprio, Minc foi logo fazendo uma declaração forte, reproduzida naquele dia no *Jornal Nacional*, da TV Globo:

— Sim, aceitei o cargo. Poluidores, tremei.

Marina, ouvida, deu respaldo ao ministro que chegava.

— Conheço o Minc desde que ele tinha cabelo e ele corre o risco de perder um pouco mais. É um ambientalista que todos respeitamos — brincou ela, em conversa com jornalistas.

Nas entrevistas, Marina repetia a imagem bíblica:

— É melhor manter o filho vivo no colo de outro do que tê-lo jazendo no próprio colo. Tenho certeza de que o ministro vai ser capaz de mantê-lo vivo e fazê-lo crescer.

No Palácio, a dúvida era se Marina iria à posse de Minc. A ida seria um sinal de continuidade que diminuiria o desgaste do governo. O chefe de gabinete da Presidência, Gilberto Carvalho, ligou para Capobianco, conforme relato de quem acompanhou a cena.

— Escuta, se o Lula convidar Marina, ela topa participar da cerimônia de posse do Minc?

— Isso é um convite?

— Capô, você está há muito tempo no governo. Isso não é um convite. Se ele convidar?

Marina foi à posse. Ficou sentada lá com os outros convidados, enquanto Minc brilhava no palco. O poder tem pompas e circunstâncias apenas para os que participam dele.

Minc: do boi *pirata* *às metas* nacionais

Carlos Minc permaneceu no cargo por quase dois anos, até 31 de março de 2010, quando saiu para concorrer a deputado estadual. Seu período no Ministério do Meio Ambiente foi intenso, cheio de fatos que ocuparam manchetes e consolidaram as políticas ambientais iniciadas por Marina.

Depois de garantir a manutenção do decreto que estrangulava o crédito em municípios mais desmatadores, ele conseguiu que o presidente assinasse outro decreto, o de crimes ambientais. O Decreto nº 6.514, de 22 de julho de 2008, endurecia todas as penas para o crime ambiental e dava poderes às autoridades ambientais para apreender bois, serrarias, madeiras e outros bens em posse de infratores. O decreto regulamentava a Lei de Crimes Ambientais que o presidente Fernando Henrique editara após o surto de desmatamento que houve no governo dele. O decreto era ousado. Estabelecia o "perdimento" dos bens frutos de crime. A autoridade ambiental podia tomar tratores, caminhões, motosserras, quaisquer equipamentos encontrados em área de grilagem ou desmatamento ilegal. Até os bois Minc confiscaria.

— Você imagina, uma Justiça patrimonialista como a nossa e o decreto tomando os bens do infrator — comenta Minc. — Eles foram à Justiça, mas nossos procuradores foram ao Supremo dizendo que patrimônio maior era o patrimônio do povo brasileiro. E que, se fosse esperar, as florestas desapareceriam. Ganharam.

Com essa nova lei na mão, o Ibama e a Polícia Federal programaram outras operações de combate ao desmatamento. Uma delas, a Arco de Fogo, havia começado em fevereiro, antes de sua posse, mas ganhou notoriedade durante o período Minc. Ao contrário da discreta Marina, Minc fazia de cada operação um espetáculo midiático. Dizia que estava indo a campo caçar o boi pirata. De dez em dez dias ele embarcava nas operações do Ibama e da Polícia Federal. Vendo tudo de perto, foi resolvendo problemas. Havia uma tensão entre o Ibama e a Polícia Federal. A PF achava que o Ibama não deveria ter posse de armas. E nisso não tinha razão. E se queixava de que eles faziam trabalho conjunto, mas que, na hora da coletiva, só o Ibama aparecia. Minc corrigiu isso. Além do mais, ao ir junto, ele viu de perto pequenos entraves que acarretam grandes aborrecimentos.

— Eu me liguei muito a eles, porque eu ia junto. Via que eles não tinham carro, que furava o pneu, que faltava comunicação, que não tinha dinheiro para a alimentação. Eu priorizava a fiscalização e eles achavam engraçado um ministro que não era da Amazônia e ia de dez em dez dias nas operações.

Minc também participou de operações das Forças Armadas, tentando, com alguma habilidade, superar desencontros do passado. Ele lembrou o período em que esteve preso na ditadura militar:

— A última vez que eu tinha dialogado com as Forças Armadas estava num pau de arara. Portanto, não era a pessoa mais adequada. Mas chamei um tal coronel Padrone que tinha um bom diálogo. Eu dizia sempre para os militares: "Não podemos perder o verde da nossa bandeira." E eles respondiam: "Selva, selva." Acabamos nos entendendo.

Quando a Operação Arco de Fogo chegou a Paragominas, no Pará, vinda de Tailândia, município mais ao norte do estado, eu estava lá e acompanhei a atuação da PF. O cerco levou as elites da cidade a mudar de estratégia. Em vez de resistirem às operações de comando e controle, resolveram montar um plano para buscar o desmatamento zero em Paragominas. O plano foi muito bem-sucedido e levou a um movimento maior, que também vi nascer, de criação dos municípios verdes.

No combate ao crime, Minc montou uma verdadeira operação de guerra para movimentar os bens dos infratores. De maio a outubro foram apreendidos 25 mil bois que pastavam em áreas públicas griladas e de desmatamento. A operação se concentrou nos estados do Pará, de Rondônia e Mato Grosso, onde estavam os casos mais graves de desmatamento. Para se ter uma ideia do estilo do novo ministro, ele avisava antes o que ia fazer:

— Senhores pecuaristas, tirem os vossos boizinhos das terras dos índios, tirem os vossos boizinhos dos parques nacionais. Senão eles vão virar churrasquinho no "Fome Zero".

Quem não ouviu o delicado convite perdeu mesmo os bois, que foram destinados ao programa de combate à fome.

— Ninguém acreditava de início. Diziam: "Ah, aquele cara do Rio de Janeiro, que usa colete, não vai tirar boi nenhum aqui. A gente tem um juiz que também é criador de gado, chefe de política também cria gado." O Ibama notificava e, se em 30 dias nada acontecesse, confiscava. Ficava caracterizado crime ambiental continuado, o que demonstrava a urgência da apreensão.

Minc é, ao mesmo tempo, um furacão e um enxadrista. Costuma pensar antes de agir. E assim ele se envolveu em muita polêmica, mas sabia sair delas. Logo que chegou à Esplanada dos Ministérios, achou que precisava fazer um movimento em direção à Mata Atlântica, já que era o seu bioma, que fica, entre outros, no estado do Rio. Procurou saber em que estado o desmatamento era maior. Era Pernambuco, que tinha apenas 4% de mata remanescente. Mandou o Ibama multar todo mundo. Foi multa de R$ 230 milhões. No dia seguinte, entraram em sua sala o governador de Pernambuco, Eduardo Campos, e o ministro das Relações Institucionais, José Múcio, também de Pernambuco, criticando o chefe do Ibama no estado.

— Nós temos um problema, porque fui eu que mandei ele multar — provocou Minc.

Os dois saíram dali direto para falar com Lula, que também é de Pernambuco. Minc sabia que receberia ligação do Planalto.

— Ô, Minc, você já chegou criando confusão em Pernambuco, logo em Pernambuco?

— Calma, presidente, eu vou propor um TAC e tudo vai se ajeitar.

No Termo de Ajustamento de Conduta (TAC) assinado com os usineiros pernambucanos, eles se comprometeram a replantar parte da Mata Atlântica que, indevidamente, haviam suprimido.

Em outra confusão, também fora da Amazônia, Minc conseguiu impedir o plantio de cana-de-açúcar no Pantanal. Tinha havido muita compra de terra no planalto pantaneiro na esperança de que fosse autorizado o plantio da cana naquele bioma. Mas Minc se moveu como o jogador de xadrez que havia sido na adolescência. Fez movimentos estratégicos. Foi à Embrapa e viu que havia terras disponíveis em outros biomas, portanto, não seria necessário avançar sobre o Pantanal nem sobre a Amazônia. Depois foi à União da Indústria de Cana-de-Açúcar, a Unica, e disse que os usineiros estavam entrando numa "canoa furada". Se houvesse um desastre ambiental no Pantanal, eles seriam responsabilizados, independentemente de onde produzissem.

O ministro ganhou a discussão interna no governo, mas foi alvo de um destemperado ataque de ódio do então governador de Mato Grosso do Sul, André Puccinelli, que, na época, deu a seguinte declaração:

— Minc é um veado, fumador de maconha, se fizer uma maratona no Pantanal eu o alcanço e o estupro em praça pública.

Por meio de sua assessoria, Minc respondeu chamando o governador de "truculento ambiental". A repercussão da fala do governador foi tão ruim, que ele acabou fazendo aquele estranho tipo de pedido de desculpas que viraria moda na época de Bolsonaro. Disse que pedia desculpas "na hipótese de os comentários terem gerado ofensa ao ministro". O fato é que Minc excluiu o Pantanal e a Amazônia das áreas que podiam ter indústria de cana-de-açúcar e tanto o governador André Puccinelli quanto o ministro Reinhold Stephanes, da Agricultura, perderam.

Havia, porém, outras lutas a lutar em plena Amazônia. E Minc entrou em outra confusão, dessa vez com o ministro de Minas e Energia, Edson Lobão, que foi para a TV criticar a suposta intransigência do colega do Meio Ambiente. A reação de Minc foi no estilo dele:

— Se o ministro Lobão está pensando que eu sou o Chapeuzinho Vermelho, está muito enganado a meu respeito.

Assim, com humor, espetáculos e senso de propósito, Minc prosseguia sua gestão. O que ele queria era continuar reduzindo o desmatamento, seguindo a trajetória de queda iniciada com Marina. Achou que para isso precisava fazer acordos com o setor produtivo e decidiu aderir à moratória da soja, que foi bem-sucedida. A moratória era um pacto entre grandes *tradings* e ONGs. Já vinha funcionando. O governo entrou para fazer parte na reedição do acordo. Fez depois um pacto com a indústria de madeira, no qual obteve um pequeno sucesso inicial, mas não resolveu o problema.

Um movimento na mesma direção da política da ministra anterior foi a criação de mais Unidades de Conservação, inclusive em outros biomas. Minc mirava terminar o que Marina começara: fazer uma rede de UCs exatamente no entorno do Arco do Desmatamento, definição dada para o conjunto de municípios que mais desmatavam localizados no Pará, em Mato Grosso, em Rondônia e no Acre. Assim, conseguiu proteger 6 milhões de hectares em parques nacionais e reservas extrativistas.

Depois Minc travou uma batalha interna de grandes proporções para conseguir que o Brasil assumisse o compromisso com metas de redução de gases-estufa na COP15, em Copenhague, na Dinamarca, em 2009. Para isso enfrentou as opiniões cristalizadas, principalmente no Itamaraty, mas respaldadas pela então pré-candidata à Presidência Dilma Rousseff, de que isso seria subordinar interesses nacionais a um acordo internacional, quebrando o princípio das "responsabilidades comuns, porém diferenciadas" e dando margem à ingerência em assuntos internos brasileiros.

No livro *Copenhague, antes e depois*, o cientista político Sérgio Abranches narra em detalhes a tensa negociação interna no governo em torno das metas de redução das emissões. "Não foi uma decisão fácil. O Itamaraty era contra. Dilma também. O Ministério da Ciência e Tecnologia estava dividido, mas o Inpe era a favor. O Ministério da Agricultura, para surpresa geral, fechou com o Ministério do Meio Ambiente. O ministro Carlos Minc e sua equipe partiram para a ofensiva. Tentaram mostrar que a posição do Brasil estava superada, que ficaríamos isolados em Copenhague, quando poderíamos ter um papel de liderança. Que a economia de baixo carbono era uma oportunidade e não uma ameaça para o Brasil", escreve Abranches. Houve quatro tensas reuniões internas. "A decisão saiu após a quarta e longa reunião, na quinta-feira 12 de novembro. Houve um momento em que a reunião quase desmorona, com Dilma e Minc falando em campos opostos."

Minc conta que, nessa luta, ele começou praticamente sozinho. Mas conseguiu, devagar, virar o jogo.

— Quando começou essa história, só o Meio Ambiente era a favor de ter metas. E o Inpe. Todo o resto era contra por motivos diferentes. Eu tinha o Tasso, a Suzana [*Khan, secretária de Mudanças Climáticas*] e a Izabella. Todos muito habilidosos. Mas eu ia perder e de muito, de 11 a zero. Precisava de apoio. Comecei com Sérgio Rezende, o ministro da Ciência e Tecnologia.

Rezende foi fácil convencer. É um cientista. Difícil era o restante do governo. O ministro Celso Amorim, das Relações Exteriores, argumentava nas reuniões que o Brasil era parte do Grupo dos 77, coalizão de países em desenvolvimento que sempre defendera o princípio das responsabilidades comuns, porém diferenciadas. Ou seja, a mudança climática que acontece hoje foi criada pelos países ricos, que emitem mais e há mais tempo. Amorim dizia que aceitar metas era trair esse grupo, ao qual o Brasil pertencia. Minc, numa reunião internacional, perguntou aos ministros do Meio Ambiente da China, da Índia e da África do Sul como eles avaliariam a ideia de o Brasil assumir metas:

— Eu dizia que a responsabilidade era dos países desenvolvidos, mas não exclusivamente deles, afinal, entre os cinco maiores emissores estavam China, Brasil e Índia.

Minc acabou recebendo o sinal verde dos países e levou isso para as reuniões internas. Argumentou que as metas seriam definidas pelo Brasil e seriam voluntárias. Os argumentos foram ganhando espaço. Depois, em relação a Dilma, que tinha medo de que as metas impedissem projetos que o governo planejava fazer, Minc argumentou que havia dois problemas: siderurgia e hidrelétricas. Quanto à siderurgia, nossas árvores crescem mais rápido, por isso bastava convencer a siderurgia a usar apenas carvão de florestas plantadas; quanto às hidrelétricas, elas podiam entrar como energia renovável. Dilma acabou se convencendo.

O MMA venceu também essa batalha e o Brasil apresentou em Copenhague as metas que perseguiria nos anos seguintes, de reduzir entre 36% e 39% as suas emissões até 2030 em comparação com as de 2005 e caminhar para o desmatamento zero também em 2030. O Brasil foi o primeiro país em desenvolvimento a apresentar voluntariamente suas metas de redução das emissões de carbono, nascendo, assim, a Política Nacional de Mudança Climática. Isso foi uma mudança histórica de paradigma. Lula foi festejado em Copenhague na reunião de cúpula da ONU de combate à mudança climática. Havia reduzido o desmatamento e ainda aceitado voluntariamente o cumprimento de metas. Eu estava em Copenhague e vi o sucesso do presidente brasileiro.

Minc deu licença ambiental para a transposição do rio São Francisco, o que foi polêmico porque o rio estava enfraquecido e assoreado. A tese dos ambientalistas era a de que o rio estava fraco para doar águas. Também liberou licença prévia para Belo Monte, o mais controverso dos projetos hidrelétricos da então candidata a presidente Dilma Rousseff. O desmatamento, contudo, continuou caindo e cravou 6,5 mil km² no fim do seu período no ministério. Estava vivo e crescendo o filho de Marina no colo de Minc.

Do milhão ao bilhão dos *noruegueses*

Minc era ministro quando o primeiro-ministro da Noruega, Jens Stoltenberg, veio ao Brasil assinar o memorando de entendimento e o contrato para a doação ao Fundo Amazônia. Foi negociado um contrato simples de quatro páginas em que o mais importante seria ter uma forte governança, para ficar fora das garras de qualquer dos dois governos. A sociedade civil fazia parte da estrutura de poder, com ampla representação de ONGs e de membros de setores empresariais e de organizações científicas. Todos os governos da Amazônia faziam parte dessa estrutura, através do Comitê Organizador do Fundo Amazônia (Cofa). A comunidade científica controlava o Comitê Técnico do Fundo Amazônia (CTFA). O Cofa determinaria as diretrizes do Fundo. O CTFA comprovaria a queda das emissões a cada ano, em comparação com a média dos anos anteriores. Foi justamente essa estrutura de governança que Bolsonaro desfez, assim que Ricardo Salles assumiu o Ministério do Meio Ambiente, em janeiro de 2019. Isso foi considerado inaceitável para a Noruega. O Fundo ficou paralisado por quatro anos.

Voltemos às boas notícias. A vinda de Stoltenberg e de grande comitiva ao Brasil traria mais uma surpresa. O contrato estava pronto, com todas as cláusulas, menos uma: o valor a ser doado pela Noruega. Na equipe do MMA bateu então aquela insegurança. O primeiro-ministro chegou mostrando que estava confortável com o fato de que os contribuintes noruegueses dariam dinheiro para o Fundo e seu governo não teria ingerência no destino dos recursos.

— Reduzir o desmatamento deve ser responsabilidade do governo do Brasil — disse Stoltenberg na ocasião. — Não posso sentar em Oslo e organizar a redução do desmatamento na Amazônia, essa não é nossa competência. A coisa toda é baseada na crença de que o governo brasileiro e o Fundo são hábeis para isso. Acreditamos que são.

O governo Lula fez a parte dele e baixou um decreto suspendendo a cobrança de PIS/Cofins sobre o dinheiro doado. Minc comentara que não fazia sentido um governo estrangeiro encaminhar uma doação para o Fundo e parte do dinheiro ir para o governo, via tributos. Tudo certo, exceto que os noruegueses ainda não haviam dito quanto colocariam no Fundo. A dúvida percorria os técnicos que haviam negociado em detalhes cada cláusula e haviam montado toda a estrutura de funcionamento do Fundo. Todo mundo estava preocupadíssimo.

Em 16 de setembro de 2008, o primeiro-ministro norueguês subiu a rampa do Planalto. Os funcionários do MMA aguardavam nas laterais. Atrás do ministro vinha o séquito. Um dos noruegueses viu Tasso e se aproximou. Era Hans Brattskar, embaixador norueguês para o Clima. Ele falou algo rapidamente no ouvido de Tasso antes de seguir adiante. Naquele barulho e na pressa, Tasso ouviu uma frase que entendeu assim: "Tá aprovado um milhão, né?"

— Eu pensei: um milhão? Um milhão de dólares? Maior mico da história, fizemos tudo isso por um milhão de dólares.

Mais tarde, veio em seu socorro um integrante da equipe de Comunicação do Planalto que ajudara a preparar o material para divulgação.

— Caramba, meu, um bilhão? Vocês conseguiram um bilhão???

Sim, a Noruega fez naquele primeiro dia o anúncio de que doaria US$ 1 bilhão para o Fundo Amazônia. A única condicionalidade era a de que o Brasil continuasse o seu programa de redução de desmatamento. O primeiro aporte seria de US$ 130 milhões, mais do que Tasso tentara adivinhar naquele dia em Bali. Lula declarou, animado:

— No dia em que cada país desenvolvido tiver a mesma atitude que a Noruega, começaremos a ter certeza de que o aquecimento global diminuirá. Espero que outros países sigam o exemplo.

— O desmatamento representa 20% das emissões dos gases de efeito estufa, por isso é crucial reduzi-lo — disse Stoltenberg, que, depois da assinatura, foi para a Amazônia com Minc.

Atrás da Noruega veio a Alemanha integrar o Fundo. E, durante a coroação do rei Charles III, em 2023, o Reino Unido anunciou a Lula, já no seu terceiro mandato, que estava fazendo uma doação de R$ 500 milhões.

Empresas privadas americanas decidiram entrar no Fundo Amazônia. Outros países estão negociando. A engenhosidade brasileira havia criado mais um instrumento poderoso para combater a mudança climática e proteger a floresta. O site do Fundo hoje ostenta o lema, em português e em inglês: "O Brasil cuida. O mundo apoia. Todos ganham."

Os paralelos entre o Plano Real de estabilização da moeda e o da derrubada do desmatamento são muitos. O que se aprendeu em ambos os casos é que todo projeto durável é uma lenta e caprichosa construção institucional, na qual normalmente cada passo leva a novos passos. No combate à destruição da floresta, Marina e sua equipe plantaram bases sólidas. O sistema de detecção de desmatamento em tempo real, do Inpe, garantiu o sucesso das ações que se seguiram. A ideia de que o tema não pertence a uma pasta, mas é obra do país, convenceu outros órgãos e deu mais lógica e eficiência às ações do Estado. A criação de Unidades de Conservação em toda a Amazônia, protegendo pontos críticos e áreas de grande valor em biodiversidade, deu destino a terras públicas e atenuou os ataques de grileiros e desmatadores. As operações da PF, do Ibama e do ICMBio cercaram o crime e, muitas vezes, venceram. O Brasil mudou posições diplomáticas e passou a ser um dos grandes atores do debate global sobre o destino do planeta.

Como no Real, houve no PPCDAm sustos na estrada e queda de ministros. No Real, a saída de Fernando Henrique do Ministério da Fazenda para se candidatar à Presidência foi preenchida pelo ministro Rubens Ricupero. O embaixador Ricupero teve papel decisivo por ter conseguido explicar à população o que era o Plano Real, angariando adesão popular. Sua queda dramática, em setembro de 1994, com o Plano recém-implantado, foi um momento de extrema delicadeza. O ministro Ciro Gomes continuou com a tarefa de FHC e Ricupero, mantendo a mesma linha. No PPCDAm houve também a queda da ministra Marina Silva na hora em que a política enfrentava uma coalizão de interesses contrariados. A maneira como Carlos Minc assumiu e liderou a equipe do Ministério do Meio Ambiente garantiu a consolidação do trabalho de Marina.

Não há bala de prata nem milagres na construção das grandes vitórias nacionais. É o conjunto coerente de ações que faz diferença, mas, principalmente, é a verdadeira vontade de derrubar a inflação, no caso do Real, e de derrubar o desmatamento, no caso do PPCDAm, que nos levou a bom termo. A vitória nunca é definitiva, há retrocessos. O inimigo sempre estará à espreita aguardando indícios de fraqueza, mas parte do avanço não se perde mais. Apesar de tudo o que houve de destruição ambiental ao longo de quatro anos, o dia 1º de janeiro de 2023 foi glorioso. Entre os decretos assinados pelo presidente Lula, ao iniciar o seu terceiro mandato, estavam dois essenciais para esta história que narro: a recriação do PPCDAm e o restabelecimento do Fundo Amazônia. Pareciam dois detalhes administrativos, mas era o Brasil tentando retomar o caminho de volta ao futuro.

A LUTA CONTRA O DESMATAMENTO NA AMAZÔNIA

(em mil quilômetros quadrados)

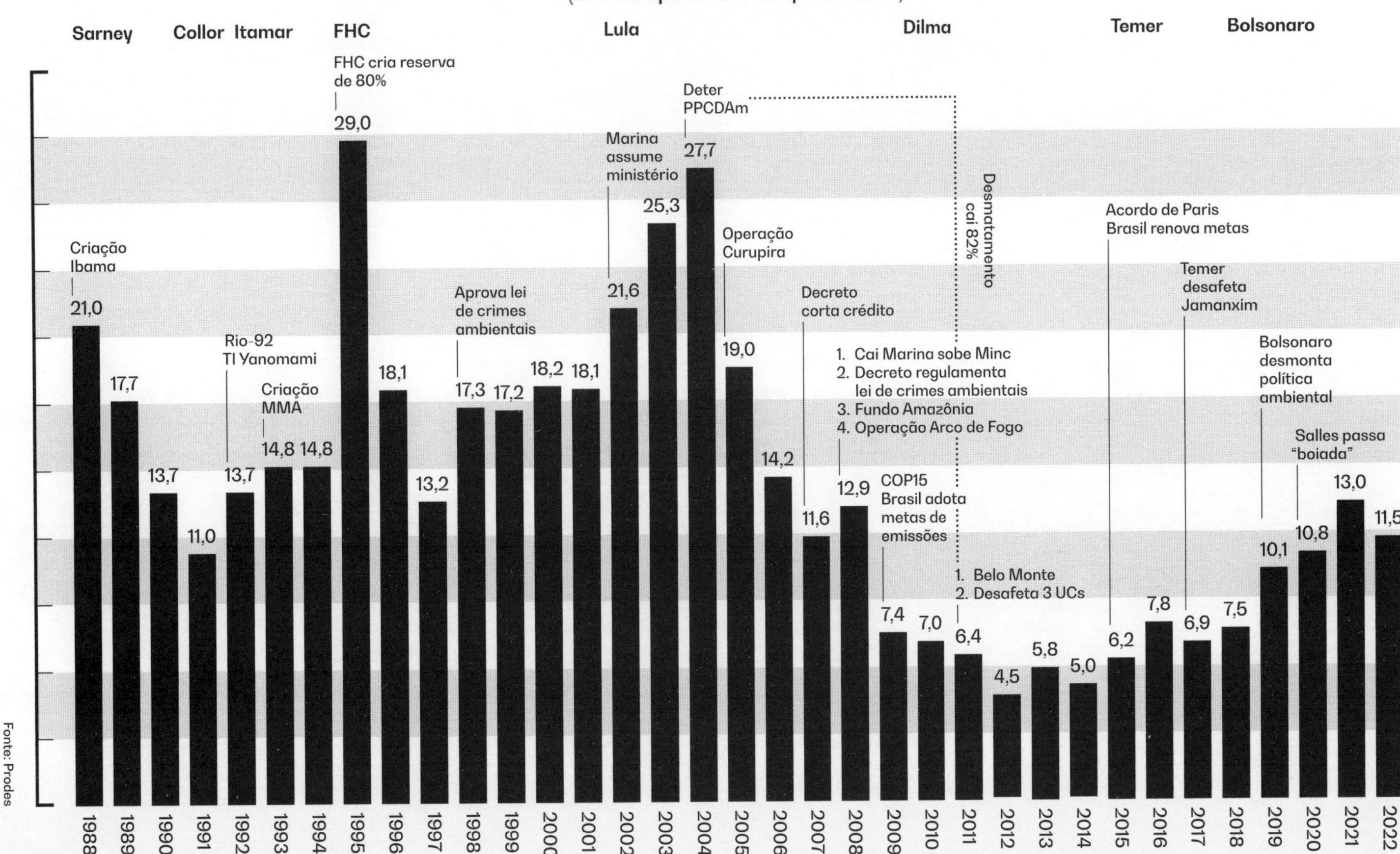

Fonte: Prodes

3 *A* encruzilhada

Entre *dois* caminhos

Por várias vezes em sua História, o Brasil oscilou entre dois caminhos em relação à Amazônia. Proteger a floresta e encontrar alguma forma de produção sustentável ou, então, desmatar, com a ideia de que assim a região poderia se desenvolver. A ocupação da Amazônia com projetos de derrubada da floresta para a produção agrícola ou pecuária foi o plano da ditadura militar, de 1964 a 1985. Era uma repetição do projeto com que várias vezes o Brasil assombrou a floresta desde o início da colonização. A fantástica biodiversidade e a complexa teia de vida sempre foram vistas como o obstáculo a remover para, então, aquela região se tornar produtiva. Não é objetivo deste livro fazer um inventário dos nossos erros e encontrar os esqueletos deles ainda presentes na Amazônia. Quero falar de tempos mais atuais, quando a encruzilhada reaparece à nossa frente. Mas, desta vez, sem nos dar tempo para errar de novo.

Nos governos civis, os dois caminhos foram trilhados às vezes ao mesmo tempo. Houve iniciativas de proteção em quase todas as administrações. O presidente José Sarney fez o programa Nossa Natureza, o presidente Fernando Collor fez demarcações célebres, como a da Terra Yanomami, o presidente Itamar Franco criou o Ministério do Meio Ambiente e da Amazônia Legal, o presidente Fernando Henrique ampliou a reserva legal na Amazônia para 80%. Mesmo assim, o sistema político sempre foi impregnado dos interesses explícitos ou disfarçados de ocupação de terra pública para grilagem e exploração mais predatória.

Foi com o presidente Lula, no primeiro e no segundo governos, que se deu o mais bem organizado enfrentamento do desmatamento. No governo Dilma, as políticas de proteção perderam terreno para a crença de que era preciso erguer na Amazônia grandes hidrelétricas. Para se ter uma ideia, Lula criou Unidades de Conservação, que, somadas, totalizavam uma área de 26,8 milhões de hectares. Dilma protegeu apenas 3,4 milhões de hectares. Algumas foram criadas em meio à disputa eleitoral de 2014, como um aceno para eleitores de Marina Silva, e outras em maio de 2016, quando Dilma já estava sendo afastada do governo no processo de impeachment. Além disso, ela reduziu o tamanho de três parques nacionais para seus projetos na Amazônia. A construção de Belo Monte provocou destruição no bioma e afetou o modo de vida de ribeirinhos e indígenas. A exemplo do que já havia feito Dilma, o presidente Michel Temer reduziu a extensão de várias UCs, o que é sempre visto como fraqueza do governo e estímulo para quem quer avançar sobre terra pública.

Nenhuma administração foi totalmente conservacionista, o Brasil viveu sua História nesse balanço entre destruir e proteger. Mas Lula ainda detém o conjunto mais favorável dos governos civis que administraram o país depois da ditadura. A pior política para a área ambiental foi a de Jair Bolsonaro, que superou até mesmo a executada durante os 21 anos de governos das Forças Armadas. Se na ditadura a ideia era distribuir glebas para empresas a fim de se colonizar a área, ou fazer grandes projetos de impacto, no caso de Bolsonaro houve o estímulo mais direto ao crime que já se viu no país. Se os militares fizeram o ataque explícito à floresta, o "inferno verde", como chamavam, Bolsonaro fez aliança com grupos do crime organizado de diversas vertentes. O país mergulhou fundo no erro e, a partir de 2023, começou a voltar.

Mesmo assim, em 24 de maio de 2023 o país viveu um dia de ataque ao meio ambiente. No Congresso Nacional, com votos do PT, uma Comissão Mista aprovou o enfraquecimento dos ministérios do Meio Ambiente e dos Povos Indígenas. No mesmo dia, a Câmara dos Deputados aprovou uma medida provisória, do tempo de Bolsonaro, que ameaçava a Mata Atlântica. Aprovou também a votação em regime de urgência da Lei do Marco Temporal, que ameaça os povos indígenas. E, em seguida, aprovou no plenário tanto o enfraquecimento do Ministério do Meio Ambiente quanto a proposta do marco temporal. Dias depois o pêndulo iria para o outro lado. Em 5 de junho, Dia Mundial do Meio Ambiente, em cerimônia no Palácio do Planalto o governo anunciou medidas fortes contra o desmatamento. Com o Salão Nobre apinhado de ambientalistas e indígenas, Lula prometeu continuar a lutar contra o crime ambiental.

Esta é a nossa encruzilhada e estamos nela neste momento: proteger a floresta amazônica e fazer parte do esforço global de proteção da Terra, ou render-se aos interesses imediatos de grupos que querem ocupar a Amazônia para destruir o nosso patrimônio nacional.

Bruno na fronteira

Um pouco antes de seu assassinato, o indigenista Bruno Pereira foi com o líder indígena Beto Marubo e um servidor da Funai até o Pelotão Especial de Fronteira (PEF), na Base Palmeiras do Javari, no Amazonas, próximo ao Peru. E o encontrou completamente sucateado. Beto Marubo me descreveu assim o cenário:

— Era triste de ver. Muitas casas dos oficiais estavam caindo. Eu nunca tinha visto situação tão degradante no Exército naquela região. E isso era irônico porque o que tem de general hoje no governo [*Bolsonaro*]... Será que nenhum desses caras tentou alguma coisa assim: "Olha, vamos aproveitar o momento pra gente pelo menos dar uma condição melhor pro nosso pessoal"? Trabalho ali há décadas e nunca tinha visto aquilo. O Exército inclusive tentou se desfazer de uma pista de pouso grande no Pelotão do Estirão. Quis entregá-la à Funai, que disse que não tem condição de manter.

Entrevistei um servidor do Ibama, que estava na Terra Yanomami tentando trabalhar e sendo boicotado. Ele me contou, espantado, da inércia do Pelotão de Fronteira Surucucu, a 34 quilômetros da Terra Indígena, onde 20 mil garimpeiros praticavam todo tipo de crime ambiental e contra as populações locais. Era como se o Exército não estivesse lá. Os bandidos não tinham mais medo das forças oficiais. Um funcionário do Ibama me relatou a sensação de estar perdendo totalmente o poder de dissuasão.

— Os criminosos não tinham medo de nós — contou, e é disso que se trata quando se fala de enfraquecimento do Estado.

No Vale do Javari, indígenas e Bruno Pereira representaram por um tempo a verdadeira presença do Estado brasileiro. No começo do governo Bolsonaro, a Base de Ituí, da Funai, no oeste do Amazonas, havia sido atacada várias vezes, numa clara provocação por parte dos criminosos. A história da própria base já é reveladora. Fora construída pelo indigenista Sydney Possuelo e depois reformada pelos próprios indígenas. Quando passou a ser invadida pelo crime, em 2019, o então ministro da Justiça e Segurança Pública, Sergio Moro, enviou para lá quatro integrantes da Força Nacional.

— Eles ficavam entocados dentro da Base de Ituí — lembra Beto Marubo. — Foram para lá com ordem expressa de defender só a base, não o território. Essa história de que eles estavam lá para proteger os indígenas foi uma grande mentira. O Bruno localizou invasores de pesca ilegal a 50 metros dessa Base de Ituí.

A desenvoltura do crime continuou durante todo o governo Bolsonaro. Pouco mais de um mês após terem sido encontrados os restos mortais de Bruno Pereira e do jornalista Dom Phillips, em junho de 2022, dois homens armados com sotaque colombiano foram à Base da Funai em Jandiatuba, no Amazonas, onde havia indígenas da etnia Matis, e perguntaram por um servidor da Funai. Citaram o nome, numa clara tentativa de intimidar.

Casos assim, que me foram contados por servidores e líderes indígenas, mostram que o projeto autoritário de Bolsonaro com as Forças Armadas, imaginado em suas conspirações, escrito em suas minutas e defendido por seus seguidores nas portas dos quartéis, não tinha a intenção de fortalecer o Estado brasileiro. Os braços do Estado, da Funai, do Ibama — e até as Forças Armadas — estavam fracos e acuados diante do crescimento do crime na Amazônia.

No fim do primeiro mês do terceiro governo Lula, era fácil notar a mudança. Os militares estavam envolvidos na operação para tirar os garimpeiros ilegais da Terra Yanomami. A Funai passara a ser dirigida por Joênia Wapichana, que, além de liderança indígena, é autora de um projeto com mudanças profundas para moralizar o comércio de ouro no Brasil. O Ibama estava vendo seu plano de desintrusão da Terra Indígena, ou seja, de retirada da região de quem não é indígena, sendo executado. Com 21 dias de governo, o presidente Lula desceu na Terra Indígena com oito ministros e descortinou para o país a dramática situação em que o crime e a omissão governamental haviam colocado a população Yanomami. Foi decretado estado de emergência sanitária e montada uma força-tarefa para o socorro humanitário. O problema não existia apenas lá. A administração pública fazia muita falta em várias outras partes do país. O risco passou a ser o de os invasores saírem daquela Terra Indígena para buscar outras áreas já castigadas pelo garimpo ilegal e por outros crimes.

Bolsonaro queria um governo forte para estrangular a democracia. Seu objetivo era ser violento com os adversários políticos ou com quem discordasse dele. Mas Bolsonaro foi fraco, ineficiente, cúmplice diante de bandidos que se espalharam pelo território da Amazônia durante todo o seu governo. Seu projeto focava a desordem, o regresso à ditadura. A destruição da floresta fazia parte da mesma ideia. Por isso na Amazônia também se travava a luta democrática, pois quem lutava pela democracia também ajudava na proteção da floresta.

Nunca o país viu de maneira mais precisa a encruzilhada da Amazônia. Como não existem soluções mágicas, o novo caminho exigirá muito do governo e do país como um todo. E dos governos que se seguirem. Muito terá que ser feito pela sociedade, pelas organizações, pelas empresas, pela imprensa, pelos movimentos sociais, ambientais, indígenas, pelos órgãos de controle, pelo Congresso, pelo Judiciário e, principalmente, pelo Executivo, para confirmar o objetivo de proteção da Amazônia. Esse é um projeto de longo prazo. É um pacto com o futuro.

Recomeçar em terra *arrasada*

Na tarde de 1º de fevereiro de 2023, fui visitar o Ministério do Meio Ambiente na terceira gestão Lula. Era noite quando deixei o prédio. Peguei o elevador errado e saí longe da porta pela qual havia entrado, horas antes. Tive que andar dentro do prédio. Vi salas e salas vazias, até chegar a um lugar totalmente às escuras e constatar que havia me perdido. Não havia uma pessoa sequer nesse trajeto. Retornei pelo caminho por que tinha passado para pedir orientações ao porteiro da primeira entrada. Nessa volta, ouvia-se o som do salto do meu sapato como o único barulho no corredor. Aquela caminhada pela burocracia sem gente parecia a expressão sonora do que costumamos chamar de "esvaziamento da máquina pública". O andar estava destinado ao Ministério da Cultura, que havia sido recriado, e aquele vazio era a cicatriz do tempo da demolição deliberada do Estado.

O atentado golpista de 8 de janeiro de 2023 na Praça dos Três Poderes mudara o ambiente na cidade que eu conheço desde os anos 1970. A Esplanada dos Ministérios estava fechada, a segurança bloqueava todos os caminhos naquele dia de retomada dos trabalhos no Judiciário e no Legislativo. Chegava-se aos ministérios pela lateral, usando a via conhecida como L2. O problema é que o nome de cada ministério está registrado na lateral que fica de frente para a Esplanada. A L2, a outra via, dá para o lado do prédio onde não há nada escrito. Eu desci do carro numa via expressa sem saber se aquele era o ministério. O motorista que me deixou na L2 me garantiu que eu estava no lugar certo, que o segundo prédio depois da catedral era o do Meio Ambiente. Desembarquei perto de uma escada de serviço, de metal, que liga a L2 ao pátio dos fundos do ministério.

Na saída, no fim do dia, com o pátio às escuras, adivinhei a localização da escada pela qual subira porque vi uma luz fraca, ao longe, iluminando dois policiais. A escada de metal ficava ainda mais incerta naquela escuridão. Tudo parecia estranho na logística de entrada e saída do órgão, mas, dentro dele, nos andares que já estavam reocupados, o que vi e ouvi foi a alegria do recomeço. Era um recomeço sobre "terra arrasada", segundo a expressão com a qual João Paulo Capobianco, o secretário executivo da pasta, me recebeu. Tudo estava diferente.

Quando Capobianco entrou na ampla sala de secretário executivo, já ocupada por ele nas primeiras gestões de Lula, estranhou o tamanho da mesa de reunião. Decidiu medir. Tinha apenas 80 centímetros. Dava para quatro cadeiras. Marina brincou dizendo que o governo anterior realmente não se reunia com a sociedade civil, o que teria sido impossível em torno de uma mesa tão pequena. Capobianco decidiu trazer de volta a ampla mesa de reunião que havia usado no passado.

— O que vocês encontraram aqui? — perguntei a Capobianco quando já fazia um mês da nova administração.

— É melhor eu dizer o que não encontramos — ele respondeu. — Agora é totalmente diferente da experiência anterior. Quando chegamos em 2003, o ministério estava funcionando totalmente. Eu assumi primeiro como secretário de Biodiversidades e Florestas. O secretário anterior, Pedro Oliveira Costa, do governo Fernando Henrique, me aguardava. A mesa estava coberta de processos, de documentos, de encaminhamentos. Havia trabalho em andamento. As equipes estavam funcionando. Eu convivia bastante com o ministério na época do Fernando Henrique, porque era do ISA e existia diálogo com o governo. Naquela época, tinha gente qualificada que foi saindo aos poucos, depois de passar todo o trabalho. Agora ocorreu o oposto. Encontrei desta vez a mesa totalmente limpa, sem nada, não teve transição, não havia equipe, havia falta de gente mesmo. Em 2021, fiz um estudo e vi que no Ministério do Meio Ambiente havia 36% dos cargos de direção e gerência vagos. A gestão anterior não ocupou os cargos e nomeou para postos de comando pessoas totalmente distantes do sistema, sem conhecimento mesmo. Não havia processos, não havia nada para dar continuidade. O governo anterior queria desmontar a máquina e desmontou.

A devastação que o governo Bolsonaro oferecia como proposta de política pública para o meio ambiente brasileiro estava materializada naquele relato. As informações que o grupo de transição conseguiu coletar revelavam um quadro assustador, mas o que eles de fato encontraram ao chegar era pior. O diagnóstico feito pela transição e a lista das medidas urgentes a serem tomadas não foram divulgados. Essa estratégia dividiu opiniões. Por que não divulgar a radiografia do que encontraram? No caso do meio ambiente, o que se temia é que as propostas de solução dos problemas, ainda não amadurecidas, fossem atingidas por oposição de lobbies.

Não deixavam de ter razão. Uma das medidas colocou em pé de guerra os que haviam durante anos se apossado, impunemente, de terras públicas. O Cadastro Ambiental Rural (CAR), pensado como instrumento de regularização fundiária, havia sido desvirtuado e virara o principal incentivo para a grilagem. Era preciso mudar tudo, começando por levar o CAR de volta para o Ministério do Meio Ambiente. Voltaram o CAR e o Serviço Florestal Brasileiro, que gerencia o cadastro. Voltaram também o setor de gestão de Recursos Hídricos e o da gestão de Resíduos Sólidos.

Fortalecido, o MMA preparou um plano para tornar pendentes todos os cadastros ambientais rurais que estavam em Terras Indígenas, em Unidades de Conservação e em terra pública não destinada. Tudo o que estava irregular ficaria com esse carimbo. O que os grileiros tinham feito ao longo dos últimos anos de repente viraria letra morta. O agronegócio brasileiro protesta contra as ocupações de terra do Movimento dos Trabalhadores Rurais Sem Terra (MST), mas fica em silêncio sobre essas ocupações de terras públicas em larga escala executada pela grilagem. E fica em silêncio porque se beneficia desse jogo, porque é parte do jogo de expropriação do bem coletivo.

A decisão de tornar todos os cadastros pendentes foi mantida a sete chaves porque se temia que, se saísse, o lobby do agronegócio conseguiria impedir. Mas era, de fato, o mínimo a fazer. O governo estava dizendo que o ilegal era ilegal. Deveria ser o normal, mas não era.

No fim de maio, o Congresso Nacional tirou o CAR do Ministério do Meio Ambiente e o passou para o Ministério da Gestão e Inovação (MGI). Foi um duro golpe. Primeiro, porque já havia um plano de ação. Segundo, porque o MGI não tem nada a ver com isso. Mesmo assim foram anunciadas, em 5 de junho, Dia do Meio Ambiente, medidas para aperfeiçoar o sistema. Apesar da retirada do instrumento das mãos do MMA, o governo decidiu que até o fim da administração seriam cancelados 100% dos registros de CAR em terras públicas federais.

O debate sobre o tranco a ser dado no CAR mobilizou os primeiros meses no MMA. Era o assunto que se discutia numa grande sala de reunião que avistei nessa primeira ida ao ministério. Reconheci, ao passar, alguns rostos através do vidro, na tarde do dia 1º de fevereiro. O agronegócio já temia que algo assim fosse acontecer. Por isso queria tanto tirar o CAR do domínio do Ministério do Meio Ambiente.

A ideia de um cadastro verificável de terras públicas teve um começo tímido no governo Fernando Henrique, mas ganhou corpo nos governos do PT. Até a saída de Marina do ministério, em 2008, o instrumento de verificação existia, mas sem ter esse nome, que ele acabou ganhando durante a reforma do Código Florestal. Enquanto esteve lá, Marina se opôs a essa reforma. Achava que a legislação vigente naquele momento era suficiente para resolver todos os problemas. Mas o que o agronegócio queria era uma nova anistia para quem havia ocupado indevidamente terra pública, trazendo a data de corte, para critérios de anistia, para um tempo mais recente. Esse tem sido o truque.

O governo diz assim: "Quem desmatou até tal data será regularizado, mas dessa data em diante não pode mais." Passam-se os anos e a bancada do agronegócio vem com uma proposta para mudar essa data e anistia grilagem mais recente. Na negociação do Código foi dado um novo prazo para a regularização, o que permitiu anistiar muita gente. Os ambientalistas exigiram, em compensação, que houvesse um sistema geral de cadastro de terras dentro do MMA para se definir quem estava ocupando ilegalmente terra pública. O governo Bolsonaro entregou o CAR à Agricultura.

— Era um governo disfuncional — avalia Capobianco. — Para se ter uma ideia, fomos nos reunir com todas as fontes externas de recursos, como o GEF, o Global Environment Facility, o maior fundo ambiental do mundo, ou o Banco Mundial e as embaixadas de países, e ouvimos de todos esses doadores que havia milhões liberados, mas não usados pelo Brasil. Não foi gasto o que estava disponível. Reestruturamos uma diretoria para cuidar de recursos externos e irmos até todas as fontes desse dinheiro.

Conversei com servidores que relataram o cotidiano de gestores no MMA de Bolsonaro. Era de sabotagem diária do trabalho do próprio órgão. Esse era o projeto. Além dos cargos técnicos vagos, havia nomeações indevidas, como as de oficiais da Polícia Militar (PM) paulista para ocupar postos estratégicos no ministério. Ao sair, o governo Bolsonaro embaralhou informações. Na lista das primeiras medidas assinadas por Lula, Marina queria que houvesse a criação de Unidades de Conservação. Mas foi impossível, num primeiro momento, recuperar os processos que já haviam cumprido todas as etapas iniciais.

Se a chegada ao ministério fora mais fácil em 2003, por causa da transição amigável feita pelo governo Fernando Henrique, em 2023 havia a vantagem de a costura interna no governo para os temas ambientais estar mais madura. Lula assumiu inteiramente a pauta. Nas primeiras 12 medidas assinadas no dia da posse, quatro envolviam o meio ambiente: o decreto que determinava a volta do PPCDAm, a retomada do Fundo Amazônia, a revogação de norma do governo Bolsonaro que incentivava o garimpo ilegal na Amazônia e a nova regulamentação do Conama.

Quando o grupo interministerial de meio ambiente foi criado, em junho de 2003, foi difícil conseguir a adesão de 13 ministérios. Vinte anos depois, o clima era outro. A secretária executiva da Casa Civil, Miriam Belchior, comandava a reunião dos secretários executivos no Planalto no dia 1º de fevereiro de 2023. Quando ela falou da criação da Comissão Interministerial de Combate ao Desmatamento e projetou os nomes dos 19 ministérios que a integrariam, foi um tal de levantar a mão — eram os representantes dos órgãos não citados, querendo saber por que não estavam na Comissão. A compreensão da questão ambiental ampliara-se no país. Por isso todos achavam que tinham alguma relação com o assunto. O sonho de Marina sempre foi esse — que o assunto ambiental se espalhasse completamente pelo governo. A tal "transversalidade". E isso se viu que já estava em vigor em um acontecimento dramático.

A ida do presidente Lula à Terra Yanomami, em 21 de janeiro, foi um gesto eloquente e cheio de significados. Naquela tarde de sábado, ao voltar de lá, ele exonerou o comandante do Exército. O fato não tinha relação com a crise Yanomami, mas mostrava como, apesar de diversas crises naquele começo de ano, Lula escolhera a questão Yanomami como a mais relevante do momento. A ida foi emergencial e marcou uma guinada no país na questão ambiental, na indígena, no mercado de ouro, no futuro da Amazônia e até na relação dos militares com o que estava se passando na região. Foram oito ministros na comitiva presidencial. Marina não foi, porque estava no Fórum Econômico Mundial de Davos, na Suíça, mas era o Meio Ambiente que tinha a parte principal da resposta de longo prazo. Assim, a primeira hora era a dos ministérios da emergência social, porque o garimpo ilegal tinha produzido uma crise que estava levando os indígenas à morte por doença e inanição.

Servidores conspiram para cumprir o *dever*

Quando foi convocado a agir no governo Lula, o Ibama não teve dificuldades de saber o que fazer. A ação exigiria persistência, sabedoria, prática de campo. Demandaria que seus servidores usassem todo o conhecimento acumulado por meses nas operações desencadeadas no governo Bolsonaro. Sim, foram realizadas operações, apesar de Bolsonaro. Mas por que um governo que tinha o projeto de abandonar os Yanomami fez operações de combate ao garimpo por lá? Essa pergunta tem uma boa resposta, que me foi dada por um servidor que atuou na Terra Yanomami em 2022.

— Fomos por determinação da Justiça, para obedecer à ordem do ministro do Supremo Luís Roberto Barroso, na ADPF nº 709. O governo Bolsonaro mandou a gente ir apenas para dizer que estava cumprindo a determinação da Justiça. A ideia era que a gente nada fizesse. Só que fizemos. Com todas as limitações e sabotagens.

Houve um tempo no governo Bolsonaro em que ocorreu um racha no Ibama. Um grupo queria ir a campo, para realizar o que fosse possível da sua missão de proteger o meio ambiente. Outro grupo achava que, com aquele governo, nada seria possível, preferia ficar, resistir internamente e esperar o fim daquela administração. O dia a dia no Ibama era pesado. A cada operação havia uma ordem contrária. Funcionários de carreira tinham que se reportar a policiais da PM paulista que nada entendiam de meio ambiente, nada sabiam sobre Amazônia e estavam ali para impedir que o órgão funcionasse.

Os integrantes da missão que foi cumprir a ordem do ministro Barroso faziam parte do primeiro grupo, o que queria ir a campo e fazer o máximo possível, aproveitando cada brecha. Era uma guerrilha para cumprir a sua missão institucional.

— Fizemos muitas operações, queimamos maquinário, mesmo sabendo que a ordem de Bolsonaro era não fazer isso — disse outra fonte do órgão. — Mobilizamos todos os recursos disponíveis, até os que estavam destinados a operações de outras áreas em que não teriam efetividade, para fortalecer a frente dos Yanomami, porque, quando chegamos, vimos que a situação era desesperadora. E o problema era enorme.

Talvez os três órgãos que mais tenham sofrido perseguição no governo Bolsonaro tenham sido Ibama, ICMBio e Funai. Mas houve vários outros impedidos de trabalhar. Na Polícia Federal, houve interferência direta. Servidores eram alvos de assédio. E o que eles contam soa bizarro: precisavam conspirar para cumprir o seu dever. Os que ficavam mais expostos eram punidos com o exílio para áreas longe do seu interesse. Formaram, então, uma conexão que unia servidores de diversos órgãos para, clandestinamente, servirem aos propósitos do setor no qual trabalhavam.

— Começamos a cooperar entre nós — prossegue esse funcionário. — Criamos uma rede de perseguidos e trabalhamos na sombra. No Ibama havia uma brecha. Os policiais paulistas nada sabiam de Amazônia. A gente falava os nomes dos rios, das localidades, e eles nem sabiam do que estávamos falando. Então pudemos redirecionar recursos e concentrá-los em operações mais efetivas. Mas era muito revoltante. O trabalho que nós estávamos fazendo, em campo, era a defesa da vida. Saber que o governo queria minar aquele trabalho era terrível. Se o governo sabotava a defesa da vida, o que ele queria? Eu me coloquei na posição de não recuar. Peguei covid três vezes em campo. Foi difícil.

E como o crime reagia diante de órgãos de controle que eram publicamente enfraquecidos? Os servidores contam que foram perdendo o que tinham antes: o poder de dissuasão apenas com a sua presença. Antes do governo Bolsonaro, a chegada do Ibama numa área sempre causava medo nos criminosos e eles se afastavam. Depois, quando o Ibama chegava numa área os criminosos apenas iam temporariamente para outra. No fim do governo, o crime demonstrava a maior segurança, mesmo diante de uma operação.

— A gente perdeu a principal estratégia e ficamos fragilizados em campo — disse um servidor.

No começo do governo Lula, tudo ainda estava muito indefinido. Havia uma lista de pessoas já indicadas para os cargos, mas ainda não nomeadas, esperando na fila da Casa Civil para os procedimentos e as burocracias de praxe. Por isso alguns desses funcionários preferiram falar comigo sem terem seus nomes citados aqui. Contudo, o que eu vi e ouvi nesse recomeço achei interessante registrar a quente. Era o instantâneo da hora. Integrantes dessa rede de perseguidos, que uniu órgãos afins, como Ibama e Funai, agora estavam sendo nomeados para postos estratégicos. A conexão entre essas pessoas já havia sido construída em tempos ásperos. Estavam, naquele momento, esperançosos, mas realistas. Tinham consciência de que o trabalho aguardado pelo país era muito maior do que antes. Os crimes haviam se unido em rede, a escala aumentara, os criminosos se fortaleceram. Agindo como clandestinos dentro do Estado, haviam mapeado o que fazer e tinham conhecimento do terreno e das muitas dificuldades amazônicas, portanto, podiam começar a agir com objetividade. Um servidor me explicou o seguinte:

— No caso dos Yanomami, ficou claro para quem estava em campo, resistindo, que complicado não é mais montar uma operação-surpresa. Os criminosos estão capitalizados e se fizermos uma operação de dez dias eles ficam esperando em algum ponto. O difícil será a permanência do Estado. Lembra um pouco o que se aprendeu com a UPP [*Unidade de Polícia Pacificadora*] no Rio de Janeiro. Todos os braços do Estado têm que ir juntos para a área de conflito, principalmente o social.

Por isso é essencial a ideia de a ação ser sempre interministerial, como foi pensada no início de tudo. Sem isso, cada ministério se fecha em sua função e esfera de poder. E começam as disputas. Outro ponto que me foi explicado pelo servidor é que não adianta definir uma forma de repressão ao crime e repeti-la em todos os casos.

— Não existe uma fórmula mágica de como combater o crime na Amazônia. Para cada lugar é preciso traçar uma estratégia, conhecer a especificidade do crime na região. Entender a lógica. Nos Yanomami, a técnica é estrangular a logística, porque isso é o que custa mais caro. Se impedir a entrada de combustível, necessário para apurar o ouro, o combustível ficará mais caro. Um tambor de 50 litros de diesel custa quatro gramas de ouro. Mas o garimpeiro precisa do combustível para produzir o ouro. Se dificultar a entrada dos tambores, o produto escasso sobe de preço e chega a um ponto que torna inviável a operação. Depois será necessário saber o que fazer com aquela massa de garimpeiros, lá tem todo tipo de gente. Há o grande capital e há quem não tem nem como sair de lá. Nos Munduruku será outra estratégia, porque lá há indígenas cooptados e recebendo pelo ouro. Como enfrentar isso? Na minha opinião, será preciso prender os indígenas envolvidos com o crime. Nos Kayapó é outra estratégia. Mas existe chance de enfrentar o crime.

Em maio de 2023, 70% dos garimpeiros já haviam saído da Terra Yanomami, mas cenas de invasores fortemente armados foram disseminadas pelos próprios bandidos. Era o braço do garimpo que havia se ligado ao narcotráfico e às facções criminosas do Sudeste do país. Tomar o caminho errado vai levar o Brasil cada vez mais fundo para a degradação institucional. Se o narcogarimpo tiver domínio sobre territórios da Amazônia, a nação terá chegado a um ponto de não retorno. Por isso a floresta se dispõe para nós como o real no meio do caminho. O que o país está escolhendo é mais do que ter ou não floresta. É ter ou não o Estado organizado e um projeto nacional.

A demolição *como* projeto e a *coalizão da* proteção

Quando comecei a escrever este livro, no início da pandemia, havia um grande entendimento sobre a importância da Amazônia para a vida no planeta Terra. Mas, ao mesmo tempo, o governo do Brasil era comandado pelo grupo que tinha um desentendimento completo das lições trazidas pela História. Por isso a palavra "encruzilhada" nunca me abandonou. Eu via a bifurcação em meio à névoa na qual às vezes tomamos inadvertidamente o caminho da nossa própria derrota.

Na apuração deste livro, um economista me contou um fato ilustrativo que mostra bem a natureza do grupo que assumiu o poder em 2019. Preocupado com os erros de avaliação da questão ambiental e climática durante a campanha do candidato que venceu as eleições em 2018, ele procurou um colega que havia participado da preparação do programa econômico e que estava indo para o governo para integrar a equipe econômica.

— Eu disse a ele: "Olha aí, parabéns, vocês ganharam a eleição, mas vocês estão prestes a cometer um monte de besteira na área ambiental, totalmente desnecessárias, eu estou à disposição, cara." E ele falou assim: "Você quer ajudar mesmo?" Então respondi: "Ajudo, cara." E ele: "Então vem para dentro. Participa do grupo de transição." Eu fui, tinha até carteirinha e tudo o mais. O *mindset* dos caras era outro. Era militar, precisava de um inimigo. Foi o que percebi no convívio com eles. Não tinha essa de política pública, de construir um caminho. Em determinado momento, eles me pediram: "Faz aí uma lista das ONGs do mal e das ONGs do bem." E eu disse: "Não existe isso, não vou fazer tal lista."

A parte de meio ambiente na transição para o governo Bolsonaro foi chefiada por Evaristo de Miranda. Agrônomo da Embrapa, é um notório negacionista.

Eu visitei o Centro Cultural Banco do Brasil (CCBB) de Brasília para entrevistas com integrantes das equipes de transição dos vencedores das eleições de 2018 e de 2022. Nada poderia ser mais diferente do que aqueles dois momentos. Havia um ambiente tenso em 2018 totalmente diverso do clima descontraído de 2022. Aquele mesmo economista que havia se assustado com o clima de 2018, participaria da transição de 2022. E se decepcionaria. Antes de ir, ele se preparara para os assuntos que considerava mais relevantes, mas achou todas as conversas meio desorganizadas. Concordou com muita gente que participava das reuniões no grupo do meio ambiente, mas avaliou que faltava objetividade. Concluiu que as organizações sociais ficaram tanto tempo sem serem ouvidas, que aproveitaram para fazer até uma catarse.

— Foi uma experiência muito frustrante. Eu fui para as duas transições com expectativas diferentes. Em 2018, entrei na defesa. Nessa, até por conta da identidade do projeto, fui com outro espírito. Cheguei com várias propostas e não consegui quase nada nesse processo. Não havia uma indicação clara de liderança, de quem seria o próximo ministro. Pior do que isso, havia vários ministeriáveis interagindo. Criar um grupo para olhar para a frente sem definir isso antes gerava uma dinâmica difícil. ONGs que estavam amordaçadas no governo anterior também provocaram uma demanda por voz gigante. Foi confuso. Oportunidade perdida enorme. A gente estava querendo começar o diálogo desde o início com o agro, com o setor financeiro, com a comunidade internacional. Com a comunidade internacional andou. Queria ter conectado com o Banco Central, com o BNDES. Queria começar a fazer as pontes, para saber o que dava para aproveitar do governo anterior. Até no Ministério da Agricultura tinha coisas interessantes a fazer.

Em 2022, na transição para o governo Lula, no mesmo CCBB de Brasília, apesar do ambiente favorável às políticas públicas, nem sempre houve, como mostra o relato desse economista, objetividade para olhar sem paixões o que poderia ser feito, ou para passar por cima de disputas políticas internas. Mas, para quem cobriu jornalisticamente tanto a ditadura quanto a democracia, era fácil reconhecer a diferença entre os dois ambientes. Quem pensou que indo para o governo Bolsonaro conseguiria atenuar os erros, equivocou-se. Aquela administração tinha um projeto claro. Em um jantar na casa do embaixador Sérgio Amaral, em Washington, no domingo 17 de março de 2019, o então presidente explicou a que viera:

— O Brasil não é um terreno aberto onde nós podemos construir coisas para o nosso povo. Nós temos é que desconstruir muita coisa. Desfazer muita coisa. Para depois nós começarmos a fazer. Que eu sirva para que, pelo menos, eu possa ser um ponto de inflexão, já estou muito feliz.

Naquele jantar, estavam presentes lideranças conservadoras antidemocráticas, como o americano Steve Bannon, um especialista em demolição de instituições que foi estrategista de Donald Trump. A fala de Bolsonaro espelhou o seu próprio governo. Destruir políticas de proteção foi o que ele fez mais insistentemente em relação à Amazônia, demolir era seu projeto em todas as áreas.

Nos anos que se seguem à nossa frente agora, estará sendo travada, nessa floresta, a batalha mais decisiva para nós e para o planeta. Ela é o centro do mundo neste século. De um lado, está a crença de que é preciso explorar a Amazônia e que isso se faria com derrubada das árvores para a produção agropecuária, a exploração mineral, o uso das águas para a produção de energia e a construção de grandes rodovias, para se perseguir a suposta integração. De outro lado, há o conhecimento da realidade do que se passou — e se passa — na Amazônia e a constatação de que a produção da agropecuária pode acontecer sem derrubada de árvores.

Nunca a coalizão em favor da Amazônia foi tão grande. Num evento on-line em meio à pandemia, ouvi um líder indígena chamar o climatologista Carlos Nobre de "irmão". Que fraternidade liga o paulistano Carlos Nobre a uma liderança da Bacia Amazônica da etnia Curripaco, da Venezuela? Os três maiores bancos privados no mercado brasileiro, dois de capital nacional e o terceiro espanhol, disputam os mesmos clientes, mas anunciaram uma união para criar padrões de atuação na Região Amazônica. Ambientalistas e empresas do agronegócio sempre foram separados por um mundo inteiro de convicções, mas agora estão juntos na Coalizão Clima, Floresta, Agricultura. As ações filantrópicas de empresas concorrentes ou de áreas totalmente distantes umas das outras se juntam em institutos para definir que projetos desenvolver ou apoiar com a meta de proteção da floresta. Fundos de capital operam no mercado com o objetivo claro de obter o máximo de rentabilidade. Inúmeros fundos que guardam trilhões de dólares se uniram no aviso de que só investirão em países ou empresas que não ameacem o meio ambiente. Lideranças indígenas, com a ajuda da tecnologia, criam laços que atravessam fronteiras.

A tecnologia nos entrega hoje informações abundantes de que a Amazônia é um paraíso a ser entendido e preservado. Os satélites que sobrevoam o planeta nos trazem dados e imagens sobre tudo o que se passa na floresta. Ela, em sua imensidão, só poderia ser vista assim pela tecnologia. A capacidade de monitoramento nunca foi tão ampla quanto agora. Universidades do Brasil e do mundo se conectam para o processamento dessas imagens. Cientistas do governo construíram, ao longo das últimas décadas, indicadores que permitiram à sociedade acompanhar o que estava acontecendo no solo da Amazônia.

Nenhum outro momento é mais favorável do que este para olhar a floresta. Por um lado, as forças a favor da proteção cresceram, uniram-se, têm estratégias e informações. Por outro, os grupos que favorecem o desmatamento se reorganizaram nos últimos anos em torno de um governo que assumiu a máquina pública com um projeto explícito de desmonte institucional. "Reacionário" é uma palavra que parece depreciativa, mas usada com o sentido técnico é insubstituível nesse caso. Reacionário é, segundo o politólogo Mark Lilla, uma pessoa que idealiza um passado que não houve e vive exilado do tempo. O governo que começou em 2018 era reacionário nessa acepção técnica. Olhou para a questão ambiental como se olhava há meio século, mas quis revivê-lo de forma ainda mais radical e nefasta. E nos trouxe perdas terríveis no período curto de um mandato, porque criou alguns fatos consumados. Reconstruir é muito difícil. Por isso é preciso agora fortalecer a aliança que nos garantirá o futuro. Não depois. Agora.

Florestas em chamas

Há dias em que todos os nossos biomas parecem ameaçados ao mesmo tempo. Houve vários dias assim em outubro de 2020. Na segunda-feira 5, o Brasil parecia estar em chamas. O *Jornal Nacional* daquela noite dedicou 11 minutos, dos 54 do telejornal, a notícias sobre as secas, os incêndios e o desmatamento. O fogo destruía o Pantanal, consumia áreas da Amazônia, do Cerrado, da Mata Atlântica e da Caatinga. Estavam correndo risco reservas preciosas em vários biomas. A Serra do Amolar, no Pantanal, já havia perdido 101 mil hectares. Estavam em perigo também a Chapada dos Veadeiros, em Goiás, a Serra do Cipó, em Minas Gerais, e o Parque Nacional da Serra da Capivara, no Piauí, patrimônio da humanidade. Uma equipe do *JN*, os repórteres Lucas Lelis e Fabiano Alves, acompanhou o dia de trabalho de um grupo de brigadistas do PrevFogo e do Corpo de Bombeiros em Mato Grosso do Sul. Era estafante, os brigadistas andavam quilômetros com 20 quilos nas costas. Havia momentos em que se embrenhavam na mata para chegar aos focos de incêndio.

O país estava mais sensível a esses riscos provocados pelos incêndios em florestas porque no ano anterior, mais precisamente no dia 19 de agosto de 2019, no meio da tarde, a cidade de São Paulo escureceu como se fosse noite. Houve uma discussão entre especialistas sobre a causa do fenômeno, mas a maioria concluiu que era resultado, em parte, das queimadas na Amazônia. Em 5 de outubro do ano seguinte, na mesma cidade, os presidentes dos três maiores bancos privados e seus assessores ambientais iniciariam uma reunião, exatamente às seis da tarde, num conselho da Amazônia que haviam criado. O assunto ocupava cada vez mais tempo na agenda dos bancos e das empresas, porque crescia a consciência de que de uma forma ou de outra todos os negócios eram afetados pelo meio ambiente.

Naquele mesmo dia, o então ministro do Meio Ambiente, Ricardo Salles, sumiu no meio da tarde. Ficou longe do ministério por duas horas. O meio ambiente em chamas, banqueiros reunidos pensando em como fazer para salvar seus negócios do incêndio da reputação do Brasil e o ministro do Meio Ambiente ficou das três às cinco da tarde desaparecido. O que fazia o ministro Ricardo Salles, que deveria estar cuidando do meio ambiente? Treinava a pontaria num clube de tiro. O governo Bolsonaro era assim. Para ficar bem com os poderosos da vez, era preciso ter armas e aprender a atirar. Para ficar bem com o presidente, era preciso desprezar o meio ambiente. Por isso o então ministro do Meio Ambiente ignorou as tragédias do dia e achou melhor treinar a habilidade de manejar armas. Foram sufocantes os dias daquele despropósito.

Enquanto isso, no Reino Unido, o ministério que reúne agricultura e meio ambiente, o Department for Environment, Food & Rural Affairs (Defra), encerrava dez dias de consulta pública para propor uma lei que proibisse a importação de *commodities* que não estivessem "livres de desmatamento". Vinte e um varejistas e produtores, entre eles McDonald's, Tesco, Sainsbury's, Marks & Spencer e Nestlé, enviaram uma carta conjunta ao ministro George Eustice pedindo uma regulamentação severa sobre o assunto. A repórter do jornal *Valor Econômico* Daniela Chiaretti trazia, com a precisão de sempre, o teor da carta. "Os 21 signatários pedem, por exemplo, que a definição 'livre de desmatamento' seja mais ampla do que simplesmente desmatamento ilegal", escreveu Daniela. A carta acrescentava que em algumas áreas do país a ilegalidade explicava 95% do desmatamento.

Naquela mesma edição do jornal, na seção de agronegócios, o setor de celulose e papel dizia que a crise ambiental era muito grave. Mesmo não estando diretamente envolvido na questão, por produzir com florestas plantadas, o setor de papel e celulose estava sendo ameaçado. E ele representa US$ 10 bilhões de exportação. O café, que é produzido em áreas pequenas, já consolidadas há décadas, precisou da ajuda da ONG Rainforest Alliance Brasil para explicar aos compradores europeus que o produto não vinha de área desmatada. Todo o produto brasileiro parecia, naquele momento, carregar a mancha da destruição da floresta.

O governo brasileiro foi convidado a participar da audiência pública do Defra sobre a lei que bania produtos de áreas de desmatamento. A resposta de Bolsonaro foi uma carta em que ameaçava denunciar o Reino Unido por discriminação junto à Organização Mundial do Comércio (OMC). "O Reino Unido parece denotar um viés discriminatório contra os países tropicais", dizia a carta do governo Bolsonaro. Ouvido em São Paulo para a matéria do *Valor*, Rodrigo Pupo, advogado especialista em comércio internacional do escritório MPA Trade Law, discorda. Pupo disse que "esse tipo de barreira reputacional não viola nenhuma regra multilateral e atinge em cheio mesmo empresas que cumprem os mais rigorosos padrões de sustentabilidade, os critérios de ESG ambientais, sociais e econômicos". No dia 7, o Parlamento Europeu aprovaria um relatório que dizia não ser possível ratificar o acordo União Europeia-Mercosul por causa da política ambiental adotada pelo governo brasileiro.

O governo brasileiro estava diretamente envolvido nos eventos que vitimavam empresas nacionais do agronegócio. Ricardo Salles atirava no meio ambiente, para melhor se enquadrar no código Bolsonaro, e atingia o coração da economia no país. O Ministério da Economia não percebia o perigo, apesar de os economistas serem treinados para antecipar-se aos riscos. O Itamaraty dedicava-se a combater inimigos imaginários. O Conama, desmontado por Salles, com a expulsão dos representantes da sociedade, lutava para confirmar na Justiça uma tresloucada resolução que permitia a destruição de "manguezais e restingas". Em editorial, *O Globo* tratava do "desmonte pernicioso dos órgãos ambientais". O vice-presidente, Hamilton Mourão, e o ministro Ricardo Salles frequentemente diziam que havia uma conspiração contra o Brasil por parte de competidores internacionais. Na verdade, eram eles os conspiradores.

Os dias foram assim em outubro de 2020. Os alertas dos ambientalistas eram lançados várias vezes por dia. Os jornais traziam insistentemente notícias dos incêndios e do desmatamento. Todos sabiam as conexões. O país, devastado pela pandemia do coronavírus, ainda enfrentava o flagelo do desmatamento e do fogo. A bióloga Neiva Guedes deu uma entrevista, através da Rede de Especialistas em Conservação da Natureza, alertando que uma das razões da grande quantidade de fogo no Pantanal era o avanço do desmatamento na Amazônia. "O Pantanal é provido de água vinda da Amazônia pelos rios voadores", ela explicou. Indiferente a tudo, o Ministério do Meio Ambiente não havia gastado naquele ano o que tinha no seu orçamento para a proteção ambiental. Poucas vezes existiu um governo tão incapaz de ver a realidade e que caminhasse no sentido totalmente oposto ao que o país queria andar.

Quando se fala em encruzilhada, em geral se pensa em dois caminhos distintos e claros. Mas, na vida real, há mais névoa. Tudo é bem mais complexo. Mesmo um governo determinado a buscar o caminho virtuoso vai ser testado a cada instante, pela teia de interesses contrários. Por isso não foi surpresa quando estourou o conflito sobre explorar ou não o petróleo que pode existir no litoral norte da Amazônia. Em maio de 2023, o Ibama negou o pedido da Petrobras para explorar um dos 22 lotes na costa equatorial do país, ainda que a primeira negativa já tivesse sido dada pelo Ibama em 2018, no governo Temer. Durante a administração Bolsonaro, a estatal quis trabalhar com o fato consumado e começou a se instalar no local como se a licença fosse apenas uma questão de tempo. Veio o governo Lula e os interesses da empresa em torno da economia fóssil permaneceram os mesmos.

A clivagem que apareceu naquela disputa sobre a exploração de petróleo no mar da Amazônia era igual à que nos tem empurrado de um lado para outro diante da mesma encruzilhada. Há uma ideia de desenvolvimento que ignora a situação específica da Região Amazônica. A tentativa é de reproduzir o passado — progresso seria petróleo, hidrelétricas, estradas, produção agropecuária. Mas há outra ideia alternativa, que é a de ir encontrando na floresta um caminho de desenvolvimento em que a própria floresta esteja no centro. Ao longo da história, vamos de um ponto a outro. A questão é que é mais fácil reaplicar fórmulas velhas do que encontrar um caminho novo que mereça a palavra "sustentável", tão repetida, mas raramente entendida.

Quando será tarde *demais?*

A primeira edição do jornal *O Globo* saiu em 29 de julho de 1925. A Amazônia estava na manchete. O título da matéria principal era: "Voltam-se as vistas para a nossa borracha." E de quem eram esses olhos? Do maior capitalista americano da época, Henry Ford. Todos sabem que aquele flerte terminou num grande fiasco. Ele quis fazer uma cidade na Amazônia e construiu no Pará a Fordlândia, hoje um dos esqueletos lá espetados a nos alertar que não devemos repetir as fórmulas importadas de outros países ou regiões do país. Quando tudo deu errado na sua Fordlândia, Henry Ford abriu nova frente para a sua aventura equivocada e construiu uma outra cidade, chamada Belterra, também no Pará.

Numa das vezes que falei com o climatologista Carlos Nobre, ele estava de olho em Belterra, quase um século depois de Ford. Em Belterra há uma Associação de Mulheres Produtoras de Cupuaçu, com cerca de 60 associadas. Para lá foi planejada a instalação de uma minibiofábrica do Instituto Amazônia 4.0. O objetivo é industrializar o produto. O programa estava sendo preparado no município paulista de São José dos Campos, mas foi suspenso durante a pandemia. É parte do primeiro experimento do Amazônia 4.0, que quer aumentar a agregação de valor aos produtos da floresta em diversas comunidades amazônicas para que a fatia maior da cadeia produtiva fique com quem mora lá. O projeto de Belterra continua de pé, mas a última informação que recebi é que a soja está avançando muito na região da cidade, o que pode levar à monocultura.

Há muita gente falando da necessidade de aumentar o valor agregado dos produtos da região para o lucro dos moradores, mas a primeira vez que ouvi isso foi do professor Carlos Nobre, conhecido no mundo inteiro. Ele tem essa proposta e muitas outras para desenvolver a Amazônia.

— A ideia é como agregar valor na própria Amazônia aos produtos de biodiversidade. Nós criamos o conceito em um artigo de 2016. E passamos a implementar. Um passo é a criação dos Laboratórios Criativos da Amazônia, que são minibiofábricas que representam uma cadeia produtiva. Montamos aqui em São José dos Campos para processar cupuaçu e cacau, com todas as formas modernas de processamento, e depois vamos levar para lá. Depois de Belterra, vamos para uma associação quilombola em Moju [*no Pará*], em seguida para uma associação ribeirinha do rio Acará e, por fim, para a Reserva Extrativista Tapajós-Arapiuns.

Quando Carlos Nobre fala "nós", há, de fato, muitos parceiros nesse projeto. Cada organização deu um pouco dos recursos necessários para esse primeiro teste da ideia de se aumentar a geração de renda e trabalho para quem mora na floresta, mantendo-a de pé. São institutos internacionais, associações brasileiras de filantropia de empresas, fundações, universidades.

Hoje há uma convicção, em grupos sinceramente interessados na proteção da Amazônia, de que nenhum projeto dará certo se não encontrar meios e modos para que os moradores da região ganhem dinheiro e tenham ascensão social preservando a floresta. Um exemplo é o açaí, que hoje gera US$ 1 bilhão para a economia da Amazônia e melhorou a vida, segundo estudos da Universidade Federal do Pará (UFPA), de 300 mil pessoas. Há a castanha, o cacau, o cupuaçu, a andiroba, o bacuri, o tucumã, o patauá. As frutas da Amazônia são tão numerosas quanto desconhecidas da maioria dos brasileiros. Há uma infinidade de princípios ativos para a indústria farmacêutica e de cosméticos. A questão é o modelo. O que se quer agora é que a riqueza fique lá, com quem mora e protege a floresta.

— Estou dizendo o óbvio, mas a industrialização é um vetor importantíssimo para agregar valor e melhorar a vida de todos — diz Carlos Nobre.

O projeto do Amazônia 4.0, que detalharei mais adiante, é instalar centenas ou até milhares de fábricas de chocolate portáteis e desmontáveis distribuídas por toda a floresta, para que quilombolas, ribeirinhos e a população de assentamento de reforma agrária possam agregar valor ao seu produto. Nobre tem se esforçado há anos para encontrar as melhores soluções sociais e econômicas para a Amazônia. Mas ele é um cientista e não um economista, nem empreendedor, nem formulador de políticas públicas sociais. Ele apenas acha que algo deve ser feito. Sua ideia fixa é salvar a Amazônia de um destino que ele viu nos modelos computacionais e nas pesquisas que realizou. Carlos Nobre foi o primeiro a avisar que a floresta poderia se savanizar. Em 1990, publicou um estudo alertando que, depois de certo ponto, a floresta iria se perder, mudar de natureza, virar um Cerrado, porém mais pobre e vulnerável. O processo que ele previu seria determinado por um efeito duplo: o desmatamento e as mudanças climáticas.

— O primeiro estudo que fiz era teórico, parecia distante. Agora voltei a fazer novo estudo olhando o efeito conjunto do desmatamento regional, do aquecimento global, do aumento da vulnerabilidade da floresta ao fogo. E também o efeito de haver mais gás carbônico na atmosfera, que entra como um dado positivo, que chamamos de fertilização de hidróxido de carbono nas florestas tropicais. Preparei um artigo com o professor Thomas Lovejoy com um resultado assustador. O que foi previsto já está acontecendo: parte da Amazônia já está virando uma savana e as árvores estão morrendo.

Carlos Nobre, nesse novo estudo, 30 anos depois do primeiro alerta, constatou com "pânico científico" a confirmação de suas suposições. O *tipping point*, o ponto de não retorno, pode estar se aproximando:

— A minha ideia original era de que, se passasse de 20% a 25% de destruição da floresta, haveria uma savanização irreversível de 60% da Amazônia. Agora, uma série de estudos computacionais está mostrando que no sul da Amazônia a estação seca está três, quatro semanas mais longa, comparando-se a 1980. Isso é muito preocupante, porque, se a seca dura mais do que quatro meses, é o clima do Cerrado, que tem chuva concentrada, uma estação superseca, longa, com descargas elétricas provocando incêndios. A Amazônia está virando um bioma como esse, mas muito mais pobre. O nosso Cerrado evoluiu em dezenas de milhões de anos e nele as árvores são resistentes, têm casca grossa exatamente para aguentar esses rigores. Um estudo de 2019 mostra que está havendo um aumento da taxa de mortalidade das árvores em toda a região sul da Amazônia. Não é mais um modelo computacional prevendo. É o que estamos vendo acontecer. A Amazônia está na iminência do ponto de não retorno.

O que Nobre e os cientistas em geral sempre quiseram saber é "quando será tarde demais?", ou seja, qual o ponto de onde não se pode mais voltar atrás? O *tipping point*. O que esse estudo mostra, o "pânico científico" que ele disse ter sentido, é que já começou a acontecer o que mais se temia. A Amazônia está em risco? Essa é a pergunta que o mundo se faz. Se estiver, então é o planeta que estará em perigo. Somos donos de 65% da maior floresta tropical do planeta. Mas não somos livres para fazer dela o que bem entendermos. Na Amazônia o nosso futuro encontra o destino do planeta. Isso nos coloca no centro do mundo. Não mais Londres, nem mesmo Nova York, mas a Amazônia. É para onde todos os olhos se voltam.

Onde exatamente esses sinais vistos pelo cientista Carlos Nobre estão acontecendo? O professor me apontou Alta Floresta, em Mato Grosso, região na qual testes recentes mostraram que a floresta está perdendo a capacidade de absorver carbono. Estive na cidade, anos atrás, e tive uma das experiências mais mágicas que já senti na Amazônia. Entrei dentro de uma árvore em Alta Floresta. Na enorme cavidade da sumaúma, eu tive por alguns minutos a sensação de ter entendido a floresta, de ter me conectado com ela, de estar ouvindo o seu chamado. Ainda tento segui-lo, ainda tento apurar o ouvido para captar o som que me chegou quando eu estava dentro da velha árvore. Naquela fração encantada do tempo que retive na memória, não havia fronteira entre seres dos reinos animal e vegetal. Éramos todos do reino da vida. E a vida quer permanecer.

Eu fazia uma reportagem para o telejornal *Bom Dia Brasil*, em 2012, e a ideia era que eu entrasse numa enorme reentrância de uma sumaúma para sair de lá informando onde eu estava: dentro de uma árvore, no portal da Amazônia. Gustavo Gomes, o diretor, me diria a hora certa em que eu deveria começar a falar e aparecer saindo da árvore. Mas a parte técnica demorou um pouco. Fiquei lá por aqueles minutos e fui envolvida pelo encantamento. Pensava em quantos seres vivos haviam passado por aquela mesma cavidade nos 500 anos da existência daquela árvore. Quando entrei, estava cansada e precisei de ajuda para alcançar a borda do buraco. Na volta, saltei no solo da Amazônia como se tivesse rejuvenescido. Era como se tivesse recebido uma carga de energia nova.

Não é apenas aquela árvore que pede socorro, não é apenas Alta Floresta que está em perigo, e sim toda uma faixa que vai da Bolívia a Rondônia, ao norte de Mato Grosso, ao sul do Pará e até o Atlântico. Uma faixa de 2 milhões de quilômetros quadrados em que as estações secas estão mais longas, em que as árvores começam a morrer mais cedo e a floresta corre o risco de virar uma savana. E o que se ganha colocando em perigo a floresta? Os estudos do Inpe e do MapBiomas mostram que 23% de 800 mil quilômetros desmatados ali foram abandonados.

— Mais ao norte, os estudos olharam e constataram que a floresta continua funcionando e não há esse fenômeno — continua Carlos Nobre. — Mas no sul da Amazônia é preciso não apenas proteger e evitar o desmatamento, temos também que regenerar para reduzir o risco para a floresta.

Dos estudos climáticos aos projetos de microeconomia, há muito a fazer para proteger a Amazônia e aumentar a renda para quem vive perto dela. A vantagem é que o Brasil já sabe como fazer. Ao longo da nossa História, os modelos de desenvolvimento da região partiam do pressuposto de que era preciso destruir a floresta para usar a terra para atividades estrangeiras a ela. A vegetação sempre foi tratada como um estorvo. Cada ciclo econômico estabeleceu uma guerra contra a vegetação, nunca a entendeu como ativo. Ao mesmo tempo o país sempre viveu com a síndrome de que cobiçam o que é nosso. Enquanto isso, a Amazônia foi sendo colocada em risco extremo, como resultado das nossas escolhas.

As pequenas soluções vão socorrendo populações locais, mas a grande ameaça continua a pairar sobre toda a Amazônia, sobre o país e o mundo. O risco é a morte da floresta por exaustão das suas forças, por ter chegado ao ponto de onde não conseguirá mais retornar. Os climatologistas do Brasil estão alertando de forma cada vez mais veemente para esses riscos. Contei, no livro *Saga brasileira: a longa luta de um povo por sua moeda*, de 2011, a reunião de cientistas políticos americanos no Canadá, para onde fui acompanhando Sérgio, meu marido, que faria uma palestra no evento. Vi um painel em que um físico falou sobre o risco extremo da mudança climática. Quando foi perguntado a ele quando seria tarde demais, ele respondeu:

— Quando perdermos a Amazônia, será tarde demais.

A quem estranhar a expressão "perdermos", na primeira pessoa do plural, como se a Amazônia fosse também dos americanos, explico que o cientista se referia ao planeta. Quando a Terra perder a Amazônia, será tarde demais. Quando passarmos do ponto de onde não se pode mais voltar e a floresta começar a morrer sozinha, virando outra coisa, uma savana pobre, então será tarde demais.

"Ainda há tempo de evitar o pior." Essa frase eu ouvi do climatologista britânico Richard Betts, que entrevistei no Meteorological Office, o serviço de meteorologia do Reino Unido, durante uma viagem que fiz ao país, em 2009. Era o final de uma entrevista em que ele me mostrou os assustadores cenários para o mundo com o desmatamento da Amazônia, que nos leva cada vez mais para perto do precipício climático. Betts era chefe do setor de Impactos do Clima do Met Office, fundado em 1854 e pioneiro nas investigações sobre o clima. A entrevista foi com ele e dois outros cientistas, James Murphy e Gillian Kay, que desenvolviam constantes trabalhos com o Inpe. Quando Betts me disse "ainda há tempo de evitar o pior", suspirei aliviada e brinquei com ele dizendo que da próxima vez que fosse falar com leigos começasse avisando isso.

Mas temos que tomar decisões certas no tempo que temos. A ciência ajudará a apontar o caminho. Um dos fatos mais notáveis foi o desenvolvimento da tecnologia de satélites para saber o que se passa na floresta, como já contei aqui, ao falar da origem do Inpe. Na busca da correção de rota, um ator fundamental são os militares. Eles foram, em momentos diferentes da História, a força que nos empurrou para o erro, mas, ao mesmo tempo, são os únicos que têm capacidade de montar a logística necessária em região tão exigente. Esse é o fator perturbador. O que os militares são, o que têm sido e o que podem vir a ser na relação do Brasil com a Amazônia? Não existem respostas simples no nosso caminho.

Os militares na *Amazônia*

A história dos militares na Amazônia é longa, complicada e cheia de equívocos. Eles erraram muito no passado por sua visão da região, erraram muito no governo Bolsonaro e continuarão errando, se não entenderem que defender a soberania da Amazônia não é armar-se contra um suposto inimigo externo. O verdadeiro inimigo que está hoje no solo da floresta é o crime. A visão convencional, consolidada na Doutrina de Segurança Nacional, da Guerra Fria e da ditadura, é a de que a região é um vazio demográfico e precisa ser ocupada para ser defendida. A ocupação frequentemente significa destruição ambiental. O paradoxo é que sem as Forças Armadas não é possível proteger a Amazônia, e com elas vêm convicções que não foram atualizadas.

Em artigo publicado na revista *Piauí* de 20 de janeiro de 2023, o economista e autor de diversos livros sobre a questão ambiental Ricardo Abramovay procura a raiz dos erros atuais dos militares e encontra a visão do general Golbery do Couto e Silva, de 1950. O texto foi escrito a propósito dos terríveis acontecimentos do dia 8 de janeiro de 2023, quando seguidores do ex-presidente Bolsonaro invadiram e depredaram os prédios do Palácio do Planalto, do Congresso Nacional e do Supremo Tribunal Federal. Havia fortes suspeitas de envolvimento de militares e elas se fortaleceram ao longo das investigações. O comandante do Exército, general Júlio César Arruda, acabou demitido por indícios de conluio com os que praticaram os atos de vandalismo. Ele foi o general que ficou menos tempo no posto — indicado em 30 de dezembro de 2022, no último dia útil do governo Bolsonaro, foi exonerado pelo presidente Lula no dia 21 de janeiro de 2023. Mas houve outros sinais de envolvimento de militares de alta patente na conspiração.

Abramovay escreveu que os militares brasileiros continuam tendo uma visão de mundo "alucinada" e que isso tinha ficado claro nos seminários, nas declarações e nas *lives* durante a pandemia: "Por incrível que pareça, a mais importante inspiração do comando militar que esteve junto ao Palácio do Planalto nos últimos anos é o conjunto de trabalhos de Golbery dos anos 1950, cuja ideia básica é que, no mundo posterior à Segunda Guerra Mundial, as fronteiras físicas foram substituídas por fronteiras ideológicas." Essa ideia foi utilizada como justificativa para todos os crimes cometidos durante a ditadura militar. A queda do Muro de Berlim oficializou o fim da Guerra Fria, mas não acabou com a doutrina dos militares brasileiros. "O delírio de que paira sobre o país uma ameaça comunista no início da terceira década do século XXI não é puro produto das redes sociais. É uma ideia que a direção da burocracia militar não cessou de propagar, seja quando insistia em comemorar o golpe de 1964, seja em declarações cotidianas."

Abramovay citou algumas declarações recentes dos militares, como a do general Hamilton Mourão, então vice-presidente da República, no dia 25 de agosto de 2021, no Instituto General Villas Bôas. "Neste século XXI, uma das maiores questões que ameaçam a soberania é a sustentabilidade.

Dessa forma, a questão do desenvolvimento da Amazônia, onde diversos atores não estatais limitam nossa soberania, é algo que tem que ser abraçado pela nação como um todo." Por essa visão reversa, a sustentabilidade é o que nos ameaça e não o que nos pacificará com a floresta.

Setenta anos se passaram em vão para certa elite militar brasileira, já que a Doutrina de Segurança Nacional continuava sendo usada para alimentar fantasmas que justificassem um projeto nacional completamente oposto aos interesses nacionais. Nos anos da Guerra Fria, era a desculpa para a tortura e a morte de dissidentes dentro dos quartéis. Nos dias atuais, mira-se a "sustentabilidade" como se ela fosse o comunismo da vez. Os militares brasileiros estão atrasados em relação ao pensamento militar ocidental. O Pentágono e as Forças Armadas europeias incluem a mudança climática como um risco à segurança global que coloca em perigo a segurança nacional. Isso está dito nos documentos de estratégia militar de médio e de longo prazo tanto dos Estados Unidos quanto da União Europeia.

Tudo fica pior, quando se pensa que o general Mourão comandava, durante o governo Bolsonaro, o Conselho Nacional da Amazônia Legal. Se ele, que deveria defender a Amazônia, achava que o perigo vinha dos "diversos atores não estatais" que defendiam a floresta, então tudo ficava muito pior. Nessa posição, tornou-se o maior chefe das operações Verde Brasil, que foram lançadas pelo governo Bolsonaro quando as críticas ao aumento do desmatamento ficaram mais fortes.

O ponto do artigo de Abramovay publicado na *Piauí* vai muito além de um equívoco dos militares. "É claro que as pessoas podem acreditar no que quiserem. O que não é admissível é que as ideias e as bases político--culturais da formação e da atuação de um corpo burocrático tão importante e custoso sejam tratadas como um tema de interesse interno, inacessível e insensível ao debate democrático", escreveu. A visão de mundo delirante se reproduzia internamente na corporação militar. As Forças Armadas continuavam fazendo da opacidade a sua grande arma. Fechadas em copas, discutiam o futuro do Brasil e o que era "estratégico" sem que a sociedade civil soubesse ou concordasse. Continuam a ser indevassáveis. E isso é perturbador para a democracia e para a sustentabilidade ambiental.

Contudo, só as Forças Armadas têm equipamentos suficientes para cobrir toda a vastidão amazônica e estar em lugares de difícil acesso. E quando estão em campo, não é uma doutrina caduca que vale. Muitas vezes acaba prevalecendo o bom senso e as forças do Estado terminam combatendo o crime. Simples assim. O balanço das operações militares na Amazônia pode ser pífio, como sustentou o Observatório do Clima em relatório, mas os jornalistas, por treino profissional, costumam olhar os pequenos casos. Eles podem ser reveladores.

Um oficial de alta patente e da ativa me mandou uma mensagem pelo celular: "Bom dia, tudo bem? Você teria algum momento para conversarmos por telefone?" Eu disse que sim, que faria um comentário no rádio e em seguida falaríamos. Combinamos o horário. Eu já sabia qual seria o assunto. Naquele dia, 14 de outubro de 2020, em meu comentário matinal no rádio, eu tinha criticado uma operação de simulação de guerra feita por militares perto de Novo Airão, no Amazonas. Disse que estávamos gastando recursos e tempo com um conflito inexistente, quando o que temos é uma guerra aberta que fere e sangra o país e tem destruído a Amazônia em rincões muito mais distantes daquele escolhido para a batalha entre os "exércitos" vermelho e azul. Na verdade, precisávamos fortalecer o exército "verde".

Conheço Novo Airão. Fica a algumas horas de Manaus. Lá se penetra no arquipélago das Anavilhanas. No caminho de barco, é possível ver do rio a cidade inicial, conhecida agora como Velho Airão. Na primeira vez que passei por ali, eram ruínas abandonadas. Os moradores teriam fugido, contou-nos o barqueiro, depois que formigas gigantes atacaram a cidade. As ruínas pareciam confirmar a história. Quando o oficial ligou, eu o ouvi em silêncio por muito tempo. Esse tipo de contato com militar da ativa é difícil de estabelecer. Portanto, ouvir seus queixumes seria um caminho para entender o que os militares estavam pensando. O melhor a fazer era prestar atenção ao que ele dizia. O argumento que desenvolveu foi o de que esses exercícios são parte do trabalho dos militares, afinal, eles têm que ser, como me disse, "o seguro contra o risco externo". E que, se não houver esses exercícios regulares, os jovens não serão capacitados.

Ele então começou a citar números de multas aplicadas e material apreendido durante a atuação recente das tropas no combate ao crime ambiental. Aqueles dados não haviam sido divulgados ainda. Achei-os interessantes. Pedi uma conversa com ele ou com quem fosse escolhido pelos oficiais-generais para me explicar o que estava sendo feito naquele momento na operação chamada Verde Brasil 2. Marcamos a conversa para dias depois. Ele acabou sendo a pessoa escolhida pelas Forças Armadas para falar, mas me pediu que o nome dele não aparecesse.

— A situação está agitada, se eu apareço falando, entro em combustão espontânea — me disse o oficial.

Prudente. O governo Bolsonaro tinha uma relação totalmente conflituosa com a imprensa. Desde o começo escolheu seus alvos, eu entre eles. Uma vez, quando dei uma notícia do que se passara certo dia no Palácio, o general Augusto Heleno, do GSI, foi visto gritando que ninguém poderia falar comigo.

— Por que ela sabe disso? Justamente ela? — dizia aos berros, segundo me relatou um espectador da cena, também militar.

Era difícil, portanto, encontrar interlocutores no governo que permitissem a divulgação do próprio nome. O que eu me dava conta enquanto o oficial desfilava números e fatos das operações é que, por mais que alguns líderes das Forças Armadas tivessem se associado ao governo Bolsonaro, ou sido ambíguos em relação a ele, quando as tropas iam para o campo elas precisavam atuar. Então, para fazer o certo, tinham que contrariar as orientações do governo.

O presidente já havia recebido garimpeiros, prometera acabar com a "indústria da multa" do Ibama e do ICMBio, o então ministro do Meio Ambiente, Ricardo Salles, dera sinais insistentes de conluio com o crime. Servidores foram exonerados por destruírem equipamentos encontrados em meio ao desmatamento ou por multarem grileiros. Mas não se pode dizer para um batalhão inteiro, ou para vários batalhões, como os que estavam na selva, que, quando encontrassem balsas carregadas de madeira num dos rios da Amazônia, deixassem passar, ou quando vissem dragas num garimpo ilegal numa área de preservação, que fechassem os olhos, porque o presidente não queria combater o crime e havia mandado fazer uma manobra só para inglês ver.

Pela pressão da opinião pública no auge das queimadas, o governo Bolsonaro decretou a Operação de Garantia da Lei e da Ordem na Amazônia, em 2019. Era a primeira GLO Ambiental, e decretada pelo presidente que nunca quis proteger o meio ambiente. Foi a Operação Verde Brasil. Depois veio a repetição, na Operação Verde Brasil 2. Por meio delas é que as Forças Armadas receberam meio bilhão de reais e sua atuação fora insuficiente — mesmo assim, havia números a comemorar, segundo a coleção estatística dessa minha fonte militar.

A possibilidade de o chefe do Executivo decretar uma Operação de Garantia da Lei e da Ordem está na Constituição de 1988. Foi decretada pela primeira vez na Rio-92. As tropas ocuparam o Rio de Janeiro para garantir a segurança dos muitos chefes de Estado presentes. Depois disso as GLOs foram usadas mais 200 vezes, para os mais variados propósitos, que iam da segurança pública a eventos especiais. Já contavam os militares 8 mil dias em GLOs, quando foram para essa missão ambiental. Tinham que reduzir o desmatamento e combater os focos de incêndio, que aumentaram exatamente porque o governo Bolsonaro estimulava o problema. Podia ser até para criar uma cortina de fumaça, mas, ao acionar as Forças Armadas, os fatos ganhavam dinâmica própria. E os militares tinham que trabalhar com quem? Com os outros órgãos do Estado. Tinham que combater o quê? O crime. O ministro de então queria enfraquecer o Ibama e o ICMBio. O que me dizia o oficial naquela conversa? Que, ao estar com os servidores do Ibama e do ICMBio na Amazônia, os militares entenderam que era necessário fortalecer esses órgãos. O oposto do que o governo vinha fazendo.

— Uma parte dos servidores desses órgãos envelheceu. Não pode, no meio da pandemia, ir para campo. Os garimpos são enormes, muitas vezes em áreas protegidas. Os servidores do Ibama e do ICMBio são poucos. Precisam ser levados, em geral, pela Força Aérea. A multa é aplicada pelo Ibama e pelo ICMBio. O principal papel das Forças Armadas é logístico, de levar esse fiscal para lugares em que ele não conseguiria chegar e, ao mesmo tempo, dar proteção a ele. Num garimpo enorme desses, o fiscal vai sozinho? É um perigo. É pouquinha gente para umas coisas enormes e com interesses muito grandes por trás. Se ele for sozinho, e por acaso chegar, ele leva uns tapas e mandam ele embora.

— Isso na hipótese benigna. Podem não ser apenas tapas — ponderei.

Ele concordou. Quanto mais eu conversava, mais me convencia de que o fotógrafo Sebastião Salgado tinha razão quando dizia que não se pode excluir as Forças Armadas do esforço de proteção da Amazônia e das populações indígenas. É preciso neutralizar os líderes militares que se associaram a um presidente que, na área ambiental, declaradamente estava ao lado do crime na Amazônia. Também sobre os indígenas a visão convencional dos militares é deletéria. Os militares querem que haja "integração" com o modo de viver dos outros brasileiros sem entender que o perigo é a destruição cultural. Orgulham-se em dizer que existem soldados indígenas, principalmente nos pelotões de fronteira. Muitos desses indígenas podem ter escolhido essa atuação. Mas a tentativa de transformar povos indígenas em tropas levou a tragédias nos anos 1970, como relata o jornalista Rubens Valente em seu magnífico livro *Os fuzis e as flechas*.

Durante a operação ambiental, em 2020, os militares chegaram a uma aldeia Yanomami. Uma indígena grávida estava para dar à luz. Um exame de imagem mostrou que ela poderia morrer se não fosse atendida num hospital.

— Fazer o quê? Deixá-la resolver o parto da forma tradicional, e ela iria sofrer e talvez morrer? Negar a ela o que está à disposição das outras brasileiras das cidades? É complicado. Depois de conversa na aldeia, ela foi levada para um hospital e tudo foi resolvido da melhor forma — contou o oficial, reconhecendo que é preciso respeitar as culturas indígenas, mas alertando que aparecem dilemas assim quando as tropas estão em campo.

No sábado 21 de janeiro de 2023, o presidente Lula teve um dia intenso. Visitou os Yanomami, voltou a Brasília e demitiu o comandante do Exército, o general Júlio César Arruda. Havia uma crise militar e mesmo assim o presidente foi aos Yanomami, deixando para o começo da noite a questão militar. Essa visita aos Yanomami provocou um forte impacto no país, porque foram amplamente divulgadas as imagens feitas pelos indígenas para o site Sumaúma, da jornalista Eliane Brum, mostrando corpos cadavéricos, cenas inaceitáveis de uma tragédia humanitária. Era o resultado do abandono do povo indígena pelo governo Bolsonaro e do estímulo dado por ele aos garimpeiros.

O que o oficial estava me relatando era que quando os militares foram ao local eles acudiram uma indígena. Era uma contradição. No campo, na atuação individual, os militares acertavam. Mas a política da cúpula militar fora se aproximando cada vez mais do governo Bolsonaro e de seus trágicos ideais.

Dessa longa conversa de quase duas horas com o oficial designado pelo Ministério da Defesa para falar comigo, eu escrevi uma coluna para *O Globo* em que narrei os fatos que ele me revelou sobre a operação ambiental. Militares gostam de estatísticas, e elas foram tantas que o próprio oficial chamou a conversa de "tempestade de informações". Os grandes números chocavam e a narrativa fria e até burocrática dos eventos também. A Operação Verde Brasil 2 havia aplicado, de 11 de maio até o dia 21 de outubro de 2020, véspera da nossa conversa, multas no valor total de R$ 1,696 bilhão. Era, portanto, o oposto do que o presidente havia prometido em palanque durante a campanha: livrar os produtores e garimpeiros das multas. Era uma dinheirama em relação à qual o próprio oficial admitia que, tendo em vista o histórico brasileiro, ele não poderia dizer quanto chegaria aos cofres públicos. Além disso, a ação ia no sentido exato do que os servidores dos órgãos ambientais queriam, ou seja, multar os criminosos.

Três mil militares trabalharam diretamente na operação — pouco para aquela imensidão. Para se ter uma ideia, na mesma época havia 30 mil militares na Operação Covid-19, dez vezes mais. Para a questão ambiental foram mobilizados apenas 170 veículos, 15 aeronaves e 39 navios. Mesmo assim, o Exército em solo e a Marinha nos rios haviam apreendido até aquela data carregamentos de 175 mil m^3 de madeira, suficientes, conforme o cálculo que ele me deu, para encher 2 mil carretas.

Os estímulos aos garimpeiros ilegais foram muito grandes desde a campanha de Bolsonaro. Mas, em solo, as tropas tiveram que combatê-los. Em apenas uma operação foram encontrados 45 quilos de ouro. Ao todo, em menos de seis meses, foram apreendidas 8 mil toneladas de minerais ilegalmente extraídos, a maior parte manganês. Eu achei o número tão grande que mandei mensagem para o militar perguntando se ele havia mencionado mesmo aquele volume. Ele confirmou. Sim, era exatamente essa a ordem de grandeza em apenas poucos meses de atuação das Forças na Amazônia.

Nossa conversa foi na quinta. No domingo 25 de outubro, publiquei a coluna com o que apurara. À noite, minha fonte me mandou uma mensagem no celular avisando que as tropas haviam localizado, em outra operação, 146 mil toneladas de manganês no Pará. A carga estava pronta para embarcar em Barcarena, quando foi apreendida. Fora extraída ilegalmente, transportada, apesar de ilegal, e seria exportada para a China.

— E eu achando 8 mil toneladas muito — comentei.

— Lembrei disso e pedi para confirmar duas vezes porque achei que alguém tinha errado. Mas eram mesmo 146 mil toneladas — ressaltou o oficial.

A dimensão do crime na Amazônia impressiona. Naquele dia em que eu ficara quase duas horas conversando com o oficial militar sobre os crimes encontrados pelas tropas no solo da Amazônia — desmatamento, fogo, garimpo ilegal —, Bolsonaro fez mais uma daquelas declarações sem sentido. Em muitas ocasiões ele revelava uma incompatibilidade crônica com a verdade.

— Estamos ultimando uma viagem a Manaus-Boa Vista onde convidaremos diplomatas de outros países para mostrar naquela curta viagem, de uma hora e meia, que não verão em nossa floresta amazônica nada queimando, ou sequer um hectare de selva devastada.

Essa era a fala de Bolsonaro, como se uma vista aérea rápida, por um itinerário escolhido pelo governo, fosse desmentir os eloquentes fatos diários de destruição da floresta. O general Hamilton Mourão levou os embaixadores a uma viagem a Manaus, São Gabriel da Cachoeira e Maturacá, situadas no Amazonas. Um dos convidados, o embaixador da Alemanha, Heiko Thoms, foi entrevistado pelo site da Deutsche Welle. "A viagem não mudou a percepção alemã", disse Thoms ao repórter e acrescentou que o governo alemão estava bem informado sobre o que se passava na Amazônia. A embaixadora interina do Reino Unido, Liz Davidson, lamentou o itinerário em entrevista à *Folha*: "Pena que a visita não incluiu as áreas mais atingidas." Nem o "para inglês ver" convenceu ingleses e alemães. A viagem, que começou no dia 4 de novembro, não desmentiu os fatos. No dia 12, o governo mandou ampliar até abril de 2021 a presença dos militares na Amazônia. Evidentemente, se estava ampliando, era porque a floresta ardia e era derrubada.

Começara no ano 2000 um movimento de aumento da presença militar na Amazônia. Em 20 anos, o número de militares instalados permanentemente na região subira de 10 mil para 40 mil. Fora uma decisão dos governos civis. Durante as ditaduras no Cone Sul das Américas, as tropas estavam muito concentradas no Sul do Brasil, seguindo a ideia de que o perigo vinha da Argentina, uma rivalidade alimentada pelos generais de cá e de lá. Nos governos democráticos isso foi revisto. Muitas unidades mecanizadas foram desativadas no Sul e se transformaram em brigadas de infantaria de selva com pelotões de fronteira.

Normalmente os militares veem a floresta com duas preocupações. A primeira refere-se a um problema cada vez mais grave, o tráfico de drogas. A segunda refere-se à defesa da soberania, que é limitada à ideia, como se sabe, de que outras nações possam cobiçar o território nacional. A visão da "cobiça internacional" sempre esteve presente no imaginário militar e de boa parte da população do país. É uma visão restrita de soberania. Não se vê que quem, criminosamente, ocupa parte de uma terra pública torna-a propriedade sua e destrói o patrimônio genético está ameaçando a soberania das leis do país e ameaçando a integridade do bem comum. No caso daquela operação dos militares, o objetivo não era achar drogas, mesmo assim tropeçaram em 390 quilos de pasta de cocaína sendo contrabandeados.

O ouro estava em alta em 2020. E isso era um estímulo ao garimpo. Os 45 quilos que os militares encontraram na fiscalização realizada entre os dias 9 e 13 de outubro valiam, na época, R$ 15 milhões. Foram extraídos na Reserva Biológica de Maicuru, no Pará, entre os municípios de Santarém e Itaituba. O local é definido pelos militares como "totalmente inóspito e de difícil acesso". É uma reserva dentro de outra reserva da qual muito se falou no governo Temer: a Renca, sigla de Reserva Nacional de Cobre e Associados. Só foi possível chegar lá com a Força Aérea. Junto com os militares, ia a Polícia Federal e o Ibama. Lá foram destruídos 15 motores estacionários de garimpo e depois a operação se completou em Santarém, com a apreensão de aviões ligados à atividade.

A Renca, criada em 1984, tem uma história curiosa. O ex-presidente Michel Temer tentou liberar a mineração na localidade, eliminando sua classificação de reserva. O argumento é que ela não havia sido concebida para ser uma Unidade de Conservação, e sim para a proteção estratégica de minerais que seriam explorados no futuro. De fato, ela fora pensada na ditadura para ser uma reserva temporária de minérios, mas acabou ganhando importância ambiental no país, porque várias Unidades de Conservação foram se estabelecendo dentro dela. A reação contrária ao decreto de abertura da reserva no governo Temer se deu numa dimensão que o governo não esperava, mostrando que a defesa do meio ambiente tinha deixado de ser apenas uma questão dos ambientalistas. Temer teve que recuar.

Na época, 2017, entrevistei algumas pessoas para entender o problema, caso de Beto Veríssimo, do Imazon. Ele começara me explicando como é a Renca:

— Toda a Calha Norte do Pará, onde está a Reserva Nacional de Cobre e Associados, tem 272 mil km^2, uma área equivalente à soma de Sergipe e São Paulo, e apenas 300 mil habitantes, que se concentram nas margens dos rios e têm atividades de baixo impacto.

A reserva, em si, tem 46,5 mil km^2. Se, inicialmente, era apenas reserva mineral, depois foram se sobrepondo as Unidades de Conservação, nove ao todo. As UCs têm graus diferentes de proteção. Das que estão na Renca, cinco estão em modalidade máxima porque são Terra Indígena, Parque Nacional ou Reserva Biológica. Algumas têm alto valor ambiental, como o Parque Nacional Montanhas do Tumucumaque, ou então a Reserva Biológica de Maicuru, exatamente onde, naquele outubro de 2020, os militares e servidores do Ibama e agentes da PF desembarcaram dos helicópteros para flagrar quem extraíra os tais 45 mil quilos de ouro.

— Olha como é — me disse o oficial que relatou a operação. — Se nós tivéssemos chegado um minuto antes, ou um minuto depois, não pegaríamos.

Beto Veríssimo já havia me avisado, na conversa de 2017, três anos antes, que lá havia garimpo ilegal.

— O grande perigo do garimpo não é o desmatamento, mas o risco da contaminação dos rios com mercúrio — explicou.

É essa contaminação que tem provocado vítimas indígenas em alguns territórios e que atinge todo o país em vários momentos. Em janeiro de 2022, os jornais estamparam notícias com fotos das cores do rio Tapajós mudando. A grande suspeita era que fosse efeito do garimpo em Terras

Indígenas ou em outras áreas de conservação. O problema só cresce na região, mas o roteiro já se conhece.

A Renca foi criada devido ao temor dos militares de que algum estrangeiro nos roubasse o subsolo mineral. É no solo, contudo, que está o grande patrimônio. As Unidades de Conservação foram se sobrepondo, como relatei, e, no final, se o governo Temer liberasse a mineração no local, o espaço disponível seria de apenas 10% do território. Pela dificuldade de acesso e por conta da existência das UCs criadas ali, a Renca foi sendo preservada. Em 2017, apenas 0,3% da área estava desmatada. Temer baixou um decreto extinguindo a reserva e dando 120 dias para que se estabelecessem os parâmetros da exploração mineral. No entanto, revogou o próprio decreto em setembro de 2017, diante da forte reação da sociedade. Bolsonaro tentou liberar o garimpo e a mineração em toda a Amazônia. Mandou um projeto para o Congresso, que o então presidente da Câmara dos Deputados, Rodrigo Maia, arquivou. Mas na legislatura seguinte Bolsonaro voltou à carga. Curioso na escolha que o Brasil faz entre os dois caminhos é que governos podem ser neutralizados por pressão da sociedade. Temer tinha baixíssima popularidade, uma vez que era apontado pela esquerda como usurpador. Não foi, portanto, para agradar à esquerda, e sim para ceder à pressão da opinião pública em geral, que Temer recuou.

Quando Bolsonaro foi forçado a mandar as Forças Armadas para a região, ele estava fazendo o oposto do que gostaria, porque as tropas acabaram tendo que combater o garimpo, ainda que tenha sido parcial esse combate. E o que os militares encontraram numa rápida passagem em uma Unidade de Conservação da Renca? Um total de 15 motores estacionários de extração de ouro e 200 litros de diesel. Perguntei ao oficial que entrevistei o que eles fizeram com os motores e ele me disse que todos foram destruídos no local, por óbvio. Impossível carregá-los pela floresta.

Na coluna que publiquei no jornal, contei alguns flagrantes que a mobilização do Exército, da Marinha e da Aeronáutica havia detectado. Eles não saíam às cegas. Em Brasília, um grupo reunia órgãos envolvidos com o tema. Um deles era o Inpe. Com imagens de satélite, escolhia-se o local da ação. Em videoconferência, os cientistas falavam com os comandos militares na Amazônia. No resto, era patrulha mesmo por terra, rio e ar.

Na manhã de 2 de setembro de 2020, as tropas chegaram a uma fazenda que fica a leste da Terra Indígena Yanomami, ao norte da Estação Ecológica Niquiá, no município de Caracaraí, em Roraima. Estavam juntos técnicos do ICMBio, policiais militares e fiscais ambientais do estado. Era uma atividade de combate ao garimpo ilegal. Eles apreenderam quatro aviões, mas havia outras aeronaves sendo consertadas e uma sendo montada. Havia ainda uma pista de pouso e um hangar com espaço para cinco aviões.

As distâncias são enormes e só podem ser vencidas com o que os militares chamam de "uma logística forte", que apenas as Forças Armadas têm. Eles dizem que precisam da cooperação dos órgãos ambientais. Na verdade, eles definiram a Verde Brasil 2 como uma operação interagências. E a lista incluía, além das três Forças, o ICMBio, o Ibama, a Funai, o Serviço Florestal Brasileiro, a Polícia Federal, a Polícia Rodoviária Federal (PRF), o Incra, órgãos ambientais estaduais e polícias locais.

No dia 25 de junho, um navio-patrulha da Marinha encontrou um carregamento de madeira na foz do rio Tocantins, no Pará. Havia três empurradores e quatro balsas levando, ao todo, mil toras de madeira ilegal. A carga era tanta que punha em risco a navegação. Dois dias depois, aportaram em Belém e o material foi entregue às autoridades ambientais do Pará.

— Quando a gente não consegue evitar o desmatamento, a gente apreende o resultado do crime para dar prejuízo ao malfeitor e desestimular a continuidade do crime — me disse o militar.

No fim, foram 765 os equipamentos inutilizados ou destruídos em 2020. Eram veículos, motores de garimpo, balsas, tratores, escavadeiras e máquinas agrícolas. Isso além das mais de mil embarcações apreendidas e de 390 dragas. Em Humaitá, no Amazonas, pegaram de uma só vez 64 dragas. Em pouco mais de cinco meses, os militares combateram 7.500 focos de incêndio e fizeram 44.900 inspeções navais e terrestres, vistorias e revistas.

— É bastante? Sim. É o suficiente? Não. Isso tudo é emergencial — observou o oficial que me narrava a operação. — A gente está com um problema grande e está aqui combatendo os efeitos para tentar reduzir. É necessário ter uma política de empoderamento desses órgãos ambientais.

Ficou claro para mim, ao fim daquela longa conversa, ou tempestade de informações, como definiu o oficial, que a ação do Estado na vastidão da Amazônia só dá certo quando há cooperação entre seus vários braços e quando os objetivos são permanentes. Isso já existiu no passado. E, mesmo naquele governo tão pouco comprometido com a lei, essa lógica da cooperação acaba se impondo quando as tropas vão para a ação combater o verdadeiro inimigo do país, que é o crime ambiental. O problema naquele governo era que diariamente, por atos, palavras, propostas legais, mudanças administrativas, punição de servidores, ele estimulava os criminosos a avançar. Não à toa, as Forças Armadas, mesmo com êxitos, acabaram tendo um desempenho muito abaixo do esperado ao fim dessas operações.

As muitas faces *do golpe*

Era a manhã do dia seguinte aos atos golpistas que abalaram Brasília no dia 8 de janeiro de 2023. Estavam todos na sala do presidente da República. Essa reunião foi considerada decisiva por quem estava lá. Havia 13 autoridades ali. O presidente Lula, a presidente do STF, Rosa Weber, o presidente da Câmara, Arthur Lira, o vice-presidente do Senado, Veneziano Vital do Rego. O vice-presidente da República, Geraldo Alckmin. Os ministros do STF Dias Toffoli e Luís Roberto Barroso. Estavam ainda alguns ministros: José Múcio, da Defesa; Flávio Dino, da Justiça; Fernando Haddad, da Fazenda; Alexandre Padilha, das Relações Institucionais; Paulo Pimenta, da Secretaria de Comunicação; Rui Costa, da Casa Civil. As pessoas estavam sentadas em sofás ou poltronas de couro na cor preta. Rosa estava no sofá com seus dois colegas do STF, à direita de Lula. Lira estava na poltrona em frente à do presidente.

A véspera havia representado o mais duro teste para a democracia brasileira desde o fim da ditadura. Hordas de vândalos invadindo e quebrando os três palácios governamentais marcaram aquele começo de governo e a História do país. O presidente Lula voltara do interior de São Paulo diretamente para o Planalto, chegando pouco depois das nove da noite. Estava acompanhado de vários ministros e líderes no Congresso. Em abril, quando as imagens das câmeras internas de TV se tornariam conhecidas, muita coisa ainda seria revelada. Caso da omissão de militares do Gabinete de Segurança Institucional, quase integralmente formado por pessoas nomeadas pelo governo anterior, e da falta de reação do ministro que comandava o órgão, o general Gonçalves Dias, nomeado pelo governo Lula. As imagens mostraram também o ministro da Justiça, Flávio Dino, gesticulando diante do ministro da Defesa, José Múcio. Um participante da cena me disse que Dino afirmava o seguinte:

— Tem que prender agora, Múcio, não pode deixar esses caras aí. Tem um golpe de Estado em curso e o comandante do Exército é um dos golpistas.

Ele tinha razão. Era um golpe de Estado em curso naquele 8 de janeiro. E as decisões de Lula foram cruciais para abortá-lo. Aquela reunião do dia 9 era para traçar o caminho institucional de defesa da democracia. Arthur Lira perguntou se o processo de investigação dos atos de 8 de janeiro não poderia ser distribuído para outros ministros do STF, em vez de ser anexado ao que investigava outros atos antidemocráticos, cuja relatoria no STF estava com Alexandre de Moraes, ministro que se tornara, do ponto de vista da direita, um símbolo de oposição ao bolsonarismo. Segundo Lira, aquela tentativa de golpe na Praça dos Três Poderes não tinha conexão com os atos antidemocratas que já estavam sendo analisados por Moraes.

Todos olharam para Rosa, a única mulher presente naquele poder todo masculino.

— O relator é o Alexandre — disse ela, de forma tão firme, peremptória e rápida que os presentes na sala se impressionaram, conforme me relatou depois um dos participantes.

Lira tentou argumentar dizendo que poderia haver reação à entrega do assunto a Alexandre de Moraes. No caso, reação dos parlamentares da direita. Rosa repetiu sua decisão. Um dos presentes à reunião me disse que se a presidente do Supremo fraquejasse ali o futuro da investigação dos eventos seria imprevisível. Ao fim da reunião, foi divulgada uma nota dos Três Poderes em defesa da democracia e de repúdio aos acontecimentos da véspera. Mas aquele momento, da decisão da presidente do STF, demarcou uma linha para a futura investigação.

Houve tentativa de golpe no Brasil e não apenas com as invasões do Palácio do Planalto, do Congresso Nacional e do Supremo Tribunal Federal no dia 8 de janeiro. A trama foi urdida antes. O contragolpe levaria a uma investigação minuciosa que não poderia se perder em esforços paralelos nem acabar indo, na Suprema Corte, para as mãos de um dos dois ministros nomeados por Bolsonaro. Ambos já haviam dado demonstração de não ter qualquer isenção.

O que estava em jogo no Brasil era o futuro da democracia, mas também da Amazônia. Os caminhos da maior floresta tropical do mundo e da democracia brasileira estavam juntos naquele ponto mais decisivo da História recente. Qualquer erro, qualquer sinal de fraqueza, poderia ter levado o país para uma aventura autoritária. Nesse cenário, as florestas, os povos indígenas e o meio ambiente enfrentariam de frente os efeitos do retrocesso político.

O dia 8 de janeiro foi o momento explícito do golpismo, mas ele começou a ser plantado antes, nas manifestações públicas de Bolsonaro, nas ambiguidades das autoridades militares, nas decisões que favoreceram a corrida armamentista da extrema direita e na acolhida dada pelos quartéis aos golpistas que se amotinaram diante de seus portões após o resultado das eleições. A eleição de 2022 repetiu o cenário da de 2018, quando os comandantes militares escolheram um candidato e apostaram todas as fichas nele. Alguns não respeitaram os limites constitucionais, o regramento dos próprios militares, e usaram o peso do estamento armado em uma candidatura. A chamada "família militar" votou em Bolsonaro. A escolha individual é parte do jogo democrático. O que não é aceitável é a conspiração.

O primeiro ministro da Defesa do governo Bolsonaro, general Fernando Azevedo, saiu do governo no dia 30 de março de 2021. Contudo, várias vezes ele enfrentou pressão para ir além do limite constitucional. No dia 31 de maio de 2020, por exemplo, Azevedo vivera uma situação constrangedora. Era mais um dia de manifestação pública convocada pelo presidente. Os manifestantes pediam a volta do Ato Institucional nº 5, o AI-5, com Bolsonaro no poder. A um de seus assessores, Azevedo disse que naquele dia havia sido chamado pelo presidente ao Palácio, sem qualquer motivo aparente. Em determinado ponto da conversa, o presidente o convocou para subir a bordo de um helicóptero camuflado do Exército e sobrevoar a multidão. Ele ficou sem saber como agir. Dizer "não" ao presidente? O que Bolsonaro queria era demonstrar que as Forças Armadas estavam com ele. A presença física do ministro da Defesa seria essencial porque ele, Azevedo, havia soltado uma nota afirmando que as Forças apoiavam a democracia como forma de dizer que era contra aquelas manifestações golpistas. Puxado para o helicóptero, Azevedo entrou e Bolsonaro conseguiu a imagem que queria.

Dez meses depois daquele voo no helicóptero, Azevedo saiu do governo. Bolsonaro então demitiu os três comandantes militares, que haviam oferecido alguma resistência ao seu plano autoritário. Os novos comandantes se mostrariam bolsonaristas até o fim do governo. O segundo ministro da Defesa, general Walter Braga Netto, aumentou a contaminação das Forças Armadas com o projeto autoritário, fosse com suas declarações, sua presença em atos antidemocráticos e seu apoio a Bolsonaro. O terceiro ministro, general Paulo Sérgio Nogueira, assediou o Tribunal Superior Eleitoral (TSE) com pedidos sequenciais de providências desnecessárias sobre as urnas. A cada pedido, a cada nota estranha que emitia, o que ele tentava era confirmar a teoria conspiratória e golpista de Bolsonaro sobre uma suposta falta de segurança das urnas eletrônicas. O fim de qualquer dúvida sobre suas intenções ficaria claro quando o general nomeou um coronel de nome Ricardo Sant'Anna para a Comissão de Transparência das Eleições do TSE, cuja missão seria fiscalizar o processo.

O coronel Sant'Anna era ativo na vida digital. Fazia campanha aguerrida a favor de Bolsonaro nas suas redes sociais. Manifestação política por parte de oficiais da ativa é algo vedado pelo estatuto militar. O jornalista Rodrigo Rangel revelou no site Metrópoles que, numa postagem, o coronel disse que "votar no PT é exercer o direito de ser idiota". Em outra, ironizando uma declaração da candidata à Presidência Simone Tebet, que disse que mulher vota em mulher, o coronel escreveu: "Vaca vota em vaca." Na releitura deste livro, eu achei essa postagem tão espantosamente agressiva que procurei Rodrigo Rangel para perguntar se havia sido isso mesmo que o coronel escrevera. Rangel me mandou a postagem. Sim, as Forças Armadas se degradaram a esse ponto. Uma pessoa capaz de escrever isso fora escolhida pelo Ministério da Defesa para a Comissão de Transparência do TSE. Sant'Anna fez mais. Publicou um vídeo que mostrava alguém que, após apostar na loteria, pedia o recibo e ouvia que ele tinha que "confiar no sistema". A legenda dizia que a luta contra as urnas eletrônicas eram a luta contra "o sistema".

A nomeação do coronel Sant'Anna era uma evidente provocação do general Paulo Sérgio Nogueira. A aceitação da militância do coronel na rede era uma quebra do estatuto militar. No dia 8 de agosto de 2022, o ministro Edson Fachin, então presidente do TSE, vetou a participação de Sant'Anna na Comissão. O ministro da Defesa ainda protestou contra a decisão de Fachin, mas o TSE não voltou atrás. Foram tantos os episódios mostrando essa contaminação das Forças Armadas, que não restam dúvidas de que os militares conspiraram. Mas não só eles. As provas encontradas posteriormente pelas autoridades do governo Lula indicam que a conspiração na qual se envolveu o ex-ministro da Justiça, o policial federal Anderson Torres, foi além do fato de guardar em casa uma minuta de um decreto de intervenção no TSE, que ficou conhecida na mídia como "minuta do golpe".

As provas são de que a ação da Polícia Rodoviária Federal de bloquear eleitores nordestinos nas estradas no dia das eleições foi planejada no gabinete do ministro da Justiça. Trata-se de uma ampla sala com vista privilegiada. Há uma grande mesa de reunião de madeira escura próxima à porta de entrada. No ponto oposto fica a mesa de trabalho do ministro. De sua escrivaninha é possível ver, através dos vidros que circundam essa parte da sala, as sedes dos Três Poderes. Foi na mesa escura da entrada da sala que Anderson Torres conspirou para tentar impedir a eleição de Lula.

Os diálogos divulgados a partir da quebra de sigilo do telefone do tenente-coronel Mauro Cid, chefe da ajudância de ordens de Bolsonaro que seria preso, trariam novas evidências de que aquele grupo sonhava com uma quartelada. O governo Bolsonaro sabia que não tinha uma administração com realizações, e, num dado instante da campanha eleitoral, tomou-se a decisão de se partir para o "vale-tudo". E esse vale-tudo ocorreria em várias frentes: nas redes, pela campanha forte de desinformação comandada por um dos filhos do presidente, o vereador Carlos Bolsonaro, que havia, em quatro anos, fortalecido a máquina da mentira do governo; nas Forças Armadas, pelo ataque sistemático ao sistema eleitoral, ampliando a suspeita de fragilidade sustentada por Jair Bolsonaro em relação às urnas eletrônicas; na economia, por uma série de medidas de expansão de gastos que quebrava regras e descumpria leis.

A inflação esteve em dois dígitos em quase todo o ano 2022. O Banco Central subia os juros desde 2021 para conter os preços. Tudo o que não se pode fazer em momento de aperto monetário é ampliar os gastos e dar estímulo ao consumo. Qualquer economista sabe disso. Mas foi o que o ministro da Economia, Paulo Guedes, fez. Uma gastança eleitoral sem precedentes. O objetivo era produzir uma bolha de crescimento, pontual, só no período eleitoral. Isso daria aos eleitores uma sensação de conforto econômico que poderia levá-los a votar na reeleição de Bolsonaro. A inflação sempre minou a popularidade de qualquer administração, por isso resolveu-se derrubá-la na marra.

O governo impôs aos estados uma redução do ICMS dos combustíveis e da energia elétrica. O Congresso aprovou isso, mas produziu um conflito na Federação. Os estados foram à Justiça, ganharam, e houve um processo de negociação, que acabou sendo pago pelo governo Lula. O ministro Fernando Haddad, no dia 10 de março de 2023, quando fechou o acordo segundo o qual o governo federal pagaria R$ 26,9 bilhões de compensação aos estados pela perda do ICMS, fez um desabafo:

— Foi muito injusto o que aconteceu no passado. Isso são 10% dos R$ 300 bilhões em problemas que o governo anterior nos legou.

Não era exagero, a soma dos benefícios, das renúncias fiscais e dos aumentos de gastos por parte do governo federal no período eleitoral chegava a esse valor. O Ministério da Economia jogou esses bilhões na economia para tentar reverter o ânimo dos eleitores — essa foi a parte que coube à economia no plano do vale-tudo.

Depois da redução do ICMS, o governo zerou todos os impostos federais sobre combustíveis. Abria mão de R$ 52 bilhões por ano, conforme os cálculos incluídos no Orçamento feitos pela equipe de Bolsonaro. A medida tinha dois objetivos: reduzir artificialmente a inflação e estimular o consumo. Sem os impostos, os preços do diesel e da gasolina despencaram exatamente no auge da campanha eleitoral. O litro da gasolina custava R$ 7,25 em junho e em outubro estava em R$ 4,89 — dados da Agência Nacional do Petróleo (ANP). A queda foi de 32,5%.

Os anúncios sequenciais da Petrobras de redução dos preços era alimento para a campanha. Bolsonaro aparecia em vídeos perto das bombas de combustível. Com isso queria atrair a classe média, da mesma forma que havia atraído os caminhoneiros. Era tão desavergonhada a manipulação eleitoral que o subsídio ao combustível tinha data para acabar: 31 de dezembro de 2022. Foi uma das bombas que estouraram bem no início da nova administração. Só a gasolina e o etanol tirariam mais de R$ 30 bilhões dos cofres públicos, mas como aumentar o preço de produtos que mexem tanto com o humor das pessoas bem no primeiro dia do novo governo? Haddad teve que brigar com o próprio PT para voltar a cobrar imposto sobre a gasolina a partir de março. A desoneração era fiscal, econômica e ambientalmente absurda. Mas livrar-se dela significava desagradar à classe média logo no começo do governo.

O pior bombardeio econômico no equilíbrio da disputa eleitoral veio através de uma Proposta de Emenda à Constituição (PEC) que teve vários nomes: PEC Kamikaze, do Fim do Mundo, Eleitoreira, das Bondades. Essa PEC desrespeitava a lei que proíbe a criação de benefício em período eleitoral. Elevava o Auxílio Brasil, que tentava imitar o Bolsa Família, a R$ 600, criava um benefício para o caminhoneiro, outro para o taxista. Tudo apenas até o fim do ano. Bolsonaro foi ao Congresso no dia 14 de julho de 2022 para a promulgação da PEC. Foi caminhando. Tudo aquilo era um ato explícito de propaganda eleitoral. A emenda instituía o estado de emergência para driblar leis eleitorais e regras fiscais. Dinheiro jorrava dos cofres públicos para conquistar eleitores. E era parte do plano. Paulo Guedes havia defendido a gastança por motivos políticos muito tempo antes. Naquela mesma reunião de 22 de abril de 2020, em que o ministro Ricardo Salles propusera deixar "passar a boiada" e na qual Bolsonaro falara em intervir na Polícia Federal e escancarar as permissões para a compra de armas, Guedes declarara:

— Vamos fazer o discurso da desigualdade. Vamos gastar mais. Precisamos eleger o presidente.

Dois anos e seis meses antes das eleições, o ministro da Economia estava dizendo explicitamente naquela reunião ministerial que usaria os cofres públicos como arma eleitoral, inclusive fingindo preocupação social.

O PT caiu nessa armadilha. Como os petistas poderiam dizer que eram contra o aumento do benefício social se a bandeira social sempre fora o seu forte? A oposição votou em peso na PEC Eleitoreira. O presidente da Câmara, Arthur Lira, aliado do presidente da República, fez sessões sequenciais para abreviar a tramitação da PEC. Era difícil para o TSE impedir o aumento dos benefícios sociais. Todo mundo ficou preso na trama urdida na equipe econômica de usar os cofres do Tesouro para ajudar a campanha.

Faltavam poucos dias para as eleições quando começou uma derrama saindo da Caixa Econômica Federal. O banco bicentenário passara meses antes por um grande escândalo de assédio sexual, em que funcionárias denunciaram o então presidente da instituição, Pedro Guimarães. Quando Guimarães caiu, o ministro Paulo Guedes instalou na presidência da Caixa uma pessoa de sua estrita confiança, Daniela Marques. E lá foi criado o consignado para os beneficiários do Auxílio Brasil, que permitia o desconto de 40% do que o beneficiário recebesse para o pagamento das parcelas dos empréstimos. Os juros eram mais altos que os do consignado de servidor público e dos aposentados. Chegava a 50% ao ano. De tal forma que alguém que tivesse renda de R$ 600 poderia pegar um empréstimo de R$ 2.600. Ao fim de um ano, teria pagado R$ 1.300 de juros. Era claramente uma arapuca financeira. Mas também era uma manobra desesperada, porque o aumento do Auxílio Brasil não surtira o efeito previsto — em todas as pesquisas os beneficiários davam larga vantagem a Lula nas intenções de voto. Com essa medida, a Caixa entrou na campanha e em poucos dias emprestou R$ 10 bilhões.

Do ponto de vista econômico, era uma insensatez completa. Quando os juros sobem para conter a inflação, o governo não deve estimular o consumo. Isso equivale a uma canoa com duas pessoas, em que cada uma rema numa direção. Para ir a qualquer lugar será preciso então, àquele que estiver remando corretamente, dobrar a força, no caso, subir mais os juros. Em dois anos a Selic foi de 2% a 13,75%. O BC agiu tecnicamente. Se não tivesse feito isso, o plano de estimular a economia teria ido mais longe ainda.

O PT, ao ganhar a eleição, demonstrou inúmeras vezes não ter entendido que a política monetária neutralizou, em parte, a política fiscal expansionista que integrava o plano vale-tudo para Bolsonaro ganhar a eleição. O presidente do BC, Roberto Campos Neto, cometeu o desatino de ir votar com a camisa da Seleção Brasileira de futebol, o que, na época, era uma declaração de voto em Bolsonaro. Ao declarar publicamente o voto, ele enfraquecia a reputação da autoridade monetária independente que chefiava e empanava a compreensão das decisões técnicas tomadas no período eleitoral.

Essa longa caminhada pela economia é para mostrar que o governo Bolsonaro estava decidido a ganhar a eleição a qualquer custo, mesmo que fosse fraudando leis, mesmo que fosse dando um golpe, mesmo que fosse estourando os limites dos gastos públicos. E o plano de fraudar a eleição ficaria mais evidente no segundo turno, com o engajamento de parte das corporações policiais. A Polícia Rodoviária Federal fez o ato mais temerário, ao bloquear a passagem de eleitores nordestinos no dia do voto. O ministro Alexandre de Moraes, do STF, enfrentou um dilema. Era claramente ilegal e política a ação da PRF. Ele mesmo havia proibido a PRF de fazer qualquer operação de trânsito no dia da eleição. Não era casual aquele bloqueio nas estradas do Nordeste, reduto político de Lula. O diretor-geral da PRF, Silvinei Vasques, havia usado suas redes sociais para pedir voto em Bolsonaro. Mas, se Moraes prorrogasse o horário de votação, isso poderia ser usado como pretexto para questionamento da lisura da Justiça Eleitoral.

O que o ministro fez foi ligar para os TREs do Nordeste. Perguntou a cada um se o bloqueio nas estradas, que atrasava a chegada dos eleitores ao local de votação, havia impedido o exercício do direito ao voto. Os TREs disseram que não. Ele fingiu acreditar na versão do comando da PRF, que dizia ser apenas uma simples operação para checar se os ônibus estavam de acordo com o Código Nacional de Trânsito. "O que importa é não ter tido prejuízo para o direito do voto", disse Moraes a interlocutores que o procuravam naquela tarde tensa em que o Brasil decidia bem mais do que o destino político de quatro anos.

O que o novo governo descobriria ao tomar posse é que, na verdade, o bloqueio nas estradas era parte do plano policial de interferir nas eleições. E que ele fora urdido naquela mesa escura da sala do ministro da Justiça, Anderson Torres. Uma autoridade do governo Lula que participou das investigações me contou que havia um projeto por trás de tudo.

— O planejamento, nós temos provas disso, tudo foi planejado no Ministério da Justiça. No dia seguinte das eleições, fecham-se as estradas e vêm os acampamentos. Eles vinham em marcha batida para dar o golpe. Ali tinha uma inteligência: vamos fechar as estradas, vamos fazer acampamento em frente aos quartéis, vamos convocar as Forças Armadas, seduzir, o que seja, para que elas efetivamente adotem uma saída *à la* 1964.

O mês de novembro, após as eleições do segundo turno, que confirmaram a vitória de Lula, foi consumido com essas manobras. Em dezembro começaram as ações mais desesperadas. A minuta do golpe foi redigida em dezembro. Houve uma reunião entre o senador Marcos do Val, o deputado Daniel Silveira e Bolsonaro, em que eles planejaram grampear Alexandre de Moraes. No dia 12, houve um quebra-quebra em Brasília, depois da diplomação de Lula. Na noite desse dia, eu estava na capital. Quando finalmente pude sair da TV Globo, ainda consegui ver os bloqueios e o final dos últimos incêndios. Enquanto apoiadores do presidente tentavam invadir a sede da Polícia Federal, bloqueavam ruas e queimavam carros e ônibus na capital do Brasil, onde estava o então ministro da Justiça, Anderson Torres? Estava em um restaurante bem conhecido de Brasília. Pediu um bacalhau e comeu devagar, como se não fosse parte da confusão. Era uma ausência deliberada. A técnica dele era conspirar e, na hora da execução, sumir da cena. Tentaria o mesmo truque no dia 8 de janeiro de 2023, quando era secretário de Segurança do Distrito Federal, indo para os Estados Unidos com o objetivo de fugir da cena do crime. Acabou preso.

Em uma operação de busca e apreensão na residência do ex-ministro, realizada no dia 10 de janeiro, foi encontrado o rascunho de um decreto que permitiria uma intervenção militar na Justiça Eleitoral para se anular o resultado das eleições — era o rascunho da chamada "minuta do golpe". A isso se somou o conjunto grande de provas encontradas no celular do tenente-coronel Mauro Cid, ex-ajudante de ordens de Bolsonaro. Após a quebra do sigilo do seu celular, viria uma enxurrada de comprovações de que realmente se tramava uma ruptura com a ordem democrática no Brasil. Na sexta-feira 16 de junho, a revista *Veja* traria matéria assinada pelo jornalista Robson Bonin revelando que a PF achara no celular de Cid um roteiro de como seria o golpe: haveria intervenção militar no Tribunal Superior Eleitoral e os ministros que tivessem cometido supostas "inconstitucionalidades" seriam processados e substituídos. O interventor anularia as eleições presidenciais e convocaria outras, mas não havia prazo para essas eleições. A democracia escapou por um triz.

A História do Brasil é tão cheia de fatos inesperados, que o grupo político que fomentou o golpismo acabou forçando uma Comissão Parlamentar

Mista de Inquérito (CPMI) para investigar os atos. O plano era usar os holofotes para mentir, enganar e jogar a culpa no governo Lula, que fora vítima dos atos. Mas o dia 8 tinha raízes antigas. O plano do golpe começara a ser executado minuciosamente desde o começo do governo Bolsonaro. Tudo era parte do projeto — levantar dúvidas sobre as urnas eletrônicas, convocar manifestações contra o Supremo, pedir em todos os atos a intervenção das Forças Armadas, estimular os militares a comemorar o 31 de março, data simbólica do golpe militar de 1964, fazer uma interpretação golpista do artigo 142 da Constituição, que trata do papel das Forças Armadas. Sobretudo o esforço era para passar a impressão de que Bolsonaro e as Forças Armadas estavam unidos. Por isso tantos militares, da reserva ou da ativa, ocuparam postos no governo e Bolsonaro aparecia em cada formatura ou efeméride militar. Em nota técnica do Instituto de Pesquisa Econômica Aplicada (Ipea), a pesquisadora Flávia Schmidt contou que de 2019 a 2020 houve um salto de 3.515 para 6.157 militares exercendo funções na administração pública federal.

E por que o plano de conquistar os militares para o golpe não deu certo? O que eu ouvi no governo Lula é que houve um racha no Alto-Comando e alguns generais, mesmo tendo votado em Bolsonaro, ficaram contra. Eram generais com tropa, como o comandante do 2º Exército, Tomás Paiva. Outro motivo a atrapalhar a conspiração foi a falta de apoio internacional. Nesse caso, é possível imaginar que se Donald Trump tivesse sido reeleito em 2020 nos Estados Unidos a história poderia ser diferente. Houve também o papel de algumas pessoas em postos institucionais-chave, como o ministro Alexandre de Moraes, no TSE, e a ministra Rosa Weber, na presidência do STF.

Como se deu o 8 de Janeiro? Bolsonaro foi embora do país antes da transmissão do cargo a Lula. Anderson Torres permaneceu em contato com o general Augusto Heleno, que tinha aparelhado completamente o GSI, e com o general Braga Netto. Os comandos militares continuaram protegendo os bolsonaristas acampados em frente aos quartéis, com cenas políticas explícitas. Nas imediações dos prédios militares foram planejados o quebra-quebra de Brasília no dia 12 de dezembro e a explosão de um caminhão no aeroporto da capital, cuja tentativa — fracassada — ocorreu na madrugada do dia 24 de dezembro. No dia 29, a Polícia Militar tentou tirar os acampados na frente do Quartel-General do Exército e foi impedida por oficiais das Forças Armadas. Aquele local em Brasília havia virado um *hub* e um símbolo da ideia de virar o jogo à força. Lá, sob o manto protetor do Exército, foi preparado o atentado de 8 de janeiro.

A democracia esteve por um fio. O momento de maior temor na equipe que assumira havia oito dias, em 1º de janeiro, foi quando as forças policiais pareceram fracas diante da turba que invadia os palácios.

— Se aqueles movimentos se espalhassem pelo país em rastilho de pólvora, em outras capitais, no final não seria um atentado aos palácios de Brasília, mas uma insurreição nacional — me disse um ministro de Lula. — E não se saberia como o governo terminaria o dia.

Rosa Weber conta que teve dois sentimentos ao ver as cenas da invasão no STF. Primeiro, uma pancada no peito, como se algo físico a atingisse e, no mesmo instante, o impulso de enfrentar o atentado. Ela entrara em contato com o governador do Distrito Federal, Ibaneis Rocha, por meio de um aplicativo de mensagens. Às três e meia da tarde, por exemplo, ela escreveu a ele, dizendo que tentara falar com o ex-ministro e então secretário de Segurança, Anderson Torres, mas ele estava de férias. "Já entraram no Congresso!", escreveu ela. "Todas as forças de segurança estão nas ruas", respondeu o governador. Era visível que mentia. As imagens do baixo efetivo na Praça dos Três Poderes estavam então sendo transmitidas por todas as emissoras de TV do país.

O governador Ibaneis Rocha foi afastado do cargo no mesmo dia. No entanto, as avaliações feitas dentro do governo Lula eram de que ele fora mal informado deliberadamente. Teria sido passivo e não agente ativo do golpe. Pode ser. Prefiro acreditar nos fatos que indicam que Ibaneis Rocha assumiu o risco de colocar em perigo a segurança do novo governo ao nomear Anderson Torres para secretário de Segurança, já que Torres tivera um comportamento militante no Ministério da Justiça.

O STF foi o último palácio em que os vândalos entraram e o primeiro do qual saíram. Ficaram apenas uma hora e dez minutos lá dentro. Mas o atacaram com precisão e ódio. No gabinete da presidência, a cadeira da ministra foi queimada, junto com suas fotos de família. O plenário e o Salão Nobre foram destruídos, e havia detalhes que mostravam que tudo havia sido planejado em minúcias. Os golpistas urinaram em arquivos de áudio e vídeo porque o ácido úrico tem o poder de destruí-los. O local que marcava a inauguração daquele prédio no início de Brasília, nos anos 1960, tinha nas paredes palavras de Juscelino e de Rui Barbosa incrustadas no mármore. Isso os terroristas não conseguiram apagar. Havia também o registro do dia da inauguração em letras de ferro, em alto-relevo — essas foram arrancadas e sumiram.

No final do dia seguinte, 9 de janeiro, quando o presidente Lula, os presidentes da Câmara e do Senado, os governadores e a presidente do

Supremo desceram a rampa para ver, juntos, os escombros do Salão Nobre no STF, o país havia vencido. O atentado de 8 de janeiro ficaria na História como o dia da infâmia. Era o pior momento daquela série de protestos violentos que a extrema direita impusera ao país desde a derrota de Jair Bolsonaro nas urnas, em 30 de outubro de 2022. As Forças Armadas não fizeram qualquer nota condenando os violentos eventos do dia 8 de janeiro, mas haviam soltado sucessivas notas ao longo do processo eleitoral, cheias de ambiguidade, para lançar dúvidas sobre a credibilidade do TSE e das urnas eletrônicas. Só não houve uma crise maior entre o novo governo e a cúpula do poder militar porque Lula não promoveu uma escalada. Já as Forças Armadas se comportaram de forma totalmente inconstitucional.

Por trás desses atos estavam todos os grupos contrariados com o governo que começava. Antes de o primeiro mês terminar, Lula jogou toda a força do Estado contra o garimpo ilegal em Terras Indígenas, o que havia se tornado uma indústria ligada ao crime organizado. O agronegócio era outro grupo contrariado com o resultado da eleição, por suas conexões com o crime ambiental. Lula acusou parte do agro de estar nessa conspiração.

O próprio ministro da Agricultura, Carlos Fávaro, conhecido ruralista, em entrevista ao *Globo* no dia 18 de janeiro, admitiu que o presidente estava certo e que as investigações mostravam isso: "No pós-eleição, quando houve bloqueio de rodovias, foram pegas pessoas, infelizmente, de uma entidade que eu já presidi, a Aprosoja, incendiando veículos, caminhões e praças de pedágio." Eu o entrevistei em março e ele repetiu isso. O investigado por ter colocado uma bomba em um caminhão de combustível no Aeroporto de Brasília, no dia 24 de dezembro de 2022, George Washington de Oliveira Santos, viera de Xinguara, no Pará, região onde avançava o desmatamento para a pecuária e a grilagem.

Havia uma ligação direta entre as ameaças à democracia e os ataques à Amazônia. Fazia parte do projeto autocrático a ocupação destrutiva da região e o extermínio físico ou cultural dos indígenas. A resistência democrática passou a preceder a luta ambiental e climática, porque a democracia era pré-requisito para a proteção da Amazônia e de todo o meio ambiente brasileiro. As lutas cívicas se uniram. Não havia como separá-las.

No mercado financeiro e em grande parte do empresariado havia muita desconfiança em relação a Lula. Ele alimentava a dúvida, a cada declaração, a cada entrevista, sobre como seriam os próximos quatro anos da política econômica. No dia 18 de janeiro de 2023, ele concedeu uma entrevista à jornalista Natuza Nery, da GloboNews, em que fez boas declarações sobre política e sobre o atentado de 8 de janeiro, afirmando que queria despolitizar as Forças Armadas. Ao abordar a economia, porém, escorregou na casca de banana que ele mesmo colocou debaixo dos pés. Ninguém havia perguntado e ele falou contra a independência do Banco Central, disse que gostaria de elevar a meta de inflação e criticou a ideia de ter as contas públicas sob controle. No mesmo dia, o câmbio e os juros subiram no mercado futuro.

A questão delicada é que no mercado financeiro havia até uma torcida contra Lula. Isso ficaria claro numa pesquisa divulgada no dia 15 de março pela Genial/Quaest feita com 88 executivos de instituições financeiras. Deles, 98% disseram que a política econômica de Lula estava errada e só 2% afirmaram estar certa. Quanto à expectativa dos 12 meses seguintes, 78% diziam que a situação iria piorar. Para se ter uma ideia, essa visão pessimista representava então apenas 20% da opinião pública. As instituições financeiras haviam torcido tanto por Bolsonaro que haviam perdido a visão objetiva e fria dos eventos, visão que dizem ter os que administram o dinheiro de terceiros. Se, em 2018, o mercado cometera autoengano ao afirmar que a política econômica seria liberal e de responsabilidade fiscal, em 2022 o mercado negava as evidências de que aquele governo ameaçava o país com a maior insegurança jurídica possível, ao atacar a Constituição.

O ministro Fernando Haddad tentava organizar a bagunça fiscal deixada por Bolsonaro e, ao mesmo tempo, enfrentava o "fogo amigo" do PT. Lula, ao dar essas declarações, confirmava profecias feitas pelo mercado financeiro de que ele seria um desastre na economia. Havia precedentes. Os erros econômicos foram trágicos para o PT e para o país no governo Dilma. Escrevi isso no livro *A verdade é teimosa*, de 2017. Os equívocos começaram no fim do governo Lula e, apesar de todos os alertas, se aprofundaram com Dilma. O expansionismo fiscal e a tentativa de escondê-lo por meio de "pedaladas" levaram o país de volta ao déficit público, à inflação de dois dígitos e a uma recessão que tirou 7% do PIB em dois anos. Os erros econômicos ajudaram a formar o ambiente no qual prosperou o impeachment de Dilma.

Muitas declarações econômicas de Lula criavam ruídos desnecessários, como se aquele governo que começava em momento tão conflituoso do país precisasse de mais uma briga. Como se aquele governo que carregava tanta esperança em tantas áreas pudesse correr risco por meia dúzia de idiossincrasias econômicas. O objetivo central deste livro não é a economia, mas falhar na área econômica torna difícil qualquer projeto social de resgate dos pobres e torna impossível a luta contra o desmatamento. Em uma entrevista concedida a mim e publicada no *Globo* no dia 29 de dezembro de 2022, o ministro Fernando Haddad falou em "arrumar a casa no primeiro ano". Isso era uma boa notícia também para a área ambiental.

A casa econômica estava especialmente desorganizada. O país como um todo estava fora do lugar. Isso ficou ainda mais evidente quando os invasores vandalizaram as sedes dos Três Poderes. A democracia precisava ser defendida. A política contra a pobreza tinha de ser fortalecida. Todos os grupos que haviam sido discriminados queriam ter representatividade. As demandas em todas as áreas eram imensas. Tudo tinha que ser tratado ao mesmo tempo. Lula não podia errar na economia e, frequentemente, dava sinais, em falas descuidadas, de que não havia entendido a delicadeza do tema e o quanto isso era determinante para outros projetos.

O combate ao desmatamento e o império da lei na Amazônia só seriam possíveis na democracia, com a esquerda ou o centro no poder. A extrema direita já havia dito duas vezes ao país qual era o seu projeto para a Amazônia: na ditadura militar de 1964-1985 e no governo Bolsonaro a destruição do bioma foi a política pública definida para a floresta.

Tudo estava conectado. O país precisava fortalecer a democracia, restaurar políticas públicas na área social, recompor os gastos dos programas sociais que haviam sido dizimados pelo governo Bolsonaro, encarar a dívida histórica com negros e indígenas, evitar que os gastos necessários desorganizassem a economia e lutar contra o crime que se alastrara na Amazônia. Como peças que se encaixavam para montar uma construção, cada parte era essencial para que tudo desse certo. Na entrevista com Haddad, abordei isso:

— Se a economia errar, todo esse edifício democrático pode ficar comprometido. Há risco de estarmos apenas adiando a morte da democracia?

— Tenho total consciência das responsabilidades deste governo com a agenda econômica — Haddad respondeu. — Isso não significa que a gente não possa errar, mas nenhum de nós é teimoso.

O espaço para o erro era pequeno e uma parte do PT teimava em defender uma política econômica que trazia como efeito colateral a desordem fiscal e a inflação. Isso eu havia aprendido nas décadas de jornalismo econômico. Perguntei, nessa entrevista com Haddad, se as decisões dele na economia seriam impactadas pelas ideias da ministra Marina Silva, já que era sabidamente amigo dela. Tanto que em 2022 havia tentado convencê-la a ser vice na chapa em que ele disputou, e perdeu, o governo de São Paulo. Ele respondeu que sim.

— Marina nos disse que a agenda teria que nos trazer um padrão de desenvolvimento totalmente novo. Na minha opinião, o novo padrão de desenvolvimento só é possível a partir de uma visão ambiental.

Haddad e Marina foram juntos para a tradicional reunião da elite mundial da economia, em Davos, em janeiro. Lá falaram a mesma língua, avisando que o tripé no Brasil agora seria democracia, responsabilidade fiscal e sustentabilidade ambiental. O mundo queria ouvir isso. Multiplicavam-se os sinais de que o Brasil seria apoiado pelas maiores economias do mundo se escolhesse esse caminho. Na montanha mágica de Davos, Marina viu os sinais de que o dinheiro do Fundo Amazônia tinha possibilidade de aumentar muito. O climatologista Carlos Nobre havia falado em US$ 10 bilhões. Ele estava no conselho de administração do BNDES, presidido por Aloizio Mercadante, ex-ministro nas gestões de Dilma Rousseff. Na primeira entrevista que concedeu, ainda antes de assumir a presidência da instituição, Mercadante me disse que estava totalmente afinado com a agenda ambiental e climática. Tudo parecia se encaixar em favor do meio ambiente.

Os ministros da Fazenda e do Meio Ambiente sentados juntos e com falas harmônicas nos auditórios de Davos era um bom começo. Era só isso, um bom começo. Mas já era muito. O Brasil estava deixando para trás um governo que tinha como projeto destruir a floresta e negar a mudança climática. Agora queria retomar o esforço de preservação da Amazônia. Nas travessias brasileiras, tudo se cruzava — a democracia, a floresta, o progresso social, a estabilidade econômica.

Rumo à Estação *Amazônia*

O presidente do Banco Central, Roberto Campos Neto, levantou a mão na reunião ministerial do dia 21 de janeiro de 2020, convocada pelo então presidente Bolsonaro para discutir Amazônia e questão ambiental, e falou:

— O trem já partiu. A gente tem que escolher se quer estar no primeiro vagão, no segundo ou atrás.

Antes de sair para a reunião, Campos Neto havia dito ao seu assessor, Mauro Zanata:

— Zanata, hoje eu vou tomar risco.

Naquele momento, já havia saído muito dinheiro do Brasil por causa da política ambiental adotada por Bolsonaro. Campos Neto alertara desde os primeiros movimentos dos investidores. E o ano seria o ponto de não retorno para aquela administração em relação ao meio ambiente e a investimentos externos. Dias depois, Campos Neto estaria na reunião do Fórum Econômico de Davos, e lá ele admitiria ao *Valor Econômico* que "o tema ambiental afeta o fluxo de investimentos".

De fato, naquela reunião, esse foi o mesmo sentido do recado de Christine Lagarde, presidente do Banco Central Europeu. Foi o que disse também o Banco de Compensações Internacionais (BIS), o Banco Central dos Bancos Centrais. O gestor do Black Rock, Larry Fink, considerado um formador de opinião no mercado financeiro global, divulgou uma carta aos presidentes das empresas alertando sobre a mudança climática. O TCI, fundo de hedge, conhecido por suas políticas agressivas, avisou que esse tema orientaria suas políticas de investimento. O megainvestidor húngaro-americano George Soros anunciou que estava colocando US$ 1 bilhão numa universidade para estudos destinados a combater os perigos gêmeos: o autoritarismo e a mudança do clima.

Numa primeira reunião ministerial em que o presidente do BC havia alertado para esse movimento, ainda em 2019, ele estava sentado num sofá lateral. Bolsonaro às vezes convocava reunião ministerial na sala da grande mesa, mas naquele dia específico ele chamara todo mundo para essa sala onde havia sofazinhos laterais.

— Gente, está começando a vir ruído dos investidores de que realmente a mensagem não está boa no meio ambiente. A gente precisa melhorar — avisara Campos Neto.

Ricardo Salles, do Meio Ambiente, amuara-se no seu canto. O presidente do BC percebeu, mas continuou explicando que quando um fundo liga e diz que está sendo afetado, ele representa os cotistas.

— Por isso, quando um cotista liga e diz para o gestor "não bota mais dinheiro no Brasil porque eles não são sustentáveis", o gestor tem que atender.

Salles reagiu. Disse que os gestores eram "esquerdistas" e "comunistas". Roberto Campos respondeu que o gestor é o que menos importa, era apenas o mensageiro. Ainda em 2019, em outubro, o presidente do Banco Central entregou outro aviso do mesmo mensageiro.

— Isso está se intensificando, eu já estou começando a sentir isso no *flow* — disse, referindo-se ao fluxo de entrada e saída de capitais.

— Não é o negócio das ONGs que ficam falando mal da gente? — perguntou Bolsonaro.

— Não sei de onde é, mas está deixando de entrar dinheiro — respondeu Campos Neto.

A escalada continuou. Fundos da Escandinávia foram a zero, todo o dinheiro foi retirado. O que vencia não era renovado. O gestor da Bluebay Asset Management, Graham Stock, ligou e avisou ao presidente do BC brasileiro:

— Tenho dois clientes, duas empresas europeias, que me pediram para não ter qualquer exposição no Brasil.

Esse recado também foi ignorado, até que veio a carta dos investidores, assinada por gestores de grandes fundos europeus, entre eles Graham Stock. Eles divulgaram uma carta aberta ao governo brasileiro criticando a política ambiental e pedindo explicações.

No dia 3 de junho de 2020, o Parlamento holandês rejeitou o acordo União Europeia-Mercosul pelo risco de desmatamento na Amazônia. Vinte dias depois, no dia 23, fundos que representavam US$ 3,7 trilhões entregaram uma carta ao governo brasileiro, em embaixadas de oito países, alertando que, com o "desmantelamento das políticas ambientais e de direitos humanos", seria difícil continuar financiando o Brasil. Eles não comprariam papéis de empresas brasileiras e também não participariam do financiamento da dívida pública brasileira.

Aquela pressão do capital era uma oportunidade para o governo Bolsonaro. Ele poderia ter entrado no trem certo. Houve avisos prévios, porém ele preferiu continuar cometendo todos os erros possíveis, porque, na verdade, não era um equívoco. Era o projeto. Mas, no momento da carta dos investidores, "a casa caiu", na definição de um interlocutor do ex-presidente. Bolsonaro convocou uma reunião para tratar desse assunto e foi logo perguntando a Campos Neto o que era aquilo.

— É a mesma história que venho dizendo há muito tempo — explicou o presidente do Banco Central. — Tem um grupo, que já se expandiu, não é mais a Escandinávia só, nem mesmo só os europeus. Já pegou asiáticos. Eles estão olhando para o Brasil e dizendo "é tóxico, não vamos mais investir nesse lugar".

— São os comunistinhas europeus — protestou Ricardo Salles.

— Conheço pessoalmente alguns desses gestores. O Graham e o Ian Eric, por exemplo. Eles ajudaram a fundar um instituto liberal. Eles podem ser tudo, mas comunistas não são — devolveu Campos Neto.

Bolsonaro tomou a decisão de entregar o assunto ao vice-presidente, Hamilton Mourão, e mandou Campos Neto organizar uma reunião de vídeo entre Mourão e os principais gestores. Isso foi, num primeiro momento, uma forma de escantear a pior pessoa que poderia cuidar de meio ambiente no país e que ocupava o cargo de ministro do Meio Ambiente, Ricardo Salles. Não adiantou muito. Salles esperaria o tempo de voltar a ter influência.

Os gestores receberam ligações do Banco Central brasileiro para marcar a reunião. Eles aproveitaram e deram o recado, queriam algo objetivo. Precisavam saber como o problema do avanço do desmatamento seria enfrentado e de que forma isso poderia ser acompanhado de longe para que eles pudessem prestar contas a seus cotistas. Campos Neto foi passar o recado. Mourão disse que falaria do tamanho da Amazônia, dos helicópteros e aviões da Força Aérea que a sobrevoam, das operações militares. Campos Neto disse que não poderia ser nada com pompas e protocolos, porque no mundo do capital a objetividade é valiosa e acrescentou:

— Dá para fazer a reunião em 20 minutos.

No dia 9 de julho de 2020 foi feita a reunião. Um desastre. Mourão convocou chefes militares e fez uma apresentação à moda militar. Terminado o encontro, Graham ligou para Campos Neto:

— Roberto, não é isso.

Ele e outros gestores avisaram. Queriam algo simples. Estavam sendo pressionados pelos cotistas, os verdadeiros donos do capital, e queriam saber que solução seria dada para aquele quadro de descontrole ambiental na Amazônia.

Fizeram mais uma reunião, com três investidores apenas. Participaram o Graham, Ian Eric e uma administradora do Nordea, um banco nórdico. Àquela altura, Salles já havia conseguido dar a volta por cima dentro do governo e voltara a ser um dos interlocutores dos investidores. Tomou a palavra e passou a defender o "adote um parque", um projeto que ele vendia internamente como sendo uma espécie de privatização de parques nacionais e outras Unidades de Conservação.

Essa segunda reunião também fracassou. Evidentemente, não era isso que o investidor queria ouvir e por isso Campos Neto defendeu internamente que montassem um plano. Ficou combinado que haveria um plano em dois meses. Não foi feito. O dinheiro para o Brasil secou. Empresas como a Petrobras nada recebiam. Algumas firmas brasileiras com atuação multinacional começaram a se organizar para se diferenciar do Brasil. Faziam reunião com investidores e diziam que, "apesar do que está acontecendo no Brasil", nós temos um projeto de levar a zero a nossa emissão em tanto tempo.

Dos vários riscos que ameaçaram o Brasil durante o governo Bolsonaro, um foi este: o isolamento em relação ao fluxo de capital. Em contato com bancos e fundos, nas conversas no Fórum Econômico de Davos, os gestores brasileiros e as empresas viram o trem do grande capital saindo da estação e tomando a direção da proteção da Amazônia. Sem a floresta não haveria capital a caminho do Brasil. A pandemia estouraria dois meses depois no país, mas a Amazônia permaneceria no centro das atenções do mundo. E assim seria pelos anos seguintes. Essa é a tendência ainda.

Durante todo o governo, o ministro da Economia, Paulo Guedes, não demonstrou ter entendido que a agenda do capital havia mudado radicalmente. Ele repetia crenças infelizes de Bolsonaro e tinha uma atitude de confronto quando se encontrava com investidores ou acadêmicos. Em uma reunião no Instituto Aspen, em Washington, em agosto de 2020, revogou todas as fartas evidências que o tempo registra e afirmou que "as grandes histórias de como matamos nossos índios são falsas". Escrevi uma coluna na época à qual dei o título de "Abandonar mitos e entender a história".

O marketing de campanha de Bolsonaro em 2018 havia criado o grito de "Mito" para ser repetido por seus seguidores a cada aparição pública do candidato. Guedes era visto como aquele que colocaria ideias liberais ou modernizantes na cabeça de Bolsonaro, mas a osmose funcionou no sentido contrário. Bolsonaro reforçou em Guedes as ideias autoritárias e os mitos históricos que a direita alimenta no Brasil desde sempre, como o de que não houve por aqui genocídio indígena. Na coluna, relacionei nomes de alguns dos povos que desapareceram e estão em uma longa lista do IBGE. O que espanta em Paulo Guedes é ele não ter entendido a fala do capital, idioma que ele, como ex-banqueiro, deveria dominar.

Roberto Campos Neto avisou da partida do trem porque acompanhava o mercado financeiro por mais de duas décadas e sabia que dessa vez não era cíclico. O movimento estava forte. Ele chegava em reuniões internacionais e contava do sistema de pagamento instantâneo, o Pix, falava de inovações tecnológicas no mercado financeiro brasileiro e recebia de volta cabeças balançando negativamente.

— Roberto, não dá.

Os avisos foram inúteis porque o governo Bolsonaro estava disposto a perder o trem. Repetia-se que o Brasil protegera mais a sua floresta do que todos os países do mundo. Foi o que o governo continuou dizendo nos meses seguintes. Às vezes, aos brados. E tratava isso como uma licença para desmatar. A gestão da epidemia de covid-19 no país piorou ainda mais a percepção desses investidores sobre o Brasil. Bolsonaro tinha uma imagem muito negativa no mundo financeiro.

— Era visto como um Trump disfarçado, uma pessoa que não liga para a saúde, o meio ambiente, um ditador como Orbán. Na Hungria não entra um tostão — comentou uma fonte que acompanhou o diálogo entre os fundos e o Brasil.

Os interlocutores de Mourão diziam que ele era polido — apenas isso — nas conversas que mantinha com qualquer interlocutor que questionasse algo sobre a Amazônia, quando buscava amenizar a imagem ambiental ruim. Mas foi por causa da pressão externa que se ressuscitou, em janeiro de 2020, o Conselho da Amazônia. Esse Conselho fora criado, em sua primeira versão, em 1993, no governo Itamar Franco, com coordenação do Ministério do Meio Ambiente. Depois foi remodelado no governo Fernando Henrique. Na administração Bolsonaro, como resposta às críticas internacionais, o órgão foi reativado, mas sob controle do vice-presidente, general Hamilton Mourão. Era, mais uma vez na História do Brasil, um ato feito para inglês ver. Tanto que o Conselho teve uma trajetória deplorável.

Nos meses seguintes, o trem seguia em frente, rumo à Amazônia, atravessando a longa noite que foi o governo Bolsonaro. Era o trem noturno para a Amazônia. O desmatamento crescia e o número de incêndios aumentava. O governo insistia na sua posição a várias vozes, até as que não eram estridentes, como a de Ricardo Salles. A ministra da Agricultura, Pecuária e Abastecimento, Tereza Cristina, mesmo depois do inegável "passar a boiada", deu entrevistas defendendo Salles e a ideia de que havia uma suposta conspiração internacional contra o produto agropecuário brasileiro, da qual participavam ONGs e "maus brasileiros". A primeira vez que Tereza Cristina usou essa expressão foi em 2019, referindo-se à modelo Gisele Bündchen, que fizera críticas à política ambiental. Após a queda de Salles, em 23 de junho de 2021, a ministra o defendeu. Em uma entrevista à CNN Brasil no dia seguinte à demissão do ministro, ela disse que eles tinham trabalhado juntos e Salles deixava um legado.

Quem tenta recuperar a sequência de eventos vê nitidamente que, de junho a setembro de 2020, houve uma escalada sem precedentes de fatos significativos. O Brasil passou a sofrer uma pressão histórica. Fundos internacionais foram só o começo. Governos e Parlamentos de outros países, parceiros comerciais cobravam; depois vieram bancos internacionais e nacionais e empresas. O mundo mandou todo tipo de aviso. Nada demovia aquela administração.

No dia 17 de setembro de 2020, quando o Brasil já acumulava mais focos de incêndio na Amazônia e o Pantanal era tomado por uma devastação de proporções históricas, Bolsonaro de novo agrediu a realidade. Dados do Inpe revelaram que aquele setembro havia sido o pior de todos os tempos. O Pantanal tivera o maior número de focos de calor já registrado para o mês em mais de 20 anos. A Amazônia apresentou alta de 60% nos incêndios, em comparação com 2019, e ao todo foram 32.017 focos de calor. No Pantanal, o aumento havia sido de 180% em relação a setembro de 2019. O país, literalmente, queimava.

— O Brasil está de parabéns pela maneira como preserva seu meio ambiente. Mas é também o país que mais recebe ataques de fora — afirmou Bolsonaro.

No dia 22 de setembro de 2020, agravou-se a sensação de que o Brasil estava irremediavelmente dividido em realidades paralelas. O ministro Luís Roberto Barroso, do STF, conduzia o segundo dia de uma audiência pública dentro de uma Arguição de Descumprimento de Preceito Fundamental, a ADPF nº 708. Ele julgou essa e a ADPF nº 709, ambas sobre questões ambientais. Na primeira, tratava-se do fato de o governo ter suspendido a execução do Fundo Nacional sobre Mudança do Clima. O Fundo fora criado em 2009, pelo então presidente Lula, com o objetivo de financiar estudos e projetos para a redução das emissões dos gases de efeito estufa. Alguns partidos haviam entrado no Supremo com uma ação porque simplesmente o Fundo Clima, como é conhecido, estivera inoperante em 2019 e 2020. Barroso decidiu promover uma ampla discussão, ouvindo todos os lados, sobre a política ambiental do governo.

O economista Armínio Fraga abriu a sessão da audiência pública naquele segundo dia avisando que estava em questão um "risco existencial". E repetiu a frase que virava mantra entre os economistas que já tinham entendido a gravidade da questão climática:

— Esse trem já partiu.

A ex-ministra Izabella Teixeira, que durante o governo Dilma comandara o Meio Ambiente, foi definitiva:

— A Amazônia nos tira do mundo e nos coloca no mundo.

Em discurso feito do Brasil para o plenário da ONU, em Nova York, no mesmo dia 22 de setembro, o então presidente Jair Bolsonaro nos tirou do mundo. Repetiu que havia uma conspiração contra o país e encontrou um culpado para as queimadas:

— Os incêndios acontecem praticamente nos mesmos lugares, no entorno leste da floresta, onde o caboclo e o índio queimam seus roçados em busca de sua sobrevivência em áreas já desmatadas.

Era mentira. Uma vez mais Bolsonaro mentia, e perante o mundo. A tecnologia disponível no país torna fácil desmontar as afirmações falsas.

As imagens de satélites processadas por entidades científicas, oficiais ou do terceiro setor, mostram o local exato do desmatamento, o período em que isso ocorreu e o ponto de cada foco de calor. E não, elas não eram provocadas pelos índios e pelos caboclos. Na mesma hora em que o presidente mentia na ONU, Tasso Azevedo, coordenador do MapBiomas, tomava a palavra na audiência pública do Supremo:

— Entre 1985 e 2019, o Brasil perdeu 87 milhões de hectares de áreas naturais convertidas principalmente para uso agropecuário. Nos últimos 35 anos perdemos de quatro a cinco hectares por minuto. Nenhum outro país desmatou mais que o Brasil. Somos, disparado, o campeão de desmatamento do planeta.

No primeiro dia da audiência, o general Augusto Heleno dissera que as críticas à atuação do governo na Amazônia tinham o objetivo "obviamente oculto" de derrubar Bolsonaro. E que elas vinham de "nações, entidades e personalidades estrangeiras" que atuariam junto com brasileiros que querem "deslustrar" o Brasil. Segundo o general, o Brasil tinha 28% das florestas do mundo, o que foi rebatido por Tasso Azevedo.

— É falsa essa informação. Não sei de onde saiu esse número. O dado é 12%, segundo a FAO — afirmou Tasso, referindo-se à Organização das Nações Unidas para a Alimentação e a Agricultura. — É bastante e devemos nos orgulhar.

No final daquele dia, a última apresentação foi feita pelo banqueiro Candido Bracher, que falou em nome dos três maiores bancos privados do Brasil — Bradesco, Itaú-Unibanco e Santander. Na época, Bracher era o CEO do Itaú-Unibanco. Ele contou que não seriam financiadas, pelas três instituições, quaisquer atividades que praticassem ou que, de alguma forma, se beneficiassem do desmatamento da Amazônia.

— Ministro, me causa um grande constrangimento usar argumentos financeiros para justificar a iniciativa. Antes de querer preservar a floresta por ser economicamente conveniente, e é, devemos preservá-la porque vivemos neste país e neste planeta. A Amazônia é parte da nossa casa e isso deveria ser mais do que suficiente para manter a floresta viva.

Entre as 66 pessoas que falaram ali representando o governo, o Congresso e organizações sociais, científicas, empresariais e financeiras, houve, evidentemente, uma grande diversidade.

— Ouvimos de banqueiros a garimpeiros — resumiu Barroso.

José Altino Machado, presidente da Associação dos Mineradores de Ouro do Tapajós, um garimpeiro ilegal e grileiro conhecido, havia defendido que não apenas se legalizasse o garimpo, como o Banco Central aceitasse também regularizar a venda de ouro.

— Na Amazônia, ilegal é a lei — declarou ele.

Naqueles dias, e em todos os outros daqueles quatro anos, o que estava acontecendo era um movimento de uma parte cada vez mais relevante do Brasil indo numa direção e o governo indo em outra totalmente diferente. O ministro Barroso, ao encerrar a audiência pública, disse que alinharia alguns assuntos "incontroversos". O primeiro deles, segundo ele, era o de que "o desmatamento e as queimadas cresceram". E fez um alerta que caiu como uma luva para o momento:

— A verdade não tem dono, mas a mentira deliberada tem.

A mentira deliberada estava nos causando prejuízos. No começo do último ano de governo, em janeiro de 2022, a OCDE enviou ao Brasil o esperado convite para "a abertura das discussões de adesão" à entidade. Essa havia sido uma aposta do então ministro Paulo Guedes desde que assumira a Economia. Achou que assim se diferenciaria da administração de esquerda, que, segundo ele, nunca valorizara devidamente a OCDE. Para entrar no organismo é preciso cumprir exigências para unificar regras, leis e princípios. Alguns tributos, normas de comércio e regras cambiais precisam mudar. O problema é que na carta ao Brasil veio a exigência de combate ao desmatamento como parte dos requisitos para que o país fosse aceito. A nota da OCDE deixava claro: "As revisões abrangerão ampla gama de áreas políticas e se concentrarão em questões como comércio e investimentos abertos, progresso na governança pública, integridade e esforços anticorrupção, bem como a proteção efetiva do meio ambiente e ações sobre o clima."

A inclusão da proteção do meio ambiente como exigência inicial surpreendeu e por isso foi para a primeira página de todos os grandes jornais. Dois deles trouxeram o assunto em manchete, naquele 26 de janeiro. O *Valor* estampou: "Para entrar na OCDE, Brasil terá que frear desmatamento". O *Globo* registrou: "OCDE impõe contrapartida ambiental para ingresso do Brasil". Aquele governo estava encurralado. Mesmo a entrada na OCDE, que Guedes imaginara como um selo internacional para a sua política liberal, só ocorreria quando o país demonstrasse estar, de fato, combatendo o desmatamento.

A mesma exigência era feita para o acordo comercial com a União Europeia, cujo início das negociações fora anunciado com fanfarras, mas que depois paralisou no mesmo ponto. O que as instituições internacionais disseram nos últimos anos é que não basta abrir o país aos capitais, aos produtos e aos serviços estrangeiros. Para ser aceito no mundo é indispensável proteger a floresta. Qualquer que seja o governo, a política pública que nos coloca no mundo é a que protege a floresta.

O combate ao desmatamento assumiu a posição que já havia sido ocupada no passado do Brasil por duas grandes lutas, quando as exigências internacionais fortaleceram movimentos locais de resistência: a escravidão e a ditadura militar. Durante a escravidão, houve pressões fortes para que o Brasil eliminasse o tráfico de pessoas e, depois, para que encerrasse aquele regime brutal de trabalho forçado e de propriedade sobre seres humanos. Lutava-se de todas as formas, aqui dentro, contra a escravidão, mas as pressões internacionais, com o uso inclusive de bloqueios econômicos e comerciais, ajudaram o Brasil a se livrar daquele horror. No século passado, a luta democrática teve também, a partir dos anos 1970, reforço internacional. O governo Jimmy Carter pressionou o Brasil para pôr fim à tortura aos adversários políticos nas prisões. Alguns países europeus fizeram sistemática condenação do regime imposto pelos militares, que suspendia a liberdade, os direitos e as garantias individuais.

Há quem diga ainda hoje que não havia sinceridade nas pressões externas. Realmente, a mesma Inglaterra que ganhou com o escravismo passou a combatê-lo por razões econômicas, os Estados Unidos, que estimularam o golpe de 1964, passaram a pressionar pelo fim das torturas a presos políticos. O que fica como exemplo desses dois momentos históricos é que a pressão externa não resolve o problema e pode até embutir motivos menos nobres do que parece. Nós é que temos de, em nosso interesse e por nossa força, buscar o objetivo cívico. Mas a condenação internacional, os bloqueios e vetos que venham a atingir a economia fortalecem a luta interna. A proteção da Amazônia brasileira será sempre nossa, porém, o que o mundo disse ao país recentemente é que não aceitará administrações que destruam a floresta e ameacem a vida dos povos originários ou as comunidades protetoras da floresta. Nosso pacto civilizatório, feito principalmente entre nós, mas também com o planeta, precisa ser, inevitavelmente, o da preservação do patrimônio natural exuberante e rico que temos.

A encruzilhada diante do Brasil é entre civilização e barbárie. Não podemos mais manter a ambiguidade em relação à floresta, porque sua destruição nos carrega para um projeto de inexorável subdesenvolvimento, degradação diplomática e demolição institucional. O que foi ficando óbvio nos últimos anos é que não é que o Brasil precisa proteger a Amazônia. É a Amazônia que protege o Brasil.

4 **Os primeiros** ***povos***

Povos indígenas: dos *hiperconectados* *aos* isolados

Era uma manhã de julho de 2013 na Terra Indígena Caru, no Maranhão. O adolescente Yui pegou um cipó e o enrolou várias vezes, fazendo um círculo. E o colocou em torno dos pés, de tal forma que eles ficavam apenas a uma pequena distância um do outro e forçados a não se afastarem. Assim ele começou a escalar a árvore. O desafio de subir no tronco liso tinha sido feito pelo fotógrafo Sebastião Salgado. Yui, diante dos vários homens da aldeia Juriti, que haviam andado conosco em um pedaço da floresta amazônica da Terra Indígena, aceitou o desafio. Mostrou-se ágil, subindo e subindo. O método, comum entre os indígenas para chegar ao topo das gigantes amazônicas, parece mágico. Abraçado à árvore com os braços e os pés, Yui foi dando impulso ao corpo para vencer cada trecho até o ponto mais alto. Fazia parecer fácil a empreitada. Quando desceu, ele me deu o círculo de presente. Ainda o tenho guardado comigo.

O menino tinha, talvez, 17 anos e já seria pai em breve. Era filho de um dos líderes da aldeia, Pira-y-ma-á. Curioso é que o povo Awá Guajá, definido como de recente contato, não tinha um comando único, um cacique. Havia líderes. Estava claro, contudo, que Pira-y-ma-á era o mais influente. A nossa equipe tivera um problema nos primeiros dias. Deveríamos ter ali conosco o antropólogo Uirá Garcia, fluente em guajá, mas a chuva nos dias anteriores havia sido intensa. Nós conseguimos chegar com dificuldades, já o carro de Uirá ficara pelo caminho.

No dia anterior, mesmo sem o tradutor, Sebastião Salgado quis dar andamento aos trabalhos e pediu que todos viessem para perto da casa da Funai com suas roupas tradicionais. Ele falava bem devagar com os indígenas, como se com isso eles fossem entender. Patriolino, servidor da Funai, sabia algumas palavras em guajá e nos ajudou. Deu certo, eles compareceram com suas vestimentas e flechas. As mulheres usavam uma elegante minissaia amarela, feita com o trançado da folha de uma palmeira da região. Os homens ostentavam como roupa apenas uma pena colorida amarrada ao prepúcio e braçadeiras coloridas. Eram belos. Eram fortes. Eram frágeis.

Os indígenas, homens, mulheres e crianças, estavam no pátio perto da casa da Funai, nas proximidades da aldeia. Pira-y-ma-á, no centro do pátio, começou a falar sobre os problemas que eles enfrentavam. A TI Caru, onde eles moram, já havia sido demarcada e homologada, mas estava sendo invadida cada vez mais por madeireiros. Ele falava de maneira apaixonada. Eu gravei o discurso e me emocionei mesmo sem entender. Algumas palavras, como "madeireiro" e "índio", foram ditas em português. O restante do discurso só foi traduzido depois por Uirá Garcia, quando ele chegou e eu mostrei a gravação.

— Eles estão matando as árvores, eles estão nos matando — disse repetidamente.

A demora na chegada de Uirá mudou todo o meu ritmo de trabalho. Se Sebastião fazia fotos, eu precisava da comunicação verbal. E não havia. Eu tinha decidido esperar que a iniciativa fosse deles, como os antropólogos fazem. Contudo, como jornalista que precisa de conversar para contar a história, estava meio aflita com a distância que os indígenas tinham estabelecido entre mim e eles. Cheguei a tentar falar com as mulheres. Sentei-me perto de um grupo, mas elas se levantaram e foram embora.

Yui foi o primeiro a romper a barreira da distância cultural e a falar comigo. Para meu alívio, o adolescente, cercado por jovens e crianças, chegou perto de mim e começou a falar. Era a chance de ter o que escrever na reportagem. Eu lavava vasilhas na pia da casa da Funai e continuei lavando como se o fato de Yui ter falado comigo não fosse o evento mais importante em dois dias, desde que eu pisara ali. Tinha medo de que qualquer movimento meu pudesse afastá-los.

— Eu sou índio — ele me disse num português carregado de sotaque.

Naquela época, a palavra "índio" ainda era usada normalmente.

— Eu sei — disse eu, fingindo naturalidade.

— Eu sou índio mesmo.

— Existe índio que não é índio mesmo? — perguntei.

— Índio não vende madeira.

Perguntei o nome dele e ele respondeu:

— Pau no mato.

Fui perguntando o nome das outras crianças e o que significava, e a resposta era a mesma:

— Pau no mato.

Então entendi que eles se dão nomes de árvores. A frase dita por Pira-y-ma-á — "eles estão matando as árvores, eles estão nos matando" — refletia a forte união entre árvores e humanos, da cultura Awá Guajá.

A história dessa viagem eu publiquei no *Globo* em agosto de 2013, junto com as fotos de Sebastião Salgado. Um dos fotógrafos mais conhecidos no mundo, o mineiro Sebastião Salgado se notabilizou por suas séries épicas, como "Êxodos", sobre as pessoas forçadas a se deslocar de suas terras, e "Gênesis", sobre a Natureza no planeta. Naquele momento, ele estava iniciando a série "Amazônia", e a viagem da qual participei foi a primeira dessa série. A segunda foi ao Pico da Neblina, que ele fez acompanhado do jornalista Arnaldo Bloch, também do *Globo*. As outras reportagens ele faria nos anos seguintes com Leão Serva, da *Folha de S.Paulo*. Foram trabalhos magníficos, que resultaram em fotos deslumbrantes sobre vários povos indígenas e a floresta. Tudo isso levou ao livro e à exposição de Salgado *Amazônia*, inaugurada em São Paulo e no Rio de Janeiro, respectivamente, em janeiro e julho de 2022, depois de passar por Paris, Londres e Roma.

Dei àquela matéria feita em 2013 o título de "Paraíso sitiado", porque foi o que eu vi — a beleza da mata preservada, em meio à devastação do entorno. A Terra Indígena Caru era um oásis de floresta cercado de degradação. Depois de passar alguns dias com os indígenas, viajei pela TI. Salgado permaneceu na aldeia por mais algum tempo. Eu, ajudada por servidores da Funai, entrei em madeireira ilegal, falei com grileiros pecuaristas, conversei com posseiros pobres. Era um quadro social de muitos conflitos. Os grileiros se achavam protegidos por seus aliados no poder.

— Eu tenho deputado, eu tenho advogado — me disse o grileiro José Maranhão.

Com seu chapéu, montado no cavalo e na contraluz do sol, ele parecia um vulto do passado, a imagem do mandonismo que sempre se apropriou das terras brasileiras.

Os posseiros pobres se sentiam abandonados pelo Estado e por isso, mesmo admitindo que aquela era uma Terra Indígena, ficavam. Eram usados como biombo pelos grileiros e madeireiros. A pobreza dos posseiros era evidente. Sentei-me num banco numa casa de chão de terra batida de um posseiro, enquanto ele me contava de uma vida inteira de privações. Por sua vez, o grileiro arrotara arrogância, falando comigo sem nem sequer descer do cavalo e dizendo que estava ali porque "índio não trabalha". De vez em quando alternava a resposta dizendo "não tem índio aqui".

O que faz a diferença é como o Poder Central reage diante da informação que o jornalismo traz. Ministro da Justiça no governo Dilma, José Eduardo Cardozo avisou, depois de publicada a minha reportagem, que estava sendo preparada a prometida desintrusão. E realmente isso foi cumprido. Na entrevista que me deu então, disse que grileiros e posseiros seriam tratados diferentemente. O grande seria retirado de lá pela força da lei.

Aos pobres seria oferecida uma outra área na qual eles poderiam se instalar. O governo é o único que pode arbitrar os conflitos corretamente entre os vários lados sempre em tensão na Amazônia. Nesse caso, a administração Dilma Rousseff fez o que tinha de ser feito para defender o império da lei.

Em longa entrevista que me concedeu para este livro, Sebastião Salgado revelou o que sentiu e o que concluiu nessas viagens, que consumiram quase uma década de sua vida. Ele já havia me dito, na ida à aldeia Juriti, que essas expedições seriam o seu último grande trabalho — mais adiante relatarei a entrevista com ele sobre os bastidores e o cotidiano das suas viagens.

O líder Awá Guajá, Pira-y-ma-á, que nos alertou da dimensão do risco ambiental daquela reserva, morreria em dezembro de 2021, devido a uma queda. Ao receber a notícia, escrevi uma coluna com o título "O líder morto e o ano indígena", que foi publicada em 30 de dezembro de 2021. Eu a transcrevo a seguir, com pequenas alterações, porque ela traz alguns dados sobre como foi o ano indígena de 2021: intenso, difícil e muito revelador da tensão daquele tempo.

> Pira-y-ma-á subiu numa árvore bem alta para caçar e de lá despencou. Uma queda acidental. Ainda falou algumas palavras antes de morrer. O fato ocorreu no domingo, 26. Tinha 48 anos, segundo Patriolino, funcionário da Funai. Piraí, como era conhecido, era líder do povo Guajá na aldeia Juriti, na Terra Indígena Caru, no Maranhão. Quando estive lá, foi quem falou de forma mais eloquente sobre os riscos do desmatamento.
>
> As horas finais, antes do seu enterro, na segunda-feira, mostram a dureza do cotidiano indígena. Os que o acompanhavam andaram até a aldeia, chegando lá às seis da tarde. Foram buscar reforços e avisar a Funai. Voltaram andando pela mata na enorme distância até o local onde ele havia caído. De lá trouxeram o corpo, chegando à uma da madrugada. Quem me contou tudo isso foi o fotógrafo Sebastião Salgado, repassando áudio do amigo Agostinho de Carvalho:
>
> — Você veja, seu Salgado, o quanto é longe. Eles vieram às seis da tarde no Juriti, na aldeia, e voltaram lá para o igarapé do Juriti, de noite, e lá apanharam ele do outro lado do igarapé, e quando deu uma hora da manhã chegaram com ele no posto da Funai. Veja como o índio anda, você conhece aquela distância. Só índio mesmo para fazer um percurso daquele.

Os Awá Guajá são povo considerado de recente contato. Só os mais jovens falam português. Uma liderança dessas que se vai tão cedo é uma enorme perda.

Este foi um ano de ameaças, perdas, resistência e vitórias para os indígenas brasileiros. No Vale do Javari morreu, em outubro, uma importante liderança dos povos da região, Ivininpapa Marubo. Segundo a União dos Povos do Vale do Javari, ele foi "um estadista, um humanista, um autêntico líder ancestral, era o cacique geral do povo Marubo". Uma das maiores preocupações de Ivininpapa era com os retrocessos das políticas públicas em relação à proteção territorial e dos povos indígenas.

Houve, ainda, o cerco às Terras Indígenas pelos garimpeiros, grileiros e madeireiros. A tese do marco temporal, em julgamento no STF, foi vista como o maior risco. Seis mil indígenas acamparam na capital do país para acompanhar o julgamento, que ficou inconcluso. No Congresso Nacional, tramitam projetos que restringem a demarcação de Terras Indígenas, além da proposta do governo Bolsonaro de nelas liberar mineração. O da suspensão das demarcações é o PL nº 490.

— O projeto passou na Comissão de Constituição e Justiça da Câmara e a Comissão de Agricultura, que já o analisou, pediu que vá direto ao plenário. O PL, além de restringir a demarcação, traz a tese do marco temporal para a legislação e ainda tenta regulamentar o garimpo em Terra Indígena. A Constituição proíbe e por isso não poderia mudar por PL, mas eles tentam — explica Adriana Ramos, do Instituto Socioambiental.

Apesar de tudo, os primeiros povos do Brasil contaram algumas vitórias neste ano difícil para todos, indígenas ou não.

— Eles se mobilizaram, mostrando uma grande capacidade de resistência e luta. Evitaram a aprovação do marco temporal, mas o assunto voltará a ser julgado. A presença dos líderes indígenas na COP26, principalmente da Txai Suruí na abertura, mostrou a atenção do mundo sobre o assunto — completa Adriana.

Pelo entendimento do seu povo, Pira-y-ma-á agora é um karauara. Na sua vida após a morte ele viverá numa floresta celestial, com conexão com o mundo daqui, me explicou Uirá Garcia quando, finalmente, chegou à TI Caru. Filho do líder do movimento negro e fotógrafo Januário Garcia, Uirá estudou o povo Awá para a sua tese de doutorado, aprendeu a língua guajá e escreveu o livro *Crônicas de caça e criação*.

"Se eu morrer, minha pele fica na Terra, as pegadas do meu pé ficam na Terra. Minha pele torna-se ajỹ. Meu coração, minha alma e minha carne vão para o céu, tornam-se karauara. Ficam dançando e cantando, transformados em karauara. As penas brancas e vermelhas (que adornam os karauara) ficam no céu." Isso escreveu Uirá do que ouviu dos indígenas, sobre o que a morte significa para eles.

Enquanto viveu, Pira-y-ma-á protegeu parte do território brasileiro da invasão de grileiros e de madeireiros. Isso é que é fundamental entender. Com os seus parentes, como eles se chamam, defendeu nosso patrimônio natural, vivendo da e para a floresta, entendendo cada parte daquela terra que parece um paraíso verde cercado de devastação por todos os lados. Num descuido em cima de uma árvore, Pira-y-ma-á escorregou e voou no ar antes da queda fatal. Suas pegadas ficarão na Terra.

Nem sempre o país tem noção desse trabalho dos indígenas de proteção do patrimônio coletivo. As Terras Indígenas são áreas de conservação. Quando as defendem, eles o fazem também por todo o país. E correm riscos.

O líder Paulo Paulino Guajajara foi morto numa emboscada numa sexta-feira, dia 1º de novembro de 2019. Ele estava na Terra Indígena Arariboia, onde morava, na região de Bom Jesus das Selvas, no Maranhão. Ele e outro guajajara, Laércio Souza Silva, haviam visitado uma aldeia e estavam voltando para casa, quando pararam para caçar e foram surpreendidos por uma emboscada de cinco não indígenas armados. O tiro que matou Paulo Paulino atravessou seu pescoço. A morte foi instantânea. Laércio foi ferido nos braços e nas costas, mas conseguiu sobreviver.

A violência havia aumentado muito nas terras desde o começo do governo Bolsonaro. Os Guajajara, um povo numeroso que está presente em dez Terras Indígenas no estado, organizaram há alguns anos o grupo Guardiões da Floresta. Eles têm feito o trabalho de patrulhamento das terras. Durante a pandemia tentaram, muitas vezes com sucesso, impedir as invasões, que levariam também a covid-19 para dentro das aldeias. Paulo Paulino era um guardião.

As mulheres Guajajara criaram um movimento denominado Guerreiras da Floresta. O papel que elas tentam desenvolver é o de convencimento dos povoados da região para evitar novas invasões. Na manhã de quinta dia 27 de janeiro de 2022, troquei mensagens com um grupo de mulheres que, na segunda dia 24, havia começado uma expedição a partir da aldeia Maçaranduba, na TI Caru. A ideia era construir parcerias com a população local, como me explicou o cacique, Antonio Wilson Guajajara. Naquela quinta, os Guajajara estavam em São João do Caru e no dia anterior haviam visitado dois povoados, Caboco e Seringal. O projeto era passar por dez povoados próximos e dois municípios, São João do Caru e Bom Jesus, fazer palestras e conquistar esses aliados para a proteção.

As mulheres é que falam, mas os guardiões vão com elas para protegê-las. Como me explicaram duas mulheres com as quais troquei mensagens, Rosilene Guajajara, esposa de Antonio Wilson, e Maisa Caragiu Viana, tudo era muito bem organizado. A partir da Associação Indígena Wirazu, eles apresentaram um projeto de financiamento às organizações integrantes da Rede de Filantropia para a Justiça Social, tiveram o plano aprovado e fariam esse trabalho de conscientização dos não indígenas por etapas, durante dez meses. Ao sair, o que elas encontram é a pobreza, como me contou Maisa Caragiu.

— O objetivo é fazer a sensibilização nas comunidades do entorno. São pessoas com carência bem grande que invadem nosso território. Assim, as palavras deles dizem que eles invadem não porque querem, mas por necessidade. Não tem política voltada para eles, os gestores dos municípios deles nem ligam para o que eles estão passando. Começamos nossa primeira palestra nesses dois povoados e a gente vê uma carência muito grande. O projeto precisa conseguir algum objetivo para eles também. Há muita dificuldade para eles, tanto na assistência da educação quanto na saúde. Aos poucos, vamos conquistar nossos objetivos, tanto na luta das Guerreiras da Floresta quanto na dos Guardiões, que têm um objetivo único: lutar e preservar nosso território.

O Brasil tem todas essas contradições. Quem pensa que a fala da líder indígena Maisa prova a tese de que as invasões ocorrem pela pobreza não viu toda a cena brasileira. Os que mataram Paulo Paulino Guajajara estavam ali a mando de grandes madeireiros, cuja operação está cada vez mais dispendiosa. Há muito dinheiro envolvido. Nos povoados, perto das Terras Indígenas, ou em qualquer outro canto do Brasil, há cada vez mais pobres. São eles os abandonados pelas administrações dos municípios. São usados como desculpa para o plano dos grandes de retirar direitos dos indígenas. O que é preciso é política social para resgatar os pobres e, ao mesmo tempo, proteger as Terras Indígenas e outras Unidades de Conservação.

Na ausência do Estado, durante o governo Bolsonaro, os indígenas mesmos se organizavam para fazer o que é dever do Estado. Há cada vez mais lideranças indígenas reconhecidas e com mais noção de que seu papel neste momento da História brasileira é fortalecer a proteção ambiental. O problema é que quanto mais articulados, mais enfrentam o preconceito de que deixaram de ser indígenas.

No Brasil, há uma múltipla diversidade de povos e idiomas indígenas, mas também de situações em que eles se encontram em relação às sociedades não indígenas. A ideia de que "integrar" é abandonar a própria cultura é totalmente equivocada. Aliás, fico com a explicação do sertanista Sydney Possuelo na entrevista que me deu:

— A lei diz que existem três tipos de indígena: os isolados, os de contato intermitente, que vêm para a cidade mas voltam para as suas aldeias, e os integrados. Eu só conheço dois tipos. Integrado eu não conheço, mesmo o de contato mais antigo, de 500 anos, não é aceito pela sociedade. O Brasil não entende a riqueza étnica que tem. São poucos os povos do mundo que têm seu passado presente.

Muitos povos indígenas usam cada vez mais toda a tecnologia atual para manter e defender seus estilos de vida e seus idiomas. Em entrevista que concedeu ao cientista político Sérgio Abranches em novembro de 2018, no Canal Futura, sobre indígenas e tecnologia, Álvaro Tukano, um dos líderes dos Tukano, que vivem no noroeste do Amazonas, explicou isso de forma inesperada. O tema do programa era sobre vantagens e problemas da tecnologia digital, por isso Sérgio perguntou a ele:

— Na cultura indígena, o que representa essa chegada do mundo digital?

— São sonhos realizados — respondeu Álvaro Tukano.

A resposta direta e pronta surpreendeu, uma vez que Álvaro Tukano tinha, na época, 65 anos. Não era um dos jovens indígenas com sua natural habilidade digital.

— Antigamente tínhamos uma lenda que falava da cabeça que voa, energia que voa, invisível. Mas um dia essa comunicação chegou em nossas mãos, digital. Eu moro lá na Terra Balaio, na região dos Seis Lagos, próxima do Pico da Neblina, fronteira com Colômbia e Venezuela. Eu uso o celular, ligo daqui para lá para conversar com meu pai, que hoje está com 110 anos. Ele consegue me mandar mensagem através do celular, isso me dá uma independência, uma segurança, uma alegria para falar o que eu quiser, alguma coisa de importante para o meu pai, para o meu povo, tecer alianças, defender a vida, defender a vida do planeta Terra. Então, esse é o sentido, a importância do digital. É caro? É. Mas vale a pena pagar? Sim.

Sérgio perguntou se a nova tecnologia ajudaria a preservar a cultura ameaçada. E ele deu mais uma resposta inovadora:

— Eu tenho peças de nossos parentes no Museu do Rio de Janeiro, em Paris, em Genebra, Berlim, outros museus nos Estados Unidos. A gente ia lá para visitar. Hoje não, de lá nós podemos trazer essas imagens e fazer comentários. Minha voz será salva, a voz do meu pai, a imagem de tantas lideranças. Nós podemos salvar e guardar nos nossos estúdios, publicar isso para quem a gente quiser. E o nosso povo não será mais derrotado ao gosto dos missionários, para não manter as nossas tradições. Muito pelo contrário, nós somos muito orgulhosos de sermos indígenas, de vários povos se comunicando sem intermediários, falando das belezas de nosso país, fazendo a defesa de nossos povos, de nosso país, e sonhando por uma liberdade que nós nunca tivemos.

A entrevista foi tão rica que o Canal Futura fez dois programas com o material. Sobre a diversidade que os indígenas representam, Álvaro Tukano sintetizou:

— Nós colorimos este país.

Sempre foi difícil para muita gente entender essa realidade de indígenas e alta tecnologia juntos. Mais difícil ainda é explicar a outra ponta, a dos indígenas em isolamento voluntário.

Em 3 de setembro de 2021, o líder indígena do Vale do Javari Beto Marubo me mandou um áudio dizendo que queria falar da questão dos indígenas isolados. Como eu estava no meio da estrada, em Minas Gerais, ficamos de nos falar outro dia.

— Ok. Quando estiver mais tranquilo para você, nos falamos novamente. Oshatsô — disse ele, acrescentando em seguida: — Oshatsô é "boa tarde" em minha língua.

Nós nos reunimos numa videoconferência no dia 7 de setembro. De manhã, eu tinha ido trabalhar. Era feriado e deveria ter sido um dia tranquilo, mas foi, por culpa do então presidente da República, um dia de tensão política. Ele fez ameaças explícitas de golpe nas manifestações em que reuniu seguidores. De tarde, tive essa conversa, na qual aprendi muito sobre o Brasil. Além de Beto Marubo, participaram Francisco Piyãko, líder Ashaninka, do Acre, Leonardo Lenin, dirigente do OPI, o Observatório dos Direitos Humanos dos Povos Indígenas Isolados e de Recente Contato, a advogada Carolina Santana, coordenadora jurídica do OPI, e uma servidora da Funai, cujo nome ela pediu que não aparecesse em minhas reportagens. Eles queriam chamar a atenção para uma emergência. Na Funai, estavam vencendo portarias que protegem áreas onde estão indígenas isolados. O nome técnico do documento é "portaria de restrição de uso". Quando há sinais de indígenas isolados, pelo princípio da precaução a Funai deve delimitar um perímetro, restringir o uso da área, até que expedições sejam feitas para a comprovação da existência dos indígenas. Isso teoricamente.

— O Brasil tem 104 referências de isolados, sendo que só 26 são confirmados pelo Estado — explicou Leonardo. — Outros 78 a Funai tem em seu banco de dados, mas precisam de confirmação.

Perguntei se essas sete portarias que estavam para vencer abrangiam todos os povos mais vulneráveis e a advogada Carolina respondeu:

— Não, Míriam, só tem essas sete. São as únicas. Os outros povos isolados não têm qualquer proteção. Dos que precisam ser estudados, pelo menos 17 estão fora de Terra Indígena, estão dentro de uma fazenda, por exemplo. O que o Brasil deveria estar fazendo é mais expedições para comprovar e demarcar essas terras.

A Funai estava preparando, às pressas, uma expedição. Mas não era para comprovar a presença de isolados em certas terras. O objetivo era garantir que não houvesse indígenas em Ituna-Itatá, no Pará. O senador Zequinha Marinho pressionava a Funai para que essa área fosse liberada. Em uma das terras com restrição de uso, no noroeste de Mato Grosso, estão os remanescentes dos Piripkura. Havia outras. Renová-las era questão de vida ou morte. Mesmo. Beto Marubo, que nasceu no Vale do Javari, região do mundo onde há mais indígenas isolados, detalhou:

— Nós estamos num momento de muito perigo para os índios isolados com a questão das portarias. Nós temos os Piripkura, Katawixi, Piriti-ti, Ituna-Itatá. Se as portarias que protegem as áreas [*em que eles estão*] não forem renovadas — e a Funai não parece preocupada —, isso vai deixar nossos parentes isolados ainda mais vulneráveis. Estou preocupado em dar visibilidade a eles. Eu posso falar com você, eu, Marubo, mas esses parentes não têm essa possibilidade.

— Uma portaria de restrição de uso é uma ferramenta jurídica precária — observou Carolina. — Porque é um ato discricionário do presidente da Funai.

— Quando há a confirmação da presença dos indígenas, a Funai tem que iniciar a demarcação — informou Leonardo. — No caso de Piripkura, já há confirmação há mais de quatro décadas. Dois foram vistos, e outra indígena, que não vive lá, fala que quando saiu [*da região*] havia 11. A portaria está terminando e isso numa área, no noroeste de Mato Grosso, região de Colniza e Rondolândia, de muita violência fundiária.

Perguntei à servidora da Funai o que aconteceria se essas portarias não fossem renovadas e ela explicou:

— Se elas não forem renovadas, esses povos nunca mais terão uma segunda chance. Esse povo acabou.

Leonardo havia feito, anos antes, quando trabalhava na Coordenadoria de Indígenas Isolados da Funai, uma expedição para confirmar a existência de Awá Guajás isolados. Existem os de recente contato, mas um grupo permanece em isolamento voluntário, conforme relatou na videoconferência:

— Fiz expedição no Maranhão, na TI Awá, TI Caru e TI Arariboia. Eles podem estar entre a TI Awá e a Reserva Biológica do Gurupi, transitando na região. Mas queria falar da dificuldade de confirmação desses povos, que não fazem agricultura, não abrem roça, ao contrário da situação do Acre e do Javari, que é possível localizar através de imagem de sobrevoo. São pequenos grupos que estão sempre em fuga, como no caso dos Awá, Piripkura, Kaoahiwa. Estão em áreas de difícil acesso, onde a fronteira econômica chega com muita violência. Se você não fizer a proteção deles antes, vão confundir você com um invasor — disse Leonardo, que, quando diz "Awá", está se referindo a grupos pertencentes ao mesmo povo que visitei em 2013, mas que permanecem em isolamento voluntário.

— Aconteceu na minha terra em 1996 — interveio Beto Marubo. — Havia uma restrição de uso, mas, por pressão das madeireiras e omissão da Funai, a portaria caiu. E depois descobrimos que os madeireiros estavam matando os Korubo isolados. Um desses matadores bebeu cachaça na cidade de Benjamin Constant e falou disso. A Funai teve que fazer uma expedição para coletar os ossos dos Korubo dentro do rio.

Um ano antes daquela nossa conversa, em setembro de 2020, um dos mais importantes indigenistas do Brasil, especializado em indígenas isolados, fora morto por eles justamente por ter sido confundido com um invasor. Riali Franciscato, que era coordenador da Frente de Proteção Etnoambiental Uru-Eu-Wau-Wau, foi atingido por uma flecha atirada por um dos isolados.

Em 2014, indígenas isolados fizeram contato com os Ashaninka da aldeia Simpatia, no Alto Rio Envira, oeste da Amazônia. Falavam uma língua do tronco pano, ao qual também pertence o marubo. Eles estavam gripados e relataram violência no Peru. A Funai divulgou algumas imagens deles. Depois de recuperados da gripe, voltaram ao isolamento. Francisco Pyãko relatou:

— Eu estou no Acre, bem na fronteira com o Peru. Temos isolados no Alto Rio Envira. Há isolados do lado de cá e do lado de lá da fronteira, mas, para eles, as fronteiras não fazem sentido. Eles vão migrando e seguem outra lógica, vão para onde está mais tranquilo. Agora tem pressão dos dois lados e uma situação de muita tensão para os indígenas em geral, aqui e no Peru, pela invasão de madeireiros, garimpeiros, narcotráfico. Se a gente que vive aqui sente a tensão, imagina os nossos parentes isolados. Aí você desce para essa região do Vale do Javari, onde estão tentando abrir uma estrada, dois caminhos novos entre Brasil e Peru, um cortando o Parque Nacional da Serra do Divisor e o outro ligando o Departamento de Ucayali, no Peru, com a cidade brasileira de Cruzeiro do Sul, no Vale do Juruá. Estamos vivendo uma tensão muito grande e isso está repercutindo nos isolados como um todo. É uma estrada para a exploração madeireira e de minério e para o narcotráfico. Já tivemos momento em que as madeireiras entraram nas aldeias deles com máquinas e eles não estavam preparados. Nós estamos num momento no Brasil em que antes mesmo de uma lei passar a vigorar as pessoas estão agindo como se ela estivesse valendo. Se você for para o Acre, Maranhão, Javari, a atitude dos madeireiros, dos garimpeiros, é de questionar as Terras Indígenas. Eles agora têm liberdade para fazer isso. Eles estão cooptando lideranças para legitimar o que não é legítimo. Várias comunidades indígenas vão ser atropeladas. Estão sendo tirados direitos conquistados com muita luta. E o que nós sofremos os isolados vão sofrer ainda mais. Uma conversa como essa ajuda a explicar que, em todos os cantos do Brasil, nós estamos sofrendo o impacto.

Piyãko explicou que em Cruzeiro do Sul termina a BR-364. O projeto é cortar a Serra do Divisor em direção à cidade de Pucallpa, no Departamento de Ucayali. Ucayali é também um rio do tamanho do Juruá, só que fica inteiramente no Peru. O Juruá nasce lá, mas tem sua maior parte no Brasil.

— Essa estrada e a outra pensada na região vão dentro da floresta e não têm a intenção de ajudar ninguém que está aqui. São projetos de fora para dentro da floresta. Nem mesmo a continuidade da 364 para chegar em Pucallpa é uma demanda do povo da floresta. Ela vai alimentar e fortalecer os ilícitos nessa fronteira, o narcotráfico, a madeira. Não faz sentido estrada aqui nessa floresta. E a outra, paralela, na fronteira no lado do Peru, também é uma estrada puramente madeireira e do narcotráfico. Não sei como colocar isso, mas para nós é uma ameaça muito grande.

O que toda aquela reunião on-line me ensinava era um pouco mais da imensa complexidade do Brasil. Beto Marubo falou durante a conversa que a política de restrição de uso em área onde havia avistamento de indígenas isolados salvara vidas. Populações que estavam sendo exterminadas hoje permanecem vivas.

— A política de índios isolados protegeu eles.

A política do não contato nasceu na democracia, por iniciativa de Sydney Possuelo. A ideia é de não forçar a aproximação, respeitar a opção deles pelo isolamento e só fazer contato se eles estiverem em perigo. O próprio Beto comandara, em 2014 e 2015, expedições para fazer contato com o grupo de Marubo que estava em isolamento. Ele foi junto com Bruno Pereira, e esse contato só foi feito para a proteção dos próprios isolados.

— Eu era coordenador da Frente de Proteção Etnoambiental do Vale do Javari e o Bruno era o coordenador regional da Funai em Atalaia do Norte, no Amazonas — contou-me Beto numa outra conversa que tivemos. — Quem coordena a Frente de Proteção é responsável pelos isolados. Chamei o Bruno para ir comigo. Era uma empreitada difícil e eu precisava de alguém para elaborar relatórios, estudar o contexto que eu iria enfrentar, elaborar protocolo de segurança. Bruno era a cabeça pensante. O contato era em função do conflito entre os Matis e os Korubo. O contato fora feito pelos Matis e a gente teve que intervir, depois, para dar segurança aos Korubo. Na hora do contato, a gente tem que ter toda a estrutura da Funai funcionando, do contrário pode haver até morte, por razões de saúde deles. Eles habitavam o rio Branco, e para tirá-los da situação de tensão com os Matis nós precisávamos trazê-los para o Baixo Ituí. Em 2019, o Bruno coordenou outra operação de contato porque nós temíamos haver novo conflito com os Matis. E isso se resolveu com a intervenção do Bruno.

A explicação de Beto Marubo mostra a delicadeza que é toda a situação dos indígenas isolados. Alguns deles fazem contato esporádico e depois se afastam novamente. Em alguns casos, como o dos Piripkura, eles podem aparecer no posto da Funai, mas preferem distância.

— Houve um dia em que foram lá pedir fogo. Haviam perdido seu fogo — contou Leonardo.

No caso dos Piripkura, só dois aparecem. São sobreviventes da longa guerra de extermínio que tantos povos enfrentaram no Brasil ao longo dos últimos 500 anos.

No domingo 22 outubro de 2022, publiquei uma coluna no *Globo* sobre o caso mais extremo de isolamento e sobre uma ignomínia a mais do governo Bolsonaro. Transcrevo aqui um parágrafo, para trazer o clima vivido naquele fim de governo: "O corpo de um indígena, o último de sua etnia, está insepulto em Rondônia. É pura maldade. Ele decidiu ficar longe de nós. De todos nós. Essa foi a sua decisão, quando seu povo foi dizimado por grileiros e madeireiros. Sobrevivente do massacre, único do seu mundo, afastou-se de tudo e ficou assim por um quarto de século. Ele fazia suas casas com um buraco no meio. Ninguém sabe o motivo, seu idioma ninguém sabe, seus costumes, sua cosmogonia, tudo sempre será um mistério. Mas é fácil imaginar que ele queria, ao morrer, descansar na terra onde viveu, onde caçou, onde morou, onde enterrou os seus. Ele permanece insepulto e isso pesa sobre cada um de nós."

Era o último Tanaru. E ficou conhecido como "índio do buraco". Seu corpo foi encontrado pela Frente Etnoambiental da Funai, estava ornado com flores e deitado na rede, numa clara demonstração de que preparara o próprio funeral. Por ordem do presidente da Funai, Marcelo Xavier, foi levado para Brasília para ser estudado. Voltou para Rondônia com seus restos divididos em caixas, num último ultraje. Era mais que maldade. O que eles quiseram com a demora em enterrá-lo era dar tempo aos que queriam se apropriar da terra que fora isolada porque ele estava lá. O enterro só aconteceu após várias reportagens e muita pressão de organizações sociais.

O último Tanaru fez um grande favor ao Brasil. Preservou, com a sua existência, um pequeno oásis de 8 mil hectares no sul de Rondônia. Ao não desistir de sua terra, ao ficar ali, resoluto, mesmo com o peso da solidão extrema, ele conseguiu manter preservado um pedaço da floresta, que escasseia na região. Esse é um dos serviços ambientais prestados pelos indígenas isolados. Eles estão hoje espalhados pelo Brasil em pontos distantes e de difícil acesso, sem contato com o resto do país, porém, com suas vidas, preservam a floresta. Cada um sabe o motivo que teve para fugir do contato com os outros brasileiros, para querer se afastar e viver a seu modo a própria vida. Mas eles fazem parte da grande rede de proteção da Amazônia.

O indigenista Riali Franciscato, dois anos antes de ser morto por uma flecha, havia explicado, num vídeo gravado pelo amigo Roberto Ossak, por que ele lutava pela demarcação de terras de isolados: "O Brasil que eu quero para o futuro é que isso continue preservado, não só para os índios, mas para toda a população do entorno, que é beneficiada com a proteção da Terra Indígena."

Dias depois de publicada a coluna sobre o Tanaru, a Funai renovou a portaria, mantendo a reserva onde estão os Piripkura. Em janeiro de 2022, havia vencido a validade da portaria de Ituna-Itatá. O Ministério Público Federal pediu à Justiça que obrigasse a Funai a renová-la. A Justiça deu a ordem e a Funai disse que não a cumpriria. A área fica nos municípios de Senador Porfírio e Altamira, no Pará, uma das regiões de maior desmatamento do Brasil. Os criminosos avançaram exatamente na expectativa de que não haveria renovação. A portaria acabou sendo renovada pela ação dos procuradores, que acionaram a Justiça.

Em 15 de dezembro de 2022, uma operação conjunta da PF, do MPF e do Ibama cumpriu mandados de busca e apreensão em 16 endereços em cinco estados, atrás dos suspeitos de envolvimento com o desmatamento em Ituna-Itatá. Um deles era Geovanio Pantoja, coordenador de Povos Indígenas Isolados da Funai, cargo que havia sido exercido pelo indigenista Bruno Pereira. Geovanio era investigado por dificultar a proteção de isolados. Foi assim, dia após dia, no governo Bolsonaro. Para evitar o pior, era preciso estar sempre vigilante e haver uma intensa atuação por parte da sociedade e das instituições.

O STF discute o princípio do marco temporal. Se for aceito, os indígenas só poderão reivindicar as terras em que estavam em 5 de outubro de 1988, data da promulgação da Constituição brasileira. Imagine exigir que os indígenas isolados digam onde eles estavam em 5 de outubro de 1988! O relator, ministro Edson Fachin, votou contra a tese do marco temporal, o ministro Nunes Marques votou a favor. Um enorme acampamento indígena, que chegou a ter 6 mil pessoas, foi montado em Brasília em setembro de 2021 para acompanhar o julgamento, que acabou não se completando porque o ministro Alexandre de Moraes pediu vista.

A então deputada Joênia Wapichana, de Roraima, que no governo Lula seria nomeada presidente da Funai, me explicou na ocasião do julgamento, em uma entrevista para a GloboNews, que a Constituição de 1988 representou um recomeço da relação do país com os indígenas. No passado eles eram removidos e confinados em reservas. Portanto, estabelecer essa data confirmaria o que ocorrera nos séculos de violência. Perguntei à deputada como seria o dia seguinte dos indígenas, caso o STF decidisse, quando encerrasse a votação, em favor do marco temporal.

— Nossa! Eu ainda não parei para pensar. Seria o fim de tudo. Vai abrir conflitos nas comunidades com os que são contra a demarcação. Basta ver o que acontece com a fala do presidente Bolsonaro! Imagine uma decisão do Supremo! Quando o presidente disse que iria regulamentar o garimpo em Terra Indígena, aumentou, e muito, a presença de garimpeiro em terra Yanomami. O receio é de insegurança física mesmo dos indígenas. Muita gente ali está convicta da impunidade, e eles têm armas. Por isso prefiro pensar no cenário positivo de que o Supremo não vai deixar isso acontecer.

O assunto está no Supremo, mas também no Congresso. Na Câmara, o PL nº 490 foi votado em regime de urgência no dia 30 de maio de 2023 e aprovado com 283 votos a favor. Além de estabelecer que os indígenas só podem reivindicar terras nas quais estavam no dia da promulgação da Constituição, ainda permite atividade econômica dentro de seus territórios e sem consultá-los. Não precisa ser nenhum jurista para entender que esse PL é inconstitucional. A Constituição diz, no seu artigo 231, que os povos indígenas têm direito sobre "as terras que tradicionalmente ocupam". E exige que eles sejam ouvidos, no caso de qualquer aproveitamento econômico de seu território. Um PL não pode alterar a Constituição nem pode regulamentar no sentido oposto ao que está escrito. Mas foi o que a Câmara aprovou.

No dia 7 de junho foi retomado o julgamento no Supremo sobre se o marco temporal era constitucional ou não. O ministro Alexandre de Moraes disse que não era constitucional, ainda que tenha considerado ser possível indenizar fazendeiros que tivessem ocupado as terras na "boa-fé". O ministro André Mendonça pediu vista e o julgamento parou de novo. A antropóloga Beatriz Matos, que assumiu no Ministério dos Povos Indígenas o cargo de diretora do Departamento de Proteção Territorial e de Povos Indígenas Isolados e de Recente Contato, me explicou o motivo dessa insistência em avançar sobre as Terras Indígenas que se manifesta nesta e em outras iniciativas parlamentares.

— O modo de vida dos indígenas permitiu a preservação do território, por conta de como esses povos lidam com a floresta. Justamente por isso são territórios muito cobiçados.

Ela conhece profundamente o assunto dos povos isolados, porque estudou o tema no Vale do Javari. Ela me apontou o risco de medidas como a deste projeto de lei:

— O PL diz que pode ser realizado o contato com povos isolados por interesse econômico. Isso repetiria o que aconteceu na década de 70, quando foi forçado o contato e muitos indígenas, e até povos inteiros, morreram. E, claro, o povo indígena isolado não tem nenhuma condição de provar nada, não está no nosso sistema jurídico e legal. Isso é verdade mesmo para os não isolados.

O ISA tem sido a grande fonte de dados para se entender a questão indígena no Brasil em geral, inclusive por sua indispensável publicação, atualizada periodicamente, *Povos indígenas do Brasil*, uma coleção muito útil de dados sobre cada povo, minha fonte de consulta frequente. Uma das coordenadoras do ISA, Adriana Ramos, passou um bom tempo me esclarecendo sobre os povos, suas localizações, seus troncos linguísticos e os territórios, quando a entrevistei para este livro.

— Quando a gente fala de Terras Indígenas na Amazônia, estamos falando de 99% das Terras Indígenas em extensão territorial, mas de metade da população. Metade da população indígena está fora da Amazônia, em pequenos territórios ou nas cidades. E, falando em Amazônia, há um conjunto de etnias — Baniwa, Tukano, Ashaninka, Yanomami, Wajãpi — que estão dos dois lados da fronteira. Então é assim, a Amazônia não é só o Brasil.

No Brasil sempre se perseguiu a ideia de que um dia os indígenas acabariam "integrados", mas a História foi por outro caminho.

— A questão dos direitos indígenas está presente em vários ordenamentos jurídicos brasileiros — acrescenta Adriana. — Desde o Marquês de Pombal, há referências à questão das terras dos índígenas, mas sempre com o pressuposto de uma coisa prevista para acabar com essas terras, deixando de ser indígenas. Mas eles sobreviveram, resistiram, se organizaram, lutaram por seus direitos. E aí vem a Constituição de 1988, supera o paradigma integracionista e diz aos indígenas que eles têm o direito de serem quem são. Com seu território, seus modos de vida, sua organização social. Para sempre.

Pelos olhos do *fotógrafo*

Os Suruwahá mudam de ideia. Do nada, eles revogam o decidido. Anárquicos, eles não têm um chefe, então, quando um dá uma reviravolta, pode haver um movimento espontâneo de mudança de ideia, como aqueles que o fotógrafo Sebastião Salgado enfrentou várias vezes durante sua estada na aldeia em 2018. Quando isso acontece, tudo o que se pode fazer é recomeçar a negociação.

Salgado estava com a sua equipe na terra dos Suruwahá, no sul do Amazonas, na bacia do rio Purus, para mais uma etapa do longo trabalho que resultou na exposição e no livro *Amazônia*. Houve uma mudança de opinião que não foi vencida, por mais que se argumentasse, e, por fim, uma foto prevista não foi feita. Muitas outras fotos estão no portfólio do artista, mas aquela ficou faltando. Para chegar à terra dos Suruwahá foi preciso determinação.

— Primeiro, você vai no rio maior, que é o Purus, e entra num segundo rio num barco grande da Funai — me conta Salgado. — Depois, a partir de certo ponto, esse barco não navega mais, porque são rios menores. Tivemos que passar para um barco menor de motor de popa. Avançamos nesse barco até chegar na base da Funai, onde tem que completar uma quarentena de 12 dias. O complemento é de cinco a seis dias. A viagem que a gente foi fazendo no barco já contava, porque o caminho é completamente isolado, não tem população nenhuma nas margens, já é parte da quarentena. Completado o tempo, pudemos entrar, de voadeira, no território dos Suruwahá.

Eles se consideram o povo mais bonito da Amazônia. E são, de fato, bonitos. Salgado tinha levado com a equipe da Funai uma pequena tela, um projetor e um pequeno motor para gerar energia suficiente. E projetou lá as fotos de outras comunidades que estavam sendo fotografadas para o mesmo projeto. Foi uma apresentação para a comunidade inteira.

— Queria projetar algumas fotografias que eu estava fazendo para mostrar a eles as outras comunidades. Quando, à noite, juntou a comunidade inteira na primeira sessão e eles viram os outros índios, rolavam no chão de rir da "feiura" dos outros índios. Eles se acham lindos. Eles têm corpos maravilhosos, saúde exemplar.

Salgado tinha conseguido autorização deles para fotografar antes de ir. Aquelas sessões eram para explicar melhor o que se queria com aquele trabalho. Confirmada a autorização, ele começou o trabalho, mas, vez ou outra, eles mudavam de ideia.

— Como não havia uma estrutura vertical, um chefe, se um mudava de opinião, todo mundo mudava, e eu tinha que retomar tudo, reconversar.

Uma vez foi pior e a coisa empacou.

— Eles preparam um grande cesto no qual vão ralando a mandioca, um cesto tão grande que chega a pesar uns 800 quilos. Eles juntam então uns 15 homens para transportar aquele cesto até um riachinho, onde colocam a mandioca para fermentar, para fazer uma alimentação para determinadas cerimônias. Na hora de transportar, é preciso uma força descomunal. Eles amarram todos os músculos com fibra para evitar que os músculos arrebentem no esforço. Então começaram a transportar, mas, de repente, acharam que eu tinha que ajudar também a transportar. Mas eu tinha que fotografar. Eles pararam e me expulsaram. Aí acabou, só tinha aquele cesto, que eles fizeram durante a minha estada lá. Eu fiz um pouco de fotos, mas não pude fotografá-los depositando no riacho.

Salgado conta isso se divertindo e dizendo que achou tudo fantástico. Cada povo tem suas características, suas crenças. Cada um tem um nível de contato com a sociedade não indígena. Os Suruwahá Salgado define como em estado "prístino". Outros tiveram que fazer o caminho de volta para reencontrar sua cultura. Alguns dominam os modernos meios de comunicação e permanecem protegendo seu modo de vida. Os próprios Suruwahá são, diz Sebastião, um amálgama de vários grupos daquela região que foram extintos no choque do contato com os brancos em diversas ocasiões, fosse na exploração da borracha, fosse na entrada de missões religiosas. Eles se refizeram.

— A gente não entende, a gente acha que eles estão todos lá, são todos os mesmos, mas não. Cada grupo tem uma história, história riquíssima. Eles lutaram para sobreviver. São verdadeiros heróis, e um dia, tenho certeza, o povo brasileiro reconhecerá isso — afirma o fotógrafo, enquanto conta as muitas histórias dos povos que visitou e com os quais conviveu.

Os Yawanawá, por exemplo, são uma comunidade do Acre que conseguiu se recuperar da destruição cultural.

— A história dos Yawanawá é incrível, incrível. No início do século passado, até os anos 1950, os Yawanawá eram escravos da exploração da borracha na região. Ao lado da principal aldeia deles, a Nova Esperança, havia uma cidade de uns 3.500 brancos. O rio deles se chama Gregório, porque o cozinheiro do líder dos brancos que tinha esse nome morreu, e esse líder colocou o nome dele no rio. Eles foram praticamente escravizados pelo pessoal da exploração da *Hevea brasiliensis*. Eles identificavam as árvores, entravam na floresta com os brancos que iam explorar a borracha. Nos anos 1970, estavam ameaçados de extinção, pelo álcool, pela perda da língua, pela penetração dos grupos religiosos no território deles, dizendo que a religião deles não tinha valor. Até que um grupo resolveu tomar em suas mãos o destino do povo Yawanawá. O Bira, Ubiratan Brasil, é o nome dele. Ele conseguiu, junto com os outros líderes, trazer o povo deles para dentro da cultura. Eles se isolaram, conseguiram expulsar os brancos com o declínio do preço internacional da borracha, conseguiram que o território deles fosse reconhecido por lei. Hoje eles têm 200 mil hectares. Eles conseguiram enviar uma pessoa deles para os Estados Unidos para a exportação de urucum. Essa pessoa, Joaquim Yawanawá, acabou frequentando a Universidade de Berkeley. Eles conseguiram trazer a cultura deles de volta, recuperaram o idioma, o Bira chegou a ser o segundo homem da Funai no Acre. Hoje vive na aldeia sagrada deles, que eles reconstituíram. Bira conseguiu isolar 2.800 plantas medicinais e com elas eles se tratam. É colossal o que eles conseguiram, você entende?

Salgado vai contando e é possível entender, através dos olhos dele, as diferenças entre os vários povos e a saga de cada um para permanecer.

Os Zo'é, por exemplo, cumpriram um longo caminho para o reencontro com a própria cultura. Espelho, faca e lanterna. Foi isso que os Zo'é exigiram que ficasse com eles, quando os invasores religiosos foram expulsos de suas terras. E cada objeto tinha um motivo e uma serventia.

— Quem expulsou os invasores da Terra Indígena foi a Funai. Com a ajuda da Polícia Federal. Eles estavam provocando grandes desastres, trouxeram doenças que eliminaram quase um terço da população. No processo, a Funai foi retirando tudo o que havia sido levado, mas eles quiseram três coisas. Primeiro, espelho para as mulheres.

Salgado pôde ver a importância do espelho durante a sua viagem.

— Elas dependiam disso para a beleza delas. Fui a primeira pessoa do mundo ocidental a ter autorização da Funai para visitar as seis aldeias. Levei um GPS, mas viajava com a ajuda deles. Na primeira aldeia que fui visitar, um grupo veio antes me pegar e viajei com eles. Quando passei o número de dias que tinha que passar, o grupo de outra aldeia veio me buscar, depois foi a terceira aldeia... E assim fiz o circuito todo em um território considerável: são mais de 600 mil hectares de terra. O que era curioso é que a gente ia caminhando, mas quando estava para chegar numa aldeia, tinha que fazer uma parada de meia hora para todas as mulheres que estavam no grupo se ajeitarem. As mulheres Zo'é raspam a parte frontal do couro cabeludo, elas colam ali penas de urubu-rei, fazem uma espécie de cocar redondo, específico das mulheres. Com o espelhinho elas trabalhavam cada uma das penas com supercuidado, sabe?

O segundo elemento do qual não abriram mão foi a faca. Uma faca por família. Eles usam essa faca para fazer suas facas de bambu, com as quais trabalham no cotidiano. Serve para afiar as facas de bambu. O terceiro elemento foi a lanterna.

— Cada adulto tem uma lanterna, mas a Funai controla bem. A Funai fornece as pilhas e só quando eles devolvem as velhas recebem as novas. E as usadas são retiradas do território indígena. Eles usam a lanterna à noite, porque assim conseguem ver o brilho do olho da serpente quando vão caçar. Fica facílimo identificar as serpentes e com isso houve uma redução enorme, brutal, do número de acidentes por picada de cobra. Fora esses três elementos, era tudo como sempre tinha sido.

A equipe de Sebastião Salgado incluía dois grandes conhecedores do mato. Agostinho de Carvalho, que ele conheceu em São João do Caru, no Maranhão, quando fez a viagem aos Awá Guajá, da qual participei. Ficaram amigos. Agostinho toca muito bem violão, canta bem e é um exímio mecânico. Chegava nas comunidades indígenas e ia consertando tudo — os motores de popa, de rabeta, pequenas motosserras. Outro conhecedor da floresta que fez parte da expedição era o Bebé, que Sebastião Salgado conheceu em Tabatinga, no interior do Amazonas.

— A habilidade do Bebé era pescar. Aconteceu até uma história interessante. Fomos trabalhar com os Marubo. O Leão Serva perguntou ao chefe do grupo Marubo o que ele queria perguntar ao presidente do Brasil. Na época era o Temer. Na noite anterior, o Bebé tinha pescado 52 peixes, um deles um pirarucu de uns 50 quilos. A comunidade tinha então comida para uma semana, porque eles defumam os peixes e guardam. Quando o Leão Serva perguntou ao chefe indígena, pensou que ele ia dizer alguma coisa sobre a saúde indígena, ou qualquer outra coisa. O chefe indígena pensou, pensou, e falou assim: "Olha, você fala com o seu chefe para ele nos dar de presente o Bebé."

O jornalista Leão Serva acompanhou Salgado em dez viagens a povos indígenas, preparando belos textos que acompanharam as fotos de Salgado. Carlos Travassos, que era chefe do Departamento de Povos Indígenas Isolados e de Recente Contato da Funai quando o conheci e que também foi conosco visitar os Awá Guajá, em 2013, esteve em várias dessas viagens. Filho do líder estudantil Luís Travassos e da ambientalista Marijane Lisboa, Carlos saiu da Funai no fim do governo Dilma, mas continuou sempre em trabalho com os indígenas, com permanência maior na Terra Araribóia e, por fim, no Vale do Javari.

— Carlos Travassos foi comigo nos Suruwahá, nos Korubo — lembra Salgado. — Ele conhece bem a Amazônia, conhece essas comunidades, tem um prazer imenso nessas expedições.

Salgado levava sempre na equipe também dois ou três homens que sabem operar essas canoas com pequeno motor atrás. Eles têm que ser exímios pilotos para penetrar nos rios pequenos, cheios de surpresa. Normalmente ia junto também um antropólogo e alguém que soubesse a língua. Como contei aqui, na viagem aos Awá Guajá o antropólogo se atrasou e Salgado iniciou os trabalhos tentando superar a barreira da língua falando bem devagar com os indígenas. Na entrevista para este livro perguntei por que ele avaliara que assim conseguiria ser compreendido.

— O que me ajudou foi ter trabalhado com outras comunidades, na África, na Ásia. Eles olham para você, olham para o seu olho, e assim eles sabem se você está sendo sincero. Eles querem saber a que você veio. Imediatamente eles identificam se você é um aliado. Eu não falava a língua deles, mas tentei falar devagar e eles compreenderam a minha intenção. E Pira-y-ma-á, que você conheceu, acabou se tornando meu amigo.

A partir do contato que tem tido com vários povos, Salgado foi sedimentando suas convicções sobre a diversidade, o patrimônio cultural que eles representam e o trabalho de proteção ambiental que exercem.

— Quando se olha o mapa da Amazônia, pode se dividir o território em três partes. Falo do bioma amazônico. Uma parte são as áreas de preservação permanente, os parques nacionais, as florestas nacionais, que são, ao todo, 25% da Amazônia. Os órgãos ambientais tentam protegê-los. Mas há as terras devolutas, terras públicas sem destinação, onde ocorre a maior parte da destruição. A Amazônia mais bem preservada está nos territórios indígenas.

Alguns dos povos que Sebastião Salgado visitou, entre 2013 e 2020, ficavam próximos. No Xingu ele visitou os Waurá, Kamiurá e Kuicuro. Foram 80 dias no Parque Indígena Xingu, em Mato Grosso. No Amazonas, visitou os Korubo e os Marubo, então em situações completamente diferentes. Os Korubo permanecem em grande parte ainda isolados no Vale do Javari. O grupo que Salgado fotografou tinha sido contactado em 2015 e a viagem do fotógrafo foi em 2017, pouquíssimo tempo depois. Salgado esteve num acampamento de caça dos Korubo, onde permaneceu por 30 dias.

Em entrevista que fiz com Beto Marubo, ele me explicou que o seu povo se dispôs a falar outras línguas do Vale do Javari e ser os comunicadores desses povos. Ele é um excelente comunicador e faz a parte externa da União dos Povos Indígenas do Vale do Javari (Univaja). Segundo Beto, muitos povos lá eram adversários entre si, mas tiveram que superar as rivalidades para melhor se defender. Perguntei como fazer para ir à aldeia dele. Ele detalhou:

— Você pega um avião em Brasília, ou qualquer outra região, e vai até Manaus. De lá vai até a cidade de Tabatinga, na fronteira com o Peru e a Colômbia, aí você segue de barco até a cidade de Atalaia do Norte e, em seguida, vai de barco para a aldeia. Gasta cinco a sete dias, dependendo do nível das águas e do tipo de embarcação. O outro caminho é por Cruzeiro do Sul, no Acre. Vai até Rio Branco, de lá para Cruzeiro do Sul. Daí a gente entra por terra por seis dias em região de montanha. É mais difícil. Quem tem físico bom aguenta essa caminhada. Só tem esses dois caminhos, Míriam.

Tem também o caminho mais curto, nas asas da Força Aérea. Salgado visitou os Marubo duas vezes, sempre por caminhos longos. Uma vez, em 1998, quando trabalhou com o Médicos sem Fronteira, ele foi para lá visitar os Macuxi e os Marubo, e depois esteve em várias comunidades Yanomami. Tanto no Amazonas quanto em Roraima. No caso dos Marubo, ele voltou em 2018 à mesma aldeia que havia visitado em 1998.

— Para mim foi um prazer imenso. Na primeira vez, estive em época de seca, quando podia me deslocar por terra. Fazia dezenas de quilômetros dentro da floresta e descobri uma coisa colossal com os Marubo. É que na seca os igarapés passam a ser as estradas dos indígenas dentro da Amazônia. São verdadeiras rotas de penetração de visita a outras comunidades. É quando boa parte dos indígenas encontra noiva, visita outras tribos, vai a festas. Eu tinha a impressão, sobrevoando a Amazônia, de que se tivesse uma pane no meu avião e eu caísse e sobrevivesse da queda jamais seria encontrado. Era engano profundo meu. Descobri que os indígenas conhecem a floresta inteira, eles viajam a pé na época das secas. Vi festas nos Yanomami em que chegava gente que estava andando durante 20 dias para participar. Dessa vez, quando visitei os Marubo, foi na época das chuvas. O Curuçá, que é o rio principal deles, era um riozinho que a gente atravessou a pé na primeira vez. Nas chuvas virou um rio de sete a oito metros de profundidade, caudaloso, e várias aldeias que visitei a pé da primeira vez só pude visitar de barco. Nós entramos num rio chamado Kumãya, um riozinho bravo, danado. Eu lembro que a gente saiu com o Leão Serva e o Beto Marubo para visitar a aldeia Kumãya. Saímos de manhã, devíamos chegar no fim da tarde e não chegamos coisíssima nenhuma porque, com aquelas cheias imensas, o rio vai corroendo a margem e as árvores caem no rio e não podíamos passar. Não tínhamos motosserra, tínhamos que cortar as árvores caídas com um machado, para passarmos com a nossa rabeta. Aí tivemos que dormir no mato.

A floresta é imensa, a logística, desafiadora, a natureza, mutante, com rios que às vezes sobem 25 metros, engolindo árvores. Não há como simplificar qualquer definição do que são os povos dessa floresta. Muitos povos, como se sabe, estão em dois ou mais países ao mesmo tempo. Os Ashaninka estão em parte no Brasil, mas a maioria deles está no Peru.

— Talvez eles sejam o maior grupo indígena do planeta, porque no Peru eles são centenas de milhares — diz Salgado. — A história deles se confunde com a dos incas. Quando os incas fugiram do Altiplano, há 500 anos, pela chegada dos espanhóis, eles foram escoltados pelos Ashaninka. São excelentes guerreiros, produtores de algodão através da cultura da agrofloresta.

Quando seu território foi demarcado, eles receberam uma área onde havia uma fazenda de gado.

— Eles replantaram a floresta, recriaram a floresta, têm uma capacidade de recuperação ambiental espantosa. Têm viveiros. Preservam vivendo da pesca, da caça, da agricultura, nesse território de menos de 80 mil hectares. Parece muito mas não é. Por isso eles desenvolveram também uma técnica de repovoar os rios. Eles fazem poços artificiais em que criam peixes. Eles não crescem muito, dado o espaço, por isso depois de certo tempo eles recolocam esses peixes nos rios. O peixe vai crescer no rio e depois eles vão pescá-lo. Eles enriquecem os rios. Eles enriquecem a floresta, a agricultura deles é feita na sombra das árvores, muitas vezes árvores que eles mesmos plantaram, ou outras que eles protegeram. Um povo admirável. Trabalhei com o grupo que fica em torno do rio Amônia, mas tem outro em torno do rio Envira. Eles se visitam constantemente.

A primeira viagem que Sebastião Salgado fez à Amazônia foi nos anos 1980. Ele a considera a mais decisiva, por ter aberto seus olhos. Chegou lá achando que precisaria de muito tempo para se comunicar. Queria muito estar com uma comunidade indígena, mas pensava que, por não falar a língua, por ser de outra cultura, levaria semanas para se adaptar. Contudo, o entendimento entre ambos os lados foi rápido.

— Quando ia à África para uma região com leões eu demorava até entender o sistema lógico dos leões. Se ia trabalhar numa comunidade de árvores, levava tempo até entender. Mas lá eu estava na minha comunidade, a dos humanos, na tribo do *Homo sapiens*. Me surpreendeu e me deu conforto.

Aquela viagem nos anos 1980 à Amazônia tinha um objetivo específico. Uma doença surgida na África, a oncocercose, ou *River Blindness*, fora trazida por padres salesianos que tinham trabalhado na África. Trata-se de uma filária depositada no corpo por mosquitos que vai navegando no organismo, por baixo da pele, provocando erupções, coceiras, pequenas infecções. Um dia, 15 ou 20 anos depois, ela atinge os olhos. Aí a pessoa fica cega. Os padres a trouxeram e um determinado mosquitinho na Amazônia os picava e a espalhou. Salgado foi com um grupo de cientistas da Fiocruz e do Museu Britânico fazer uma reportagem sobre a oncocercose. E passou um tempo numa comunidade chamada Surucucu, dos Yanomami. Não é possível curar essa doença, mas já é possível controlá-la.

— Houve a identificação, houve a necessidade de isolar áreas para evitar que a doença se propagasse pelos meios urbanos. O que aconteceu foi efetivo, porque o sistema de saúde brasileiro foi capaz de fazer esse trabalho de evitar a propagação. É praticamente impossível eliminar a enfermidade. Você tem que tratar a comunidade e eliminar os vetores para evitar que ela se multiplique.

A última viagem programada para essa expedição do fotógrafo pela Amazônia não foi realizada. Ele visitaria a mesma comunidade dos Macuxi que visitou em 1998, quando encontrou os indígenas acuados na própria terra, a Raposa Serra do Sol.

— Eles viviam praticamente escravizados pelos agricultores do Sul, que chegaram lá para produzir arroz e foram se apropriando de todas as terras e expulsando os indígenas. Quando eu os conheci, eles estavam numa aldeia chamada Maturuca. Eu vi coisas incríveis. Vi os Macuxi reaprendendo a ser indígenas. Uma boa parte tinha se urbanizado e ido para Boa Vista. Fotografei crianças na escola reaprendendo a língua e a ser indígenas. Fizeram um trabalho incrível. Até que o Supremo deu ganho de causa aos Macuxi. O presidente Lula assinou a outorga do território em favor deles e os brancos foram tirados de lá. Eu queria ver aquelas mesmas crianças agora, mais de 20 anos depois, queria ver como estavam. Mas a pandemia impediu essa viagem.

As viagens de Salgado até os indígenas iluminam alguns pontos dessa questão tão mal entendida no Brasil.

— É uma história riquíssima. E quando se está vivendo nas comunidades indígenas a gente tem noção de estar no maior espaço cultural do planeta. Cada povo tem uma história, uma vivência, uma experiência, uma língua, uma origem. E tudo isso é muito dinâmico. Em todos esses anos que passei indo à Amazônia, descobri que o maior grupo de riqueza cultural, o maior grupo de experiências de vida que frequentei em todo o planeta, são os povos da Amazônia. O Brasil tem esse privilégio incrível. É o único país que pode conviver com a pré-história da humanidade. Dentro da Amazônia brasileira nós temos em torno de 102 grupos que nunca foram contactados! Os brasileiros tinham que ter consciência disso, que eles têm essa riqueza incrível. Que essas comunidades não são inferiores a nada do que se tem em outras áreas do Brasil, seja em vigor físico, em beleza, em disposição de vida, em cultura, em riqueza de línguas. Temos que transmitir isso para o povo brasileiro. Preservar isso para as gerações futuras do planeta inteiro.

Os povos da Amazônia têm uma história surpreendente. Depois do contato com os colonizadores, foram condenados à extinção. Muitos desapareceram, outros resistem. A arqueologia da Amazônia tem trazido novidades que derrubaram a visão convencional, ou seja, a de que havia poucos habitantes na região e com pouca diversidade. "A Bacia Amazônica era densamente povoada por diferentes povos indígenas no final do século XV, época do início da colonização europeia nas Américas", explica o arqueólogo Eduardo Góes

Neves no livro *Arqueologia da Amazônia*, que já citei aqui. Ao serem comparados os mapas das Terras Indígenas atuais com os sítios arqueológicos, vê-se que a dimensão desses sítios é muito maior do que a área das Terras Indígenas atuais. Ela é ocupada "há mais de 10 mil anos", segundo o autor.

Em outro livro mais recente e mais amplo, *Sob os tempos do equinócio*, Eduardo Góes Neves aprofunda o tema analisando o resultado das várias pesquisas que vêm sendo feitas sobre o que aconteceu na Amazônia desde o Holoceno, há 10 mil anos, até o início da colonização europeia. Ele avisa que a História Antiga dos povos indígenas "é riquíssima, interessante e relevante para o entendimento do lugar que o Brasil ocupa hoje no planeta". Ele explica também que é errada a ideia de que a arqueologia estuda o passado. Sustenta que ela estuda o presente, os sítios arqueológicos e os outros sinais que viajaram no tempo até nós. "O passado é um país estrangeiro, um território estranho, ao qual jamais poderemos retornar." É ao presente que a arqueologia informa.

Povos muito mais antigos e que foram muito mais numerosos do que se imagina habitavam as terras hoje conhecidas como brasileiras. As muitas evidências atuais comprovam que o lema da ditadura militar de que a Amazônia era uma "terra sem gente" foi apenas mais um erro de avaliação da realidade brasileira cometido pelo governo militar, cujas ideias foram revividas no começo da segunda década do século XXI, com Jair Bolsonaro.

O Censo de 2022 trouxe a informação de que os indígenas brasileiros são 1.652.876, estando a maioria na Amazônia. Em 2010 haviam sido recenseados 860 mil. Não foi fácil chegar ao número atual de indígenas. No final do governo Bolsonaro, em 3 de dezembro de 2022, um sábado, fiquei sabendo, e publiquei no meu blog, que o IBGE corria o risco de não recensear metade dos Yanomami. O Ministério da Saúde tinha se comprometido a ceder horas de voo para que os recenseadores chegassem à área mais alta da Terra Indígena, principalmente Toototobi e Balawau, no Amazonas. Mas depois se recusou a ajudar. Os recenseadores não poderiam ir andando, porque não estavam preparados para tamanho esforço. Na época, a denúncia que ouvi era a de que se tratava de uma forma de tentar esconder a morte em série de indígenas pelas doenças e pelos assassinatos praticados pelos garimpeiros que invadiram a TI.

Essa realidade começou a mudar naquele 21 de janeiro de 2023, quando o presidente Lula foi visitar os Yanomami, depois de o Ministério da Saúde decretar estado de emergência em saúde pública no território deles. Entre os oito ministros que o acompanharam estava a primeira ministra dos Povos

Indígenas, Sonia Guajajara. Foi um desses dias de se ver claramente os dois caminhos da encruzilhada. No governo Bolsonaro, os Yanomami corriam risco de extermínio. No governo Lula, o Estado chegou, os olhos do país viram, o presidente afirmou que tiraria de lá os garimpeiros invasores. Nada seria fácil, mas o país tentaria mudar a rota na encruzilhada da Amazônia.

Sobre o Censo dos Yanomami, houve então uma mobilização de cinco ministérios, coordenados pela ministra Simone Tebet, do Planejamento e Orçamento, para que fosse realizado. Três helicópteros da Polícia Rodoviária Federal levaram 20 recenseadores para a área mais alta da TI, território de difícil acesso.

— Precisamos saber quantos Yanomami nós somos — declarou Simone Tebet na época, numa frase que mostrava uma atitude totalmente diferente daquela do governo anterior.

A contagem final foi de 27.144 Yanomami.

Um mês depois de iniciada a operação de socorro na TI, numa quinta-feira, 23 de fevereiro, o Ministério da Justiça e o Ministério da Defesa se reuniram em Brasília para avaliar a situação. Concluíram que o pior havia sido enfrentado e superado. Flávio Dino, da Justiça, disse que o número de garimpeiros na região tinha caído dos "milhares para centenas". A Força Aérea, que fechara o espaço aéreo num primeiro momento, suspendeu esse controle e deu um prazo estranhamente longo para que os garimpeiros fugissem. A reabertura duraria até 6 de maio. Nessa reunião, Dino conseguiu antecipar o prazo para 6 de abril.

Naquela mesma noite em que autoridades em Brasília davam o ambiente por controlado, garimpeiros chegaram atirando na base do posto de operação do governo no rio Uraricoera, onde um garimpeiro foi ferido, mas conseguiram passar. Dias depois, em 28 de fevereiro, falei com um agente do Ibama no local e ele descreveu um quadro diferente.

— Essa informação de que está tudo controlado não procede. Domingo fomos nos Waikas — me disse o agente, em alusão a um subgrupo dos Yanomami — e tudo estava funcionando normalmente. Vimos avião pousando no Porto de Óleo, os garimpos estão todos funcionando e a suspensão do bloqueio aéreo tem favorecido a logística deles. Os aviões e os helicópteros dos garimpeiros estão funcionando sem restrições.

Apurei também que as Forças Armadas não estavam dando cobertura — o Ibama havia pedido aos militares combustível para as suas aeronaves, mas não havia recebido.

— Na prática, quem está atuando é só o Ibama — continuou o servidor do órgão ambiental. — Estou com receio de o governo dar a situação

Yanomami como resolvida e ir para outra Terra Indígena. Aqui só estamos no início do combate. Temos que acabar com todas as frentes do garimpo, destruir as pistas de pouso, que ficam dentro do território. E para isso precisamos do apoio dos militares, que até agora foi bem pontual e insignificante. Está bem puxado e vai demorar para resolver a situação.

A luta seria difícil dia após dia. O crime ficara muito mais forte e havia emergências em várias áreas da Amazônia ao mesmo tempo. Mas uma coisa aquela situação que minha fonte me descrevera ajudava a entender: as Forças Armadas davam sinais seguidos de ambiguidade. A decisão do governo Lula de convocá-las para atuar, mas "desmilitarizar" o combate ao crime ambiental, deixando o Ibama no comando, provocava aquela cena da qual fui informada no contato com os agentes na TI. O apoio das Forças Armadas era "pontual" e "insignificante".

O mensageiro do *Vale*

— Quantas línguas você fala, Beto?

Estava conversando com Beto Marubo no Centro do Rio de Janeiro, e ele, horas depois, estaria no palco do Museu do Amanhã, na Praça Mauá, na inauguração da exposição *Amazônia*, de Sebastião Salgado. Era o dia 21 de julho de 2022.

— Eu falo marubo, matis, kanamari, português, mayoruna. O tronco comum na região do Vale do Javari, no Amazonas, indo para o Acre, é o pano. O korubo é pano, o kulina é pano, os matis e o mayoruna — também conhecidos como matsés — são pano e o marubo também. São sete povos. As línguas pano são parecidas, então, eu falando duas frases os Korubo entendem pelo menos uma. Com exceção dos Kanamari, que não são de lá. O tronco deles é katukina, da região do Juruá, no Acre. Os da língua katukina foram parar no Javari porque foram levados na época da borracha para trabalhar na seringa, ficaram no Javari e agora existem gerações que são do Javari mesmo. Os Tsohom-Dyapá são do mesmo tronco linguístico dos Kanamari. Trabalhando na Funai fui aprendendo as línguas.

O arqueólogo Eduardo Góes Neves faz uma comparação reveladora em seus livros. Na Europa só existe uma família linguística, a indo-europeia, que reúne quase todos os idiomas, mesmo que pareçam distantes entre si, como o português e o alemão. As exceções são o basco, o finlandês, o estoniano e o húngaro. Segundo Neves, "na Bacia Amazônica, por sua vez, são faladas línguas de pelo menos quatro grandes famílias distintas — tupi-guarani, arawak, carib e gê".

Ao longo de duas horas dessa entrevista com Beto Marubo para este livro, eu aprenderia que nada é simples no Vale do Javari, onde existe a maior população do mundo de indígenas que se mantêm em isolamento voluntário. Havia feito um programa com o Beto e a deputada Joênia Wapichana, já na presidência da Funai, em setembro de 2021, e uma coisa que chamou minha atenção foi dizer que os líderes Marubo tinham decidido que as pessoas de seu povo seriam os comunicadores dentro do Vale e do Vale com os não indígenas. Por isso comecei assim a conversa.

— Tem outros povos isolados ou são grupos isolados desses mesmos povos?

— Tem subgrupos dos Korubo, mas tem povos sobre os quais a gente não tem muita informação. Está aparecendo um povo na minha família e eles têm cabelo grande.

— Sua família? Me explica isso.

— Eu sou da família Marubo, do Ituí. Esse povo de cabelo comprido não é povo que nós conhecemos. Nunca tinha tido contato antes. Eles estão acessando a nossa aldeia para levar machado, enxada e outras ferramentas e, às vezes, com tentativa de rapto de mulheres. Eles não conhecem essas ferramentas industrializadas e querem levar para fazer suas roças.

Quanto mais ele falava, mais denso ficava o mundo no qual ele nasceu e representa, em Brasília e no planeta. No final de 2022, ele participou da COP15 da Biodiversidade, em Montreal, no Canadá, integrando mesas com pessoas de outros países sobre os indígenas isolados, que é a sua especialidade. Ele a desenvolveu vivendo onde nasceu, interagindo com os povos do Javari e trabalhando na Funai por muitos anos, inclusive como chefe do Departamento de Povos Indígenas Isolados. Beto nasceu na aldeia Maronal, no Amazonas.

— A aldeia Maronal foi feita por causa do contato. Os Marubo habitavam o Alto Rio Curuçá e o rio Ituí. A Funai apareceu lá na década de 1970 e convenceu os parentes a ir para um rio maior do que aqueles afluentes, porque os barcos grandes da Funai não acessavam os rios pequenos e os igarapés. Eles convenceram os Marubo a ocupar terras próximas dos rios mais largos. A Maronal foi criada na sequência. A Funai montou um posto e os Marubo fizeram a aldeia ao redor do posto.

— Então o contato com os Marubo foi nos anos 1970?

— Os Marubo tiveram contatos distintos. Por volta de 1910, tiveram contato com os caucheiros, invasores peruanos que vinham tirar o caucho para fazer borracha. Nesse período houve conflito com os peruanos. Posteriormente, tiveram contato com os seringueiros. Os dois contatos foram traumáticos. Houve mortes por doença. Nesse período, a malária entrou na região e eles se recolheram na cabeceira dos rios. Aí os parentes se isolaram. Em 1960, apareceu um grupo de Marubo nas margens do rio Juruá e aquilo chamou muito a atenção. Eram, na visão de quem viu, pessoas altas e não usavam roupa alguma. O pessoal da New Tribes [*controverso grupo evangélico americano*] fez o caminho para contactar esse grupo. Depois a Funai foi fazer o último contato.

Beto nasceu em 1976 nessa aldeia já próxima da Funai, mas erra quem pensa que o seu português perfeito, sem qualquer sotaque, foi aprendido na infância.

— Eu tinha perto de 17 anos quando aprendi português. Os Marubo entenderam que se eles não aprendessem português eles não iriam dominar a relação com os brancos. Eles não conseguiam se comunicar direito com a Funai. Na época existiam trocas comerciais tendo a seringa como o principal produto, mas eles achavam que estavam sendo roubados. Produziam muito e não tinham algo concreto. Então eles escolheram quatro indígenas para ir para a cidade aprender português. Fomos eu e o Eliésio, meu irmão. Foi também o Manoel Xuripa e a Amélia, irmã dele. Ela não quis ficar e voltou para a aldeia. Manoel foi convocado para servir no Exército, depois voltou para a aldeia. Eu e o Eliésio continuamos estudando.

Quando eles foram estudar português por decisão das lideranças indígenas, muitas missões religiosas estavam na região. Os líderes escolheram enviar o grupo de jovens para estudar numa missão católica baseada em Cruzeiro do Sul, no Acre.

— Fomos levados para essa base católica, meus colegas de sala eram padres italianos e alemães que vinham atuar na Amazônia.

Como esse curso não era aceito como estudo regular pelo Ministério da Educação, os dois depois tiveram de fazer os cursos intensivos do Fundamental e do Ensino Médio. Beto e Eliésio são competentes representantes dos povos do Javari. Uma região que agora tem que lutar contra quadrilhas de pesca e caça ilegais com conexão com outros crimes ambientais e o tráfico internacional de drogas. Eliésio, hoje advogado e coordenador jurídico da Univaja, foi fundamental para a descoberta dos corpos de

Dom e Bruno, tanto que passou a ser ameaçado pelos grupos criminosos. Nas conversas com lideranças indígenas se aprende muito.

Quando lutam pelo território contra invasores, sejam eles garimpeiros, madeireiros, grileiros, caçadores ou pescadores ilegais, os indígenas estão, na verdade, defendendo o Brasil como um todo. A história de cada povo é um manancial de riqueza cultural e de fatos desconhecidos da maioria dos brasileiros. Se o Brasil quiser recuperar a soberania sobre a Amazônia, é preciso sobretudo ouvi-los. O perigo vem das redes de crime organizado e de brasileiros que estão nas elites política e econômica tirando sua riqueza e seu poder do crime ambiental.

Quando se fala em garimpeiro, não se trata de um homem solitário, com sua picareta e sua bateia, trata-se de uma indústria que movimenta capitais e alimenta a indústria de equipamentos caros, como as dragas e as pás-carregadeiras. Cada crime que assola a Amazônia hoje faz parte de uma indústria ilegal que vem destruindo o patrimônio nacional. Os indígenas estão na linha de frente de contato com o crime, sob ameaça de cooptação ou morte. Contudo, não duvidemos: o risco é nacional. A luta contra o crime exigirá uma forte decisão do governo federal. Não poderá ser só da Funai, só do Ministério do Meio Ambiente. Se o Brasil quiser preservar a Amazônia, a luta terá que ser do Estado brasileiro, e isso passa por proteger os indígenas.

O Vale do Javari é a segunda maior Terra Indígena do Brasil. Ela foi demarcada na década de 1990. Em parte, é fruto da Rio-92. O governo alemão já vinha se oferecendo, desde 1990, para ajudar no financiamento da proteção ambiental. Na Cúpula da Terra, comprometeu-se a liberar recursos para ajudar na demarcação das Terras Indígenas. E o fez através do Programa das Nações Unidas para o Desenvolvimento, o Pnud. Mas como estava demorando muito a demarcação, as primeiras lideranças do Vale, da geração anterior à de Beto, viajaram para a Alemanha a fim de falar com o chanceler Helmut Kohl, e a Inglaterra, para falar com o então primeiro-ministro, John Major. Tudo isso Beto me contou naquela entrevista. A homologação da demarcação da TI Vale do Javari só seria consumada na gestão de Fernando Henrique Cardoso, em maio de 2001.

Na época da demarcação, Beto participou do processo como um dos representantes dos indígenas e acabou indo trabalhar na Funai, de onde só saiu em 2017.

— Inicialmente eu trabalhava na Funai de Atalaia do Norte. Quando terminou a demarcação, conheci o Sydney Possuelo, que me convocou para trabalhar no Departamento de Povos Indígenas Isolados. Ele me mandou para a frente de proteção Madeirinha, no norte de Mato Grosso, onde tem os isolados Kawahira. De lá, fui com o [*indigenista*] Apoena Meirelles para Rondônia, depois do conflito dos Cinta Larga com os garimpeiros. Houve, então, uma reunião em que os líderes dos povos de lá pediram ao presidente da Funai que eu não me afastasse do Vale. Fiquei no Javari até 2017. Nesse período convivi muito com o Bruno Pereira. Ele era chefe da Coordenação Regional de Atalaia do Norte e eu assumi a Frente de Proteção do Vale do Javari.

Houve um processo de formação de líderes indígenas que falam por seus povos, comandam associações. Antes eles se comunicavam por meio dos que se aproximavam deles. Eu quis entender como se deu essa transição. Beto acha que tudo começou a mudar com Chico Mendes, que fez, na década de 1980, uma grande reunião com lideranças indígenas no Acre. A partir daí, eles se entenderam como movimento social e começaram, então, as primeiras conquistas.

A Constituição de 1988 foi, segundo diversas lideranças e especialistas que ouvi, o grande divisor de águas. O capítulo 231 dos Direitos dos Indígenas foi conquista de muitas lideranças. A imagem que ficou foi a de Ailton Krenak, indígena do Vale do Rio Doce, então com 34 anos, pintando o rosto de preto no plenário do Congresso enquanto fazia um discurso eloquente sobre a necessidade urgente de proteção dos povos indígenas. A cena capturou a atenção do Brasil. Hoje Ailton Krenak é filósofo, ambientalista, escritor e poeta conhecido no Brasil e no mundo. Seus livros são pérolas de saberes ancestrais que nos ensinam a buscar a conciliação com a natureza para adiar o fim do mundo.

No governo Fernando Henrique, surgiu a ideia de delegar aos indígenas a gestão de recursos da saúde indígena junto com a Fundação Nacional de Saúde (Funasa), e isso gerou atribulações para eles mesmos. Eles não estavam capacitados para coisas como entender a Lei nº 8.666, que faz o ordenamento das compras governamentais. E tiveram que enfrentar problemas com o Tribunal de Contas da União e outros órgãos de fiscalização por compras feitas sem licitação. No Vale do Javari, isso provocou um trauma. O Conselho Indígena do Vale do Javari (Civaja) foi fechado. E começou um movimento novo, com a criação da Univaja.

Nas administrações Lula muitas lideranças foram trabalhar em órgãos públicos, e isso, de certa forma, enfraqueceu o movimento em si. Beto, a essa altura, já trabalhava na Funai havia muito tempo.

— Houve uma assembleia na mata em que as lideranças mais velhas, todas elas de lá, Marubo, Mayoruna, Matis, Kanamari e Kulina, disseram: "Beto, você vai nos representar em Brasília e vai procurar parceiros."

Eles deram tarefa também a Eliésio. Ele teria que conhecer todas as leis e entender todo o processo dos recursos que tiveram que gerir. Queriam descobrir exatamente onde havia ocorrido o erro.

No *Vale*, *a* sombra da *morte*

Em 2022, no Dia do Meio Ambiente, 5 de junho, o Vale do Javari foi notícia no mundo inteiro. O indigenista Bruno Pereira e o jornalista britânico Dom Phillips desapareceram quando Bruno guiava Dom numa reportagem e na coleta de informações para um livro. Foram vários dias de busca. Os jornalistas acionavam suas fontes para tentar descobrir o que poderia ter acontecido. Duas fontes minhas me disseram, logo após o desaparecimento, que todos os indícios eram de que eles já estavam mortos e de que o crime havia sido executado por uma quadrilha de pesca ilegal que vinha ameaçando Bruno e lideranças indígenas do Javari. No dia 15 de junho, com a ajuda dos indígenas, que sabem como seguir pistas no meio daquela rede múltipla de igapós no rio, os restos mortais de ambos foram encontrados pela Polícia Federal.

A história tinha detalhes dramáticos. Bruno era um funcionário exemplar da Funai, dedicado à missão do órgão de defender povos indígenas. Foi perseguido internamente por chefes nomeados por Bolsonaro após ter comandado operações bem-sucedidas contra o garimpo na região. Acabou exonerado do cargo pelo então presidente da Funai, Marcelo Xavier, e, sem condições de trabalhar, teve que pedir licença da fundação. Bruno foi então para o Vale do Javari, que conhecia muito bem, para trabalhar diretamente com os indígenas.

Eu quis escrever na minha coluna do *Globo* uma espécie de perfil de Bruno, de como ele era no cotidiano. Procurava um fato, uma história que iluminasse a maneira como ele atuava no Vale. Um juiz que conheço me indicou a juíza Bárbara Folhadela, que havia feito um trabalho com ele. A entrevista com ela me ajudou a descrever como Bruno era empenhado na causa indígena. Os fatos que ela narrou aconteceram em 2014. Com base nessa conversa com Bárbara publiquei uma coluna no dia 19 de junho de 2022 com o título "Bruno e a saga do voto indígena".

A juíza me enviou uma foto em que aparecia com ele. Na imagem, havia um helicóptero Black Hawk do Exército, ao fundo. À frente da aeronave, estavam a juíza e a procuradora eleitorais de Atalaia do Norte, militares, alguns servidores, um líder indígena e, um pouco atrás dele, o indigenista Bruno Pereira. Em primeiro plano, caixas com urnas eletrônicas e a inscrição "Justiça Eleitoral". Era a época da eleição de 2014 e eles estavam, naquela foto, registrando um feito. Pela primeira vez haveria seções eleitorais dentro da Terra Indígena Vale do Javari. Para isso haviam trabalhado duro a juíza Bárbara Folhadela, Bruno Pereira e lideranças indígenas. O Exército entrou na parte decisiva. De helicóptero, os militares levaram as urnas às aldeias mais distantes. Para as outras, as urnas foram de barco.

Fiquei pensando que poucos anos nos separavam daquela foto, tirada no Aeroporto de Tabatinga em 2014. Contudo, naquele momento em que a recebia, junho de 2022, o então presidente da República, Jair Bolsonaro, atacava as urnas eletrônicas e a Justiça Eleitoral. Militares em posição de poder demonstravam apoiar o presidente em seu delírio golpista. À frente da Funai, Marcelo Xavier era investigado por dar cobertura a criminosos ambientais. Indígenas do Vale estavam sob a mira de bandidos e Bruno estava morto. Aquele Brasil que unia Justiça Eleitoral, militares, urnas eletrônicas, indígenas e Funai parecia muito distante.

— Eu realizei eleições na região em 2008 e 2010 — me contou Bárbara. — Os indígenas tinham que se deslocar até Atalaia do Norte. Faziam questão de participar do processo democrático, um pleito deles. Para chegar, amarravam uma canoa à outra e iam pela correnteza do rio. Levavam comida que haviam plantado, macaxeira, pupunha. Depois não tinham como retornar, esperavam conseguir combustível para isso. Apareciam políticos que diziam "vota em mim, que dou o combustível". Eu sempre encontrava uma forma de ajudá-los a retornar. Gastavam uns 15 dias nesse esforço de votar e voltar. Em 2012, eu estava de licença e aconteceu uma tragédia.

Os terríveis fatos de 2012 virariam notícia. Após votarem, os indígenas iniciaram a luta do retorno, mas não foi fácil conseguir ajuda. Os pais haviam levado crianças com eles. Ficaram todos no Porto de Atalaia do Norte. As crianças tomaram banho nas águas sujas do porto, beberam aquela água. Contraíram infecções. Cinco morreram.

— Quando reassumi, após o fim da minha licença, o pleito dos indígenas para participar do processo eleitoral era forte. O sacrifício das crianças aumentou a exigência de exercer a cidadania nas aldeias. Foi quando tive muitas reuniões com o Bruno. Foram dois anos de trabalho árduo. Ele fazia questão de levar as lideranças indígenas para as reuniões do plano estratégico de instalação das seções nas aldeias.

Tudo era remoto e difícil. Cada detalhe tinha que ser pensado. Bruno ia relatando para a Justiça Eleitoral como tornar possível o sonho dos indígenas. Informou sobre as etnias, seus modos e costumes, a geografia da região, a melhor forma de acessar o Vale. Mostrava tanta intimidade com tudo que guiou a Justiça Eleitoral naquele delicado trabalho para a ampliação do direito ao voto.

— Ele disse que teríamos que usar as calhas dos rios. Mostrou as aldeias em posição estratégica, as que tinham mais estrutura para serem as sedes das seções. Sabia qual etnia conflitava com outra, a melhor escolha dos mesários. Os presidentes das mesas seriam os professores das aldeias. Sem ele eu não teria sabido fazer tudo isso.

Bárbara acumulou as funções de juíza de Atalaia do Norte e juíza eleitoral de 2007 a 2015. Nesse período, houve situações delicadas que Bruno ajudou a resolver.

— Aconteceu uma vez um fato difícil. Chegou de outra comarca uma precatória para devolver uma criança indígena que havia sido levada pelo pai para a aldeia sem autorização da mãe. Ela, também indígena, morava na cidade. A aldeia era de difícil acesso. Bruno foi lá, ficou dias na aldeia e convenceu o pai a deixar a criança voltar. Eles respeitavam muito a autoridade do Bruno.

Na época, Bruno ainda era coordenador da Funai no Vale do Javari, função que exerceu por quase dez anos.

— Ele era o elo da Justiça com os indígenas. Em todas as situações. Temos antropólogos, mas só ele sabia. Era incrível ver o respeito por ele por parte dos indígenas e como ele os respeitava. Hoje ouço que ele estava numa aventura. Não é verdade. Eu preciso testemunhar que a trajetória dele foi muito maior do que a gente imagina. Bruno não pode ser esquecido nem a imagem dele pode ser maculada — disse Bárbara, que naquele momento em que me deu a entrevista era juíza em Manaus.

A saga do voto indígena terminou bem. Na eleição de 2014, os indígenas votaram nas seis seções instaladas no Vale. Hoje, são sete. Em 2016, elegeram o primeiro representante indígena para a Câmara de Vereadores de Atalaia do Norte. No dia 11 de agosto de 2022, o Cartório Eleitoral da 42ª Zona Eleitoral ganhou oficialmente o nome de Bruno Pereira. A juíza Bárbara Folhadela compareceu à cerimônia e me mandou fotos e gravações. No instante mais emocionante da homenagem, um indígena Kanamari entoou o mesmo canto que Bruno cantava em um vídeo que viralizou após a sua morte.

O assassinato de Dom e Bruno foi uma tragédia que comoveu o país e repercutiu no mundo. Dom, um jornalista admirável, Bruno, um servidor público exemplar. Os dois estavam trabalhando com o objetivo de trazer para o país uma informação da qual todos precisavam: a dimensão do domínio do crime no Vale do Javari. Eles foram heróis. A investigação em torno do assassinato de ambos só avançou com a ajuda dos indígenas, essenciais para que pudessem ser encontrados os corpos e as pistas. Esses indígenas se expuseram e correram riscos dando informações. Mas aquele governo tentou apagar os esforços feitos por eles e, numa entrevista em 17 de junho de 2022, a Polícia Federal divulgou uma nota em que dizia que não havia mandante naquele crime nem envolvimento de organização criminosa. O que a PF tentava era afastar a principal linha de investigação.

A Univaja fez outra nota, rebatendo a da PF e informando que, desde 2021, a equipe de vigilância dos indígenas vinha denunciando, à Polícia Federal, à Guarda Nacional e à Funai, o avanço das quadrilhas. Foram desconsiderados. Depois do duplo assassinato, o governo ainda tentou subestimar os riscos, dizendo que os executores presos, Amarildo Oliveira, conhecido como "Pelado", seu irmão Oseney, além de Jefferson da Silva Lima, eram os únicos responsáveis. O traficante Rubén Dario da Silva Villar, conhecido como "Colômbia", tinha sido preso e depois solto, após pagar R$ 15 mil de fiança. A soltura de "Colômbia" aumentava os riscos dos indígenas que haviam colaborado com a Polícia para localizá-lo. Depois, ele foi novamente preso por descumprir as condições que lhe foram impostas. No dia 23 de janeiro de 2023, já no governo Lula, a Polícia Federal anunciaria que ele fora o mandante.

No dia 19 de maio de 2023, a PF indiciou por homicídio de Dom e Bruno o ex-presidente Marcelo Xavier, por entender que Xavier poderia ter agido para impedir a tragédia. Os servidores da Funai várias vezes alertaram para o problema e a gestão de Xavier não fez nada e expôs a riscos os funcionários. Com Bruno, porém, fez pior, quando tornou inviável sua permanência na Funai. Homicídio com dolo eventual, registrou a PF em seu indiciamento. Também foi indiciado o ex-coordenador-geral de Monitoramento da Funai, Alcir Teixeira. Ambos delegados da PF, ou seja, não eram dos quadros de carreira da Funai.

Em áudio ao jornalista Matheus Leitão, da revista *Veja*, Bruno havia dito que o então presidente da Funai era ligado aos ruralistas e colocara em seu lugar, por indicação da bancada evangélica, um missionário do grupo fundamentalista New Tribes, Ricardo Lopes Dias, com o objetivo de suspender a política de não contato com os indígenas isolados. Ou seja, aquela gestão ameaçava também a vida dos próprios indígenas. Nos meses finais do governo Bolsonaro, vários episódios mostravam que a quadrilha andava solta pelo Vale do Javari e ameaçando testemunhas. Era a lógica da impunidade que impera na Amazônia e exigirá muito trabalho governamental para ser vencida. Todo o esclarecimento sobre aqueles eventos viria depois. O governo Lula nomearia para o cargo de diretora do Departamento de Proteção Territorial de Povos Indígenas Isolados e de Recente Contato do Ministério dos Povos Indígenas a antropóloga Beatriz Matos, grande conhecedora do tema, com 20 anos de experiência de trabalho com indígenas e servidora do órgão. Ela era viúva de Bruno e teve com ele dois filhos, naquela época com 3 e 2 anos.

Na segunda-feira 27 de fevereiro, Beatriz voltou ao Vale no qual trabalhava desde 2004, onde havia conhecido o colega e indigenista Bruno Pereira. Foi, dessa vez, como parte dos braços do Estado brasileiro. Era o Brasil avisando que o crime teria que recuar. Junto com ela foram a ministra Sonia Guajajara, dos Povos Indígenas, as Forças Armadas e representantes de diversos ministérios.

— Continuo o trabalho dele — avisou Beatriz.

Ali no Vale, onde ela iniciara pesquisas com vários povos, onde entendera a profunda diversidade do Brasil, ela sentia Bruno em todo o vigor da natureza.

— Agora que os espíritos do Bruno estão passeando na floresta e espalhados na gente, nossa força é muito maior.

Os amigos de Bruno, indigenistas e indígenas, continuaram as buscas mesmo depois de encontrados os corpos. Queriam indícios que levassem a todos os criminosos, queriam recuperar os pertences dos dois. Os jornalistas Sônia Bridi e Paulo Zero, com uma equipe da Globoplay, acompanharam as buscas. Ficaram 100 dias no Vale e prepararam o documentário *O Vale dos Isolados — O assassinato de Bruno e Dom*. Quando se completou um ano do duplo assassinato, a Polícia Federal indiciou o "Colômbia" e outro suspeito, Jânio de Freitas de Souza, que aparece numa foto com Dom no dia da morte do jornalista. Essa imagem, segundo a Polícia Federal, foi recuperada em um disco de memória de propriedade de Dom Phillips, encontrado nas buscas "nas proximidades da área investigada".

A imagem dos dois caminhos ficou nítida nessa história, ao mesmo tempo trágica e de heroísmo. Quando eles foram assassinados, os então presidente e vice-presidente da República fizeram declarações desprezíveis que minimizaram o crime e responsabilizaram as vítimas. Um ano depois, Beatriz Matos e Alessandra Sampaio, viúva de Dom, estavam na primeira fila de uma cerimônia no Palácio do Planalto em homenagem a eles e ao Dia do Meio Ambiente. Os abraços, as palavras, as músicas, a presença de indígenas, tudo marcava um outro caminho, uma chance.

Entrevistei Beatriz dois dias depois dessa cerimônia no próprio Palácio. Perguntei o que ela sentia ao voltar ao Vale do Javari, o que deveria ter de fazer várias vezes, dada a natureza do cargo que assumira. O mesmo Vale onde fizera a sua tese de doutorado, onde se apaixonara por Bruno e onde ele foi tragicamente assassinado.

— Nem sei nem explicar o que sinto. Posso dizer que o trabalho no Javari sempre foi muito intenso, tem essa diversidade de povos, a exuberância total da floresta, muitos povos com muitos conhecimentos diferentes entre si. Essa paixão pelo lugar foi o que nos uniu, o Bruno e eu, em horas e horas falando sobre temas que nós dois amávamos. Ir lá com a ministra Sonia, a primeira mulher indígena ministra no país, foi um misto de "que pena que ele não está aqui para ver isso" e "que conquista do movimento indigenista". São muitos sentimentos contraditórios. É um misto de tristeza profunda com esperança. A gente tinha o sonho de viver com os meninos ali.

Eu quis saber como ela encontrara forças para assumir aquele cargo e estar na luta coletiva quando tinha uma dor pessoal tão grande.

— Uma coisa está ligada à outra. Acho que só por isso consigo aguentar a dor, porque é o que dá força e sentido. A força vem de estar conectada com algo, com essa luta, que é também algo muito anterior ao que aconteceu. Para mim, para o Bruno, o Vale marca as nossas vidas, o nosso casamento, o modo como criamos nossos filhos. Ele era muito aguerrido, e acredito que a questão de seguir em frente e estar na briga é muito revigorante. Esse movimento de estar na luta me impede de cair. Quanto mais estou no movimento, mais força tenho. Para os colegas de trabalho, os amigos, os indígenas do Javari, todo mundo que o conheceu sabe que essa é a melhor forma de manter Bruno presente entre nós. É a história dele, a memória dele, então acho que é isso que me dá força.

Nessa entrevista, Beatriz Matos explicou como a floresta é fruto do trabalho dos povos originários, pela maneira como sempre a manejaram. Mesmo os povos isolados participam dessa construção coletiva, de manter viva a floresta em sua diversidade.

— Algo maravilhoso que os indígenas fazem, e que nos permite hoje ter a floresta amazônica, é o uso da terra com um sistema de rodízio de roças. Usa-se um pedaço da terra para fazer roça, abre-se outra e depois abre-se outra, e quando se volta, 20 anos ou 30 anos depois, aquele lugar naturalmente está totalmente recuperado. É o manejo natural.

A simbiose que os indígenas explicam haver entre a vida humana e toda a vida ao redor é descrita assim pelo arqueólogo Eduardo Góes Neves: "O mundo da natureza para as populações indígenas da Amazônia representa não somente um grande estoque de recursos materiais a ser utilizado de diferentes formas — para alimentação, construção de habitações, transportes, divertimento —, mas também uma verdadeira biblioteca de referências, a partir da qual indivíduos e sociedades constroem narrativas sobre si mesmos e seus papéis no universo."

Perguntei a Beatriz que sonhos tinha para o futuro, que Brasil ela quer que seus filhos encontrem quando chegarem à idade adulta, e ela respondeu:

— Sonho com um Brasil que veja, que enxergue a riqueza que tem, no sentido da diversidade desses povos. Começamos a dar um passinho ao constituir o Ministério dos Povos Indígenas. Termos lideranças indígenas no centro de poder do governo brasileiro é um passo nesse sonho. Que a gente simplesmente possa conviver, ouvir, entender, porque esse conhecimento é maravilhoso. Tive oportunidade de trabalhar com povos indígenas, de conviver, e queria que todos tivessem essa oportunidade, que meus filhos tivessem a oportunidade. Esse modo de vida que permite que a biodiversidade brasileira exista. São conhecimentos, poéticas, arte, sabedoria, que acho que todo brasileiro deveria conhecer, que deveriam ser ensinados nas escolas. Sonho com um lugar em que cada vez mais o Brasil escute essa sabedoria indígena.

No Vale do Javari, nos olhos do fotógrafo, na dor e no sonho da antropóloga, no relato dos líderes, na explicação dos estudiosos, sempre que qualquer pessoa tenta entender esse vasto universo indígena, o que fica claro é que nós somos porque eles são. O Brasil é um dos países com maior sociodiversidade do mundo, é nação de muitos idiomas e múltiplas etnias — isso que Álvaro Tukano definiu com a frase "nós colorimos o Brasil". Não importa se a estatística nos diz, em percentuais, que os indígenas são uma pequena minoria dentro da população brasileira. Nossa identidade nacional só se completa se incluirmos os primeiros povos. Não apartados de nós, não integrados a nós por rendição e derrota, mas como parte de nós, porque essa é a única forma correta de entender a nação brasileira. O Brasil tem muitos povos. Compreender isso nos pacifica com a nossa própria natureza.

A *luta pela* lei nas *sete terras*

O ministro Luís Roberto Barroso, na época presidente do Tribunal Superior Eleitoral, decidiu fazer mais uma tentativa. Telefonou para o ministro-chefe da Advocacia-Geral da União (AGU), André Mendonça, do governo Bolsonaro e disse:

— André, vamos ter que denunciar o governo por absoluto descaso com os indígenas, uma política indiferente ao extermínio.

André Mendonça, que depois viraria ministro do Supremo, prometeu fazer algo. Marcou-se, então, uma reunião de Barroso com o ministro da Defesa, general Braga Netto, e André Mendonça, que foram juntos para o TSE.

— General, a gente precisa do apoio das Forças Armadas para as barreiras sanitárias. Para a desintrusão ainda mais, porque são 20 mil garimpeiros só na Terra Yanomami — disse Barroso.

— Retirar essas pessoas de lá e em plena pandemia vai ser uma carnificina — respondeu o general, que depois viria a ser candidato a vice na campanha fracassada de reeleição de Bolsonaro. — Vou adotar a estratégia do sufocamento. Cercar o perímetro e impedir a chegada dos equipamentos, provocar o desabastecimento, e essas pessoas vão se dispersar.

A proposta pareceu razoável. Só que nada aconteceu. Simplesmente nada. O problema é que essa promessa vazia vinha após várias tentativas de fazer o governo governar. O ministro Barroso havia baixado diversas determinações, como relator de duas Arguições de Descumprimento de Preceito Fundamental — as ADPFs nº 708 e nº 709: que fosse criada uma "sala de situação" sobre o problema dos indígenas na pandemia; que o governo estabelecesse barreiras sanitárias contra a covid-19 nas Terras Indígenas onde houvesse povos isolados e de recente contato; e que fosse elaborado um plano para isso. Eram 40 terras. Determinava também que se começasse imediatamente a retirada de invasores de sete terras em que a presença de criminosos aumentara muito.

O primeiro plano das barreiras sanitárias que chegou ao STF foi definido como "embromation" por quem o analisou. O segundo continuou fraco, o terceiro também, o quarto era ruim, mas foi aceito parcialmente. Só que o governo não mostrava empenho em cumprir plano algum. Depois piorou um pouco mais. Essa é uma história que, em seus pormenores, mostra indícios de crime por parte do governo Bolsonaro. Ele foi omisso na proteção dos povos indígenas em meio a uma pandemia. Aliás, foi mais do que isso. O governo foi ativo em atos de sabotagem nas ações do próprio Estado. E descumpriu ordem judicial.

A ADPF nº 708, conforme já mencionamos, tratava do fato de o governo ter suspendido a execução do Fundo Nacional sobre Mudança do Clima. A ADPF nº 709, proposta pela Articulação dos Povos Indígenas do Brasil (Apib), pedia ações de proteção contra a covid onde havia indígenas isolados ou de recente contato. Pedia, ainda, a retirada dos invasores de sete Terras Indígenas onde a situação era considerada mais crítica: Yanomami, em Roraima; Munduruku, Kayapó e Trincheira-Bacajá, no Pará; Uru-Eu-Wau-Wau e Karipuna, em Rondônia; Arariboia, no Maranhão. Julgada pelo ministro Barroso em 8 de julho de 2020, a ADPF nº 709 foi uma ação emblemática, em todos os sentidos. Reveladora pelo esforço que o governo fez para não cumpri-la, mas também admirável pelo que se conseguiu para fortalecer a resistência dos indígenas e dos servidores que encontraram nela um caminho para agir

A primeira luta foi para que se aceitasse a Apib como sendo a autora. A AGU era contra. Usou o argumento de precedentes do STF que limitava a configuração de "entidades de classe" a associações que representam pessoas com a mesma atividade econômica ou profissional. Barroso defendeu a tese de que essa interpretação reduzia o acesso ao tribunal na defesa dos direitos fundamentais e que os indígenas tinham direito a representação. Decidiu que a Apib podia, sim, ser a autora da ação e ganhou em plenário. De qualquer maneira, a Apib era ajudada por vários partidos: PSB, PSOL, PCdoB, Rede Sustentabilidade, PDT. Eles manteriam a ação, mesmo que a Apib não fosse aceita. Quem acompanhou toda a tramitação afirma que a Apib foi essencial em todos os momentos.

Uma sala de situação foi criada por determinação do ministro Barroso para reuniões quinzenais, mas, por decisão do Executivo, sua organização foi entregue ao GSI. Desde o primeiro dia estabeleceu-se uma tensão no ar. Por exigência dos militares, o programa adotado para as reuniões on-line não podia ser nenhum dos vários usados naqueles tempos da pandemia, tinha que ser um exclusivo dos militares. E todos tiveram que baixar o aplicativo em seus computadores. Na primeira reunião nada funcionou, e quando o general Augusto Heleno falou foi para dizer que ali havia uma hierarquia. Que eles mandavam. Ele chegou a interromper uma fala de Sonia Guajajara, representante da Apib, alegando que o que ela estava falando não era "técnico".

O GSI não aceitava, por exemplo, fazer atas das reuniões. Certa vez a advogada Carolina Santana, representante do OPI, que insistia para que houvesse atas, como em qualquer reunião, explicou:

— Se houver atas, tudo ficará mais transparente e mais democrático.

O coronel que comandava a reunião a interrompeu:

— Se a senhora continuar falando em atos antidemocráticos eu vou cortar o seu áudio e a senhora não fala mais.

Foi preciso recorrer à Justiça para que a sala de situação, criada por ordem do Supremo, incluísse atas em suas reuniões. A ideia do ministro Barroso era que as partes conversassem naqueles encontros. No entanto, o ambiente sempre foi tenso pela atitude dos militares do GSI. Tudo piorou quando o general Heleno divulgou um tuíte no qual dizia que Sonia Guajajara cometia crime de lesa-pátria por estar "imputando crimes ambientais ao presidente [*Bolsonaro*]". Houve um dia em que um coronel cortou a fala do líder indígena e advogado Eloi Terena e ele reagiu:

— O senhor me respeite, eu sou o advogado desta ação, o senhor não pode cortar minha palavra.

Ali, os indígenas e seus representantes várias vezes alertaram para a gravidade do que acontecia nas Terras Indígenas. Houve pelo menos quatro reuniões sobre os crimes no território Yanomami. Os militares não queriam ouvir. Estavam convencidos de que naquela sala havia uma hierarquia e que eles mandavam. Os outros que ouvissem. Esse foi o clima durante dois anos na sala de situação. Houve outras tentativas do governo de acabar com a ação, ou, pelo menos, de reduzir seu escopo.

A União propôs que o plano de proteção dos indígenas contra a covid deveria ser apenas para os povos em terras demarcadas. O ministro negou. E com um belo argumento: "É inaceitável a postura da União com relação aos povos indígenas aldeados localizados em Terras Indígenas não homologadas. A identidade de um grupo como povo indígena é, em primeiro lugar, uma questão sujeita ao autorreconhecimento pelos membros do próprio grupo. Ela não depende da homologação do direito à terra. Ao contrário, antecede o reconhecimento de tal direito." E lembrou que o "chefe do Executivo declarou que não demarcaria ou homologaria mais um centímetro de Terra Indígena. Nessas condições, portanto, tais indígenas têm todos os seus direitos negados". Terminava dizendo que "deferia a cautelar" e mandava estender imediatamente o sistema de saúde indígena aos indígenas em terras não homologadas.

Tudo isso se passava quando o Brasil contava a morte de 60 mil brasileiros pela covid-19. Morreriam dez vezes mais até o fim da pandemia.

O Judiciário tentava, naquela ação, proteger os mais vulneráveis de nós. E tinha que esgrimir com o Executivo para fazer valer cada detalhe dos pedidos dos indígenas por proteção. O governo alegou que não era necessário oferecer o serviço de saúde indígena aos indígenas que moravam na cidade. Eles também "constituem povos indígenas", lembrou Barroso. Mas deferiu parcialmente. Decidiu que se eles não tivessem acesso ao Sistema Único de Saúde (SUS), então poderiam recorrer ao subsistema de saúde instituído para os indígenas, a Sesai. Sobre o Plano de Enfrentamento da Covid-19 para os Povos Indígenas Brasileiros, o ministro determinou que ele fosse formulado em 30 dias. E foi aquela sucessão de planos malfeitos e não cumpridos. Por fim, veio o telefonema para André Mendonça, a reunião e a promessa do general Braga Netto de que faria o sufocamento dos invasores.

Os invasores não foram sufocados. Pior, foram ajudados. Houve uma operação sigilosa de desintrusão em territórios indígenas, preparada em minúcias, que o então ministro da Justiça, Anderson Torres, mandou publicar no *Diário Oficial*, com data e local de realização. Ele divulgou informação sigilosa. Os bandidos, claro, sumiram do local e a operação fracassou. Não foi o único fracasso. Houve uma segunda operação na Terra Yanomami para combater diversos crimes que também deveria ser sigilosa. Mas a Coordenação de Operações de Fiscalização (Cofis), do Ibama, mandou a informação para o e-mail de todos os servidores, com data e local da ação. A informação chegou aos criminosos, evidentemente.

Preparou-se uma operação em Jacareacanga, no Pará, de combate aos garimpeiros. Tudo pronto no Ibama, na Polícia Federal, na Funai e na Força Aérea Brasileira. Três dias antes, a FAB disse que não participaria por falta de "dotação orçamentária". Assim, a operação ficou não apenas enfraquecida, como também se derrubou todo o planejamento, e o recuo acabou quebrando o sigilo, com a informação chegando aos garimpeiros. Por outras duas vezes as Forças Armadas recuaram. Em uma delas, alegaram que atuariam apenas com decreto de Garantia da Lei e da Ordem.

Houve outro espantoso momento, em que 29 aviões apreendidos durante operações de combate ao crime foram retirados, não se sabe com ordem de quem, do depósito da PF e, depois, avistados em plena operação na mão de criminosos. Fatos estranhos assim foram se sucedendo, mas houve um caso particularmente perigoso. A falta de controle do tráfego aéreo em Roraima, pelo volume dos voos clandestinos, quase provocou um acidente, porque uma das aeronaves que serviam ao crime por pouco não se chocou com uma aeronave comercial de passageiros.

Esses estarrecedores eventos foram todos registrados no processo que foi enviado, no dia 30 de janeiro de 2023, pelo ministro Barroso à Procuradoria-Geral da República (PGR), ao Ministério Público Militar, ao Ministério da Justiça e Segurança Pública e à Superintendência Regional da Polícia Federal de Roraima, "com vistas à apuração da prática, entre outros, dos crimes em tese: de genocídio, desobediência, quebra de segredo de justiça, bem como de crimes ambientais relacionados à vida, à saúde e à segurança de diversas comunidades indígenas". Segundo Barroso, "os documentos sugerem um quadro de absoluta insegurança dos povos indígenas".

O que mais chamou a atenção de quem acompanhou o julgamento da ADPF nº 709 foi a falta de disponibilidade e até disposição das Forças Armadas para atuar na região no combate ao crime. Essa não é função constitucional das Forças Armadas, mas a atitude daqueles comandantes indicava algo pior — conivência mesmo. Ainda que não sejam forças para atuar em repressão ao crime, a função da qual se orgulham é de defender a soberania nacional. Ali, naquele embate, o que estava acontecendo era mais um capítulo da lenta perda de soberania do Brasil sobre a Amazônia.

Nos últimos anos, as redes criminosas se conectaram. Quem leva ouro traz droga. O crime ambiental — seja grilagem, desmatamento, pesca ilegal — ajuda a capitalizar as redes de tráfico de drogas e de armas. E os bandidos tiveram quatro anos para fortalecer essa união, com o estímulo da certeza da impunidade alimentada pelo comportamento do próprio presidente da República. Nas cidades em que o crime cresce, toda a economia local passa a viver em torno da atividade ilegal. Os restaurantes ficam cheios, os hotéis passam a ter hóspedes, abrem-se lojas para fornecer equipamentos ou insumos usados na prática criminosa, prosperam todos os empreendimentos voltados para esse "mercado". A política também passa a servir à economia do crime. Isso escalou ainda mais quando os grupos políticos locais começaram a ser acolhidos pelo Governo Central.

As Forças Armadas são instituições hierarquizadas que seguem o comandante em chefe. Isso se sabe. Nesses episódios, porém, quando mais de uma vez elas sabotaram operações por desistência de última hora, por falta de empenho, por fingirem fazer o que não fizeram, estavam tomando partido do lado errado da missão constitucional que têm e sempre terão. Barroso deu várias vezes esse alerta, publicamente, e os militares poderiam ter ouvido.

— O Brasil está perdendo a soberania da Amazônia para o crime organizado — disse o ministro.

Alguns órgãos públicos, apesar daquele governo, exerceram seu papel de Estado. A Fiocruz foi um deles. No fim, só houve um plano de enfrentamento da covid-19 para os povos indígenas, graças, basicamente, à Fiocruz. E mesmo nesse clima em que operações sigilosas eram vazadas pelo ministro da Justiça ou pelo chefe de Fiscalização do Ibama, missões foram cumpridas por servidores desse órgão e da Polícia Federal.

Um mês depois de o presidente Lula visitar a Terra Yanomami e ter se iniciado um plano de resgate e proteção da vida dos indígenas, o senador Chico Rodrigues, defensor do garimpo em Terras Indígenas, baixou na TI sem aviso prévio a ninguém e em plena segunda-feira de Carnaval. Chico Rodrigues ficou famoso quando era vice-líder do governo Bolsonaro e foi apanhado carregando dinheiro na cueca. No governo Lula, ele mudou de partido, saiu do União Brasil e foi para o PSB, que havia sido parte da coligação eleitoral vencedora e era o partido do vice-presidente, Geraldo Alckmin. Devido a uma nefasta articulação, Chico Rodrigues acabou virando presidente da Comissão do Senado sobre a situação dos Yanomami. Chegou lá, na TI, sem ter informado sequer às organizações indígenas, que repudiaram a sua presença, e sem ter avisado os colegas da Comissão do Senado. O MPF de Roraima cobrou do gabinete do senador e do Centro de Operações de Emergência (COE), que comandava as ações emergenciais para os Yanomami. O jornalista Rubens Valente, do UOL, foi o primeiro a noticiar aquela visita, que tinha jeito de intrusão. Quando a assessoria do senador foi perguntada sobre o assunto pelo repórter Vinicius Sassine, da *Folha de S.Paulo*, enviou a seguinte resposta:

— Ele não precisa de autorização da Funai nem do COE. Estava com o Exército.

O Exército de fato o recebeu, levou o indesejável senador, defensor de garimpeiros, para sobrevoar a Terra Yanomami e, depois, acompanhou-o à unidade de saúde que concentrava os atendimentos aos pacientes indígenas vítimas do surto de malária e de desnutrição crônica provocada pelo garimpo. Ele foi gentilmente ciceroneado pelo Exército. Nesse caso, não havia nem mais a desculpa de que os militares seguiam ordens do presidente. O comandante em chefe era outro, naquele dia 20 de fevereiro de 2023, e deixara bem claro que estava ao lado dos indígenas e contra o garimpo ilegal.

Lula foi bem explícito em todos os seus discursos de campanha e no que proferiu na COP27, após as eleições. Na reunião com o presidente americano, Joe Biden, e equipes, a questão ambiental e climática foi a que tomou mais tempo. Lula foi mostrando um amadurecimento da compreensão da urgência do tema e da proteção da Amazônia que transbordou para todo o governo. Já começou seus trabalhos com 11 ministérios tendo diretorias ou departamentos dedicados ao assunto. A ida aos Yanomami, logo no primeiro mês de sua terceira gestão, confirmava o que ele havia assinado, no primeiro dia, contra o garimpo em Terra Indígena. Foi, como disse um de seus ministros, uma forma de ele assinar de novo, com o próprio corpo, o que havia firmado no dia da posse.

Essa foi a disposição que captei entre autoridades que chegavam e assumiam o governo, entre servidores que resistiram, entre os que tinham ido a campo e os que fizeram trincheiras internas. E entre eles ninguém duvidava de que retomar o caminho nessa encruzilhada só será possível se o Estado decidir permanecer. Até que ponto o governo Lula levará essa guerra? As conexões do crime chegaram ao mundo político. As redes de interesses se diversificaram e impregnaram várias áreas da vida nacional. Há ligação entre o submundo e a estrutura de poder no país, na política e na economia. Quantos conflitos o novo governo está disposto a enfrentar? Dessa resposta se saberá o futuro da floresta e o nosso próprio futuro.

Tasso Azevedo, do MapBiomas, me disse que considera legítimo que o mundo se preocupe com a Amazônia porque o que acontece aqui impacta o planeta e todos os países veem como o Brasil trata o seu maior tesouro.

— Mesmo que aqui muita gente não tenha percebido, é o nosso maior tesouro e eles já notaram. Se você tem algo do qual depende a sua segurança energética, alimentar, econômica, de saúde e você não toma conta, por que vou investir em você? Toda vez que cuidamos melhor da Amazônia, fomos protagonistas no mundo. Temos que cuidar bem da Amazônia, primeiro, porque é bom para nós, segundo, porque nos coloca no mundo.

A Amazônia sempre foi a nossa grande fortuna e sempre foi atacada, de diversas maneiras. Pelo desprezo, pelo ódio, pelo desconhecimento, pela cobiça, pelo crime. O Brasil vive assim nesse paradoxo de precisar demais da riqueza que tem destruído. Sempre soubemos, de alguma forma, do valor da Amazônia e dos riscos que ela corre. Sempre intuímos que os primeiros povos são as raízes que nos ligam à floresta, são a nossa nascente. Mas, ao final de um tempo tão extremo e dilacerante como o que vivemos durante o período do grande retrocesso, nosso nível de entendimento atingiu outro patamar. Sempre soubemos, porém só agora sabemos. É a lucidez aguda que chega, no apagar de todas as dúvidas.

5 **Os crimes *amazônicos***

O crime *à luz do* dia

O que é crime na Amazônia? Difícil dizer, numa região onde se subvertem os conceitos. Antes, neste livro, mencionei o criminoso que disse, diante do Supremo Tribunal Federal: "Ilegal é a lei." Neste capítulo se conta por que o criminoso na Amazônia acha que a lei está errada e o crime é o normal.

Ana Carolina Haulic Bragança tinha 34 anos no fim de 2020, estava em Manaus e o Amazonas era o nono estado em que havia morado no seu curto período de vida até então. Ela é procuradora da República e, na época, exercia o cargo de coordenadora da Força-Tarefa Amazônia. Se você tem em mente aqueles procuradores de dedicação exclusiva da Operação Lava Jato, esqueça — tal modelo existiu por pouco tempo no Brasil. A Força-Tarefa Amazônia é, na verdade, uma central de mobilização de servidores do Estado à qual nem ela mesma, a coordenadora, prestava dedicação exclusiva.

De família que andou, nômade, pelo Brasil, a carioca Ana Carolina cresceu querendo se dedicar ao setor público. Passou pela Justiça do Trabalho, mas continuou estudando para ser procuradora federal. Aprovada em concurso, foi enviada para Mato Grosso. Ana Carolina se sentiu sortuda por ir para uma área de fronteira e poder lidar com o tráfico de drogas. Era desafiador, mas, desde que concluíra o curso de Direito, na USP, era isto que almejava: estar no Ministério Público Federal e enfrentar desafios.

— A gente começa nos lugares onde ninguém quer estar. Um desses lugares é justamente a fronteira, porque tem o estigma de ter muito volume de trabalho, muita complexidade e risco. Eu aprendi muito, são 700 quilômetros de fronteira, principal foco da entrada de cocaína no país.

Depois Ana Carolina foi mandada para Roraima, onde entrou definitivamente na área ambiental. Naquele dia da nossa primeira conversa, em 2020, ela começou chamando a atenção para a diferença entre o criminoso do tráfico de drogas e o criminoso do desmatamento.

— Eu morei em Cáceres, em Mato Grosso, e tive uma experiência bastante intensa com o tráfico internacional de drogas. Depois, em Roraima e no Amazonas, com o criminoso ambiental. O traficante tem plena consciência de que pratica crime. Assim ele se comporta diante do juiz. É difícil ver um traficante querendo se justificar, a não ser o muito pequeno. Agora, o criminoso ambiental, se você perguntar a ele: "A extração ilegal de madeira, a extração ilegal de ouro, o tráfico de animais devem ser considerados crimes?" Ele vai dizer que não, porque acredita que não, e está convencido de que o ordenamento jurídico está errado. Ele se vê como um mero agente econômico e, se alguém perguntar se ele é um criminoso, dirá: "Não, eu sou um trabalhador e a economia do meu município depende de mim."

A procuradora explica que muitos municípios da Amazônia estão completamente inseridos no contexto da criminalidade.

— Num município como Itaituba, no Pará, em que o forte é a mineração ilegal do ouro, os empresários ligados ao ouro são heróis. Em municípios onde é forte o desmatamento, como Apuí, Boca do Acre, Lábrea, no Amazonas, ou Novo Progresso, Altamira e Redenção, no Pará, empresários do gado grileiros são vistos também de forma positiva. Quem controla o crime é o grande modelo, é a pessoa que faz doações à Apae, ajuda o município a fazer uma festa para os munícipes, é aquela pessoa que tem status social, ainda que a atividade dela seja basicamente ilegal. Se um juiz perguntar a algum morador se ele "tem consciência do envolvimento do Fulano com o crime" — por exemplo, um grande desmatador —, a resposta será: "Não, ele não é um criminoso." E dirá que Fulano é um excelente cidadão e está sempre ajudando os necessitados.

Esse tipo de "cooptação da comunidade pelo ilícito", como define a procuradora, torna muito difícil o combate ao crime ambiental, seja desmatamento, grilagem, garimpo ilegal, seja tráfico de animais silvestres. O grande gerador de emprego e renda é o crime e o próprio Estado é capturado. O governador do Amazonas, Wilson Lima, eleito em 2018, parou de chamar o Arco do Desmatamento de Arco do Desmatamento. Para ele, o nome é Arco do Desenvolvimento, conta Ana Carolina. Ele foi reeleito em 2022. A política e o crime ambiental se misturaram muito entre 2019 e 2022. E, nesse sentido, é curiosa a avaliação que ouvi de um graduado funcionário dos órgãos de controle ambiental:

— Sempre ouço que Bolsonaro favoreceu o crime ambiental, mas eu acho que o crime é que criou Bolsonaro e ele, por sua vez, favoreceu o crime.

Os crimes na Amazônia foram escalando em proporção e audácia nos quatro anos daquele governo. O assassinato de Bruno Pereira e de Dom Phillips, em 2022, mostrou bem a certeza de impunidade que os criminosos tinham. Descortinou também a maneira como agem as quadrilhas na Amazônia, que passaram a dominar partes do território. Os comandantes militares que se associaram ao projeto de Bolsonaro estavam traindo o que eles mesmos dizem em sua Doutrina de Segurança Nacional, que estabelece para eles o objetivo de defender a soberania do Brasil em todo o território do país.

Um pequeno exemplo disso foi o general Hamilton Mourão ter minimizado o duplo assassinato. Ele já estava na reserva, mas era vice-presidente da República e refletia o pensamento de uma parte da oficialidade. Enquanto as lideranças indígenas diziam, com conhecimento de causa, que se tratava de homicídios praticados pelo crime organizado, o vice-presidente afirmava que seus autores eram "uns ribeirinhos" e que o mandante fora "um comerciante". E quis dar um ar de banalidade ao crime:

— Isso é uma coisa que vinha se arrastando. Domingo essa turma bebe, se embriaga, mesma coisa que acontece aqui na periferia das grandes cidades.

A propósito dessa tragédia, fiz, no dia 22 de junho daquele ano, um programa na GloboNews que respondeu a muitas das questões sobre os crimes na Amazônia. Convidei o procurador da República Luis de Camões Boaventura e o diretor da Associação Nacional dos Servidores Ambientais (Ascema), Hugo Loss. Os dois não estavam ligados àquela investigação específica, mas tinham trabalhado em casos complexos na região.

Boaventura havia ficado sete anos na Amazônia. Loss havia sido chefe de Fiscalização do Ibama e desbaratara alguns pontos importantes da rede de crime local. Coordenou operações nas Terras Indígenas Ituna-Itatá, Cachoeira Seca, Apyterewa e Trincheira-Bracajá, no Pará, as mais desmatadas em 2019 no Brasil. A partir das operações, o desmatamento caiu a zero em Ituna-Itatá nos meses de março e abril de 2020, e houve queda de 40% em Apyterewa e de 49% em Trincheira-Bracajá. Em 2020, as operações conseguiram acabar com o garimpo na Terra Indígena Apyterewa, em São Félix do Xingu, com uma estratégia muito bem-sucedida. O sucesso da estratégia de Loss foi sua sentença — ele acabou exonerado pouco depois, naquele ano mesmo. Por isso foi para a Ascema, uma das frentes de resistência.

No programa, eu queria jogar luz sobre o crime na região, para mostrar como ele avançava e agia, sua lógica e suas conexões. Os dois haviam trabalhado com Bruno. Camões Boaventura, numa operação com os Zo'é, povo que fica numa área de densa floresta no norte do Pará. Hugo Loss, que participou da Operação Korubo, realizada pela PF, pela Funai e pelo Ibama para proteger indígenas isolados no Vale do Javari, começou explicando por que as quadrilhas se conectam:

— O crime ambiental cria facilidades no desenvolvimento de outras atividades criminosas, facilidades logísticas para os outros se instalarem, principalmente nas regiões onde há grande densidade de crimes. A natureza coloca barreiras naturais para os criminosos desenvolverem suas atividades. Os criminosos ambientais criam pontos de apoio. Por exemplo, pescadores montam estrutura para a pesca, garimpeiros instalam balsas e os garimpos se tornam uma espécie de bases que facilitam outros crimes nessa região. O crime ambiental cria rotas comerciais, linhas de suprimento para levar combustível e alimentos para dentro de um garimpo, para um local de caça. Todas as facilidades logísticas são instaladas pelo crime ambiental e acabam sendo aproveitadas por outras atividades criminosas. As coisas vão se somando e se forma essa conexão entre os crimes.

Ficava clara, logo nessa resposta, a conexão das atividades ilegais. Combater o crime ambiental significa proteger a floresta não só da derrubada, mas também do controle do território por facções criminosas. Já Camões Boaventura explicou, no início do programa, que discordava da ideia de que os crimes aconteciam pela ausência do Estado. Naquele momento, o que se via no país era um governo conivente. O Estado estava presente, mas no sentido oposto ao que deveria. O governo agia para facilitar a engrenagem que avançava sobre o território nacional.

Os assassinatos de Bruno e Dom eram parte disso. Hamilton Mourão havia dito de forma desrespeitosa que "Dom foi efeito colateral" e que "ele entrou de gaiato". Queria dizer, o então vice-presidente da República, hoje senador da República pelo Rio Grande do Sul, que quem os criminosos queriam matar mesmo era Bruno Pereira. A declaração é tão abjeta que só pode ser entendida no contexto de um governo aliado ao crime. Mas como era Bruno Pereira no cotidiano? Meus dois entrevistados estiveram com ele em ação e o definiram.

— Bruno Pereira deixa um enorme vácuo na política indigenista brasileira — resumiu o procurador Camões Boaventura. — Bruno era, sem dúvida, um dos principais indigenistas da atual geração. Intelectualmente preparado. Organicamente comprometido com os indígenas e sempre disposto a atender a qualquer demanda que viesse deles ou de seus aliados. A realidade dos povos indígenas nunca foi fácil, mas, especialmente a partir de 2019, essa realidade se endureceu, à medida que nenhum centímetro de terra foi mais demarcado, à medida que seus territórios passaram a ser agredidos verbalmente, pelas autoridades da República, e materialmente, pelos criminosos. As Terras Indígenas passaram a apresentar graus de deterioração insuportáveis. Os indígenas estão em apuros, no sufoco. E as agências ambientais estão enfraquecidas. Veja esse dado absurdo, Míriam, apenas um terço dos cargos criados em lei, da Funai, está ocupado. Como a Funai pode realizar seu trabalho com um terço dos funcionários? Há locais em que vivem de 7 mil a 10 mil indígenas e há um servidor. No local onde trabalhei, em Santarém, no Tapajós, são 13 povos, mais de 7 mil indígenas, e apenas um servidor. A primeira medida tem que ser fortalecer os órgãos ambientais. Não adianta ter políticas públicas se não há quem as execute.

Apesar da falta dramática de pessoal na Funai, o servidor exemplar Bruno Pereira fora exonerado e perseguido, por isso tirara licença e fora trabalhar no Vale do Javari. Ele morreu porque esse era o projeto daquele governo, expor todos ao risco — os indígenas e seus defensores. Hugo Loss estava ali, no programa, para falar de Bruno. Os dois, juntos, haviam feito uma operação que destruiu 60 balsas do garimpo no rio Jutaí, no Vale do Javari. A operação, exitosa, foi o estopim para Bruno perder o cargo de coordenador-geral de Povos Indígenas Isolados e de Recente Contato, ao qual se dedicava com afinco.

— Na época da Operação Korubo, o Bruno era coordenador de Povos Indígenas Isolados e eu, coordenador-geral de Fiscalização do Ibama. Bruno constatou essas ameaças que os indígenas isolados Korubo estavam sofrendo, com o avanço do garimpo chegando cada vez mais perto deles. É a isso que Camões se referia quando falou sobre o vácuo que a morte do indigenista deixa. Não é qualquer pessoa que consegue identificar esse tipo de ameaça chegando a povos isolados. Bruno conseguiu identificar essa ameaça próxima e articular todas as instituições para atuar naquela região. Ele tinha um poder de articulação muito grande dentro das instituições, da Polícia Federal, do Ministério Público, do Ibama, e conseguiu mobilizar o Estado para atuar. Se ele não tivesse atuado para mobilizar o Ibama no rio Jutaí, no Jutaizinho, no Curuena, provavelmente o garimpo teria encontrado os isolados, teria havido um massacre e ninguém ficaria sabendo de nada, porque os Korubo não têm contato. Como fariam a denúncia? O papel dele naquele momento pode ter evitado um genocídio indígena. E isso porque ele tinha conhecimento técnico e a confiança dos indígenas. Falei com ele logo depois da exoneração. Ele estava muito chateado, porque nós tínhamos outras operações para fazer juntos.

Esse relato de quem vira Bruno em campo era difícil de ouvir. O governo perseguindo seus servidores e atuando no sentido contrário ao da lei, o que havia levado à morte um servidor com qualidades excepcionais.

— Não se trata de uma ausência da política — afirmou o procurador. — O Estado promove uma política quando pretere as articulações coletivas em favor do interesse privado, quando não pune os criminosos. Veja-se, por exemplo, o caso de Maxciel Pereira dos Santos [*colaborador da Funai morto a tiros, em 2019, na mesma região em que morreu Bruno*]. O Estado promove, sim, uma política, Míriam, quando desconsidera relatos de invasões e ameaças, quando ofende a integridade dos territórios legalmente protegidos, quando mantém a comercialização do ouro sem nenhuma custódia, quando propõe a regularização do garimpo.

Era junho de 2022 e o protocolo da TV Globo para a covid ainda estava em vigor. Havia poucos programas com entrevistados presenciais. Aquele estava sendo feito on-line. Cada entrevistado encontrava-se em um ponto do país, enquanto eu me mantinha sentada no estúdio do Rio de Janeiro. Meu programa tem apenas 25 minutos, e eu estava pensando em quanta informação boa os dois tinham passado em tempo tão curto. Mas o melhor estava por vir.

Hugo Loss perguntou se poderia compartilhar tela, o que deixou arrepiada a equipe técnica do programa. Como fazer para ficar tudo visível para quem estivesse assistindo? Afinal, aquilo era uma entrevista e não um seminário on-line. Deu certo. Hugo compartilhou imagens feitas pelo satélite Sentinel que estão disponíveis. Basta querer ver. Eu havia perguntado pela conexão transnacional do crime na Amazônia. Ele explicou que em cada região havia uma especificidade e que ele queria exibir imagens da Terra Indígena Yanomami. Isso foi muito antes de todos sabermos da tragédia que estava acontecendo com esse povo.

— Olha aqui, essa é a maior Terra Indígena do Brasil, a Yanomami. À esquerda, é o território venezuelano, à direita, o território brasileiro. Esta aqui, onde está o mouse, é uma parte da fronteira e ocorre nessa região um avanço bem significativo do garimpo. Vou mostrar agora as imagens de satélite mais recentes, de abril de 2022, que são imagens gratuitas, qualquer pessoa que tenha acesso à internet e conhecimento de geoprocessamento consegue acessar.

As imagens se sucediam na tela, informando, de maneira eloquente, tudo o que na administração Lula o governo iria querer ver.

— Essa imagem aqui é dos garimpos no território Yanomami. Esse aqui é o rio Catrimani. Tem aqui um garimpo, estou pondo o zoom, a gente consegue ver claramente o garimpo dentro do leito do rio. E aqui a pista de pouso, certo?

Certo. E errado. Dava para ver tudo, a floresta verde ferida, o rio antes e depois, a enorme cratera que se formava, os detalhes do garimpo.

— Essa parte mais branca é o garimpo, aqui é o rio Mucajaí. Onde estou passando o mouse agora, pode-se ver um garimpo bem grande.

Ele caminhava com o mouse sobre a imagem com intimidade. Loss nasceu no Rio Grande do Sul, mas costuma dizer que só na Amazônia se sente em casa.

— No lado venezuelano, o que a gente consegue perceber? Que isso aqui tudo é uma coisa só, é um sistema só. O mesmo suprimento que chega para os garimpos brasileiros também chega para a parte venezuelana, a mesma rota comercial que tira o ouro do garimpo brasileiro é a rota utilizada no garimpo da Venezuela. O garimpo da Venezuela está localizado no rio Orinoco, um dos principais rios do país. Nessa parte da fronteira existe uma conexão comercial, troca de pessoas, de combustível, de ouro, de qualquer produto ilegal. Os garimpos são bases, com pistas de pouso e embarcações que levam e trazem pessoas e suprimentos. Os rios Catrimani e Mucajaí vão desembocar no rio Branco. Esse aqui. O rio Branco desce em direção ao rio Negro, da Amazônia brasileira, e chega até Manaus.

O que as imagens revelavam é que os garimpos na Venezuela eram menores que os do Brasil, mas parecia não haver fronteira. Sete meses antes do fim do governo Bolsonaro, que ignorou o que se passava na Terra Yanomami, um servidor do Ibama, perseguido internamente, estava mostrando, no programa, as cenas do crime instalado na Terra Indígena. O jornalismo apontou isso ao longo de todo o governo Bolsonaro. Houve reportagens no *Fantástico*, da Globo, feitas pelos competentes Sônia Bridi e Paulo Zero, que denunciavam o crime na Terra Indígena desde o começo. Uma reportagem de Alexandre Hisayasu e Valéria Oliveira, da Rede Globo no Amazonas, sobre os Yanomami, ganhou o Prêmio Herzog de 2022.

Existe uma combativa e valiosa imprensa que cobre localmente e de forma pormenorizada o cotidiano dos crimes na Amazônia — os sites Repórter Brasil e Amazônia Real, produzidos por jornalistas que estão nessa cobertura há anos, o portal Sumaúma, da jornalista Eliane Brum, que se mudou de São Paulo para Altamira, os veículos digitais InfoAmazônia, Agência Pública, Observatório da Mineração, O Eco, veterano das coberturas ambientais. Foram muitos os veículos digitais, sites, portais, jornais, revistas, agências, programas nas TVs aberta e fechada, pequenos e grandes jornais e revistas que acompanharam o que o governo sistematicamente tentava ignorar.

Foram muitas as organizações que permaneceram de olho na Amazônia. Várias delas foram fontes para a imprensa — o Imazon, o Observatório do Clima, o Greenpeace, o ISA, o Instituto Escolhas. Passaram informações qualificadas e verificáveis. Foram inúmeros os servidores do Executivo, em todas as suas agências e órgãos, e do Ministério Público Federal que continuaram combatendo o crime. Do Legislativo saíram pedidos ao STF. Um deles levou à decisão do ministro Luís Roberto Barroso em torno da ADPF nº 709, que produziu fatos concretos na Amazônia. Decisões das ministras Rosa Weber e Cármen Lúcia fortaleceram a rede de proteção.

No dia 6 de abril de 2022, a ministra Cármen Lúcia reconheceu que havia um "estado de coisas inconstitucional" na política ambiental do governo Bolsonaro em relação ao desmatamento da Amazônia no julgamento da ADPF nº 760. Esse "estado de coisas inconstitucional" se estabelece quando há um quadro de ilegalidades generalizadas, violações sistemáticas não coibidas pelo Executivo. Em um longo voto de 159 páginas, cuja leitura durou duas sessões, a ministra passou pelas mazelas dos crimes amazônicos praticados por aquele governo. Cunhou uma expressão forte e eloquente para o que estava havendo no Brasil: "cupinização institucional". O Observatório do Clima, em seu documento "Nunca mais outra vez", usa a expressão da ministra e explica: "Sem condições políticas de executar seu plano inicial de fechar o Ministério do Meio Ambiente e fundi-lo com o da Agricultura, Bolsonaro fez a segunda 'melhor' coisa que podia: paralisá-lo na prática, tornando-o uma casca vazia."

A ação que a ministra Cármen Lúcia julgou havia sido ajuizada pelos partidos de oposição: Rede Sustentabilidade, PSB, PV, PT, PSOL, PDT, PCdoB. Seu voto continha ordens diretas aos órgãos governamentais para agir na proteção da Amazônia. Ela disse que a separação dos Poderes não podia ser um biombo para o descumprimento da Constituição: "Não compete a este STF a escolha da política ambiental mais apropriada. Mas compete a este STF — é seu dever — assegurar o cumprimento da ordem constitucional com a observância do princípio constitucional da prevenção para a preservação do meio ambiente ecologicamente equilibrado e a proibição ao retrocesso ambiental, de direitos fundamentais, ao retrocesso democrático." A ministra, nesse trecho do seu sólido voto, traçava uma linha entre a ameaça ambiental e o perigo que a própria democracia enfrentava. São pesadelos irmãos. Não por acaso, o ministro André Mendonça, um dos dois ministros que Bolsonaro tratava como sendo propriedades dele por tê-los indicado para o Supremo, pediu vista e, assim, retardou a Justiça.

Cármen Lúcia estava julgando seis ações naquele momento. Eram relacionadas, por isso estavam todas com ela. Em outubro de 2021, os documentos daquelas ações haviam ficado disponíveis para julgamento. Quando a ministra proferiu o voto, divulgado dias antes para os outros ministros, não havia motivo aparente para que André Mendonça pedisse vista. E principalmente uma vista tão longa. O governo Bolsonaro acabou, a administração Lula começou e ele não devolveu o processo.

Seis meses depois daquele voto não julgado, por interrupção de Mendonça, os ministros Joaquim Leite, que substituiu Ricardo Salles no Meio Ambiente, e o advogado-geral da União, Bruno Bianco, foram até o gabinete de Cármen Lúcia, apresentaram uma lista das providências que estariam tomando e pediram tempo até abril de 2023 para apresentar resultado. Ora, naquela data já seria outro mandato presidencial. Era um truque. Queriam que Cármen, diante do que eles prometiam fazer, considerasse o seu voto "prejudicado". Se a ministra aceitasse a sugestão, Bolsonaro sairia ileso daquele julgamento. Cármen ouviu e não aceitou a proposta, até porque nada havia mudado no "estado de coisas inconstitucional" na Amazônia.

A manobra de André Mendonça parou o julgamento. Mas a história do país andou. Através da AGU e da ministra Marina Silva, o novo governo fez uma petição para apresentar as medidas que já estavam em curso a fim de reverter a situação. Marina pediu uma audiência com a ministra Cármen Lúcia e chegou avisando que concordava com o voto e queria fazer tudo o que a ministra do STF determinasse para corrigir os problemas da Amazônia. Quem presenciou o encontro relata que as duas mulheres, Marina e Cármen, tiveram uma conversa calma e concordante. No fim, a ideia não era declarar o voto prejudicado, mas levá-lo ao plenário graças à nova petição.

No fim de junho de 2023, Cármen pediu de volta o processo, tirando-o das mãos paralisantes de André Mendonça, diante do fato de que o que determinara fora cumprido parcialmente pelo novo governo. As partes sãs da institucionalidade brasileira tentaram de tudo para proteger a Amazônia do crime. Houve vitórias e derrotas. Felizmente, não houve silêncio. A luta do país era travada nos tribunais e no campo. As imagens mostradas por Hugo Loss no meu programa na GloboNews haviam sido eloquentes. O estado de coisas inconstitucional era tal que ameaçava até as fronteiras do país.

— Essas imagens mostram que há uma rota internacional do crime do ouro ilegal entre Venezuela e Brasil — disse Hugo Loss naquela entrevista.

O procurador concluiu:

— O que o Hugo trouxe aqui foi a logística do crime. Se não desmobilizar essa logística do crime, é dar murro em ponta de faca. Mas queria chamar a atenção para esse triunvirato do crime: os financiadores; os que localmente estão envolvidos e servem de bucha de canhão, muitos deles mão de obra análoga à da escravidão; e os políticos locais, regionais e nacionais. Não por acaso, quando as operações começam, alguns políticos se levantam a favor da ilegalidade.

Aqueles dois servidores, um do MP e outro do Executivo, disseram coisas que se complementaram até geograficamente. Hugo Loss destacou visualmente o crime no território Yanomami e explicou como os criminosos uniam suas teias. Camões Boaventura falou sobre como o ouro extraído em Roraima e no Amazonas é lavado e escoado no Pará. Itaituba é a capital do ouro ilegal.

Na segunda-feira 13 de fevereiro de 2023, já no novo governo Lula, o prefeito de Itaituba, Valmir Climaco, convocou a população a resistir aos avanços da política de Lula para combater o garimpo ilegal. O prefeito queria que os criminosos resistissem à lei. O portal Sumaúma o entrevistou e perguntou se ele estava com medo: "Sim, medo de o governo generalizar, de misturar garimpos da região com garimpos em áreas indígenas e áreas de parque, porque nós não trabalhamos em Terra Indígena." Era mentira e o Sumaúma o desmascarou ouvindo os Munduruku, que sabem bem o que tem sido essa invasão a partir de Itaituba.

Quando tudo o que reluz é *ouro ilegal*

Quando um presidente viaja, leva os olhos da nação. Era isso que Lula queria quando convocou oito ministros, tomou o voo e desembarcou na Terra Yanomami em 21 de janeiro de 2023. Lá ele deu visibilidade à tragédia humanitária. Ele fora alertado, antes da posse, de que aquele deveria ser um de seus primeiros trabalhos. No dia 7 de dezembro, o líder Yanomami Davi Kopenawa procurara Marina Silva. Ela ainda não havia sido anunciada como ministra, mas Davi pediu que ela conseguisse uma audiência com Lula. Marina mandou uma mensagem para o assessor direto de Lula, Marco Aurélio Santana Ribeiro, conhecido como Marcola, que em breve assumiria o cargo de chefe de gabinete do presidente.

— Marco, me ligue assim que puder para falar da audiência do Davi Yanomami. Eis aí as fotos. São tristes e revoltantes.

Ele respondeu em seguida que tentaria a audiência. O tempo de Lula estava uma loucura, com todas as conversas para a formação do ministério. Mesmo assim, o presidente eleito abriu espaço em sua agenda para o dia seguinte.

— Tudo bem, Marina, consegui um horário amanhã às 15 horas — avisou Marcola.

A mensagem do assessor de Lula caiu no aplicativo de Marina às nove da noite. Ele pedia que ela acompanhasse Davi ao encontro e dava instruções sobre como ambos deveriam agir para não serem vistos e não alimentarem especulações em torno das nomeações para o Ministério do Meio Ambiente. Marina ligou para Davi e soube, surpresa, que o líder Yanomami tinha ido para São Paulo.

— Davi, você me pediu para conseguir uma audiência com o Lula! Como foi para São Paulo?

— Eu achei que você não ia conseguir — respondeu Davi.

Mesmo sem a audiência, Lula solicitou um relatório sobre a situação em Roraima. E se apavorou com o que leu. Na Terra Indígena Yanomami estava demarcada a diferença entre os dois governos. Ele pediu informações ao futuro ministro da Justiça, Flávio Dino. E no celular de Dino viu as fotos apavorantes, o que o levou à TI Yanomami. Eram crianças esquálidas de desnutrição e cenas que lembravam sobreviventes de uma guerra de extermínio. O país não vai esquecer as imagens divulgadas, com autorização dos Yanomami, pelo portal Sumaúma.

Bolsonaro também estivera em Roraima visitando uma Terra Indígena. Era ainda presidente, em 26 de outubro de 2021, quando foi à Raposa Serra do Sol. Seu objetivo era defender o Projeto de Lei nº 191 de legalização da mineração em Terras Indígenas. O PL estava parado na Câmara, mas Bolsonaro tentava fazê-lo andar. Ele viajara para dizer que tudo aquilo era bom para os indígenas, mas lá ele se cercou de garimpeiros e lideranças políticas que apoiavam o garimpo. Houve manifestações de 250 lideranças dos povos Macuxi, Taurepang e Pemon contra a visita, segundo o Conselho Indigenista Missionário (Cimi). E a então deputada Joênia Wapichana repudiou a ida de Bolsonaro e de sua comitiva "sem máscara e sem vacina". Nessa viagem, Bolsonaro gastou R$ 163 mil no cartão corporativo. Só num restaurante em Boa Vista, foram R$ 109.266, de acordo com o site Metrópoles.

O PL nº 191 falava em "mineração", mas a intenção não era abrir espaço para a mineração industrial. Era pior. Até mesmo as mineradoras criticavam o projeto, embora não publicamente, porque não queriam se indispor com o governo. Quando veio a guerra da Rússia contra a Ucrânia, no início de 2022, Bolsonaro voltou à carga em defesa do projeto, alegando que ele era necessário para extrair potássio na Amazônia para a produção de fertilizantes, cuja oferta no mercado internacional entrava em colapso. A Rússia é o maior exportador do mundo de fertilizantes, enquanto o Brasil é o maior importador do mundo desse produto. A maior parte dos fertilizantes usados em nossa agricultura vem de lá, da Rússia.

O Instituto Brasileiro de Mineração (Ibram), que passara a ser dirigido pelo ex-ministro Raul Jungmann, fez o trabalho de se pronunciar em nome de todas as mineradoras e soltou nota contra o PL nº 191. Era bom, mas, ao mesmo tempo, cômodo para as mineradoras, já que nenhuma delas batia de frente com Bolsonaro. Eu quis aprofundar o assunto e perguntei à Vale, que tem tantos projetos de mineração na Amazônia, qual a posição dela. Insisti durante alguns dias, até que a empresa fez uma declaração oficial. Disse que era contra o projeto, que acabou não sendo votado.

Se os olhos do país tinham visto um presidente indo visitar uma Terra Indígena cercado de garimpeiros, naquele 21 de janeiro de 2023 viu outro presidente levando a presença do Estado às vítimas do crime. O Ministério da Saúde declarou emergência em saúde pública de importância nacional na Terra Yanomami e, diante de um país chocado, o governo tratou imediatamente de tomar providências para socorrer a população afetada. Essa decisão do ministério começou a ser pensada quando a ministra Nísia Trindade recebeu a visita, nos primeiros dias do governo, de Davi Kopenawa, com seu relato doloroso sobre o que se passava na Terra Indígena. O que ficara claro, naqueles primeiros dias, é que ter um governo ao qual o movimento indígena tinha acesso fazia uma enorme diferença.

Todo aquele sofrimento havia sido provocado pela invasão do garimpo, que contaminara águas, espantara caças, explorara os indígenas, estuprara meninas e mulheres. Matara. E encontrara apoio no governo Bolsonaro. No dia 3 de agosto de 2019, ao sair do Palácio da Alvorada, o então presidente parou, como de hábito, na frente do seu "cercadinho", onde ficava o grupo de apoiadores que ele reunia ali. Nesse dia, ele estava amargando uma derrota. O Supremo Tribunal Federal havia considerado inconstitucional a decisão do seu governo de insistir em tirar da Funai o poder de demarcar Terras Indígenas e passá-lo para o Ministério da Agricultura. A proposta havia sido derrotada no Congresso, mas ele reapresentara uma medida provisória e agora perdia no STF. Aproveitou o "cercadinho" para defender o garimpo:

— Meu pai já garimpou por um tempo, eu peguei essa febre. Se você não regulamentar, eles vão continuar fazendo isso, explorando às vezes — às vezes, né? — de forma inadequada. O que nós queremos? Dar dignidade aos garimpeiros e fazer o casamento com a exploração sustentável do meio ambiente e evitar o uso de mercúrio, que em parte existe.

Bolsonaro via a ocupação ilegal da Terra Indígena e o ataque ao meio ambiente da perspectiva do garimpo. E abonava o crime — que ocorria "às vezes" de forma inadequada; com mercúrio, que existe "em parte". Tudo ele fingia não ver, como a brutalidade da atividade garimpeira contra os rios e contra os indígenas, o volume absurdo de capital necessário para comprar e transportar uma draga escariante, um tipo de draga de sucção de grande proporção.

No dia 1º de outubro de 2019, ele foi além. Recebeu no Palácio do Planalto garimpeiros da região de Serra Pelada, no Pará, que se tornou famosa nos anos 1980 por se transformar no maior garimpo a céu aberto do mundo, com milhares de pessoas vivendo com grande precariedade em busca de ouro. Agora os garimpeiros estavam lá para defender a atividade em toda a Região Amazônica. Os líderes seguiram até o gabinete presidencial, enquanto uma multidão ficou do lado de fora do Planalto. A TV pública divulgou o evento. Primeiro, Bolsonaro recebeu representantes no seu gabinete, tendo a seu lado o general Luiz Eduardo Ramos, que, seis meses antes, comandava o 2º Exército e ainda era da ativa. O presidente e um general da ativa recebiam garimpeiros que cometiam crimes na Amazônia e que usavam o argumento de serem de "Serra Pelada" para revisitar a ideia de que eram "autônomos" e precisavam de proteção.

Bolsonaro se empolgou. Quebrou o protocolo e foi para a porta do Palácio com o general e sua estrutura de gabinete. Lá, subiu em uma cadeira para fazer um comício. E disse que, se houvesse "amparo legal", colocaria as Forças Armadas para garantir a exploração de minério na Amazônia.

— Falei com o almirante Bento [*Albuquerque*], que é ministro das Minas e Energia, que entende do assunto, mais do que isso, quer solução, já marcou reunião com o pessoal da Agência de Mineração.

Cada vez mais entusiasmado, o presidente criticou o cacique Raoni Metuktire, dos Kayapó, respeitado no mundo inteiro por sua luta em defesa das nações indígenas, e disse, com seu linguajar característico, qual era a sua visão sobre a preocupação do mundo em relação à Amazônia:

— O interesse na Amazônia não é no índio nem na porra da árvore, é no minério. O Raoni fala pela aldeia dele, fala como cidadão, não fala por todos os índios, não. É outro que vive tomando champanhe em outros países por aí. Vocês foram felizes no tempo do Figueiredo [*o último presidente da ditadura militar*]. A legislação era outra e eu tenho de cumprir a lei. Por isso eu digo a vocês: se tiver amparo legal, eu boto as Forças Armadas lá.

Em janeiro de 2020, durante uma transmissão em rede social, Bolsonaro disse que "cada vez mais o índio é um ser humano igual a nós". Essa ideia da sub-humanidade dos indígenas esteve presente em outras falas preconceituosas.

Os Yanomami já conheciam a tragédia da invasão de garimpeiros. Quando a TI foi demarcada, em 1992, no governo Collor e sob o comando do sertanista Sydney Possuelo, o território também estava dominado pelo garimpo. Em uma entrevista que fiz com Possuelo 30 anos depois, em abril de 2022, perguntei se seria possível tirar da TI Yanomami aqueles milhares de garimpeiros e ele respondeu:

— É possível, porque nós fizemos isso durante a demarcação. Tiramos 20 mil garimpeiros.

Perguntei a Possuelo o que aconteceria se o PL nº 191 fosse aprovado, permitindo mineração e garimpo em Terra Indígena. Ele, que havia sido formado no Xingu pelos irmãos Villas Boas, os sertanistas Orlando, Cláudio e Leonardo, e implantara a política de não contato com os indígenas isolados, foi taxativo:

— Se for aprovado vai ser o golpe final para destruir os indígenas. O garimpo é uma atividade nociva aos indígenas e à natureza.

As duas visitas — a de Bolsonaro aos garimpeiros e a de Lula, 15 meses depois, aos indígenas — eram a exibição explícita da encruzilhada na qual estão a floresta, os povos indígenas e o Brasil. Era a escolha entre vida e morte. E por que morrem os Kayapó? Ou Mebêngôkre, como eles preferem se chamar. Por que morrem os Yanomami? Os Munduruku? Os nossos povos originários? Morrem porque o Brasil mantém há vários anos um insano tipo de exploração de ouro que favorece a ilegalidade.

Quem primeiro me explicou isso com clareza foi a procuradora Ana Carolina Haulic Bragança, naquela entrevista em 2020. Ela mostrou que o modelo de exploração do ouro em vigor é predatório, danoso e irracional. Os indígenas morrem, o país tem prejuízo, ninguém fiscaliza e os criminosos ganham. A explicação que ela me deu me preparou para esclarecer o tema nos meus comentários e nas colunas do *Globo* nos anos seguintes. No início do terceiro governo Lula, tudo isso começou a mudar, mas é preciso entender essa radiografia do crime, o que vinha sendo feito por institutos ambientais e pelo Ministério Público, na explicação da procuradora:

— O ouro, como qualquer minério, é um bem de propriedade da União, mas não existem mecanismos de rastreabilidade. A madeira, em tese, tem o DOF, o Documento de Origem Florestal, e esse documento deveria acompanhar todo o sistema produtivo. O comércio do ouro se faz por notas fiscais, mecanismos extremamente frágeis. São notas físicas, com as quais trabalham as DTVMs, Distribuidoras de Títulos e Valores Mobiliários, empresas autorizadas pelo Banco Central. Portanto, desde a primeira venda, a primeira aquisição, esse ouro já está sendo lavado. A maneira como o ouro entra em nossa economia é através de um papel. O ouro é mercadoria, é ativo financeiro e é divisa internacional.

Ainda assim, segundo a procuradora, pela fragilidade dos controles e pela dificuldade de fiscalização, ninguém pode dizer se o ouro no qual se investe, se o ouro de uma aliança ou de uma joia teve origem legal ou ilegal. Quem vai fazer uma viagem ou importar um bem do exterior tem de fechar um contrato de câmbio para adquirir moeda estrangeira. O ouro é uma divisa tanto quanto a moeda estrangeira, mas os controles sempre foram deliberadamente frágeis.

A Instrução Normativa nº 49/01 da Receita Federal ainda estava em vigor e só seria revogada, depois de muita pressão, em 2023, no início da gestão Lula. Apesar de todo o processo de digitalização, ao longo de 20 anos, da relação entre a Receita e os contribuintes, fora mantida, por meio dessa instrução, a autorização para que o comércio de ouro fosse feito de forma rudimentar, com mera nota física, um pedaço de papel, o que tornou o trabalho de fiscalização inviável por décadas.

— A exploração legal de ouro acontece com dois títulos autorizativos: a Permissão de Lavra Garimpeira, PLG, da Agência Nacional de Mineração, e uma licença ambiental emitida pelo órgão estadual. Diferentemente de outros tipos de mineral, não é possível saber, para uma determinada Permissão de Lavra Garimpeira, qual é o potencial exploratório daquela jazida. Se eu não sei se uma jazida é capaz de produzir uma, duas, 100 ou mil toneladas de ouro, posso pegar qualquer ouro e dizer que extraí baseada naquela Permissão. Existiria uma obrigação de fazer o chamado relatório anual de lavra, em que um garimpeiro ou uma cooperativa teria de dizer quanto extraiu. Mas, na prática, esse documento não é apresentado e não existe muita consequência — explicou a procuradora.

Quando o valor do ouro sobe, o incentivo ao crime aumenta. E o preço dele subiu no começo do mandato de Bolsonaro. No dia 17 de agosto de 2018, a onça Troy era de US$ 1.176 no mercado futuro de Nova York. No dia 6 de agosto de 2020, dois anos depois, bateu em US$ 2.058, o que representou uma alta de 75%. Não por coincidência, foi no começo da pandemia. Nas grandes incertezas, o ouro sempre será um ativo escolhido, um porto seguro para investimentos. O controle tem sido fraco no Brasil sobre todos os elos do mercado. E como no governo Bolsonaro houve incentivos explícitos ao fortalecimento do garimpo ilegal, o problema só cresceu.

— Isso é divisa. O que me espanta é que é divisa. O Banco Central deveria ter mais controle e exigir a comercialização através de instituições financeiras. Não pode ser o garimpeiro que vai decidir se será ativo financeiro ou mercadoria o ouro extraído no Brasil. Podemos estar financiando a formação de reserva de nação estrangeira. Tem um prejuízo econômico aí. Alguém deveria parar e pensar: "Peraí. Deixa eu entender esse mercado porque eu, como país, estou perdendo muito."

Era 2020, como disse, e isso só começaria a mudar três anos depois. Mas ainda é espantoso pensar que por décadas o Banco Central não reagiu a essa situação. A procuradora falava da perda financeira, mas há ainda a perda ambiental. No fim de 2021, o país assistiu, estarrecido, ao cortejo de dragas e balsas de garimpo em pleno rio Madeira, no Amazonas, impedindo inclusive a navegação. E foi só a partir de denúncias do Greenpeace e dos principais jornais, que o governo tomou a decisão de desinterditar a via fluvial. Em janeiro de 2022, as águas do rio Tapajós, na altura de Alter do Chão, no Pará, apareceram barrentas. A cor havia mudado e a suspeita recaiu diretamente sobre a atividade garimpeira.

O despejo de mercúrio contamina as águas dos rios, e isso é particularmente grave em algumas comunidades indígenas, como a TI Yanomami. É um atentado ao meio ambiente, aos direitos dos povos tradicionais, à saúde das populações ribeirinhas. O Brasil perde de diversas maneiras com a atividade garimpeira, mas, no governo Bolsonaro, o próprio general Augusto Heleno, então ministro de Estado chefe do Gabinete de Segurança Institucional, tratou de estimular o avanço da lavra em Unidades de Conservação.

A *Folha de S.Paulo* publicou, em 5 de dezembro de 2021, uma reportagem de Vinicius Sassine em que ele conta que o chefe do GSI havia autorizado sete projetos de pesquisa de ouro numa região intocada da Amazônia, em área de fronteira e em Unidades de Conservação. Cabia ao chefe do GSI dar autorização prévia à mineração em área de fronteira, numa faixa de largura de 150 quilômetros. Na área, que engloba regiões sensíveis como o Parque Nacional do Pico da Neblina e a TI Yanomami, vivem 23 etnias.

Para fazer a reportagem, Sassine analisou dados e documentos do próprio GSI, cujo chefe era, ao mesmo tempo, secretário executivo do Conselho de Defesa Nacional. O gabinete do chefe do GSI fica no Palácio do Planalto, próximo ao do presidente da República. De 2019 até o fim de 2021, o general Heleno deu 81 autorizações de exploração minerária na Amazônia. E continuou a fazer isso no ano seguinte, até o término daquele governo.

Para explorar ouro em área tão remota, protegida e intocada, é preciso ter muito dinheiro para comprar e transportar dragas, retroescavadeiras, balsas. Uma das áreas autorizadas pelo general incluiu duas Terras Indígenas. O general estava usando seus poderes para estimular um crime. Essas autorizações mencionadas na reportagem da *Folha* eram apenas para pesquisa, mas daí a se conseguir uma Permissão de Lavra Garimpeira é um pulo. E isso numa atividade que gera tantos e tão comprovados danos ambientais e humanos.

O Ministério Público Federal abriu investigação após a reportagem. Integrantes do MPF ouvidos por Vinicius Sassine consideraram que as decisões do general Heleno tinham como objetivo forçar a mineração em Terra Indígena, o que Jair Bolsonaro tentou aprovar no Congresso, a partir de 2020, quando enviou o PL nº 191. Naquele momento funcionou a pressão do MPF. Na segunda-feira 27 de dezembro de 2021, o general Heleno cancelou a autorização de sete projetos de pesquisa de ouro. Alegou que, considerando "as novas informações técnicas, jurídicas, apresentadas diretamente ao GSI, e que serão estudadas pela ANM [*Agência Nacional de Mineração*], o ministro de Estado chefe do GSI, na qualidade de secretário executivo do Conselho de Defesa Nacional, cassou os atos de assentimento prévio".

Erros de vários governos anteriores ajudaram a formar esse ambiente permissivo. Em relatório do ano anterior, o MPF já havia exposto essa situação e proposto soluções concretas. No "Manual de Atuação na Mineração do Ouro", da 4ª Câmara de Coordenação e Revisão (Meio Ambiente e Patrimônio Cultural) do MPF, os procuradores apresentaram o panorama da mineração ilegal que estava, como dizia o relatório, "presente em praticamente todos os estados da Amazônia Legal". Avisava, logo no segundo parágrafo da apresentação, que o garimpo era feito por "maquinário pesado, de alto custo financeiro e vultoso impacto ambiental e socioambiental". E dizia que a atividade mobilizava "balsas, dragas, retroescavadeiras, pás-carregadeiras, escavadeiras hidráulicas e outros equipamentos que custam milhões de reais e deixam atrás de si um rastro de destruição".

A leitura das 226 páginas do relatório causa inquietação. Por que o Ministério Público, a Justiça, o Congresso não agiram e por que permanece no imaginário de quem faz as leis, e as executa, a ideia do garimpeiro pobre? No Manual, os procuradores mostram que a legislação está toda errada, além de ter criado o ambiente propício ao crime. Em determinado ponto, sustentam que as leis que regem o garimpo são "recheadas de inconstitucionalidades". O documento é de 2020, mas deixa claro que o conhecimento de tudo era mais antigo e dá exemplos. "Na operação Warari Koxi, deflagrada em 2015 no estado de Roraima, descreveu-se o método de funcionamento de balsas extrativas de ouro no rio Uraricoera, mantidas na Terra Indígena Yanomami por 'balseiros' que, apenas para a construção e preparo técnico das embarcações, despendiam entre R$ 60 mil e R$ 100 mil. Cada balseiro empregava para a atividade extrativa, ali ilegal, um grupo de até 12 pessoas, entre as quais constavam mergulhadores, cozinheiros, faxineiros. Cuidava-se, assim, claramente, de atividade empresarial, tal como definida pelo Código Civil."

Por que, com tantas evidências de que não era uma atividade artesanal, as autoridades do país não tentaram acabar com aquilo? O garimpeiro era visto, na época da Constituição, como uma pessoa vulnerável que precisava da proteção do Estado. Os constituintes refletiam ainda sob o impacto das cenas fortes de Serra Pelada. A visão da época era de que o garimpeiro era um homem com uma picareta e uma bateia, lutando o dia inteiro no meio do barro. E que, portanto, seria salvo pelo cooperativismo. Se eles se associassem protegeriam seus direitos. O artigo 174 da Constituição, parágrafo terceiro, diz: "O Estado favorecerá a organização da atividade garimpeira em cooperativas, levando em conta a proteção do meio ambiente e a promoção econômica e social dos garimpeiros."

No entanto, não foi nada disso que aconteceu. A atividade passou a ser exercida por grandes empresas que simulavam ser cooperativas. Em relação ao meio ambiente, houve apenas a degradação. Nos rios da Amazônia, a contaminação por mercúrio, que traz consequências trágicas para a saúde humana e da fauna, é um problema gravíssimo. A violência praticada contra as populações tradicionais é diária, constante, perigosa e tem efeito duradouro. O modelo econômico que impera é o da exploração dos trabalhadores, às vezes em condições semelhantes às da escravidão.

Uma avaliação feita por uma investigação do Ministério Público entre 2016 e 2017 apurou que modelos mais sofisticados de uma draga escariante, dessas grandes que funcionam 24 horas por dia, chegava a custar R$ 2 milhões. O que tem no garimpo amazônico não é o lobo solitário, são empresas criminosas. O dono do capital que paga aos trabalhadores e não os registra como funcionários tem recursos para mobilizar equipamentos caros transportados em operações logísticas também muito caras. Mesmo que alguém, eventualmente, trabalhe sozinho, ou uma cooperativa de fato funcione como tal, todos dependem de quem vai recolher o ouro, lavar e vender.

— Na Constituinte, o imaginário coletivo do legislador era o de que o garimpeiro era uma pessoa hipossuficiente — continua Ana Carolina. — É esse que ele quis proteger, uma pessoa que estava ali buscando melhorar de vida. Essa população ainda existe. Há um fluxo migratório motivado por atividades minerárias. Só que essa população é dominada por agentes capitalizados que hoje são os que, efetivamente, organizam a atividade exploratória. São pessoas com muito dinheiro. Os que trabalham para esses agentes são os efetivamente hipossuficientes, só que eles nunca deixarão de ser, porque a rentabilidade deles é muito pequena. Recebem em ouro, mas uma fração apenas do que produziram. E, mesmo quando eles vão vender, dependem dos atravessadores.

Essa compra, em geral, faz a falsificação de origem. A partir da primeira venda, o ouro, lavado, entra licitamente na economia e já não será possível distingui-lo de outro de origem regular. Não há rastreabilidade no ouro, não há definição prévia do tamanho da jazida, não há fiscalização das PLGs. As licenças ambientais são dadas pelo estado e muitas vezes pelos municípios, dominados pelo lobby dos exploradores do garimpo. Com isso nós estamos perdendo o ouro, destruindo os rios, matando pessoas, invadindo Terras Indígenas, contaminando o solo e as águas para que alguns bandidos enriqueçam. Só perdemos. Impossível um país fazer uma escolha tão ruim como essa.

No dia 24 de janeiro de 2022, às quatro da manhã, as câmeras do Aeródromo de Manaus registraram a imagem de dois homens se aproximando, um deles de sandália de dedo, o outro carregava um galão. Ambos pulam o muro. Logo depois se vê um clarão — eles haviam ateado fogo em dois helicópteros do Ibama. Um dos aparelhos, no valor de R$ 10 milhões, foi inteiramente consumido pelas chamas. Dessa vez a polícia agiu rápido. No mesmo dia identificou o carro usado na ação, um Kwid branco. E, no dia 3 de fevereiro, o delegado Leandro Almada, superintendente da PF do Amazonas, prendeu seis suspeitos: o motorista, os dois incendiários, dois homens que atuaram como intermediários e o mandante.

Três dos suspeitos reconheceram o mandante, o empresário do garimpo Aparecido Naves Júnior, preso em seu condomínio de luxo, em Goiânia. Ele estava sendo investigado por garimpo ilegal na Terra Yanomami, em Roraima. "O autor intelectual teve aeronaves, equipamentos destruídos pela fiscalização no ano passado. O fato é que a gente colheu vários indícios e provas do envolvimento dele, inclusive reconhecimento pelos demais e outras provas técnicas, que ainda, no decorrer do processo, vão ser colocadas dentro do inquérito policial", afirmou o superintendente ao repórter do *Jornal Nacional*.

Com 35 anos, Aparecido Naves Júnior trazia um colar de ouro ao pescoço quando foi preso. Sua mansão é avaliada em R$ 2,1 milhões. Na garagem, havia vários carros de luxo, alguns avaliados em R$ 400 mil, segundo o jornal *O Estado de S. Paulo*, o qual informou também que Aparecido Naves havia estado em Manaus dias antes do crime, mas no dia da ocorrência ele já estava de volta a Roraima. A reação do setor público ao crime era positiva em várias dimensões. O Ibama e a PF haviam destruído, em 2021, 21 aviões que atuavam no garimpo em terras Yanomami, em Roraima. A destruição de máquinas e veículos usados nos crimes ambientais era a estratégia de trabalho instituída havia alguns anos, mas que o presidente Bolsonaro combatia. Algumas vezes o chefe do Executivo chegou a ameaçar os servidores que destruíssem esses equipamentos. Mesmo assim, a máquina pública voltava a usar essa forma efetiva de atuação.

O superintendente anterior da PF no Amazonas, Alexandre Saraiva, havia sido punido e removido como represália, depois de ter apresentado uma notícia-crime contra o então ministro do Meio Ambiente, Ricardo Salles, num caso escabroso. Tive longas conversas com Saraiva para este livro, antes de ele disputar a eleição de 2022 para deputado federal pelo Rio de Janeiro, disputa na qual não se elegeu. O novo superintendente, Almada, fora indicado para atuar de modo diferente de Saraiva e não reprimir o crime ambiental. Contudo, ali estava o novo delegado, cumprindo seu dever e com agilidade. Por fim, o mandante era homem de bens, de posses, que enriquecera com o garimpo ilegal e, mesmo assim, fora identificado e preso.

Notícias boas eram raras. O crime não dorme na Amazônia. Em apenas três semanas de janeiro de 2022, antes ainda de o mês ter terminado, o Inpe registrou o maior desmatamento para janeiro desde 2015 — 360 km² de floresta foram destruídos. Isso era o começo do quarto ano do governo Bolsonaro. No dia 2 de fevereiro, o presidente foi ao Congresso Nacional, na abertura do ano legislativo, e, com a maior desfaçatez, disse que a prioridade do seu governo era combater o desmatamento. Em janeiro de 2023, a tragédia dos Yanomami, ao chocar o Brasil e o mundo, fez com que a imprensa corresse atrás de especialistas. Vários estudos de muitas organizações confiáveis serviram de fonte de pesquisa. Houve uma avalanche de matérias, estudos, relatórios sobre o assunto. E é ótimo quando isso acontece. O importante é que o diagnóstico estava feito e as propostas de solução já haviam sido apresentadas. Os erros vinham de antes, mas o governo Bolsonaro provocou um verdadeiro *boom* no garimpo.

Números do Instituto Escolhas, a partir da base de dados da ANM e de outros produzidos pelo MapBiomas, compilados por eles, mostram um inequívoco salto no garimpo durante o governo Bolsonaro. Mesmo sem incluir os números ainda indisponíveis de 2022, o Escolhas concluiu que, no período, a produção de ouro nos garimpos aumentara 158%, saindo de 12,06 toneladas ao ano, em 2018, para 31,14 toneladas. Isso significava 32% de todo o ouro produzido no Brasil. Era 17%, ao fim do governo Temer. Maior ainda era o saldo na área ocupada pelo garimpo. Passou a ser de 54% da área ocupada pela mineração no Brasil. E onde o garimpo cresceu? Principalmente em Terras Indígenas. Nos primeiros três anos do governo Bolsonaro, o garimpo aumentou 102% nesses territórios. Na TI Yanomami o crescimento foi de 329%.

Por que existia tanta ilegalidade?

— Permitiram o crime perfeito — afirma Sérgio Leitão, diretor executivo do Instituto Escolhas.

Sérgio e Larissa Rodrigues, especialista em ouro no instituto, explicam a sucessão de leis que favorecem a ilegalidade. As grandes empresas de mineração estão submetidas a um regime mais rígido, enquanto o mercado do garimpo atua com regras benevolentes, feitas para favorecer a fraude. Mesmo a mineração industrial é controversa em área de floresta, mas as empresas, pelo menos, têm de obter concessão de lavra, fazer estudos geológicos e planos de desenvolvimento da mina, tirar licença ambiental e propor um projeto de compensação dos danos e de reconstituição, após o esgotamento do projeto. Já o garimpo, precisa apenas da Permissão de Lavra Garimpeira. Tudo se passa como se o garimpo ainda fosse feito por um trabalhador em situação precária.

Há um dado ainda mais grave. O Instituto Escolhas calcula que a quantidade de "ouro com indícios de ilegalidade" saltou de 33,7 toneladas em 2018 para 52,8 toneladas, em 2021. Então, há ouro ilegal que é produzido fora de garimpo? Foi o que eu perguntei a Larissa.

— Sim. Tem muito ouro com indícios de ilegalidade que vem de fora de garimpo, ouro que nem sabemos de que regime vem, porque não tem registro nenhum. O que se pode dizer é que do total de ouro com indícios de ilegalidade a maior parte vem da Amazônia. Se em 2021 foram 52,8 toneladas, quase dois terços (61%) vieram da Amazônia.

A história dessa vasta ilegalidade começa com aquela instrução normativa da Receita, de 2001, como expliquei antes, e que só seria alterada no dia 30 de março de 2023. É um absurdo que tenha sobrevivido mais de duas décadas do jeito que foi concebida. Ela permite ao garimpeiro vender seu ouro com uma nota fiscal física. Então, para fazer o ouro ilegal começar a transitar na economia, o garimpeiro precisava apenas de papel e de uma caneta. Em 2008, estabeleceu-se o Estatuto do Garimpeiro, que criou o dia para se comemorar a atividade e até um patrono, Fernão Dias Paes Leme — um bandeirante paulista do século XVII considerado um sanguinário algoz dos indígenas na sua busca por esmeraldas. O estatuto estabelece que as cooperativas de garimpeiros têm prioridade na concessão de Permissão de Lavra onde estejam atuando.

Em 2013, tudo piorou. Em uma medida provisória sobre crédito rural, o Congresso incluiu, na última hora, um "jabuti", nome que se dá na crônica política a algo que é introduzido em um projeto sem nada ter a ver com o assunto. A proposta partiu de um deputado do PT, Odair Cunha, de Minas Gerais. Ele é autor dessa emenda, que, transformada na Lei nº 12.844/13, sancionada pela presidente Dilma, viraria a principal brecha favorável à lavagem do ouro ilegal nos anos seguintes. Esse "jabuti" estabeleceu que na compra do ouro há "o princípio da boa-fé". Ou seja, quem compra precisa apenas perguntar para quem vende se o ouro é legal e de onde vem. Como a primeira compra é sempre feita por uma Distribuidora de Títulos e Valores Mobiliários, esse princípio da boa-fé serviu como uma luva para essas DTVMs. Elas não precisam procurar saber de onde vem o ouro, porque a lei diz que basta obedecer à presunção de que o garimpeiro está falando a verdade.

— No momento da venda, o garimpeiro precisa apenas preencher um formulário de papel a caneta e dizer de onde vem o ouro — explica Larissa Rodrigues. — Ele autodeclara a origem e não há qualquer controle. Obviamente, quem tira da Terra Indígena não vai dizer que vem de lá. A lei diz que a DTVM deve guardar esse formulário preenchido e que essa operação é feita presumindo-se a boa-fé dos envolvidos, e está tudo certo. Desconheço qualquer outro comércio que tenha essa presunção. Já é absurdo em si, ainda mais em mercado que todos sabem que é fraudulento.

Em entrevista a Andreia Sadi, da GloboNews, o deputado Odair Cunha foi questionado sobre o motivo de ter proposto um "jabuti" tão nocivo ao país e que estimulou a criminalidade. Ele então argumentou que recebeu esse pleito da Anoro, a Associação Nacional do Ouro, o que deveria ser motivo para não atender. A Anoro representa empresas com ligações diretas com o crime do garimpo ilegal. Em setembro de 2021, seu presidente, Dirceu Frederico Sobrinho, foi preso numa investigação sobre o comércio de ouro. Agora, em seu site, a Anoro defende a rastreabilidade e propõe o que chama de Garimpo 4.0. Nada esconde as muitas ligações entre essa associação e o comércio ilegal de ouro.

O Brasil movimenta US$ 5 bilhões por ano no comércio de ouro. A Receita passou mais de duas décadas aceitando uma nota fiscal de papel que ela nem pode fiscalizar, já que hoje o órgão só trabalha com arquivos digitais. O Banco Central também diz que não pode agir, mas as DTVMs, suas fiscalizadas, estão, na verdade, lavando ouro extraído ilegalmente. Em julho de 2022, depois de uma reunião com o Ibram, o Escolhas, o ISA e o Instituto Ethos, o BC prometeu criar um grupo de trabalho para estudar o problema. Quando estive lá para perguntar sobre o assunto, a explicação foi de que seus servidores não conseguiam agir porque esbarravam em bloqueios legais.

O resultado é que as próprias DTVMs começaram a se tornar donas de garimpo. A terceira maior mineradora do Brasil é exatamente a Fênix, uma DTVM. Um *case* de sucesso empresarial, já que começou a operar em 2020. Áreas em que não há produção são declaradas como origem do ouro e áreas onde se sabe que os garimpeiros estão não aparecem nas declarações. Mas tudo o que se disser nessa transação terá sido dito de "boa-fé", de acordo com a lei.

E, ainda por cima, há um incentivo tributário. Os minerais no Brasil pagam um imposto específico, a Compensação Financeira pela Exploração de Recursos Minerais (Cfem), equivalente ao *royalty* da mineração. A Cfem é recolhida à União, aos estados e municípios. O ouro das empresas de mineração industrial é considerado mercadoria, então paga ICMS; o ouro do garimpo comprado pelas DTVMs é considerado ativo financeiro, por isso só paga IOF. É claro que, com o subsídio à exportação, as grandes empresas recebem o crédito quando exportam. Então é isso. Seja como for, legal ou ilegal, o ouro que escava nossas entranhas, polui os rios e deixa feridas paga pouco imposto. E o ouro suspeito, comprado pelas DTVMs, paga menos tributo ainda.

Nesse ambiente normativo perfeito para o crime, criado por vários governos, Bolsonaro chegou à Presidência. E, no poder, o que ele fez? Estimulou o garimpo, foi visitar os garimpeiros, recebeu seus representantes em seu gabinete, adulou-os, hostilizou indígenas, coibiu a fiscalização. E, no fim do governo, ainda tentou fazer o BNDES financiar os garimpeiros. De 2015 a 2021, o país deve ter comercializado 290 toneladas de ouro com indícios de irregularidade, ou 54% de todo o ouro produzido, segundo o Escolhas no estudo "Raio X do Ouro". Apenas cinco empresas foram responsáveis pela compra de um terço desse volume de 290 toneladas de ouro. Entre as empresas envolvidas estão quatro das principais DTVMs do país: a FD'Gold, a Ourominas, a Parmetal e a Carol. A FD'Gold, de Dirceu Frederico Sobrinho, atua em toda a cadeia do ouro, com empresas de extração, refino, transporte aéreo e uma holding de companhias de intermediações e participações. O estudo informa que Dirceu é dono de 32 garimpos nos municípios de Itaituba e Jacareacanga, além de possuir 137 requerimentos de lavra garimpeira. As outras empresas não são diferentes dessa. Na época do estudo, três já haviam sido alvos de investigação policial.

Enquanto escrevia este livro, vi o descalabro aumentar. Em contrapartida, vi também como lutaram os líderes indígenas, como se esforçaram os institutos e as organizações não governamentais para qualificar o entendimento do assunto com estudos minuciosos, como trabalharam os servidores de diversos órgãos contra esse crime. Em 2023 tudo começou a mudar, por ação do Judiciário e do Executivo, mas o caminho será longo. Por isso quero contar aqui as apurações que fiz sobre o assunto para que a leitora e o leitor tenham ideia da gravidade do problema. Depois falarei da solução, que agora está mais próxima.

Banco Central: omisso ou *encurralado?*

— Roberto, isso está chegando a 30 toneladas e o Banco Central não faz nada?

A pergunta, dirigida a Roberto Campos Neto, presidente do BC, foi feita por Raul Jungmann, ex-ministro da Defesa e desde fevereiro de 2022 na presidência do Instituto Brasileiro de Mineração. O Ibram representa as grandes mineradoras, que não vendem ouro para as DTVMs, mas diretamente para *traders* internacionais, e tem extrações legais em várias áreas do Brasil, com histórica concentração em Minas Gerais. Ao todo, as mineradoras que fazem parte do instituto extraíram no país 76 toneladas de ouro em 2022. Desde que Jungmann assumiu o comando do Ibram, intensificaram-se os contatos diretos com o BC contra o ouro ilegal.

A conversa entre Campos Neto e Jungmann ocorreu naquele ano. E a resposta foi que o Banco Central estava tolhido pela lei. A Receita Federal continuava aceitando a nota fiscal de papel, muitas vezes manuscrita. "Em papel de padaria", como ouvi no próprio BC, diante das fotos de algumas dessas notas. A turma da Fiscalização do Banco Central tem muitas histórias para contar sobre esse veto, na prática, ao seu trabalho de fiscalizar as DTVMs e que vigorou por tantos anos.

— Eu chego na DTVM e peço: me mostra o certificado de origem do ouro — relata um dirigente do BC que pediu para não ter seu nome citado. — Todo ativo é assim, o BC fiscaliza a origem dos recursos. É isso que o BC faz. Mas quando a gente pergunta a uma DTVM, ela responde: não sou obrigada a te dar provas porque tenho que respeitar a lei da presunção da boa-fé. Teve uma que abriu um grande baú cheio de papel escrito a mão e disse: "Pode procurar." Às vezes a gente ouve: "Já estragou, era manuscrito, borrou, joguei fora."

Ouro é divisa, é reserva cambial, o Banco Central é a autoridade monetária. Os grandes bancos tremem quando a Fiscalização baixa nas instituições. Contudo, diante de uma DTVM em Itaituba, o Banco Central ouvia respostas desmoralizadoras.

— A lei vai contra o Banco Central, porque ele não tem o poder. O banco está proibido de atuar sobre pessoas que praticam atividades que não estão sob a sua supervisão. Se houver uma pessoa que esteja na DTVM e, ao mesmo tempo, no garimpo, o BC não pode conectar uma coisa e outra porque não tem competência para fiscalizar a comercialização do ouro *in natura*. A competência é da Agência Nacional de Mineração e da Receita Federal — explicou o mesmo dirigente do Banco Central, e o fato de esse dirigente da instituição ter pedido que o nome dele não fosse citado na minha apuração já é um indício da existência de algo muito estranho no mercado de ouro brasileiro.

O Banco Central pode fiscalizar, por exemplo, grandes movimentações financeiras. E admite-se, no BC, que algumas dessas DTVMs apresentem movimentos semelhantes aos de bancos de pequeno porte. No entanto, quando o banco pressiona uma DTVM, ela tem como escapar por todas aquelas brechas já citadas.

— Tem uma em que a gente já foi umas dez vezes. Mas, quando a gente aperta, elas abrem um braço não financeiro e a gente não pode fiscalizar. Quando a gente pede para a Receita Federal que introduza a nota fiscal eletrônica, elas dizem que isso leva tempo para instituir, demanda recursos, é preciso atualizar o código-fonte, umas coisas assim.

A partir de 2015, os criminosos usaram mais este truque: abrir uma comercializadora de ouro no lugar da DTVM, porque assim se escapa completamente do Banco Central. Para se ter uma ideia, em 2016 61% das primeiras aquisições do ouro de garimpo eram feitas pelas DTVMs e 39% pelas comercializadoras, nas quais o BC não pode nem entrar. No ano seguinte, já havia se invertido: 35% das aquisições eram feitas nas instituições fiscalizadas pelo BC; e 65% nas comercializadoras. Em 2019, 29% se davam nas DTVMs e 71% nas comercializadoras. O crime já estava se preparando para a etapa seguinte, quando o Banco Central terá realmente instrumentos para fiscalizar.

O surgimento desses novos compradores do garimpo produziu várias consequências. Essas empresas "comerciais" não pagam IOF e, muitas vezes, nem mesmo a Cfem. Por isso começaram a pagar mais pelo ouro. E muito metal passou a ser exportado por essas empresas. A Anoro fez uma consulta à Procuradoria Federal sobre a interpretação da Lei nº 12.844/13 e teve como resposta que a primeira aquisição cabe exclusivamente às DTVMs, que, como se sabe, de santas não têm nada. Mas as comercializadoras são ainda piores. Admite-se hoje, no próprio BC, que a instituição poderia ter feito mais, por exemplo, propondo leis que fechassem as brechas da ilegalidade. Não o fizeram. O garimpo entra ilegalmente na terra pública, em geral Terras Indígenas, monta uma estrutura milionária com equipamentos pesados e caros e atrai uma multidão de trabalhadores, enquanto prestadores de serviços instalam-se no entorno e as cidades próximas passam a viver economicamente da atividade ilegal. São usados mercúrio e outros ácidos corrosivos para extrair o ouro, o que produz devastação ambiental. Quando tudo está destruído, o lugar é abandonado e os garimpeiros vão atrás de outra área mais promissora. Depois, tudo é levado para uma DTVM, ou uma comercializadora, que são os receptadores. Muitas vezes a DTVM compra de seus próprios donos, que são também exploradores ilegais de ouro. As DTVMs pagam o imposto para a ANM, a Cfem e, pronto, o ouro está lavado.

Ao longo da apuração para este livro analisei uma dessas notas toscas e manuscritas que imperaram nesse comércio por décadas. Só agora a Receita começou a implantar a nota fiscal eletrônica. Um desses papéis registrava a venda de 1.780,8 gramas de ouro, ou seja, quase dois quilos, comprados pela Parmetal DTVM. A operação era antiga, de 9 de novembro de 2012. Tinha lá manuscrito o nome do vendedor, como endereço estava registrado "rodovia transpantaneira km 03". Na época foram pagos R$ 180.003,29 ao vendedor e recolhido imposto na fonte no valor de R$ 4.193,56.

Por alguns trocados de impostos, o país vai vendendo aos picadinhos a floresta pública, vai destruindo o meio ambiente, implantando o terror em comunidades indígenas, impondo sobre elas a morte, o estupro e a degradação do território. A ANM autoriza, a Receita facilita, o Banco Central se diz tolhido pela lei. Foram anos disso, décadas. Quantas toneladas ao todo o país perdeu por essas veias abertas? Depois de uma longa conversa no governo sobre o ouro ilegal, ouvi o seguinte desabafo de uma autoridade:

— Quando você olha esse volume de dinheiro, desse comércio, o que isso representa? É o PIB de alguns estados. E para onde vai esse dinheiro? Vai para matar tudo em volta. Mata indígena, desmata, joga ácido nos rios para poder extrair mais. Mata tudo em volta.

No começo do governo Lula, o tema entrou na pauta como emergência e muita gente foi mapeando o caminho para fechar as brechas, coibir o crime, legalizar essa indústria. É possível, mas a mineração sempre será ambientalmente controversa. Na Amazônia, ainda mais. Mesmo longe da floresta, a mineração sempre terá impacto, muitas vezes para além do tolerável.

As mineradoras, quando brigam contra o garimpo ilegal, defendem o seu mercado. Elas, pelo menos, são fiscalizadas e têm compromissos a cumprir, mesmo assim sua atuação também é controversa. O Ibram reúne as principais mineradoras de ouro que atuam na legalidade. São a AngloGold, a Kinross, Yamana, Jaguar, Aura, Serabi e Equinox, que é dona da Aurizona. Há filiadas que são produtoras de ouro como coproduto. É o caso da Vale, da Lundin e da Ero Caraíba. O coproduto é quando a mineradora produz, por exemplo, cobre, mas ele vem associado ao ouro. Podem vir em outros metais, como prata, paládio e platina. A Equinox vendeu a Pilar de Goiás, acusada de poluição ambiental, para a Leagold em maio de 2021. A Mineração Maracá, da canadense Yamana Gold, tinha em 2021 capacidade para processar 24 toneladas de ouro em sua mina em Alto Horizonte, Goiás.

Os Munduruku escrevem *cartas*

O garimpo atinge várias outras Terras Indígenas, além da Yanomami. No Alto e no Médio Tapajós, no Pará, sofrem os Munduruku. Quem acompanha a luta deles contra o garimpo ilegal em seu território acha que os dias 5 e 6 de agosto de 2020 pareciam ser o fim do mundo. A mineração ilegal lá acontece há décadas e suas lideranças escrevem cartas aos Poderes incansavelmente. Há cartas escritas em 1987, por exemplo, ao então presidente José Sarney, denunciando o garimpo. O hábito de registrar tudo em carta se tornou uma marca desse povo e isso hoje os ajuda, porque quem quiser falar em nome deles é, na prática, desautorizado. Nos últimos anos, os donos do capital passaram a cooptar lideranças indígenas e pessoas que se fazem passar por lideranças, o que fratura emocionalmente o povo. Mas é fácil saber, pelas cartas e pelos protocolos decisórios, onde está realmente a vontade Munduruku.

Naqueles terríveis dias de agosto de 2020, as ações dos garimpeiros chegariam ao centro do poder, quando o Ibama, o ICMBio e a Força Nacional iniciaram, no dia 5, uma operação para combater o garimpo ilegal na Floresta Nacional do Crepori, entre Itaituba e Jacareacanga e contígua à TI Munduruku. As cenas reveladas pela operação e mostradas pelo *Jornal Nacional*, no dia seguinte, eram chocantes. O que se via no coração da floresta era um rastro de destruição, um rio de lama. O contraste impressionava. Ao lado do verde das matas, havia um conjunto de enormes piscinas de água barrenta contaminada por dejetos do garimpo.

O Ibama ateou fogo em pás-carregadeiras, conhecidas como "PCs", uma máquina que custa em torno de R$ 500 mil cada, e houve reação. Em áudio obtido pelo *JN*, os garimpeiros falavam em derrubar o helicóptero do Ibama: "Pois é, amigo. Isso aí era para ter reunido a moçada tudinho. Aí o cara prefere perder uma PC, quatro, cinco PC do que... moço, mete bala pra cima, meu amigo, joga um helicóptero desse no chão, moço. Joga um helicóptero desses no chão. É mil 'vez'. Aí eles vai pensar duas vezes em vez de encostar num garimpeiro."

Nesse ambiente de extrema tensão em que trabalhavam os servidores do Ibama, o então ministro Ricardo Salles entrou para dar força ao crime. Foi até Jacareacanga e lá se reuniu não com os fiscais do governo, mas com os alvos da operação, os garimpeiros, o que gerou um conflito dentro do Ministério do Meio Ambiente. O Ministério da Defesa, comandado pelo general Fernando Azevedo, tomou o lado de Salles, suspendeu a operação do Ibama e aviões da FAB passaram a transportar garimpeiros para Brasília. O vice-presidente da República, Hamilton Mourão, também deu razão a Salles, ecoando as mesmas declarações. Não era mais o caso de um parlamentar ou de um prefeito apoiando o crime. Não era apenas uma cidade capturada pelo crime. Eram os Poderes da República estimulando abertamente os bandidos.

Tudo o que aconteceu naqueles dias foi meio nebuloso, mas uma coisa chamou bastante atenção. O ministro e o vice-presidente da República disseram que suspenderam a ação do Ibama a pedido dos próprios indígenas — alguns, de fato, acompanhavam os garimpeiros levados até Brasília, mas eram poucos e não eram representativos. Uma reportagem da *Folha de S.Paulo*, assinada por Rubens Valente e Fabiano Maisonnave, com o título "Garimpeiros reagem a ação do Ibama e cobram proteção de Bolsonaro", exibiu vários áudios trocados em aplicativos de celular pelos garimpeiros. Em um, eles propunham atacar os servidores, trancar as saídas das caminhonetes e chamar a população. Em outro, protestavam contra a destruição das PCs, que diziam valer "R$ 1 milhão" e ser patrimônio "do trabalhador". Como se trabalhador tivesse tanto dinheiro assim.

Em um dos áudios, um garimpeiro assim protesta contra a ação do Ibama: "O governo é a favor da garimpagem, pô. Isso [*a operação de combate ao garimpo*] está fora da lei. Tem que prender esses vagabundos aí. [...] Junta todo mundo e tranca eles aí." Num ponto eles tinham razão: o governo era a favor da garimpagem. Era o que Bolsonaro dizia desde o primeiro dia de seu governo. As declarações do ministro Ricardo Salles, no local, tinham um toque de perversidade — ele falava como se estivesse defendendo os indígenas:

— Os indígenas têm o direito de escolher como querem viver. Têm o direito de escolher que atividade econômica querem fazer. Parem de fazer de conta que os indígenas não querem garimpar, não querem ter lavoura ou não querem, em certos casos, ter atividades ligadas ao setor madeireiro.

Hamilton Mourão ecoou o ministro do Meio Ambiente, dando um passo adiante, porque misturou completamente os garimpeiros e os indígenas:

— Os garimpeiros são os indígenas que moram lá. Inclusive é muito bom para desmontar essa teoria daquela turma que acha que o índio tem que viver segregado na mata. Não tem meio de subsistência, ele vai buscar o meio de subsistência dele.

Salles e Mourão, ocupando os cargos de ministro e vice-presidente da República, respectivamente, estavam estimulando o ilegal e o inconstitucional. O que a Constituição diz é que nas Terras Indígenas cabe aos indígenas o usufruto exclusivo das riquezas do solo, dos rios, dos lagos. A exploração mineral só pode acontecer com autorização do Congresso Nacional e após consulta às comunidades afetadas.

Os Munduruku são um povo de 14 mil pessoas. Um grupo habita o norte de Mato Grosso, na divisa com o Pará, na Terra Indígena Kayabi, onde foi construída a Hidrelétrica Teles Pires; outro grupo mora no Alto Tapajós, onde ficam as TIs Munduruku e Sai Cinza; e um terceiro grupo ocupa o médio curso do rio, na TI Sawre Muybu, que os próprios indígenas chamam de território Daje Kapap Eipi. A antropóloga Luísa Pontes Molina trabalha com os Munduruku há vários anos. Quando a entrevistei, ela fazia doutorado na UnB. Sua dissertação de mestrado tivera como tema o impacto das hidrelétricas sobre esse grupo indígena. Na tese de doutorado, ela aprofundava os impactos desses empreendimentos econômicos, mas ainda não pensava no garimpo como ponto central de seus estudos. Aqueles dias de agosto ajustaram o rumo de sua tese:

— Meu plano inicial era fazer a tese focada no efeito sobre os Munduruku da destruição dos lugares que eles consideram sagrados. Chegando em campo, vi que eles estavam lidando com a destruição mais urgente, mais presente para eles, o garimpo. Aqueles fatos de Jacareacanga foram decisivos para mim.

Houve uma forte reação no país à decisão do Ministério da Defesa de suspender a operação do Ibama contra o crime. O governo teve que voltar atrás e retomar a operação. Contudo, era tarde demais. Servidores do Ibama disseram, segundo relatou o repórter Vladimir Netto no *Jornal Nacional*, que eles haviam perdido o elemento-surpresa e as equipes que atuavam em outras áreas de preservação da Amazônia estavam sendo ameaçadas pelos garimpeiros.

Luísa Molina contou que existe garimpo na região desde 1958. No início, em pequena escala. Em 2016, com a chegada do maquinário pesado, tudo mudaria de figura. A entrada das PCs na região se dava pelo rio das Tropas, que marca o limite da TI Munduruku com a Floresta Nacional do Crepori. Exatamente nesse local — entre a TI e a Floresta Nacional — é que a ação do Ibama aconteceu, o que mostra que os servidores haviam se dirigido para o local certo.

— Foi pelo rio das Tropas que o garimpo começou ali — me contou Luísa. — Então existe um conhecimento sobre o ouro naquela região desde o fim dos anos 1950, começo da década de 1960. Tivemos uma evolução gradual do uso de maquinários, mas, segundo o relato dos Munduruku, essa atividade e os garimpeiros tradicionais foram completamente atropelados pela nova configuração de grupos, de empresários envolvidos no garimpo ilegal, que são aqueles que conseguem comprar as PCs e mantê-las dentro do território. Em um trabalho de graduação do arqueólogo Jair Boro Munduruku, fantástico, ele menciona isso: "No rio das Tropas começamos a ver a coisa sair completamente do controle, matar o nosso rio, em 2016, com a entrada do maquinário pesado ali."

Os Munduruku tinham travado uma luta contra o projeto de construção de um complexo de usinas hidrelétricas na bacia do Tapajós. Uma foi construída e isso já foi trágico para eles, porque lugares sagrados foram destruídos. Com a escalada do garimpo, os indígenas, cansados de denunciar, organizaram ações autônomas de fiscalização.

— Essa escalada se intensificou a ponto de os indígenas se expressarem no seu relato desta maneira: "O rio começou a morrer." Eles então organizaram essas missões. Não que não existissem antes. Mas, em 2014, eles fizeram uma ação de expulsão dos garimpeiros de lá. Os Munduruku têm uma alta capacidade de mobilização. Quando são convocados, eles andam dois dias, mas vão. Em 2017, tiveram que se organizar ainda melhor para conseguir responder de forma mais contundente a essa nova investida do garimpo. Como não obtiveram resposta dos órgãos públicos competentes, em janeiro de 2018 eles resolveram fazer tudo por conta própria — explicou Luísa.

Os Munduruku fizeram uma série de viagens dentro do território. Uma delas foi acompanhada pelo já citado repórter Fabiano Maisonnave, da *Folha*. O relato, publicado em 4 de fevereiro de 2018, é devastador. Fabiano começa falando que "225,8 quilômetros de água enlameada cruzam a floresta amazônica e anunciam a tragédia adiante: megagarimpos ilegais encravados na Terra Indígena Munduruku e na Floresta Nacional do Crepori, no sudoeste do Pará". Uma das fotos que ilustram a reportagem traz um guerreiro Munduruku de costas, dentro de um barco, observando uma ponte de tora sobre o rio e um trator com umas nove pessoas dentro, cruzando a ponte.

"Cansados de esperar por uma intervenção do Estado, guerreiros e lideranças da etnia, incluindo o cacique-geral, Arnaldo Kaba, organizaram uma expedição para expulsar os garimpeiros não indígenas do local. Em seis lanchas viajaram dezenas de guerreiros armados com flechas, espingardas de caça, mulheres, crianças, idosos. [...] A viagem de ida tomou dois dias de barco desde Jacareacanga, da foz do rio das Tropas, que deságua no Tapajós, até a sua cabeceira. Antes de águas transparentes, o rio ficou barrento em toda a sua extensão", escreve o repórter. O grupo parou em algumas das 20 aldeias às margens do rio e ouviu sempre o mesmo relato. "Acabou o peixe. Estamos há quatro anos sem usar a água do rio — disse a vice-cacique Iraneide Saw, 29, por meio de uma intérprete." A aldeia agora usa poço artesiano.

A parte mais difícil da viagem começaria a sete quilômetros da aldeia PV, nome derivado de Posto de Vigilância. "A partir dali, onde há um grande garimpo dentro da Flona do Crepori, a expedição subiu pelo igarapé Massaranduba, que corre apenas dentro da Terra Indígena e é o principal afluente do rio das Tropas." Flona é a sigla de Floresta Nacional. Não poderia haver nenhum garimpo dentro dela porque é Unidade de Conservação. Mas existe. "Por cerca de 2h30, os pilotos dos barcos sofreram para subir o leito desviado e assoreado em meio a toneladas de terra revirada. Não há vida aquática ali, apenas um jorro contínuo de lama. Em um trecho foi preciso desembarcar para que os barcos vencessem um desnível provocado pela garimpagem." Os Munduruku viajaram em silêncio, relatou o repórter.

A descrição da aldeia PV é chocante. Nela, os Munduruku eram minoria. Os garimpeiros circulavam pelas casas a pé, em motos ou quadriciclos. A escola municipal, "única presença visível do Estado", havia se transformado em depósito e dormitório dos garimpeiros. A lousa virara mural de recado deles. Quando os guerreiros chegaram, os garimpeiros tiraram várias caixas de dentro da escola. Ajudaram nesse carregamento alguns indígenas da PV, inclusive uma criança de 7 anos. O prostíbulo fora esvaziado dois dias antes, mas nos bares locais ainda havia muita bebida. "Os senhores têm que sair", disse Arnaldo Kaba, o cacique-geral que chefiava os 40 guerreiros. O cacique da aldeia, Oswaldo Wuaru, falou em seguida e, em vez de pedir a saída dos garimpeiros, reclamou do não atendimento das promessas feitas por eles, como a de abertura de um poço artesiano. Os garimpeiros renovaram as promessas e um deles, no ato, entregou ao cacique da PV um pacotinho de 20 gramas de ouro, que o cacique embolsou.

O repórter segue contando os detalhes dessa reunião espantosa. O garimpeiro que dera ao cacique da aldeia os 20 gramas de ouro ainda falou: "Às vezes, a gente tira 15, 20 gramas para gastar com cachaça e prostituição. Isso eu digo vivenciando. E não temos coragem para dar pro capitão Oswaldo 5 gramas, 10 gramas, para ele? Temos de conscientizar que estamos dormindo, comendo e bebendo dentro da casa do capitão Oswaldo." As cenas explícitas de aliciamento e corrupção continuaram, com um dos mais poderosos garimpeiros da região, Eduardo Martins, que era também, segundo o repórter, o "pastor do garimpo". Tinha lá três PCs e prometeu fazer dois tanques de peixe e pagar poço artesiano, além de levar deputados para falar com os Munduruku.

Os guerreiros chegaram à aldeia no dia 25 de janeiro, à tarde. Foram embora no dia 27, prometendo voltar com todas as aldeias e expulsar os invasores de lá. Não faz sentido que essa função de fiscalização e proteção das terras seja feita por eles e não pelo Estado, pelos órgãos de controle. Mas os Munduruku estão lutando por contra própria, vendo os garimpeiros invadirem impunemente, destruírem o meio ambiente e dividirem seu povo. Em comunicado, o movimento de resistência Munduruku, Ipereg Ayu, que significa "povo que sabe se defender", declarou que, "com muita dor e vergonha, a aldeia PV não existe mais".

As respostas dos órgãos do Estado ouvidos pelo repórter foram revoltantes. Para citar uma: o ICMBio, que administra a Flona Crepori, afirmou que havia apenas 306 hectares desmatados pelo garimpo na Floresta Nacional. "Não temos estudos sobre a contaminação de garimpo ou assoreamento no rio das Tropas, mas a situação de deterioração não é tão intensa." Cada órgão, a seu modo, fugiu do problema, num escapismo próprio daquele governo. Perguntei à antropóloga Luísa Molina que percentual dos Munduruku apoiava o garimpo.

— Já me perguntaram isso antes. Eu tenho como responder a isso e questionar a pergunta ao mesmo tempo. Porque eu posso dizer: são 14 mil Munduruku e não tem nem uma centena de pessoas envolvidas com o garimpo diretamente — respondeu.

Depois Luísa me deu uma longa e interessante explicação sobre as diferentes formas de ver o problema. Da perspectiva não indígena, seria uma questão de escolha individual e minoritária. Da perspectiva indígena, era o começo da destruição deles como povo.

— Se você mata um rio em que as pessoas pescavam, se banhavam, levavam seus filhos ao nascer para o primeiro banho, não é uma questão individual. A identidade indígena é constituída nessa interação com o território. Então, se você mata o rio e uma criança não pode mais se banhar, não pode mais acompanhar os pais quando eles vão pescar, não pode se alimentar do peixe porque ele está contaminado de mercúrio, você está cortando muitos dos aspectos que fazem daquela pessoa uma pessoa Munduruku.

O relato que Luísa ouve é que nos locais onde entra o garimpo, os indígenas param de fazer roça, param de pescar, ficam dependentes dos alimentos das cidades. Isso vai transformando os hábitos daquele grupo. Por fim, muda-se o modo de vida.

— A base da sua diferença está ameaçada. Isso é risco de genocídio, *textbook* por definição, aquilo que constitui a singularidade de um povo, o seu *genus*. O seu coletivo está ameaçado.

É exatamente isso, a extinção de um povo enquanto tal, como uma parte culturalmente singular da humanidade. Luísa Molina tinha 33 anos quando a entrevistei pela primeira vez, em 2 de fevereiro de 2022. O corte de cabelo, curto, acentuava a sua juventude. Meses antes, havia coordenado e participado da confecção de um importante relatório, "O cerco do ouro: garimpo ilegal, destruição e luta em terras Munduruku", que traz notícias e dados sobre como os criminosos se espalham com seus cúmplices muito bem instalados na estrutura de poder local.

Depois Luísa foi trabalhar no ISA, onde conversei com ela no começo de 2023. Lá coordenou um trabalho detalhado, amplo e preciso sobre o garimpo, de leitura indispensável: "Terra rasgada: como avança o garimpo na Amazônia". O documento faz uma crua radiografia da atividade, de todos os aspectos regulatórios, econômicos e políticos nos quais o crime se assenta e prospera. "Terra rasgada" traz uma lista de medidas sobre como combater as fragilidades da cadeia do ouro. A pesquisa foi feita a partir do movimento dos indígenas que negociaram a aliança dos Munduruku, Kayapó e Yanomami. Estava dando certo o plano quase impossível. Lideranças dos três povos superaram as distâncias e as velhas rivalidades, em plena pandemia, para se encontrar em Brasília e definir uma estratégia comum de enfrentamento do crime. Quando começaram a pensar nessa aliança, Bolsonaro governava o Brasil e tentaria a reeleição. Se aquela administração continuasse, seria o começo do fim para esses povos. Eles se uniram diante do risco do apocalipse.

Há diferenças entre as diversas terras onde moram os Munduruku. As TIs Munduruku, Sai Cinza e Kayabi estão homologadas. A Sawre Muybu foi apenas identificada, a Sawre Bapim está em estudo. As reservas Praia do Índio e Praia do Mangue são pequenas, tornaram-se urbanas pelo crescimento das cidades em volta e estão em processo de demarcação física. O processo de demarcação da TI Munduruku começou em 1945 e só terminou em 2004. Segundo o Inpe, nas TIs Munduruku e Sai Cinza foi desmatada, em 2020, uma área equivalente a 2 mil campos de futebol. Perderam-se 2.052 hectares. Mais do que em 2019, quando a perda havia sido de 1.835 hectares.

"Em 2018, foi estimado por perícia que a garimpagem despeja no rio Tapajós 7 milhões de toneladas de rejeitos por ano, sendo o mercúrio a parte mais expressiva", diz o relatório "O cerco do ouro". O mercúrio, explica-se no documento, causa diversos efeitos neurológicos, imunológicos, digestivos, alguns irreversíveis. "Atravessa a barreira hematoencefálica, a placenta e a glândula mamária, afetando o sistema nervoso de adultos e também de recém-nascidos." Além da contaminação por mercúrio, tem havido, entre os indígenas, um forte aumento dos surtos de malária por causa da atividade do garimpo. Os dados do Ministério da Saúde indicam que, de 2018 a 2020, os casos da doença passaram de 645 para 3.264, o que, no contexto da pandemia, era ainda pior, porque a malária é um dos fatores agravantes da covid-19. A disseminação do novo coronavírus na região se deu basicamente por causa das invasões das TIs. Morreram ali, em um ano, 31 indígenas de covid.

Estava claro o que Luísa tentava me explicar. Não era uma questão de escolha individual minoritária. Com efeitos sobre o coletivo assim tão devastadores, o que os cooptados pelo crime estavam escolhendo era a destruição do povo. Luísa me deu mais explicações sobre a forma de tomada de decisão entre os Munduruku, diante da ameaça provocada pelo aliciamento promovido pelos garimpeiros.

— Os indígenas vão responder a isso em grandes assembleias, com todas as associações representadas e com o modo tradicional deles de decidir. Eles vão e discutem coletivamente o problema. Escutam todos que queiram falar, mulher, criança, pajé, cacique, idoso, todo mundo que quer falar eles escutam. Eles tomam a decisão com base no consenso de longos dias de assembleia. Esse é o modo tradicional deles de produzir reflexão e decisão coletiva e agir coletivamente. A decisão que têm tomado é de resistir ao garimpo e é nessa base que entendem a autodeterminação deles. Então, se nós olharmos como um problema de escolha individual, já estaremos jogando o jogo de quem está oferecendo o grama de ouro para os indígenas, porque não é uma escolha individual.

Curiosa essa forma coletiva de decidir dos Munduruku. Lembra a "indaba", que significa "conferência" e ocorre em algumas etnias africanas, como a Zulu. E como se dá o aliciamento de alguns indivíduos? Luísa me descreveu o cotidiano dessa cooptação, que se parece — com as devidas diferenças — com todas as formas como os não indígenas enganaram os indígenas desde a chegada de Cabral. Só muda o objeto que vai ocupar o lugar do espelhinho.

— Existem diferentes técnicas de aliciamento. Os não indígenas vão conversando com uma liderança de uma aldeia, um cacique, ou uma família influente. "Olhe, vocês me deixam explorar um barranco aqui na sua região que eu dou uma porcentagem do que eu tirar de ouro aqui." A ideia da "porcentagem" é completamente arbitrária, pode ser qualquer coisa. Outra forma é dizer: "Olha, eu estou querendo entrar aqui, estou te dando um motor." Aí dão um motor de popa, um motor quarentão, como eles chamam, que é caro e é extremamente valorizado na região, porque é o que permite fazer grandes deslocamentos em menos tempo. E ao darem o motor dizem: "Eu vou ser o seu amigo aqui." E assim estabelecem com os indígenas um modo de relação na base da dádiva, uma relação de parceiro comercial bem assimétrica. Assim eles vão seduzindo, vão comprando as pessoas. E dizem: "Ah, você vai ter tanto ouro aqui, que você poderá ter acesso aos bens da cidade com muito mais facilidade." Vão inserindo outras coisas, como bebida alcoólica, por exemplo. Não que não houvesse antes, mas, de forma mais intensa, é mais um ingrediente da sedução. Algumas pessoas, e aí são algumas pessoas mesmo, vão se envolvendo até se transformarem em parceiras dos não indígenas, vão se envolvendo em coisas como operar as máquinas e receber um pouco mais dessa porcentagem.

Desde 2021, os Munduruku aumentaram as ações de defesa do território. Agem através de associações, uma delas muito aguerrida, formada por mulheres, foi a responsável pela ocupação de um canteiro na Usina Hidrelétrica de Belo Monte. Existem sete associações dentro do território trabalhando para expulsar os garimpeiros. Uma delas, a Pusuru, foi capturada pelos garimpeiros.

— O garimpo tem essa capacidade de transformar uma aldeia no avesso dela. O garimpo tem uma força de morte.

Perguntei a Luísa onde o problema era maior, se entre os Yanomami ou entre os Munduruku. Ela, de novo, me olhou deixando claro que as minhas categorias métricas eram insuficientes para entender o problema e respondeu:

— Eu, recentemente, participei do encontro de lideranças Yanomami, Kayapó e Munduruku, uma imersão de três dias para saber como conter o avanço do garimpo ilegal nos territórios dos três. Do ponto de vista dos indígenas, eu diria que a ameaça mais atroz, que causa mais consternação, uma dor muito grande, é haver um parente que incendeia a casa de outro parente, é haver um parente que mata o outro parente por causa do garimpo.

O que torna tudo mais explosivo é o fato de as cidades próximas das Terras Indígenas estarem totalmente dominadas pelo garimpo. Da mesma forma que a procuradora Ana Carolina Haulic Bragança, a antropóloga Luísa Molina citou como exemplo Itaituba. A Câmara dos Vereadores no município tem uma expressiva representação de garimpeiros, os grupos econômicos são todos ligados ao garimpo, os comerciantes locais dependem do garimpo. Quando há uma ação como aquela do Ibama de agosto de 2020, em que maquinário é queimado, há uma forte reação local.

— Tem outdoor nas ruas de Itaituba exaltando a garimpagem e apoiando os garimpeiros, incentivando-os a se organizarem. Tem um discurso tanto na mídia local quanto na Câmara dos Vereadores e nas ruas de Itaituba de que o garimpo é o que sustenta a região. A cidade respira garimpo. Você anda nas ruas e vê isso o tempo inteiro. Existe uma espécie de cerco também no imaginário das pessoas. Eles usam dente de ouro. Há a ideia de que [*o ouro*] é a única fonte viável para as famílias. Tem um discurso que penetra no território indígena de maneira muito perniciosa de que aquela terra é muito rica e que, sem explorar a terra, os indígenas não terão renda, não vão gerar renda para as suas famílias. É uma coisa que cerca e intoxica.

Apesar de todo esse poder de destruição, toda essa forte capacidade de gerar renda, riqueza, o ouro tem uma cadeia de produção e comercialização obscura, em um mercado tão concentrado.

— Existem 91 postos de compra, mas apenas oito DTVMs com postos de compra ativos. A maior parte desses postos de compra pertence a cinco DTVMs, algumas investigadas por esquentamento de ouro. Grande parte dessas empresas está em Itaituba. Segundo a lei, só se pode comprar ouro da mesma província geológica onde está o posto de compras. Até o primeiro semestre de 2021, Roraima não tinha nenhuma PLG outorgada, e com todo aquele volume de garimpo ilegal dentro da terra Yanomami. Aquele ouro está saindo para algum lugar. Uma das operações da Polícia Federal constatou que o ouro extraído dali é lavado em Itaituba. É até fácil imaginar o que acontece. Há um enorme volume de ouro sendo extraído em Roraima sem qualquer PLG outorgada, e as DTVMs estão todas concentradas no Pará. O ouro ou está saindo como contrabando ou está sendo lavado no Pará. Então, Itaituba não é só um polo de mineração ilegal, é também um local de lavagem de dinheiro.

"A bacia do Tapajós é considerada a maior província mineral do planeta em extensão, com 98 mil quilômetros quadrados. Essa é também a zona de maior concentração de garimpeiros na Amazônia brasileira", lê-se no relatório "O cerco do ouro", que Molina organizou com Luiz Jardim Wanderley. O relatório descreve a promiscuidade do crime e o poder político e econômico na região: "Um episódio emblemático foi a articulação feita pelo senador Zequinha Marinho (PSC-PA) para que representantes do primeiro escalão do governo Bolsonaro (como os ministros Bento Albuquerque, Ricardo Salles e o então chefe da Casa Civil, Onyx Lorenzoni) se reunissem com garimpeiros em Brasília, em 2019." O documento lembra, ainda, o encontro dos garimpeiros com Hamilton Mourão em 4 de setembro de 2019. Cinco dias depois dessa audiência, o governo proibiu queimar veículos flagrados na Amazônia em crimes ambientais. Ocorreram várias reuniões do lobby do garimpo em Brasília durante o governo Bolsonaro.

Um empresário que acompanhava a caravana no dia 4 era o representante da Hyundai na região, Roberto Katsuda, maior fornecedor de escavadeiras para o garimpo nessa região. "Já vendemos 600 escavadeiras para os garimpeiros", comemorava ele, em 2019, numa audiência na Câmara Municipal de Itaituba. A informação é de Daniel Camargos, da agência de notícias independente Repórter Brasil. "As máquinas, que custam entre R$ 500 mil e R$ 1 milhão, são usadas para cavar buracos profundos nas margens dos rios em busca de ouro", diz a reportagem. A Repórter Brasil também reproduziu o seguinte trecho de um discurso que Katsuda fez em um evento local, em homenagem aos clientes: "Agradeço à classe garimpeira, pois são vocês que colocam comida na mesa da minha família."

Muito longe dali, em Piracicaba, no interior de São Paulo, a fábrica da Hyundai Motor Brasil venceria, na categoria Empresa, o Prêmio Destaque Ambiental 2020, conferido pelo Conselho Municipal de Defesa do Meio Ambiente. O projeto da Hyundai "Aterro Zero" foi uma das razões do prêmio. Enquanto isso, suas máquinas desaterravam rios na Amazônia. A empresa, que tem o plano de ser neutra em carbono, estampa em um de seus anúncios: "Nossa jornada em direção à sustentabilidade continuará para o bem da humanidade e das gerações futuras." A empresa produz escavadeiras em Itatiaia, no Rio de Janeiro, onde, em 2013, instalou uma fábrica de equipamentos pesados com capacidade para produzir mil unidades por ano. Em 2015, já eram 5 mil escavadeiras, mais do que o previsto. Quem entrar em seu site encontrará a afirmação de que ela é "amiga do meio ambiente", porque gerencia resíduos e controla a água. "Para o sucesso de nossos negócios, devemos criar um futuro sustentável através da melhoria contínua de nosso desempenho ambiental, social e econômico."

Em outro mundo, distante deste da publicidade, o empresário Roberto Katsuda foi a Brasília defender os garimpeiros junto com o prefeito de Itaituba, Valmir Climaco, que, em sua longa folha corrida, traz o fato de ter dito que receberia os representantes da Funai a bala. A Hyundai não está sozinha. As máquinas de criminosos ambientais na Amazônia trazem também as marcas Caterpillar, Volvo, Sany, Komatsu, New Holland. Todas têm programas de sustentabilidade exibidos em seus sites.

Fala o cacique-geral

Em abril de 2022, entrevistei para este livro três lideranças Munduruku: o cacique-geral Arnaldo Kaba, a coordenadora da Associação Pariri, Alessandra Korap, e o antropólogo, formado pela Universidade Federal do Pará, Ademir Kaba. Achei valioso trazer o relato deles sobre o que têm vivido. Na ocasião, os três estavam em Brasília para participar do Acampamento Terra Livre, que reúne anualmente, em abril, líderes indígenas de todo o Brasil.

— Primeiramente, bom dia. Eu sou o cacique-geral do povo Munduruku. Meu nome é Arnaldo Kaba Munduruku. Eu estou representando meu povo, as 140 aldeias. Sou Munduruku do Pará, do Alto Tapajós. A luta da gente é muito pesada. Nós viemos lutando de muito tempo, assim, desde o final do meu pai. Ele levou 103 anos de idade, lutou muito por um socorro, aí ele me indicou para ficar no lugar dele, então eu assumi mesmo em 2013. De lá pra cá, está tudo mudado e o projeto do governo que ele está querendo fazer dentro da Terra Indígena é muito pesado. A gente não tá aceitando. Isso não é bom para o nosso povo.

— Mas qual é o problema exatamente?

— O problema que está dando dor de cabeça pra nós, atacando nosso coração, do povo Munduruku paraense, é o garimpo. É o garimpo. Primeiro, é isso aí. Depois, eu acredito que pode criar mais outros sofrimentos.

Baixo, vestido com a indumentária indígena, com cocar de penas azuis e três penas vermelhas maiores no centro, colares e braçadeiras e de máscara preta contra a covid, o cacique tinha fala mansa, mesmo quando se indignava.

— Por que o governo não está respeitando o direito do povo indígena? Deveria o presidente respeitar a nossa terra, ela está demarcada, eles invadem e já tá tudo destruído já. Principalmente na minha região. A região Munduruku tá ficando feia. O branco tá dentro da Terra Indígena. Não foi cacique-geral que chamou. Porque a gente vem lutando com o presidente [*Bolsonaro*], mas ele não ouve. Por que ele não manda o pessoal dele ir lá?

E sentar com a gente, como nós estamos conversando aqui, né? Assim que é bom. Assim a gente entende para resolver problema. Por que ele não consulta com o povo indígena lá dentro das aldeias? Então a gente vem de longe. É muito caro passagem, arriscando a vida na viagem. Não é só indígena que está sofrendo, os nossos peixes estão tudo doente. Antigamente a doença era a malária, diarreia, hoje em dia é o mercúrio. E está deixando nós triste. Nós que somos cacique. Como vão viver nossas crianças, nossos netos? A área demarcada já está começando a ser destruída, o rio Tapajós está poluído e nós em cima dele, nós estamos doentes já. O doutor foi lá e tirou o sangue do Munduruku. E deu positivo. Nós estamos doentes já. Eu não posso vir aqui mentir. Eu estou falando sério.

Sim, o cacique falava a sério. Ele se referia a uma análise feita pela Fiocruz em 2020. O estudo, realizado em parceria com a WWF-Brasil, mostrara que todos os participantes da pesquisa apresentavam algum grau de contaminação e que 60% dos pesquisados estavam com um nível de mercúrio acima do limite de segurança. Nas aldeias mais próximas do garimpo, nove em cada dez participantes da pesquisa tinham mercúrio no organismo acima do aceitável. Das crianças analisadas, 15,8% "apresentaram problemas em teste de neurodesenvolvimento", segundo informe da Fundação Oswaldo Cruz de 26 de novembro de 2020.

O cacique-geral se inquietava com o futuro e não entendia as decisões tomadas pelos não indígenas.

— O povo branco não tem respeito. Cadê que o Munduruku vem aqui? Pra morar aqui? A gente quer entender neste ano aqui para 2030. Como é que vamos chegar lá? O ouro, ele não fica para nós, não sei para onde vai esse ouro. Eu nunca vi uma casa feita de ouro. Nunca vi, não. Eu já andei até na Inglaterra, mas eu não vi nada de ouro lá. O ouro só faz trazer tristeza para nós. Então a nossa luta é essa. Eu quero que saia aquelas pessoas, povo branco, de lá e deixa o povo indígena ficar lá. Como está demarcado, já tem lei. A lei não está morta, a lei está viva ainda. Mas o presidente não enxerga, parece que ele nem estuda. Eu não estudei, não, mesmo assim eu sei onde a lei manda não mexer. Meu povo não mexe. Nós perdemos muito lugar sagrado.

— Que lugares sagrados vocês perderam?

— Lugar sagrado é igual à mãe da gente. Como de caça, dos peixes, da Natureza.

O indígena Ademir Kaba, assessor do cacique, explicou que ele se referia aos locais que os Munduruku consideram que guardam a abundância das matas, dos peixes, das caças, das águas. Por isso falam em mãe das caças, dos peixes. Há também os lugares considerados sagrados pela cosmogonia Munduruku.

— A gente não quer perder mais. Por isso nós estamos reunindo agora três povos indígenas. Nós, Kayapó e Yanomami. Munduruku não pode ficar sozinho. E tem que ter parceiro — disse o cacique.

Perguntei pelos indígenas da etnia dele que estavam se associando aos garimpeiros.

— Isso está muito complicado, porque tem indígena que está do lado do povo branco. Isso é muito feio e eu digo assim, eu não vou brigar com o meu povo, o meu próprio povo.

Ademir explicou que a autoridade do cacique Arnaldo Kaba sobre o povo Munduruku fora resultado de uma assembleia-geral na aldeia. Desde então, era ele quem falava por todas as 140 aldeias e os 14 mil Munduruku.

— Não existe outro cacique-geral além dele. Ele é o porta-voz do povo Munduruku. Então, se aparecer outro dizendo que é o cacique-geral, não é verdade.

Perguntei por que o cacique dissera que é perigoso sair de viagem. Ademir me explicou que os três que estavam ali falando comigo já tinham recebido ameaça de morte:

— Hoje nós, como defensores dos direitos do povo Munduruku, a gente vive ameaçado. Nós somos ameaçados de morte e não temos mais a liberdade que tínhamos antes. A gente tem que viajar escondido.

— Como a ameaça chega a vocês?

— Através de áudio, de mensagem, ou então de ações concretas, como emboscada. Como aconteceu lá com a Maria Leuza — contou Ademir.

Maria Leuza, uma líder Munduruku na região de Jacareacanga, teve a sua aldeia atacada e a sua casa incendiada em 26 de maio de 2021.

— Eles tentaram invadir a minha aldeia também — continuou Ademir. — E tem agressões, né? No ano passado fui agredido duas vezes, na frente da Secretaria de Educação e na frente dos Correios de Jacareacanga. Fora o risco de a gente ser emboscado numa dessas viagens. Ano passado eles impediram a chegada do ônibus que vinha levar os Munduruku para fazer manifestação contra o marco temporal. Eles furaram pneus, fecharam a estrada, a situação ficou bem difícil.

— E quem são eles? Os garimpeiros? — perguntei.

— São os outros indígenas, que são utilizados pelos empresários e pelos políticos locais. Porque eles sabem que para nós é muito difícil, como o cacique-geral falou, enfrentar nosso próprio povo. A gente só não fez um conflito maior, até agora, porque somos o mesmo povo, o mesmo sangue. Já fizemos denúncia, mas a Justiça nunca tomou medidas.

Por todas essas ameaças, não tem sido fácil para os líderes saírem da aldeia. No caminho para Brasília, eles tiveram que pegar uma embarcação até Jacareacanga, de lá foram de carro até Itaituba e então seguiram até Santarém.

— O custo aumenta, né? Porque antes a gente viajava de passagem, hoje temos que fretar um carro. A gente fica indignado porque o Estado não está garantindo o direito mais fundamental, o direito de ir e vir — disse Ademir.

Alessandra Korap é cacique da aldeia Praia do Índio, que fica em área ainda não demarcada. A cidade de Itaituba cresceu e se aproximou da aldeia. Ela é estudante de Direito da Universidade Federal do Oeste do Pará e diz que tem se dividido entre a defesa dos direitos do seu povo e os estudos. Alessandra explicou que, para viajar, precisou ir a outras aldeias perguntar se poderia representá-las. Depois terá que voltar a cada uma, relatando o que houve na viagem. É sempre difícil organizar todos esses deslocamentos. Contou isso para comparar com os indígenas que aparecem em Brasília dizendo representar o povo Munduruku.

— Um Munduruku que é a favor do garimpo, eles pegam e trazem. Quando é para fazer favor a garimpo, eles pagam tudo, hotel, ônibus, combustível. É deputado ajudando, é empresário ajudando, é senador, prefeito e vereador ajudando. Quando o cara vem acompanhado de garimpeiro, sojeiro, madeireiro, barrageiro, é fácil. Eles vêm negociar a Terra Indígena. Nós, não, nós estamos aqui para defender a nossa terra e a nossa casa.

O garimpo e o PL nº 191 foram usados para plantar a divisão entre os Munduruku. Ainda que a maioria dos indígenas continue sendo absolutamente contra o garimpo, a minoria corrompida pelos garimpeiros e outros invasores das terras tem criado uma fratura no povo Munduruku. Ademir diz que, desde 2017, houve uma verdadeira febre do ouro na região e isso tem acarretado outras tragédias, além da malária. Alessandra detalha:

— Com a contaminação dos rios e o desaparecimento da caça, está havendo uma dependência maior de produtos industrializados, como frango, sardinha em conserva. Como a água está contaminando, estamos mendigando junto à prefeitura para ter sistema de abastecimento nas nossas aldeias. Hoje temos outros problemas de saúde, como doenças sexualmente transmissíveis, aumento do alcoolismo, prostituição entre as jovens indígenas, venda de drogas dentro do território e venda de armamentos. O que o garimpo trouxe é a destruição total, destruição dos valores morais, sociais, culturais e organizacionais do povo Munduruku.

O que a espanta é a incapacidade de as autoridades verem os sinais visíveis do avanço da criminalidade.

— A senhora não tem ideia, é avião direto, usando pista clandestina. E o que eles levam nesses aviões? Arma, droga, bebida. Estão levando a violência para dentro do território. E as pessoas não estão sabendo disso? Não tem fiscalização aérea, não tem fiscalização no rio. É empresário passando com vários galões de mil litros de combustível, é uma balsa cheia indo pro garimpo. Como os órgãos não veem isso? Como não ver uma PC que custa R$ 1 milhão indo para as Terras Indígenas? Como não veem o avião sobrevoando no meio do mato?

Alessandra tem razão. Muita gente não vê porque não quer ver o avanço do crime na floresta amazônica e todos os males decorrentes disso. Os indígenas são os que mais sofrem os efeitos da insanidade em um país que deixa destruir seu patrimônio para que bandidos lucrem. Saí dessas conversas com os indígenas com a sensação de derrota, mas eles não pareciam vencidos. Agradeceram a minha "escuta". O cacique-geral me deu o relatório sobre o "O cerco do ouro". Alessandra colocou no meu pulso uma delicada pulseira de tucumã e inajá feita por guerreiras Munduruku. Eu os acompanhei até a porta do lugar onde foram me encontrar. Escoltas os aguardavam para levá-los de volta ao Acampamento Terra Livre. Com as ameaças, os indígenas têm tentado proteger suas lideranças.

***Dilema de* Midas**

Uma investigação do Ministério Público Federal em um único Posto de Compra (PCO) de DTVM, o PCO da OuroMinas-Santarém, conduzida entre 1º de janeiro de 2015 e 9 de maio de 2018, encontrou comprovações de 4.652 crimes de compra ilegal de ouro. Ao todo, a empresa lavou nesse período 610 quilos do produto. O posto de compra adquiria o metal sem exigir qualquer comprovação de origem e, algumas vezes, participava ativamente das fraudes. A empresa atribuía o ouro a uma outra Permissão de Lavra Garimpeira, escondia a sua origem e, assim, "legalizava" o que era retirado criminosamente de áreas protegidas. Ao todo, só nessa investigação foram encontradas fraudes que superavam R$ 70 milhões.

Para testar o que verificaram numa primeira investigação, os agentes públicos se fizeram passar por vendedores e foram ao PCO. Nenhum documento foi exigido deles. Alguns agentes disfarçados disseram que na hora da venda eram pedidos apenas os números do RG e do CPF de cada um. O mais importante teria sido pedir a comprovação de procedência da mercadoria. E isso a compradora não pedia. Se pedisse, ficaria provada a fraude, pois o documento não existia, já que é proibido lavrar nos locais de onde o ouro, de fato, havia saído.

O ouro era extraído de garimpos ilegais localizados nas bacias dos rios Tapajós, Paru e Jari, na TI Zo'é, ou no seu entorno, na Floresta Estadual de Trombetas, que, por lei do Pará, é área de proteção integral, o que significa dizer que não pode haver nenhuma atividade econômica ali, muito menos de mineração. "Em síntese, o PCO OuroMinas-Santarém utilizou duas PLGs localizadas no município de Itaituba para 'esquentar' o ouro extraído ilegalmente de área protegida, no entorno da Terra Indígena Zo'é, no município de Óbidos", relatam os procuradores no inquérito. Isso é crime de "usurpação de bens da União", afirmam.

Os donos das PLGs citadas foram chamados e garantiram que não eram deles aquelas vendas. Houve um que declarou ao governo ter vendido 16,5 quilos e aparecia no PCO como tendo vendido 300 quilos. Ele disse que nunca vendeu ouro em Santarém e que usaram seu nome indevidamente. Contudo, admitiu que tinha 60 PLGs e todas com licenças ambientais vencidas. Ou seja, mesmo que fosse inocente daquela acusação, como alguém pode descumprir a lei ambiental e ainda assim ter 60 permissões para escavar a terra pública? Nessas PLGs, a OuroMinas havia jogado compras realizadas com 1.184 vendedores diferentes. Tudo completamente surreal.

Ao denunciar os responsáveis pela DTVM à Justiça Federal, os procuradores envolvidos nessa operação, intitulada Dilema de Midas, alertaram para o que salta aos olhos de qualquer pessoa que avalia o que se passa no mercado de ouro no Brasil: "Faz-se uma pequena digressão para registrar a fragilidade desta sistemática de regulação do comércio de ouro no país, que abre uma confortável margem de fraudes, como as que são objetos desta denúncia. Segundo uma interpretação literal e não sistemática, a legislação confere beneplácito injustificado aos compradores de ouro, que estariam desobrigados até mesmo de checar, nos sistemas informatizados, a validade e a vigência de licenças ambientais, se a PLG está vigente e conta com portaria de autorização de lavra, se está localizada em áreas onde a atividade minerária é proibida (Terras Indígenas e Unidades de Conservação de proteção integral), dentre outros dados simples de serem checados."

Se uma pessoa compra o que sabe que foi fruto de crime, comete crime de receptação. Se compra algo que tenha desproporção entre valor e preço, também pode responder por esse crime. No caso do ouro não é assim, dizem os procuradores: "Constata-se que a legislação confere tratamento mais rigoroso à receptação de bens de menor valor do que em relação ao ouro, ou de bens cujas extração e produção não são tão impactantes quanto a deste minério." Os procuradores citam um laudo da PF em que se calcula que, "a cada 11 anos, a atividade garimpeira despeja no rio Tapajós a mesma quantidade, em massa, de sedimentos que a Samarco despejou no rio Doce, com o rompimento das barragens de rejeito [*em 2015*]. Caso seja convertido em volume, essa proporção é ainda maior, dado que a densidade dos sedimentos de mineração de ferro de Mariana [*em Minas Gerais*] é muito maior do que a da bacia do Tapajós".

A denúncia é assinada por sete procuradores: Patricia Daron Xavier, Luis de Camões Boaventura, Hugo Elias Silva Charchar, Ana Carolina Haulic Bragança, Luisa Astarita Sangoni, Paulo de Tarso Moreira Oliveira e Antonio Augusto Teixeira Diniz. Eles denunciam cinco pessoas: Raimundo Nonato da Silva, Lucas Soares da Silva, Gilliarde Andrade Rosário, Waldenei Batista da Silva e Gerson Pereira de Oliveira. A Operação Dilema de Midas, deflagrada em 2018, teve o mérito de revelar como havia sido montado o comércio ilegal de ouro no país. A leitura das 68 páginas do inquérito causa perplexidade. Os procuradores pedem, por exemplo, que perca a possibilidade de continuar operando uma empresa que cometeu 4.652 crimes de apropriação de bens da União, entre outros crimes — 4.652 crimes, entre outros!

Que país é este que deixa, deliberadamente, o mercado de ouro dessa forma durante tanto tempo? Frouxo, sem controle, abrindo espaço para que fraudadores e criminosos de todos os tipos enlameiem o meio ambiente, ameacem povos que estão há séculos vivendo ali e protegendo a floresta e se apropriem da riqueza coletiva? Que país é este que faz o pior negócio do mundo? Um negócio em que todos perdem para que alguns criminosos lucrem?! Que país?! No dia da entrevista coletiva em Santarém sobre a operação, em 10 de maio de 2018, o procurador Camões Boaventura explicou, didaticamente:

— Essa é uma atividade que contamina o leito do rio, gera feridas incicatrizáveis nas florestas e provoca desorganização social nas comunidades. Temos conhecimento de que há ponto de garimpo dentro da Terra Indígena Munduruku. Em toda a bacia do Tapajós são centenas de pontos clandestinos de exploração de minério.

Vista poucos anos depois, aquela entrevista aflige. Ainda havia tempo, naquele dia, para impedir que o garimpo fizesse tanto estrago na Terra Munduruku e afetasse o Tapajós a ponto de se ver, em fevereiro de 2022, as águas sujas do rio em Alter do Chão, com os sedimentos saídos do garimpo na bacia do Tapajós. Ainda havia tempo, em maio de 2018, de se impedir toda a tragédia que se abateria sobre os povos indígenas e a floresta nos anos seguintes e que seria flagrada em operações que ocorreriam no interior da mata, apesar de todos os obstáculos para a ação dos órgãos de controle.

No dia 27 de outubro de 2021, às 8h25, o site da Polícia Federal informava: "Operação Desolata desarticula organização criminosa especializada em extração e comércio ilegal de ouro no sul do Pará." Cerca de 200 policiais federais estavam naquela manhã executando 62 mandados de busca e apreensão e 12 mandados de prisão preventiva, cumpridos em dez estados da Federação. O que se investigou nessa operação foi a retirada de ouro da Terra Indígena Kayapó, no Pará. A pedido da PF, a Justiça Federal determinou o bloqueio de cinco aeronaves e suspendeu a operação de 12 empresas. Era coisa grande. Uma tonelada de ouro, todos os anos, saía ilegalmente por esses canais da Terra Indígena e ia para fora do Brasil. "O nome 'Terra Desolata' é uma referência à expressão italiana equivalente à expressão em português 'Terra Devastada', uma vez que o ouro extraído de forma ilegal no sul do Pará é enviado para a Europa, tendo a Itália como porta de entrada, deixando aqui a terra devastada", informava a nota da Comunicação Social da Polícia Federal.

A *Folha de S.Paulo* publicou, meses depois, reportagem assinada por Guilherme Henrique e Lucas Ferraz, apurada junto com a Repórter Brasil, que apontava o destino do contrabando. Em certo trecho, os repórteres relatam: "O ouro extraído ilegalmente nos garimpos da Terra Indígena Kayapó, no sul do Pará, alimentou a produção de um dos maiores líderes de metais preciosos da Europa. Trata-se de um grupo italiano especializado em refinar o minério para a confecção de joias, como alianças de casamento, e para a formação de barras de ouro, que são guardadas em cofres de bancos suíços, ingleses ou americanos."

Os repórteres contaram que a compradora estrangeira desse metal era a Chimet SPA Recuperadora e Beneficiadora de Metais. Chimet é a sigla formada por Química Metalúrgica Toscana, uma gigante no setor que, em 2020, teve uma receita de € 3 bilhões (cerca de R$ 18 bilhões) e cujo lucro havia aumentado 76% em relação ao ano anterior. Segundo os repórteres, em seu site a Chimet é descrita como "amiga do meio ambiente". Após a publicação da reportagem, a empresa divulgou nota em que diz possuir documentos atestando a proveniência lícita do metal.

Os casos se sucedem assim. Cada reação dos órgãos de controle é uma vitória, cada mobilização dos indígenas afetados pela exploração predatória e criminosa pode representar um passo a mais, cada denúncia de ambientalistas pode sensibilizar pessoas. Cada reportagem bem-feita, que demanda às vezes meses de dedicação, desnuda uma parte da enorme penumbra que recai sobre a exploração ilegal dos bens da Amazônia. Contudo, o que fica é a terra nua, são as árvores queimadas, é o mercúrio contaminando as águas. O que fica é, como disse de forma inspirada a Polícia Federal, uma "terra *desolata*".

O último ano do governo Bolsonaro foi marcado por três operações. A primeira, em 10 de julho de 2022, era, na verdade, uma união de três investigações, por isso chegou à rua com o nome de "Ganância, Golden Greed e Comando". Deu trabalho para a experiente repórter Sônia Bridi explicar a ação policial no *Fantástico*, de tão intrincada era a trama para disfarçar o crime. Os acusados movimentaram a surpreendente quantia de R$ 16 bilhões. Foram 60 mandados de busca e apreensão e cinco chefes do garimpo presos. Uma investigação ocorria em Jundiaí, no interior de São Paulo. Outra em Parada de Lucas, na Zona Norte do Rio de Janeiro. E uma terceira em Itaituba, no Pará. Em Jundiaí, a PF investigava uma pista de pouso que servia ao tráfico de drogas, quando encontrou 39 quilos de ouro. Uma empresa de Itaituba, a Gana Gold, apresentou-se como dona do ouro, afirmando que era tudo legal. A empresa, cujo dono não se sabia quem era, operava em escala industrial em área de preservação, com uma licença dada pela prefeitura, o que é irregular. Havia destruído o equivalente a 212 campos de futebol. E a ação em Parada de Lucas? Lá, uma investigação sobre uma empresa de transportes que tinha 600 caminhões e máquinas pesadas revelou que seu proprietário era o verdadeiro dono da Gana Gold.

Em 20 de outubro de 2022, a PF estourou a Operação Gold Rush, concentrada em esquema de lavagem de dinheiro no comércio ilegal de ouro extraído de Roraima e contrabandeado da Venezuela. O esquema teria movimentado mais de R$ 300 milhões. No dia 1º de dezembro de 2022, seria deflagrada a Operação Hermes (Hg), conduzida pela PF e pelo Ibama, para combater tanto o ouro ilegal quanto o mercado ilegal de mercúrio usado no garimpo. Foram 14 prisões, além de 49 mandados de busca e apreensão e sequestro de bens no valor de R$ 1,1 bilhão. O mercúrio era usado nos estados de Mato Grosso, Rondônia e Pará. Todas essas operações ajudaram a combater o garimpo ilegal, mas o crime permaneceu alimentado pelas mesmas brechas legais e rotinas burocráticas. Na transição para o governo Lula, tomou-se a decisão de que a primeira terra onde haveria a desintrusão, com a retirada de garimpeiros, seria a Munduruku. Contudo, veio a emergência Yanomami.

O mapa do *caminho para* o ouro legal

Todas as pessoas com as quais conversei ao longo de três anos — procuradores, policiais federais, servidores do Ibama, ambientalistas, dirigentes do Banco Central, líderes indígenas, integrantes de institutos de estudos, organizações não governamentais — me disseram a mesma coisa. É possível vencer a luta contra o ouro ilegal. E a repressão ao crime deve ser acompanhada de medidas regulatórias para se impor a legalidade.

O mapa que aponta o caminho para o combate ao garimpo ilegal não é complicado. O primeiro passo, segundo todos os meus entrevistados, seria exigir nota fiscal eletrônica para a comercialização do ouro, revogando-se a instrução normativa de 2001, da Receita Federal, que permite a nota fiscal em papel. Isso foi feito pela administração Lula três meses após a sua posse, em 2023. O segundo passo seria o governo mudar a Lei nº 12.844/13, que estabeleceu o princípio da "presunção da boa-fé", dando aos garimpeiros e às DTVMs a desculpa perfeita para lavar o ouro. O terceiro passo seria o Banco Central passar a fiscalizar, de fato, as DTVMs. Fechados os buracos legais, seria preciso estabelecer uma metodologia de rastreamento.

No começo da terceira gestão Lula, vi na mesa de um ministro uma minuta de uma medida provisória para acabar com as brechas e impor a rastreabilidade do ouro. Depois a minuta foi para a Casa Civil, onde ficou algum tempo. Passou pelo Ministério dos Povos Indígenas. Em abril, vi a versão pronta, mas ela não foi enviada ao Congresso. Enquanto isso, no STF, o ministro Gilmar Mendes conduzia audiências para julgar duas Ações Diretas de Inconstitucionalidade contra o princípio da boa-fé, uma proposta pelo PSB e pela Rede e outra pelo PV. Em 5 de abril de 2023, Gilmar Mendes julgou as ações procedentes e suspendeu o princípio da boa-fé no comércio do ouro. O assunto foi para o plenário virtual, que confirmou a decisão no dia 2 de maio. A suspensão, no entanto, era provisória. O STF deu 90 dias para o governo agir.

Não foi preciso esperar tanto. No dia 13 de junho de 2023, o governo Lula mandou um projeto de lei para regular o comércio de ouro. Era aquela medida provisória que eu tinha visto tramitar nos ministérios, mas que o Executivo havia preferido enviá-la agora como projeto de lei. O projeto, se for aprovado conforme enviado, fechará as principais brechas que permitiram o crescimento da produção de ouro ilegal no país. O PL estabelece a exigência do Guia de Transporte e Custódia de Ouro (GTCO), um documento que tem de acompanhar toda a movimentação do ouro no Brasil e obriga a apresentação de nota fiscal eletrônica, que, àquela altura, já estava sendo exigida pela Receita Federal. Além disso, proíbe que donos de instituições financeiras sejam donos de garimpo.

Há muito tempo se esperava por algo assim, e esses são apenas os primeiros passos. Ninguém duvida que a luta pelo fim do ouro ilegal ainda será longa. O diagnóstico do problema feito pelas organizações não governamentais permitiu formular um roteiro de como enfrentar o problema. Por isso, no governo Lula, tudo pôde começar a andar para se combater o garimpo em campo e se propor uma solução mais ampla. Mas levará anos até que se fechem todas as brechas e será necessário muita atenção para que os criminosos não encontrem novas formas de burlar o ordenamento jurídico desse mercado, tão lesivo para a Amazônia e para o Brasil.

O Instituto Escolhas lançou em 2022 um estudo em que propunha um sistema de rastreabilidade baseado na tecnologia de Blockchain. Trata-se de "uma sequência de registros digitais (*blocks*) conectados uns aos outros, formando uma corrente (*chain*)", conforme essa tecnologia é definida no estudo do Escolhas. Cada etapa da comercialização recebe um registro digital que não pode ser modificado nem apagado. Isso acabaria com o risco de fraudes. No fim, teríamos uma espécie de identidade digital do produto, contando a sua história única. "Para garantir a origem do ouro até o consumidor final, é fundamental que o metal receba uma marcação física antes de sair da área de extração." Parece ficção científica, mas o que se explica no estudo é que o processo envolve uma tecnologia já dominada, de marcação com isótopos de prata, gerando uma espécie de código de barras molecular para o ouro.

O passo seguinte seria instituir as GTCOs. Isso já acontece com a madeira e pode ser burlado, como sabemos, mas seria uma forma de tentar pôr ordem na bagunça. Toda a cadeia daria informações para essas guias — o titular da lavra, o revendedor, o refinador, as bolsas de negociação, os bancos, as joalherias, o consumidor final. Aliás, o consumidor final receberia essa documentação digital com o registro de toda a movimentação do ouro que ele está adquirindo. Caso venha a revendê-lo, incluiria um novo registro na história do produto, como acontece nas matrículas de imóveis.

O Projeto de Lei nº 2.159, apresentado no Congresso Nacional em agosto de 2022 pela deputada Joênia Wapichana, líder da Rede, estabelece exatamente essa sequência de medidas para a revogação das leis que abriram todas as possibilidades ao crime no Brasil. Estabelece, ainda, tudo o que está sugerido no estudo do Instituto Escolhas e impõe pesadas penas para quem comercializar irregularmente o produto. O projeto da deputada não avançou, mas o PL que o governo Lula apresentou tem o mesmo sentido.

Isoladamente, cada uma das medidas pode conter falhas, mas, no conjunto, ou seja, estabelecendo-se regras e controles em todas as etapas, como extração, transporte e venda, o país passa a contar com mecanismos para fechar as lacunas legais criadas deliberadamente no passado. O principal é que todos saibam de onde vem, por onde andou e para onde vai o ouro que transita na economia brasileira.

Na resistência a essa crise, um dos fatos mais relevantes foi o pacto dos três povos. Em atribuladas viagens para Brasília, em plena pandemia, líderes Yanomami, Kayapó e Munduruku deixavam suas aldeias para atuar contra o mesmo inimigo. Em agosto de 2021 eles escreveram uma carta conjunta "contra a doença que os brancos estão trazendo para junto dos nossos territórios". O ISA acompanhou essa luta por meio do relatório "Terra rasgada", no qual esmiuça o ordenamento legal brasileiro sobre o assunto para concluir que a atividade é inconstitucional e garantir que existe "*expertise* nos órgãos públicos" para acabar com o garimpo ilegal.

A aliança dos três povos contra o garimpo inspirou também o documentário *Escute: a Terra foi rasgada*, de Cassandra Mello e Fred Rahal. A emocionante produção ouviu líderes dos três povos em falas de absoluta sabedoria. Há um momento em que o xamã Davi Kopenawa alerta que não pode haver entre eles individualismo, porque "temos o mesmo sangue, o mesmo rio e a mesma floresta". A expressão que deu nome ao dossiê e ao documentário foi tirada da seguinte fala de Noemia Yanomami:

— Eu não estou contente. Minha floresta já acabou. Minha terra verdadeiramente acabou. A terra ficou mesmo estragada. A terra rasgou. A terra foi rasgada.

Curioso é que Noemia fala em idioma indígena, mas "a terra foi rasgada" ela fala em português, como a indicar que esse conceito não existe na língua de seu povo. Apesar de passos corretos estarem sendo dados, não podemos nos enganar. Há dinheiro demais envolvido na indústria do ouro ilegal, há uma teia de interesses e muita gente tentando encontrar formas de burlar a legalidade. Impor a lei sobre um mercado tão amplo não se tornará realidade apenas com medidas legais ou administrativas. Será preciso persistir no combate ao crime. A mineração industrial legal quer, claro, que deixem de existir os garimpos concorrentes. E a indústria gosta de se apresentar como uma atividade legal e controlada. O garimpo ilegal é altamente lesivo, mas o país aprendeu, da forma mais trágica possível, que não existe mineração sem risco, seja legal ou ilegal, seja de pequeno ou grande porte.

Portanto, é preciso redobrar a fiscalização e os rigores regulatórios para qualquer atividade minerária. Minas Gerais sabe as feridas que carrega e os medos que habitam as regiões próximas das barragens. Minas tem medo de que o chão se abra na terra oca de velhas escavações, tem medo de que o horizonte desapareça ao fim de um projeto, como o Pico do Cauê do poeta de Itabira. Minas tem um medo concreto, de ferro, que vem da espoliação de suas entranhas por vários séculos e das mortes recentes em Mariana e Brumadinho.

Madeira sem lei

A madeira é diferente do ouro. No caso da madeira, há a possibilidade de se rastrear o crime porque existe um sistema de fiscalização mais eficiente. Mas, claro, tudo pode ser ignorado e contornado pelos criminosos, por meio de conluio dentro da grande cadeia de produção e comercialização. Cadeia que conta com a mesma ambiguidade e cumplicidade de certos políticos e agentes públicos em relação a outros crimes ambientais na Amazônia.

— Os mecanismos de introdução no mercado [*da madeira*] acontecem através de fraudes nos sistemas de rastreabilidade, desde a tora até a porta — afirma a procuradora Ana Carolina Bragança.

Nos anos Jair Bolsonaro, houve um aumento de 50% na exportação de madeira pelos registros oficiais. Somando-se todos os tipos de madeira, o valor chegou a US$ 4,7 bilhões em 2022. E haviam sido US$ 3,1 bilhões, em 2018, e US$ 2,3 bilhões, em 2015, ou seja, a venda de madeira dobrou nos governos Temer e Bolsonaro. E isso ainda diz pouco da realidade, porque já houve até acusação de que autoridades ambientais eram suspeitas de contrabando de madeira. Nos quatro anos da administração Bolsonaro, foram obtidos US$ 15 bilhões com venda de madeira. Os números mostram que não se pode perder a floresta por tão pouco.

A rastreabilidade da madeira — saber de onde ela veio, por que foi retirada, com que documentos e por quem — é o que permite verificar se a supressão foi legal ou não. A documentação que aponta o histórico da madeira é exigida por parceiros comerciais cada vez com mais insistência. A resposta oficial brasileira sempre foi a de que temos uma boa legislação ambiental. Na verdade, na maioria das vezes, a madeira brasileira é uma madeira sem lei. A legislação é boa, mas há muitos, e sinuosos, caminhos para a ilegalidade na Amazônia. Para entender, é preciso ir por partes, e aqui seguirei o fio da explicação da procuradora Ana Carolina.

— O Ibama criou, por instrução normativa, o Sistema Nacional de Controle de Origem de Produtos Florestais, conhecido como Sinaflor, que estabelece um mecanismo de rastreabilidade que deveria estar implantado desde 2018. O Código Florestal foi por outro caminho e criou o DOF, o Documento de Origem Florestal, mas o Sinaflor é melhor. É ele que permite acompanhar cada passo, o licenciamento da extração, a transformação da madeira, o transporte e a conversão de tora para torete, vigas, vigotas, portas. É um sistema bem completo.

Em cada etapa dessas há fraudes. O primeiro problema é que dois estados têm sistemas próprios de rastreamento, que não são nem o Sinaflor nem o DOF, e esses dois estados são exatamente os campeões de desmatamento: Mato Grosso e Pará. E, para complicar, ainda há uma resolução do Conama que permite sistemas substitutos ao Sinaflor e ao DOF, desde que eles se comuniquem entre si. Na prática, contudo, há conflitos entre os sistemas.

— Recentemente, tivemos o caso de uma balsa enorme de madeira apreendida no Amazonas, vinda do Pará, que estava indo para outro município do Pará. Essa balsa não tinha DOF, tinha Guia Florestal. No Amazonas essa guia não tem validade, porque o Pará tem sistema próprio. A madeira veio pelo rio. Mas rio não é estrada. Ninguém verificou isso entre um estado e outro. E houve o maior quiproquó para definir juridicamente a validade do documento. O Pará dizendo que a madeira era legal, mas a sua lei não valia no Amazonas e os sistemas não conversavam — diz a procuradora.

Este é só um exemplo de como muita coisa contribui para a lavagem do crime. Uma das artimanhas é a complexidade burocrática.

— Existem fraudes acontecendo na origem mesmo, no plano de manejo da área que vai ser desmatada. A pessoa autorizada a desmatar ganha um crédito de madeira que funciona como uma conta-corrente. É o órgão licenciador dizendo: "Ah, verifiquei aqui que você vai ter direito a mil m^3 de madeira." E aí é muito comum essa exploração nem existir ali naquele ponto. A pessoa pega esses créditos e os utiliza para acobertar a extração ilícita de madeira em uma Unidade de Conservação ou em área protegida. Na hora do licenciamento deveria haver um inventário florestal, cada árvore sendo identificada individualmente para dali ser calculada a volumetria possível. Mas isso não é feito. Contudo, é fácil identificar, por satélite, se a madeira foi retirada legalmente. Quando há uma exploração regular há pequenos clarões, pequenos mesmo, porque é um indivíduo arbóreo que foi retirado, tem ramais carreadores dessa madeira e um pátio onde ela é estocada. Por satélite a gente vê como se fosse um jogo da velha.

Podia parecer abstrato o que a procuradora estava explicando. Mas eu entendi perfeitamente, porque havia acompanhado de perto, na Amazônia, um plano de manejo correto e uma extração absolutamente legal. Para quem não está acostumado, fica engraçado ouvir falar de "indivíduo arbóreo". E é assim mesmo que os especialistas falam. Durante o primeiro período de Marina Silva no Ministério do Meio Ambiente, eu fui com o engenheiro Tasso Azevedo ver um manejo dentro da lei. Na época, ele estava liderando a criação, no ministério, do Serviço Florestal Brasileiro.

Primeiro, o empreendedor e seus funcionários analisaram o inventário florestal e escolheram uma árvore específica, pelo critério de quantidade daquela espécie no perímetro estudado. Depois decidiram de que lado cortar. Quando uma árvore cai, ela esmaga outras menores, por isso a trajetória da queda é milimetricamente calculada antes da derrubada, para minimizar o estrago. Em seguida, avaliaram o caminho para a retirada da madeira até o pátio. Caía a tarde quando eles terminaram toda a definição da estratégia. Aquilo se parecia com a definição de um plano de trabalho corporativo de qualquer empresa, numa sala de reunião com mapas e gráficos projetados, enquanto os funcionários se alternavam explicando detalhes técnicos.

Na manhã seguinte, saímos cedo atrás daquele "indivíduo arbóreo". Era uma maçaranduba. Parecia centenária. E aí, quando ela caiu sobre o solo da Amazônia, houve um estrondo e, por uma fração de segundo, um estranho silêncio. A sensação que eu tive foi de que a floresta sente a morte das suas gigantes. A mata tem muitos barulhos provocados pelos muitos seres que nela habitam. Comecei a minha reportagem para *O Globo* fazendo uma referência justamente àquele átimo de silêncio. O que eu escrevi foi que era possível fazer a extração legalmente, mas ao mesmo tempo confessei o sentimento que tive diante do silêncio da mata.

Naquele momento em que conversava com a procuradora Ana Carolina para este livro, ela me dando uma explicação minuciosa sobre os caminhos da fraude, aquela viagem que eu havia feito com Tasso, anos antes, me ajudou a compreender a referência ao correto plano de manejo. Segundo a procuradora, é fácil reconhecer quando uma área é usada para lavar outra. Um empresário pecuarista, por exemplo, tem o direito de tirar 20% da madeira da sua fazenda. Muitas vezes, no entanto, a licença é feita para usar o crédito, ou seja, ele não faz o corte lá, o que pode ser verificado por satélite.

— Quando você tem o plano de manejo concedido, mas olha a imagem de satélite e a mata lá está intacta, é lavagem, com certeza.

O que provavelmente ocorreu no exemplo anterior foi que, com o plano de manejo autorizado, a pessoa usou o crédito para lavar a madeira retirada de forma ilegal.

— Outro mecanismo é a superestimativa desses inventários. A pessoa aumenta o dado da madeira a ser retirada e o órgão ambiental não percebe. Esse "não perceber" pode ser fruto de corrupção ou de fraqueza do órgão fiscalizador. Aqui no Amazonas mesmo deveria haver vistoria nesses planos que são licenciados. Na prática, essa vistoria só existe se houver indício de fraude muito grande. E só existe, de fato, em Manaus. As regiões exploradoras estão muito distantes entre si e o órgão tem que fazer uma interiorização do seu trabalho. Isso tem sido discutido. Mas, quando há uma superestimativa e ela não é percebida pelo órgão licenciador, há um excedente de crédito que é usado para acobertar a madeira ilegal.

Gerar crédito em uma área que não será desmatada ou superestimar crédito são alguns dos primeiros mecanismos de lavagem, a fim de se dar uma aparência de legalidade ao que é fruto de crime. E assim, pelos ralos, a floresta vai se esvaindo. A lei foi ficando cada vez mais fraca, com os sucessivos ataques ao ordenamento legal brasileiro nos últimos anos. Quando há, por exemplo, supressão de madeira em área pública federal, é preciso obter uma concordância da União. O órgão estadual tem então de perguntar ao órgão fundiário, no caso o Incra, se aquela mata pode ser retirada.

— Funciona assim. A Secretaria do Amazonas, por exemplo, faz uma consulta formal: "Incra, você concorda com a exploração florestal nessa área?" O Incra normalmente diz que sim. Na verdade, deveria seguir todos os requisitos. Por exemplo, verificar se quem está pedindo cumpriu as regras do Terra Legal para a regularização fundiária na Amazônia. Para isso teria que estar ocupando a área desde antes de 2008, o marco temporal do programa Terra Legal. O Incra tinha que ver tudo antes de permitir. Na verdade, há uma atitude diferente. Se o órgão federal nada sabe que impeça aquela exploração, ele concorda.

O programa Terra Legal foi criado em 2009 com o objetivo de regularizar, de maneira rápida, a terra em pequenas propriedades da Amazônia. Funcionou bem por alguns anos, mas o problema relatado aqui é que o caminho legal passou a ser contornado. São muitas as formas de distorcer a lei, mas, em alguns casos, é fácil verificar olhando os números.

— Se há vários planos de manejo numa mesma área, com o mesmo volume de ipês por hectare, e aparecer algum plano alegando ter um volume muito maior, é claro que a incidência sobrenatural dessa espécie florestal é fraude. Há mecanismos de negociação entre serrarias e madeireiras. Imagine, por exemplo, que uma serraria receba madeira de um plano regular, mas na hora de vender 100 m^3 de ipê o comprador não exigiu DOF, não exigiu nota. Se não for dado baixa nesse sistema de crédito, aquela empresa pode emprestar o crédito para uma madeireira amiga. A gente já verificou isso em distritos madeireiros.

Todas essas fraudes acontecendo em qualquer momento, seja na origem, seja na transação entre as empresas no interior da Amazônia, seja na relação com os órgãos de controle, vão lavando a madeira, dando a ela uma aparência de legalidade.

— Quando chega a hora da exportação, discrepâncias podem ser encontradas, mas elas serão até pequenas, perto da ilicitude que aconteceu lá atrás. Na hora do embarque, em geral já está tudo lavado. Por isso a Polícia Federal, quando investiga uma exportação suspeita, busca a origem da madeira. O problema é que depois de tantas vendas fica difícil definir, no Direito Penal, quem é que tinha ciência do crime. Este é um ponto importante. Quando desenvolvemos mecanismos de enfrentamento do crime é preciso perguntar: onde essa lavagem está acontecendo?

Perguntei à procuradora por que ela sempre usava o ipê como exemplo em suas explicações.

— O ipê é uma espécie supervalorizada — ela respondeu. — O ipê é o novo mogno. É hoje o nosso produto mais valioso.

O Estado de S. Paulo revelou, em novembro de 2020, que o governo Bolsonaro havia retirado o ipê da lista internacional de espécies protegidas. A Convenção sobre Comércio Internacional das Espécies da Flora e Fauna Selvagens em Perigo de Extinção (Cites) foi criada em 1973 e reúne 183 países. O papel dela é o de aumentar a rede de informação para coibir o crime. O Ibama havia feito, em 2018, um relatório mostrando que era necessário intensificar a fiscalização sobre a exportação de ipê, já que apenas 8% dos ipês extraídos das florestas brasileiras, entre 2012 e 2017, haviam sido consumidos no Brasil. O resto tinha sido exportado. Nada mais lógico que aumentar a fiscalização e pedir mais atenção à espécie na reunião da Convenção. Na gestão de Ricardo Salles, foi feito o oposto. Em agosto de 2019, na reunião da Cites, o Brasil retirou o ipê da lista das espécies monitoradas internacionalmente. A decisão foi tomada pelo ministério a pedido do presidente do Ibama, Eduardo Fortunato Bim.

Na mesma data da divulgação da informação, o governo anunciou o afrouxamento das regras para a exportação de madeira em geral. *O Globo* revelou, no dia 26 de novembro de 2020, que Eduardo Bim havia se reunido com madeireiros antes de facilitar a venda da madeira brasileira para o exterior. Desde então, o governo acabou com a exigência de autorização do Ibama para exportação de madeira, estabelecendo que bastava o DOF, preenchido pelo próprio madeireiro. A TV Globo ouviu entidades ligadas ao meio ambiente e todas afirmaram que, com a autorização dada pelo Ibama, seria possível verificar, dentro dos contêineres, a veracidade do que diziam os exportadores. Mas o Ibama declarou que a autorização que emitia havia se tornado "desnecessária e obsoleta", que teria "caído em desuso".

Perguntei à procuradora se de fato a autorização do Ibama ficara obsoleta. Ela disse que não. A autorização era usada pelos fiscais para conferir outros documentos declaratórios do exportador, como o DOF, a nota fiscal, a declaração de exportação.

— Esses documentos devem todos casar entre si. O fiscal conferia tudo. A inspeção da madeira sempre foi por amostragem. A gente entende que realmente é complicado deixar um fiscal no porto fazendo exclusivamente esse controle, esse cotejo de documentos. Mas é algo plenamente possível de ser implementado com inteligência artificial, pondo o empreendedor para digitalizar os documentos para se permitir a conferência. Mas o governo, antes de implantar essa solução, retirou a autorização e o país ficou num vácuo.

Essa foi a ideia com que o governo Bolsonaro trabalhou durante quatro anos, tornando mais fracas todas as leis, afrouxando os controles, suspendendo instruções normativas e minando os órgãos ambientais, através de nomeações desastrosas e redução do orçamento. Foi essa pesada herança que Lula teve de enfrentar.

Nos estados também tudo é pequeno para a dimensão da tarefa. A Secretaria de Meio Ambiente do Amazonas tinha, na época da pandemia, 20 fiscais, dos quais dez estavam nos grupos de risco e não puderam ir para ações em campo. Então, concretamente, havia dez fiscais estaduais para fiscalizar um território maior do que a Colômbia. Na área federal, mesmo antes da demolição que foi o governo Bolsonaro, tudo era pequeno demais para a Amazônia.

Como proteger *400 ilhas*

Em 2008, visitei o Parque Nacional das Anavilhanas, no Amazonas, administrado por uma jovem que na época tinha 29 anos, Giovana Palazzi. O ambiente era tenso na região, mas ela continuava com poucos recursos e muita bravura defendendo o patrimônio público. Os servidores se deslocavam num barco que havia sido doado por uma instituição não governamental e que teve de ser adaptado para a região com uma cobertura mais robusta, o que o fazia navegar pendendo para um lado, como se fosse adernar. Pegamos uma tempestade naquele barco, no meio do imenso rio Negro, na volta de uma visita ao Parque Nacional do Jaú, no mesmo estado. Esse parque é a quarta maior reserva florestal do Brasil e sua proteção estava a cargo de uma jovem de apenas 30 anos que tinha, curiosamente, o nome da minha mãe, Mariana Leitão. Ao voltar, escrevi e publiquei uma coluna no dia 20 de julho de 2008 com o título "As ilhas verdes do Negro", em que contei o que vi.

A paulista Giovana era adolescente em São Paulo quando o colégio a levou para a Amazônia, num programa para descobrir vocações. Em 2008, aos 29 anos, a bióloga estava na região havia quase seis anos e, naquele momento, chefiava a imensa Estação Ecológica de Anavilhanas. A carioca Mariana nasceu e cresceu às margens da Lagoa Rodrigo de Freitas, formou-se em Ecologia e, naquele momento, com apenas 30 anos, administrava o Parque Nacional do Jaú, um gigante de 2,2 milhões de hectares. As duas moças eram autoridades em duas das áreas mais belas e ameaçadas da Amazônia. Giovana tinha que vigiar as 400 ilhas que ficam entre as duas margens do rio Negro, ameaçadas pelo corte de madeira, pela pesca e pela caça ilegais, pelo tráfico de animais e pela hostilidade de líderes políticos.

Em julho, as águas das Anavilhanas já haviam começado a baixar, mas ainda engoliam suas inúmeras praias e escalavam, pelo menos, 20 metros o tronco das suas árvores. Navegamos de voadeira pelo entrecortado das ilhas, vendo apenas as copas das árvores, que pareciam boiar no rio Negro. A cor do rio é um mistério que corre com ele. Perto das praias, parece cobre avermelhado transparente. Longe da margem, escurece e merece mais o nome que tem. No olhar longo de superfície, com a ajuda do sol, lembra o azul de um oceano. Perto de Manaus, o Negro abriga essas ilhas finas, alongadas. A maior tem 100 quilômetros de comprimento. Foram formadas por sedimentos trazidos pelo rio Branco, que deságua no Negro, rio de pouco sedimento.

As ilhas foram transformadas em Estação Ecológica ainda no governo militar pelo visionário Paulo Nogueira Neto, que esteve à frente da Secretaria Especial de Meio Ambiente nos governos Geisel e João Figueiredo. Apesar de ter atuado na ditadura, sempre foi respeitado pelos ambientalistas. Graças à decisão dele, as ilhas estão preservadas, mas sob os vários riscos que trafegam pela hidrovia, passagem natural naquela terra das águas.

— O difícil é distinguir e flagrar o infrator — me disse, na época, Giovana Palazzi. — Uma hidrovia não é uma rodovia, onde se instalam pontos de fiscalização. É até difícil demarcar a Estação Ecológica, porque a água engole as placas na maior parte do ano. Às vezes estamos fiscalizando na margem de uma das ilhas e quando ouvimos algo errado no outro lado de outra ilha temos que dar a volta inteira. Aí o infrator foge.

Mesmo assim, o pátio do Ibama em Novo Airão, cidade mais próxima das Anavilhanas, estava todo tomado de madeiras apreendidas, algumas apodrecendo, à espera de que a Justiça concedesse o "perdimento" e elas pudessem ser leiloadas ou doadas. No cais em frente à sede do órgão ambiental, havia uma estação flutuante cheia de barcos apreendidos com pesca e caça ilegal. Novo Airão, cidade de 15 mil habitantes a 143 quilômetros a oeste de Manaus, onde o celular ainda não havia chegado naquele 2008, não gostava muito de todo aquele zelo. Açulada pelo prefeito, a população ameaçou invadir o flutuante e liberar os barcos. Ameaças foram feitas aos funcionários.

A divisão do Ibama havia acabado de acontecer, por isso os que trabalhavam com Unidades de Conservação, como as minhas duas entrevistadas, passariam a pertencer aos quadros do ICMBio, que ainda não estava formado. A sensação era de dúvida sobre a que instância recorrer em caso de necessidade. As dificuldades de trabalhar lá são amazônicas. Como guardar o arquipélago de Anavilhanas dos criminosos com quatro analistas e dez vigilantes de patrimônio? Como proteger os mais de 2 milhões de hectares do Parque do Jaú com outros dez vigilantes e aquelas distâncias enormes?

— Guardamos as cabeceiras dos rios no Jaú e os pontos estratégicos, mas os riscos são imensos — comentou Mariana.

A caça favorita dos criminosos era aos bichos de casco, os quelônios, entre eles, as tartarugas. Até as comunidades ribeirinhas se juntavam em elos com outros interessados:

— Cada quelônio é vendido por R$ 500. Imagine: dez são R$ 5 mil.

O peixe-boi, quase extinto, estava sendo reintroduzido na região pelo trabalho do Instituto de Pesquisas Ecológicas (Ipê). Até peixes não nascidos corriam risco. Dias antes, os fiscais haviam flagrado um morador transportando 3 mil alevinos de aruanã, um peixe da região que tem o azar de ter a fama de dar sorte a quem os mantém em aquários. A Polícia Federal estava investigando o que parecia ser uma quadrilha colombiana de tráfico de peixes ornamentais.

Giovana e Mariana entraram no Ibama por meio de concurso realizado em 2002. Dos 500 concursados enviados para a Amazônia, elas fazem parte do grupo de 40 que ficaram. A maioria preferiu Brasília. Giovana escolheu ir direto para a Amazônia. Mariana fez a mesma opção e conservava o forte carioquês; Giovana preservava a cor muito branca com estoques de protetor solar. As duas, porém, se mexiam naquela paisagem de floresta úmida como nativas e falavam da Amazônia com paixão contagiante.

Como proteger a Amazônia é pergunta ainda à espera de respostas. E por que proteger? Essa pergunta tem respostas demais. Há razões de natureza ambiental, climática, biológica, econômica, humana. Há também a beleza exuberante. Se nada disso valesse, ainda assim haveria uma última razão: aquela sensação única quando o barco desliza num igapó. Lá dentro se ouve um silêncio vivo que alerta e acalma.

Em 2017, voltei às Anavilhanas durante a gravação da série "História do futuro", adaptação para a GloboNews do meu livro de mesmo nome. Encontrei o patrimônio ambiental a cargo de apenas dois servidores do ICMBio: os técnicos ambientais Enrique Salazar e Dolvane Machado Lima Filho. A estrutura ficara ainda menor para fiscalizar o arquipélago fluvial de 400 ilhas, numa área cheia de biodiversidade e muito lugar para um criminoso se esconder. Quando o barco navegava entre as várias reentrâncias e canais por dentro do rio, perguntei aos dois técnicos ambientais como eles definiriam um igapó, a floresta alagada na qual estávamos. Salazar respondeu:

— Um igapó é uma floresta bem diversificada, que abriga várias espécies de árvore e várias espécies de fauna. Essa floresta produz frutos e produz sementes que são de extrema importância para a alimentação da fauna aquática. Os frutos caem nas águas e os peixes se alimentam deles, ou de partes deles, mantendo a resistência da floresta.

Perguntei como era fiscalizar um patrimônio daquele tamanho e ele respondeu de imediato:

— Um desafio, porque são mais de 350 mil hectares [*3.505 km²*], é o segundo maior arquipélago fluvial do mundo, é um grande labirinto e com bastante pressão. Com uma cidade ao lado, Manaus próxima, o rio Negro é uma hidrovia e nela passam caça e pesca ilegais. A extração ilegal de madeira é outro desafio. Somos só dois fiscais para Anavilhanas.

— Mesmo com essa pequena equipe que a gente tem dentro desses 350 mil hectares, nós conseguimos ter bastante efetividade nas nossas atividades — completou Dolvane. — Sempre que a gente sai, somos bem eficientes nas nossas apreensões. Apreendemos, principalmente, madeira e animais silvestres.

Tanto em 2008 quanto em 2017, o que constatei vendo os servidores do Ibama e do ICMBio naquela imensidão, dando o melhor de si, mas cercados pelo crime, foi que eles precisavam de reforços. A tecnologia trabalha a favor da fiscalização. As imagens de satélites, hoje monitoradas por instituições públicas e privadas, os poderosos bancos de dados, que têm arquivo de imagens de anos anteriores, e a inteligência artificial deveriam fortalecer o trabalho dos servidores públicos. Mas, às vezes, até os próprios servidores são capturados pelo crime.

Em maio de 2019, em outra parte distante do Amazonas, no município Boca do Acre, a Força-Tarefa Amazônia, do MPF, deflagraria a Operação Ojuara, que se parecia com todas as outras de combate ao crime ambiental, exceto por um detalhe inesperado. O chefe da quadrilha apontado pelo Ministério Público Federal era o superintendente do Ibama Carlos Francisco Augusto Gadelha, "vulgo Capeta", como informava a denúncia apresentada pelo MPF e aceita pelo juiz federal da 7ª Vara da Seção Judiciária do Amazonas. "Para garantir a continuidade e a impunidade de suas atividades criminosas, latifundiários da região recorreram ao uso da violência contra pequenos agricultores e coletores, pagamentos de propina, lavraturas de autos de infração em nome de 'laranjas' e apresentação de defesas administrativas elaboradas pelo próprio superintendente do Ibama no estado do Acre."

Na denúncia, os procuradores explicavam que, após o Ibama lavrar os autos de infração e multar os suspeitos, o próprio superintendente vendia o ofício com a defesa administrativa que os acusados deveriam apresentar ao órgão. A operação resultava de um inquérito que investigava crimes que teriam sido cometidos por servidores e empresas beneficiadas, além de "agentes da Polícia Militar que atuam como milícia para fazendeiros na região da Boca do Acre/AM e Lábrea/AM". Não necessariamente era ele que autuava, mas, sim, o órgão. Só que o defensor secreto do infrator era ele, o chefe do órgão.

Alguns dos infratores eram grandes pecuaristas conhecidos na região, como José Lopes e a família Cocati. Quando Carlos Gadelha, o superintendente do Ibama, foi preso, havia várias defesas administrativas dentro do carro dele que acabaram entrando na denúncia. Fora criada uma conta de e-mail, operada pelo servidor e pelos intermediários, em que a conversa sobre o crime era solta e cheia de palavrões. Gadelha se aproveitava, nas peças de defesa que escrevia, das informações privilegiadas das autuações que tinha dentro do órgão. Havia detalhes curiosos — até os erros de grafia cometidos pelo superintendente apareciam na peça apresentada nas defesas administrativas. "Em apuração preliminar, o total de multas ambientais aplicadas previamente aos investigados soma R$ 147.483.066,19, abrangendo uma área de 86.091,16 hectares de floresta amazônica", apontava-se na denúncia.

É possível encontrar muitos exemplos opostos — servidores dedicados ao extremo à missão que abraçaram. Felizmente, os casos negativos são bem mais raros e, na maioria das vezes, denunciados por funcionários dos próprios órgãos. O crime na Amazônia vive da ambiguidade de certos agentes públicos, das relações promíscuas entre criminosos ambientais e parcelas do poder, dos parlamentares que defendem o lobby do desmatamento, da captura dos municípios da Amazônia pelos bandidos. Entender essa rede que frauda documentos, que une interesses escusos, que impõe a lei de poderosos é uma das formas de proteger a floresta. E dá trabalho acompanhar todas as artimanhas e fraudes, porque o crime precisa ser tortuoso e difícil de entender para prevalecer.

A madeira *viaja* *na* noite da *Amazônia*

Na edição de janeiro de 2022, a revista *Piauí* publicou uma minuciosa reportagem de Allan de Abreu e Luiz Fernando Toledo em que ambos relatavam que refizeram o caminho de um lote de ipê que estava sendo vendido numa loja no Bronx, no norte da ilha de Manhattan, em Nova York. Um lote corresponde a 53 m^3, ou seja, cerca de 13 árvores, o que seria suficiente para encher dois caminhões. O metro cúbico da madeira estava sendo vendido por US$ 6 mil, o que naquele dia, 12 novembro de 2021, quando visitaram a loja, equivalia a R$ 32.419. Na loja, só se sabia que a madeira viera do Brasil, não havia mais informações sobre sua procedência. "Ninguém sabia, ou dizia não saber, que os *deckings* de 'Ipe Wood' ou 'tropical hardwood' nos fundos da loja escondem uma história exemplar de crime ambiental, saga descoberta pela *Piauí* que começou no sul do Pará, em fevereiro de 2019, e que o Ibama chegou a apurar em sigilo até a investigação ser enterrada, sem qualquer punição para os criminosos, por uma decisão do então ministro do Meio Ambiente, ele próprio sob investigação por suspeita de colaborar com um esquema de contrabando internacional de madeira da Amazônia."

A revista conseguiu mapear o caminho de volta da madeira até o ponto em que ela havia sido extraída do Jamanxim, hoje uma das regiões de maior agressão na Amazônia. Essa Unidade de Conservação foi criada no Pará pelo presidente Lula, em 2006, como Floresta Nacional do Jamanxim, durante a preparação para a pavimentação de um trecho da BR-163 que faz a ligação de Cuiabá com Santarém. A BR-163, que começa no Rio Grande do Sul e vai até Santarém, é uma obra do governo militar da época em que ainda não havia qualquer preocupação ambiental.

Aquele momento era o da pavimentação especificamente desse trecho pequeno e problemático, por atravessar área de florestas e se aproximar de

Terras Indígenas. A criação de áreas protegidas no entorno da rodovia era uma tentativa do primeiro governo Lula de evitar o que costuma acontecer com qualquer estrada: em geral, elas servem para levar desmatamento à região. A destruição começa exatamente pelas matas que ficam à sua margem. O que a ministra Marina Silva defendia é que aquela fosse uma rodovia sustentável. A História mostrou que a esperança fracassou. Desde então, luta-se por Jamanxim.

Em dezembro de 2016, o presidente Michel Temer baixou a Medida Provisória nº 756, reduzindo o tamanho da floresta e transformando-a em Parque Nacional do Jamanxim. Temer tomou por verdade a conversa fiada dos grileiros que ocupam e depois dizem que sempre estiveram lá. Com base nessa alegação, exigem que o limite da floresta nacional seja revisto. Mas é fácil descobrir a verdade, porque é possível consultar imagens antigas tanto no Inpe quanto do banco de dados do portal MapBiomas. Desde que foi criada, a Floresta do Jamanxim vem sendo alvo de ataques de grileiros. Em janeiro de 2010, a Operação Boi Pirata II apreendeu muitos bois na floresta. Um estudo do Imazon concluiu que 67% das ocupações na área ocorreram depois da criação da UC e que 60% dessas ocupações foram feitas por pessoas que nem moram lá.

A MP de Temer foi aprovada em 2017 confirmando a redução da área protegida. O nome disso é "desafetação" — quando se reduz o tamanho da região sob proteção, afirma-se que a unidade foi desafetada. Pois bem, a MP nº 756 virou a Lei nº 13.452, mas, em 2020, a Rede Sustentabilidade entrou com ação no STF sob o argumento de que uma Unidade de Conservação não pode ser desafetada por MP. No ano seguinte, o ministro Alexandre de Moraes concedeu uma medida cautelar que suspendia os efeitos da lei, ou seja, validava o tamanho original da floresta. Conto tudo isso porque é importante entender o local onde se passam os fatos da reportagem da revista. É terra de muitas disputas. Quando um governo desafeta uma Unidade de Conservação, ele estimula mais avanços dos grileiros.

Os repórteres da *Piauí* puxam o pior fio de uma meada interminável de crimes: "Quando a noite começa a cair no sul do Pará, dezenas de caminhões deixam o fundo da mata rumo ao asfalto da BR-163. Velhos e barulhentos, os veículos movem-se devagar, abarrotados de pesadas toras de ipê, jatobá e cumaru, todas madeiras de alto valor comercial e extraídas criminosamente, horas antes, da Floresta Nacional do Jamanxim, uma das mais desmatadas do país. Os motoristas confiam no breu noturno para driblar a fiscalização. É um cuidado exagerado, herdado de outros tempos, pois atualmente a presença de fiscais dos órgãos ambientais é praticamente nula na região."

Contam, ainda, que boa parte daqueles caminhões vai para o distrito Vila Isol, de Novo Progresso. "No distrito, onde estão instaladas cinco serrarias, respira-se madeira literalmente. O cheiro das toras cortadas impregna o ar, em meio ao ronco incessante das serras." Um detalhe: a reportagem mencionava Floresta Nacional, quando a área já era um Parque Nacional. Nascida floresta, reduzida e transformada em parque, mas sempre atacada. Eis a saga do Jamanxim. Mesmo os governos que tentavam combater o crime de desmatamento não impediam cenas assim no breu da noite da Amazônia.

Em 2013, quando estava no Maranhão preparando a reportagem sobre os Awá Guajá, vi exatamente a cena descrita no entorno da Terra Indígena. Havia serrarias, algumas delas funcionando à noite. Eu viajava com dois servidores da Funai e paramos perto de uma especialmente movimentada. Caminhões com madeira tirada da Terra Indígena entravam um atrás do outro nessa serraria. Esperamos um pouco do lado de fora. Depois, aproveitando o portão aberto para a entrada de um enorme caminhão com toras de madeira, pedi ao motorista do carro em que estava que ele entrasse também.

A cena que vimos impressionava. Tratava-se, evidentemente, de um local de crime. Lá dentro trabalhava-se na penumbra. A escuridão do local era quebrada pelos faróis dos caminhões que estavam chegando, ou saindo, e por fogueiras no chão em determinados pontos do grande pátio. Homens se moviam como sombras, às vezes carregando uma lanterna. Descarregavam os caminhões no pátio. Quando perceberam a minha presença, sumiram. Eu os chamei e um deles voltou, depois vieram vários. Perguntaram se eu era do Ibama. Disse que não. Todos alegavam nada saber do que acontecia ali e me apontaram um responsável. Fui até ele. O sujeito estava ostensivamente armado e também alegou nada saber, nem mesmo o nome do dono ou o nome daquela empresa. Respirava-se madeira ali, respirava-se crime. É fácil ver o crime na Amazônia. O difícil é saber como combatê-lo, tal o emaranhado das ilegalidades.

Voltando à reportagem da *Piauí*, os repórteres contam que examinaram os documentos oficiais que registravam o percurso da madeira que acabou chegando a Nova York. De acordo com a papelada, ela teria sido apreendida pelo Ibama e doada para a prefeitura de Itaituba, que a teria vendido num leilão. A verdade era completamente outra. Os repórteres, ao analisarem os documentos, encontraram claros sinais de fraudes, como a declaração de que seis dos veículos que supostamente transportaram parte da madeira eram um Fiat Palio, um Gol e quatro motocicletas — veículos que, obviamente, não conseguem transportar toras. Depois de um longo périplo de crimes, a madeira embarcou do Pará em direção ao Panamá, de lá para Baltimore, no estado de Maryland, e, do porto, foi para a sede da J. Gibson McIlvain, que fornece para lojas como aquela do Bronx.

Enquanto esse lote de ipê-amarelo da Floresta, ou Parque, do Jamanxim seguia viagem até Manhattan, o então ministro Ricardo Salles retirava o ipê da lista da Cites das espécies ameaçadas. A reportagem da *Piauí* comprovava que o crime cria, deliberadamente, um enredo tortuoso e complexo. Faz isso para despistar quem tenta seguir seus passos. No meio do caminho, políticos, empresários, lobistas, empresas de fachada encobrem a destruição do patrimônio brasileiro.

Houve muitas operações de combate ao desmatamento nos últimos anos. Passam pela imprensa, ocupam espaço por um tempo, depois caem no silêncio e vão sendo esquecidas. Vários denunciados ficam impunes. Enquanto isso, na noite da Amazônia, outros caminhões circulam levando madeira roubada em ataques às Terras Indígenas, às terras públicas não destinadas, às florestas nacionais, aos parques nacionais. A terra mais desmatada em 2019 foi Ituna-Itatá, no Pará, uma área de restrição de uso decretada pela Funai, porque lá moram indígenas isolados. Os agentes do Ibama descobriram, durante uma operação de combate ao desmatamento, que os invasores dessa terra pública entravam, derrubavam a mata e não removiam a madeira. Eles a queimavam, pois o único objetivo dos bandidos era a grilagem. A madeira era só o estorvo a ser eliminado pelo fogo.

Nesse ambiente de criminalidade houve o terrível Dia do Fogo, uma conspiração entre produtores rurais no estado para incendiar a floresta. Era 10 de agosto de 2019, quando o Inpe registrou com imagens de satélite um aumento significativo dos incêndios em Novo Progresso, Altamira e São Félix do Xingu. O aumento dos focos foi de 300%, num único dia, em Novo Progresso. Em São Félix, foi de 329%. Só 12 dias depois, o comando do Ibama responderia às denúncias. A floresta foi incendiada num crime organizado e premeditado. Das 207 propriedades que registraram incêndios em suas reservas legais, apenas 5% foram autuadas.

Em fevereiro de 2023, a PF no Pará informou que o inquérito continuava a correr em sigilo. "O que podemos dizer é que já chegamos aos principais suspeitos e já temos o laudo pericial sobre o ocorrido. Considero que neste primeiro semestre o inquérito será finalizado, mas o prazo depende do novo delegado, porque o antigo pediu remoção", escreveu Filipe Faraon, assessor da PF no estado, diante de uma consulta feita pelo jornalista Álvaro Gribel para este livro. Quatro anos depois dos incêndios ainda não havia respostas. E houve aviso prévio de que aquilo iria acontecer. O jornal da cidade, a *Folha do Progresso*, havia publicado no dia 5 de agosto de 2019, ou seja, cinco dias antes do Dia do Fogo, uma reportagem em que produtores afirmavam, sem serem identificados, que iriam tocar fogo na floresta para chamar a atenção de Bolsonaro. "Na região, o avanço da produção acontece sem o apoio do governo", disse um dos entrevistados. Quatro anos depois de, descaradamente, os produtores se mobilizarem para o cometimento de um crime coletivo, tudo o que se sabe é nada.

As grandes operações e a *radiografia do* crime

Em 2020 e 2021, duas operações policiais exibiram as entranhas do governo Bolsonaro, para quem não soubesse ainda como tudo funcionava: a Handroanthus e a Akuanduba. Não foram sequenciais, foram o resultado de investigações que correram paralelas, mas que revelaram a mesma promiscuidade entre o governo e o crime.

Há operações que começam por acaso. Em novembro de 2020, um avião do Comando de Aviação Operacional (Caop), da Polícia Federal, foi a Manaus buscar policiais para ajudar na segurança das eleições no sul do estado. O delegado Alexandre Saraiva, a bordo, perguntou ao piloto:

— Na volta, tem como sobrevoar os rios Madeira e Mamuru para ver se tem balsa de madeira?

Ficou combinado que fariam isso e um agente foi incumbido de fotografar o que fosse visto do alto. Tal decisão acabaria dando início à chamada Operação Handroanthus, que resultaria na maior apreensão de madeira já feita pela Polícia Federal. A ação seria comemorada pela Secretaria de Comunicação (Secom) do Planalto. Saraiva foi chamado ao Conselho da Amazônia para falar sobre a operação e discutir o destino da madeira. No dia 22 de dezembro de 2020, o site do Ministério da Justiça comunicou a operação com o título: "Polícia Federal faz apreensão histórica de madeira". Parecia um governo normal sendo governo. O texto no site relatava:

"A Polícia Federal deflagrou, em conjunto com o Ministério Público Federal, a operação Handroanthus GLO, que, até o momento, apreendeu mais de 131 mil m³ de madeira em tora na divisa dos estados do Pará e do Amazonas, o equivalente a 6.243 caminhões lotados de carga. Essa apreensão faz parte das investigações ocorridas a partir de uma balsa retida no rio Mamuru, em 15 de novembro deste ano, com aproximadamente 2.700 m³ de madeira nativa do bioma amazônico."

Depois daquela apreensão, a PF encontraria mais dez balsas e quatro empurradores no mesmo rio. Pelo cálculo da PF, a madeira em tora e a serrada, no valor médio da época, representavam R$ 55 milhões. O site do ministério anunciou: "A operação foi batizada de Handroanthus GLO por ser o nome científico do ipê, a árvore mais cobiçada por organizações criminosas na Amazônia." No dia 24 de dezembro, uma nota da Secom alardeava o fato. A bandeira do Brasil aparecia com o título "o gigante verde". O texto era ilustrado pelos caminhões enfileirados da Operação Handroanthus. No fim das apreensões a partir daquelas fotos aéreas, haviam sido confiscados 226 mil m³ de madeira, num valor calculado em R$ 129 milhões.

— Eu achava que essa madeira era do Amazonas indo para Belém — contou o delegado Alexandre Saraiva em uma das três entrevistas que deu para este livro. — Quando [*os balseiros*] foram abordados, eles não apresentaram o DOF, o Documento de Origem Florestal. Apresentaram a GF, a Guia Florestal do Pará. Mas a madeira que estava na balsa não correspondia à madeira descrita na Guia Florestal. Aí apreendemos a balsa e houve prisão em flagrante do seu comandante. Mas o pessoal continuou e foi encontrando outras balsas. Quando chegaram ao porto, receberam a informação de que havia mais no interior da floresta. A estimativa inicial do total da madeira apreendida foi sendo superada. Mas tudo por conexão com aquele primeiro flagrante que fizemos após olhar lá de cima.

Começou então uma batalha judicial. Um juiz do Pará mandou devolver as balsas e impôs aos agentes uma multa diária de R$ 200 mil. Houve decisões conflitantes da Justiça federal no Amazonas e no Pará. Uma negava os pedidos dos supostos donos da madeira, a outra os atendia.

— Aí fomos até a direção-geral da Polícia Federal perguntar o que fazer com aquela madeira. Depois, com o diretor-geral, fomos para o Conselho da Amazônia. Perguntaram se poderia ser um leilão e eu disse que não funcionava. O local é longe e de difícil acesso. O próprio infrator pode, por interposta pessoa, arrematar tudo, gerar o DOF e esquentar a madeira.

Assim, a gente acaba legalizando o ilegal. Eu disse que havia uma solução bonita e uma feia. A feia seria destruir a madeira. A bonita seria tirá-la com o Batalhão de Engenharia do Exército para Manaus, processar tudo e construir casas populares. Para fazer uma casa popular são necessários 50 m^3. Havia mais de 200 mil.

Quando se esperava alguma decisão para o destino da carga, houve uma estranha reviravolta: o Exército, que guardava o material, informou, numa segunda-feira, que sairia do local na quinta. O ministro Ricardo Salles foi ao Amazonas, em fevereiro, para defender os madeireiros, reunir-se com eles e criticar a operação. Os madeireiros alegavam que o material apreendido era legal.

Em 7 de abril, Salles voltou ao Amazonas, levou repórteres e fez uma exibição teatral ao lado daquele mundo de toras, dizendo que elas tinham identificação. Em seguida, reuniu-se em um hotel de Santarém com seus supostos proprietários. A tese do ministro era a de que a operação fora uma arbitrariedade policial, porque toda a madeira havia sido extraída legalmente. Disse em entrevista no Pará que havia recebido um grupo de senadores e deputados, acompanhados dos "donos" da madeira apreendida, e que queria uma resposta rápida da PF. Na época, os madeireiros entregaram papéis que supostamente provavam essa legalidade.

— Os documentos eram uma fraude. Havia erros gritantes — disse Saraiva.

O governo, que até então saudara a apreensão como um feito da administração, passou a dar razão ao ministro. Dois dias antes da ida de Salles ao Amazonas, o delegado Alexandre Saraiva, em entrevista à *Folha de S.Paulo*, criticou a posição de Salles dizendo que, na Polícia Federal, o ministro não conseguiria "passar a boiada". "Me parece que é o mesmo que um ministro do Trabalho se manifestar contrariamente a uma operação contra o trabalho escravo. Nunca tive notícia de um ministro do Meio Ambiente se manifestando contrariamente a uma operação que visa proteger a floresta amazônica. É um fato inédito que me surpreendeu", declarou então.

Na queda de braço, o delegado levou a pior. Acabou afastado do cargo, mas, antes disso, deu um último tiro no ministro: mandou para o Supremo a comunicação de notícia-crime contra Salles, acusando-o de dificultar a ação fiscalizadora do poder público no meio ambiente, exercer advocacia administrativa e integrar organização criminosa.

Saraiva tinha, na época, 50 anos e uma larga experiência na região. Comandara operações emblemáticas, como a Salmo. Estava havia dez anos no Amazonas, mas antes comandara a PF em Roraima e no Maranhão e estava concluindo seu doutorado em Ciências Ambientais e Sustentabilidade da Amazônia, pela Universidade Federal do Amazonas. O ministro Ricardo Salles tinha 45 anos e, desde o primeiro dia no cargo, trabalhara incansavelmente para desmontar o aparato de proteção da Amazônia. Sua fala mais famosa foi enunciada naquela reunião ministerial de 22 de abril de 2020, quando propôs deixar "passar a boiada".

No dia 19 de maio de 2021, o ministro Ricardo Salles e o presidente do Ibama, Eduardo Bim, seriam alvos da Operação Akuanduba, que investigava a exportação ilegal de madeira. Pelo fato de o ministro estar envolvido, a Polícia Federal precisou pedir autorização ao STF para executar as ações de busca e apreensão. O caso ficou com o ministro Alexandre de Moraes, que determinou fossem quebrados os sigilos fiscais e bancários do ministro e do presidente do Ibama. Bim foi afastado do cargo.

Essa operação nascera de uma cooperação entre as autoridades americanas e brasileiras. Nos Estados Unidos havia sido apreendida uma carga de madeira, em janeiro do ano anterior, no porto de Savannah, na Georgia. As autoridades americanas perceberam que a mercadoria não tinha a Autorização para Exportação Florestal (Autex), documento exigido no Brasil desde 2011. Um escritório do Ibama no Pará chegou a entrar em contato com os americanos para tentar a liberação e os madeireiros pediram ajuda ao ministro Ricardo Salles para agilizar o processo. Salles recebeu os madeireiros em Brasília. E, no mesmo dia, Bim assinou um despacho que permitia a exportação da mercadoria sem a autorização. Era mais uma boiada que passava.

A Akuanduba mobilizou 160 policiais federais e cumpriu 35 mandados de busca e apreensão. Além de Salles e Bim, nove integrantes da cúpula do ministério foram alvos da ação. As residências de Salles, em Brasília e em São Paulo, foram visitadas pela PF. Os dois foram investigados por facilitação de contrabando. Portanto, quando Salles fez aquela proposta de o governo aproveitar a dor da pandemia, que concentrava a atenção da imprensa, para burlar as leis do país, ele já estava pondo em prática essa estratégia. Alexandre de Moraes, em sua decisão favorável aos pedidos da PF, disse que aquele *modus operandi* fora aplicado nas exportações ilícitas de produtos florestais porque, em vez de um parecer escrito por um corpo técnico especializado, a decisão de liberar a madeira eliminando a necessidade de licença de exportação foi tomada depois de "um parecer de servidores de confiança, em total descompasso com a legalidade".

Havia mais um indício contra o então ministro. Ele se reuniu com representantes das empresas interessadas na liberação da madeira apreendida: Confloresta, Aimex e Tradelink Madeiras. Junto dele estavam o presidente do Ibama, o diretor de Proteção Ambiental e parlamentares. No mesmo dia, suspendeu as regras de exportação. O governo atendeu a tudo o que os empresários haviam pedido, mesmo contra o parecer técnico. O despacho do governo que suspendia a obrigatoriedade de documento de exportação de madeira tinha efeito retroativo e legalizava exportações ilegais de madeira empreendidas nos dois anos anteriores, em 2019 e 2020.

Qualquer um pode se perder no emaranhado de documentos falsos e verdadeiros, ou se confundir nas alegações de que toda a madeira que transita foi retirada dos "planos de manejo". O delegado Alexandre Saraiva, certa vez, quis fazer uma prova dos nove e mandou um ofício para a concessionária de energia elétrica no qual perguntava quantas madeireiras havia no estado e se elas estavam em dia com a conta de luz.

— O principal insumo dessa indústria é a madeira, a segunda é a energia. A resposta foi que elas deviam quase R$ 20 milhões de contas atrasadas. Fui em uma madeireira que não só furtava a energia, como o transformador ficava dentro da serraria. Quando são cobradas, elas conseguem liminar na Justiça para que a luz não seja cortada. Na época da investigação, havia 69 liminares suspendendo corte de energia para madeireira. Se ainda fosse hospital... É uma indústria totalmente criminosa. Os madeireiros ficavam me olhando assim: "Eu sei que você vai embora."

E ele foi mesmo. No dia 27 de maio de 2021, Saraiva foi removido da chefia da Superintendência da Polícia Federal do Amazonas e despachado para a delegacia da PF em Volta Redonda, no Rio de Janeiro. Conhecido por polêmicas internas e externas, nas quais entra sempre de peito aberto, Saraiva reagiu com calma ao saber que seria exonerado, revelando desapego ao cargo:

— Eu não fiz concurso para superintendente, fiz concurso para delegado — disse.

Saraiva havia começado a carreira no Rio de Janeiro. Embora ele estivesse no Amazonas, sua mulher e um filho, ainda criança, estavam no Rio, para onde haviam ido no Natal do ano anterior e, diante da escalada da pandemia em Manaus, lá permaneceram. Voltar para o estado do Rio resolvia um problema familiar para Saraiva, mas, de todo modo, significava um exílio, depois de uma década dedicada a entender como combater o crime na Amazônia. Dias antes de apresentar a notícia-crime contra o então ministro, ele defendeu a sua tese de doutorado: "Organizações criminosas e crime ambiental na Amazônia brasileira". Nela, ele analisa quatro operações da PF de combate ao crime das quais participou: Salmo, Arquimedes, Ferro e Fogo e Canafístula.

O que havia em comum entre essas operações era o envolvimento de funcionários públicos.

— Entendi que essa era a fórmula em que o crime prospera, haver envolvimento de servidores dos órgãos estaduais ou federais.

Na Operação Salmo, desencadeada em Roraima em 2012, foram presos, ao todo, 44 servidores do Ibama, do Incra e dos órgãos ambiental e fundiário de Roraima — a Fundação Estadual do Meio Ambiente e Recursos Hídricos (Femarh) e o Instituto de Terras e Colonização do Estado de Roraima (Iteraima). O truque dos criminosos era uma pessoa apresentar-se no Ibama como dona de uma área na qual queria fazer um corte raso. Na verdade, a expressão usada é "uso alternativo de solo", ou seja, fazer outra coisa naquela terra em vez de manter a floresta. A pessoa alegava ser dona de uma terra e, portanto, poderia cortar, pela lei, 20% da mata.

— A pessoa chegava e dizia que iria fazer agricultura ou pecuária e recebia a Autex, a Autorização para Exploração Florestal. Isso gera um crédito em metros cúbicos, como se fosse uma conta bancária. Como antes a pessoa tinha que ter feito o inventário florestal, ela vai dizer que tem tanto de maçaranduba, de ipê. E aí, como ela tem o crédito, está na conta DOF dela. O que ela fazia em seguida? Abandonava o processo. O processo então era arquivado, mas a pessoa continuava com o direito de extrair toda aquela madeira — explicou o delegado.

Saraiva descobriu que essa é a origem de tudo. Com o DOF em mãos, o criminoso pratica o crime de tirar a madeira da terra pública.

— O sujeito chega no órgão administrativo e diz: "Eu sou dono da terra X." Ele já passou pelo Incra e pelo Iteraima, porque, mesmo no processo fraudulento, é preciso dar uma aparência de legalidade. O requisito para se explorar madeira é que a pessoa seja dona daquela área. Então, dentro dos órgãos se consegue um esquema. Nós encontramos algumas áreas com 14 sobreposições. A mesma área aparecia como sendo propriedade de pessoas diferentes. E depois, quando a madeira está circulando com DOF, como o policial rodoviário vai saber se ela veio de Terra Indígena ou de uma extração realmente legal? Ele só pode conferir o DOF.

Houve várias operações policiais em busca dessas conexões dentro de órgãos públicos que permitiam processos fraudulentos. Mas, na verdade, o denunciante, a pessoa que tinha a coragem de iniciar a investigação, era também um funcionário público. Que colocava o próprio nome na denúncia, mesmo correndo o risco de sérias represálias, porque não se pode começar uma investigação a partir de uma denúncia anônima.

— Tenho muito carinho pelo Ibama. Muitas vezes prendi pessoas do Ibama que estavam envolvidas em crime, mas também recebi as informações de pessoas do próprio órgão.

Em setembro de 2017, Saraiva tinha acabado de ser transferido da chefia da Superintendência da PF no Maranhão para a do Amazonas. Por isso decidiu não viajar no Natal e no Ano-Novo. Liberou outros servidores da PF e se colocou de plantão. No dia 16 de dezembro, a Receita Federal detectou uma movimentação de madeira muito grande no Porto de Manaus e comunicou ao Ibama. Hugo Loss, chefe da Fiscalização do órgão ambiental, foi ver o que se passava no porto. Começou a olhar os inúmeros contêineres e ligou para o seu superior, o superintendente José Barroso Leland.

— O que você está fazendo aí no porto? — quis saber Leland.

— Estou fiscalizando aqui uma denúncia de madeira ilegal — respondeu Loss.

— Você não tem nada a ver com isso! Sai daí.

Hugo Loss estranhou, uma vez que exportação continuava sendo esfera de atuação do Ibama. Por isso ligou para um amigo da Polícia Federal em Brasília e relatou o que havia visto no porto. O policial ligou para Saraiva.

— Saraiva, está acontecendo algo estranho no Porto de Manaus. Você podia dar uma olhadinha?

— Vou lá amanhã.

No dia seguinte, Saraiva encontraria 274 contêineres de madeira empilhados no porto. Pediu então ao chefe do setor que abrisse dez, mas de forma aleatória naquele amontoado.

— De 274, abrimos dez e nos dez havia irregularidades absurdas. Dos níveis mais bizarros. Por exemplo, quando o madeireiro emite um DOF no sistema, ele tem uma janela de duas horas para cancelar. Mas ele pode imprimir o DOF. Olhei um por um esses DOFs e estava lá em todos: "cancelado". É como você sustar um cheque e ainda apresentá-lo.

Outra irregularidade referia-se à incompatibilidade entre a espécie de madeira que estava no contêiner e a espécie registrada no documento. Segundo Saraiva, mesmo quem não era especialista em madeira, como era o caso dele, podia perceber isso. Por exemplo, um dos contêineres abertos continha madeiras uniformes pertencentes claramente a uma única espécie, mas a descrição era de que ali havia seis espécies distintas. Eram tão visíveis os sinais de irregularidades, que Saraiva avisou ao administrador do porto que nenhuma madeira poderia sair dali sem que fosse analisada. Só que continuaram a chegar contêineres e, em poucos dias, havia quase 500 no local, criando um problema logístico. Seria necessário conferir tudo, investigar e deflagrar uma operação o mais rápido possível. Isso em pleno recesso de Natal e Ano-Novo.

Não seria um trabalho fácil, mas só essa visão de um porto entupido de crimes ajuda a entender algumas coisas sobre o roubo de madeira pública na Amazônia. Durante a caminhada da madeira, desde a sua extração ilegal, os bandidos conseguem várias brechas para ir lavando o produto do crime, para que este, ao chegar ao porto, pareça legal. Era o que havia me explicado a coordenadora da Força-Tarefa Amazônia, do MPF, Ana Carolina Haulic Bragança. No caso, estava claro que os criminosos depositavam no porto, sem cerimônia, toda aquela madeira com vestígios evidentes de ilegalidade porque se sentiam completamente à vontade para isso. Aquele momento era 2017, governo Temer. Tudo pioraria no governo Bolsonaro.

Hugo Loss, que havia recebido a ordem de sair do porto, viveria várias situações difíceis nos anos seguintes. Em 2019, era ainda chefe da Fiscalização do Ibama quando grileiros colocaram fogo na floresta deliberadamente, naquele que ficou conhecido como Dia do Fogo. Em março de 2020, o sistema SAD do Imazon detectou um aumento de 279% no desmatamento na Amazônia. Era o começo da pandemia no Brasil e o mês que, em geral, marca o início da temporada do desmatamento. Em abril, Loss participou de uma operação que destruiu maquinário de madeireiros e garimpeiros que estavam atuando dentro da TI Tenharim do Igarapé Preto, no Amazonas. Várias outras operações bem-sucedidas haviam sido feitas em Terras Indígenas contra invasores, como nas áreas dos Parakanã, Kayapó, Xikrin e até em territórios indígenas isolados, no sul do Pará. Uma reportagem sobre a destruição de maquinário foi exibida no *Fantástico* no dia 12 de abril e nela Hugo Loss dava declarações sobre o combate ao desmatamento.

O problema é que Bolsonaro havia proibido queimar equipamentos apreendidos. Assim, a reação do governo foi exonerar os servidores. E as exonerações começaram por uma pessoa que, curiosamente, havia sido nomeada pelo próprio Salles, o major da Polícia Militar de São Paulo Olivaldi Alves Borges Azevedo, que era diretor de Proteção Ambiental, justamente porque ele não teria impedido a operação. Uma semana depois, quando

Hugo Loss foi exonerado, seu colega Renê Luiz de Oliveira também seria afastado da coordenação de Fiscalização do Ibama.

Os servidores da Diretoria de Proteção Ambiental soltaram uma nota interna em que pediam a imediata suspensão das exonerações. Reportagem de Giovana Girard, de *O Estado de S. Paulo*, revelou o teor dessa reação interna. Os colegas de Loss e Renê lembraram como os dois haviam conseguido reduzir o desmatamento em Terras Indígenas. "Os servidores Renê Luis de Oliveira e Hugo Ferreira Loss desempenham papel de líderes cuja gestão possibilita o desenvolvimento de trabalho cooperativo e profissional no combate aos delitos ambientais." Não foram ouvidos. Em entrevista ao site Amazônia Real, Loss definiu com clareza o erro que o Brasil tem cometido na Amazônia: "Não se desenvolve um país rico como o Brasil debaixo do sabre de uma motosserra ou com mercúrio nos igarapés. Isso não é desenvolvimento, isso não é futuro, isso é passado."

No tempo de Salles e Bim no comando, respectivamente, do Ministério do Meio Ambiente e do Ibama, diversos servidores foram exonerados e punidos por cumprirem seu dever. O Ibama e o ICMBio foram assediados pelo governo. Várias vezes o presidente Bolsonaro os desautorizou e os ameaçou por cumprirem sua função. Os órgãos foram esvaziados, perderam orçamento e mesmo o dinheiro que tinham não era usado. A certa altura, eles quiseram até mesmo eliminar a exigência de licença de exportação, dizendo que era redundante. Aquela operação no Porto de Manaus, em 2017, provara que não.

Diante daquele mundo de madeira entupindo o porto, Saraiva decidiu concentrar a perícia em quatro pontos: 1) o DOF é válido ou foi cancelado?; 2) o volume descrito no DOF é o volume do contêiner?; 3) as espécies descritas no documento eram iguais às que estavam em cada contêiner?; 4) por último e mais importante: a origem da madeira é de fato a que foi declarada?

Os criminosos poderiam ter DOF que não fosse cancelado, colocar o volume certo e a madeira descrita, mas a origem declarada teria de ser verificável. Ao todo, havia 63 empresas com madeira no porto naquele fim de ano. Decidiram que fiscalizariam a carga de uma empresa; se estivesse tudo certo, seguiriam para outra. Para agilizar. Acharam que o quesito "volume" seria o mais fácil de verificar e conseguiram o apoio de 20 homens do Exército para ajudar a tirar a madeira e medir na trena.

— No final do dia, eles chegaram na minha sala arrasados. Eu perguntei: "E aí? Fizeram quantos contêineres?" Eles: "Um. Faltam 472." Aí, um perito que trabalha aqui, um cara inteligentíssimo, teve uma sacada genial. Ele estava no porto e viu que os contêineres eram pesados porque precisam balancear a embarcação. Então o peso era um dado confiável. Se nós fizéssemos a balança de Arquimedes, nós teríamos a densidade. Com peso e densidade, chegaríamos ao volume. Então fizemos isso em massa e o nome da operação ficou sendo Arquimedes.

O que a Operação Arquimedes ensinou é que é muito produtivo atacar também os portos. E nessa ação houve uma série de fatos felizes: um funcionário da Receita que estranhou o movimento, um servidor do Ibama que não aceitou a ordem do chefe de fechar os olhos para o que estava vendo, um superintendente da Polícia Federal que passou o Natal analisando a carga, um perito genial que, diante da impossibilidade de conferir tantos crimes, achou uma lei da física que resolveu o enigma.

A prova cabal do crime se encontra num trabalhoso passo a passo. O DOF é emitido a cada etapa do processo — o plano de manejo é um, levar até a serraria é outro, da serraria ao porto é outro. Os servidores da PF e do Ibama foram por essas pegadas para chegar ao primeiro documento, a Autex. Nele, há a coordenada geográfica. Olharam então a imagem por satélite do polígono indicado. Não viram sinal de extração e encontraram, como é comum nesses casos, vários documentos indicando a mesma localização, ou seja, as tais áreas sobrepostas.

A Operação Arquimedes teve duas fases. Na primeira, em 2017, os agentes foram atrás de 61 empresas e 22 pessoas foram denunciadas. Na segunda, em 2019, eles procuraram quem havia emitido, dentro de órgãos ambientais, aquelas Autex fraudulentas. Um dos suspeitos foi exatamente o superintendente do Ibama no Amazonas, José Barroso Leland, que mandara Hugo Loss sair imediatamente do porto porque eles não tinham nada a ver com aquilo. O jornal *O Globo* noticiou, em 16 de dezembro de 2020, que mensagens apreendidas pela PF mostraram o deputado federal Átila Lins (PP-AM) pressionando Leland para reabrir as serrarias fechadas na primeira fase da operação.

A reportagem, assinada por Leandro Prazeres, informava o seguinte: "Às 8h25 do dia 20 de dezembro de 2018, Átila Lins envia um link para uma notícia publicada pela mídia local na qual ele afirma que 95% das serrarias do município de Manacapuru seriam reabertas naquele dia. 'Conforme combinamos, mandei divulgar assim', disse Átila Lins a Leland. 'Estou trabalhando para isso e dependendo da internet e de alguns detalhes técnicos ainda não disponíveis', respondeu Leland ao deputado, que, insatisfeito, responde: 'Eles estão ansiosos que seja resolvido. Vai dar certo, quando chegar amanhã esteja tudo ok', disse o parlamentar."

Seguem-se inúmeras mensagens que revelam a pressão do deputado sobre o então superintendente do Ibama no Amazonas. No dia 24, Leland diz que havia se esforçado para atender à demanda, mas desbloqueara apenas duas indústrias. Os documentos do inquérito também indicavam que Leland havia ameaçado Hugo Loss. No final da matéria, o repórter conta que a PF não denunciou Átila Nunes, que Loss foi transferido para Brasília, para a Coordenação Nacional de Fiscalização, e que depois foi exonerado, em abril de 2020. Leland negava todas as acusações, alegando que o relatório final da PF havia recomendado o arquivamento da investigação em relação a ele e que as conversas dele com o deputado haviam sido institucionais. Assim as operações vão e vêm na Amazônia. Alguns personagens se livram das acusações e voltam. Sempre há parlamentares defendendo as empresas apanhadas praticando crime. Em 2023, Loss voltaria ao cargo de coordenador de Operações de Fiscalização.

Na época da Operação Handroanthus, os madeireiros tinham também o ministro Ricardo Salles a seu lado. Na sua segunda ida ao local da apreensão, o ministro disse que a Polícia Federal tinha uma semana para analisar os documentos. O delegado Saraiva foi com a equipe toda para cima dos documentos e em uma semana conseguiu fazer o relatório.

— Cumpri rigorosamente o prazo — contou Alexandre Saraiva — e, na quarta seguinte, mandei a notícia-crime [*contra Salles*]. Para dizer que está acobertando ou influenciando a investigação, eu tenho que saber se é crime. E eu tive certeza cabal quando vi os documentos. Tenho que agir de acordo com o Código de Processo Penal, e, no caso de a pessoa ter foro privilegiado, é notícia-crime. Quando a pessoa não tem foro, o caminho é instaurar um inquérito policial. Eu não tinha a opção de apresentar ou não a notícia-crime. Se eu não fizesse estaria praticando crime de prevaricação. Tem gente que acha que eu fiz para retaliar. Eu provo que o documento de 38 páginas, uma peça complexa, eu não conseguiria fazer tão rápido. Eu comecei a escrever no sábado, quando recebi os documentos do Pará.

Saraiva foi exonerado do cargo e logo apresentou a denúncia contra Salles, mas, como explicou, ele já estava preparando a denúncia antes, por isso não se tratou de reação ao ato que o atingiu. O então ministro havia feito a defesa dos madeireiros de forma explícita, até espalhafatosa; como a madeira tinha indício de crime, era o que o delegado tinha que fazer, isto é, preparar uma notícia-crime.

No dia 27 de abril de 2021, dez dias após essa minha entrevista com o delegado Saraiva, enquanto ele se preparava para voltar para o Rio de Janeiro, a ministra Cármen Lúcia, relatora do caso no STF, disse que havia visto "gravidade incontestável" nos fatos narrados por Saraiva na notícia--crime, os quais envolviam "tema de significação maior para a vida saudável do planeta, como é a questão ambiental". Eram duas as notícias-crime, que incluíam o ministro do Meio Ambiente, o presidente do Ibama e o deputado Telmário Mota. A ministra as enviou ao procurador-geral da República, Augusto Aras, já alertando que um eventual arquivamento do caso teria que ser devidamente justificado. O procurador-geral não arquivou, ao contrário do que fazia com qualquer acusação contra o governo Bolsonaro, e o inquérito foi aberto.

Depois dessa operação, veio a Akuanduba, em que Salles foi alvo diretamente por suspeita de colaborar com contrabando de madeira. Ele e Eduardo Bim. Em maio de 2021, Salles enfrentou mandado de busca e apreensão expedido por Alexandre de Moraes. Em junho, Salles pediu demissão e recebeu rasgados elogios do chefe. Jair Bolsonaro disse que Salles havia feito "o casamento quase que perfeito entre o meio ambiente e a agricultura". Ao sair do ministério, ele estava escapando também do inquérito no Supremo. Abandonou o cargo para fugir do foro. Hoje é deputado federal.

Salles influenciou a escolha do seu sucessor, ao indicar o segundo no ministério, Joaquim Álvaro Pereira Leite, para ministro. Joaquim Leite seguiu a mesma linha do antecessor, mas sem o histrionismo de Salles. Eduardo Bim foi afastado do cargo por 90 dias pelo ministro Alexandre de Moraes, diante dos indícios de crime trazidos à tona pela Akuanduba. No entanto, acabou voltando ao fim do prazo. O Eco publicou um texto com um título sugestivo: "O retorno dos que não foram: Eduardo Bim volta ao comando do Ibama." No dia 19 de agosto, exatamente 90 dias depois de afastado, Bim assinou três portarias. Segundo o site, "ao contrário do seu antigo chefe, o ex-ministro Ricardo Salles, que acabou exonerado, Eduardo Bim permaneceu firme em seu cargo, mesmo de longe".

Há muitas histórias de retrocesso, de grandes operações que revelam fortes indícios de crime, mas que acabam sendo derrotadas na Justiça ao fim de algum tempo. Há sempre juízes prontos a dar sentenças em favor de madeireiros na Amazônia, ou de garimpeiros, ou de grileiros que ocupam terra pública e se apresentam como agricultores ou pecuaristas. A impunidade está sempre presente. Mas o país muitas vezes avançou e voltará a avançar nessa luta.

O delegado Saraiva, removido para Volta Redonda, afirmou que é uma "inevitabilidade histórica" a exploração racional dos recursos. Há muitos crimes na Amazônia visíveis à luz do dia. Há redes de caça e pesca ilegais, de grilagem, de extração de madeira, pecuária ilegal, garimpo, tráfico de armas e de drogas. Neste capítulo falei de garimpo e madeira. Mais adiante falarei da pecuária em terra grilada, que é o grande vetor do desmatamento. Há fatos que se repetem em qualquer cadeia criminosa. Muita gente, que integra as elites econômicas e políticas locais e nacionais, é conivente ou ativa na prática do crime. Parlamentares usam a imunidade para encobrir os crimes. A terra pública é roubada, a floresta é derrubada por quadrilhas ligadas direta ou indiretamente ao agronegócio, aos exportadores, à indústria do ouro ilegal.

A grande explicação para a criminalidade na Amazônia é a ambiguidade existente na fronteira entre o caminho legal e o ilegal. Nessa encruzilhada, o Brasil tem ficado indeciso. Nas sombras, nas idas e vindas entre punição e impunidade, a rede do crime avança. É a economia que guarda parte fundamental da resposta que precisamos encontrar.

6 *Os caminhos da economia*

O desmatamento *como estupidez* econômica

Desmatar não leva a desenvolvimento econômico. Isso está provado. Há uma sucessão de dados e estudos mostrando que a correlação entre desmatamento e desenvolvimento é negativa. O projeto Amazônia 2030, de iniciativa do Imazon, avaliou ângulos diferentes desse tema. Crescimento, progresso social, geração de emprego e renda, enfim, nenhum desses indicadores melhora quando a taxa de desmatamento dos municípios se eleva. Pelo contrário, vários números apontam que a queda do desmatamento, quando aconteceu no Brasil, não prejudicou o crescimento, nem mesmo o da agropecuária. Olhar o desmatamento pela perspectiva dos economistas é muito estimulante. Os que se debruçaram sobre o assunto ampliaram seu campo de visão. Mantiveram a sua qualificação em todas as outras áridas áreas, como fiscal e monetária, mas enriqueceram a sua visão de mundo.

Dois dos economistas que se envolveram nos últimos anos com esses debates foram o ex-presidente do Banco Central Armínio Fraga e o economista José Alexandre Scheinkman. Eles estão tanto no Amazônia 2030 quanto no Climate Policy Initiative (CPI), um centro de pesquisa americano que avalia e recomenda políticas públicas com forte presença no Brasil, ancorado na PUC-Rio. Uma das reuniões do Amazônia 2030, em 2022, foi na própria Amazônia, num local de águas limpas do Tapajós. Nessas águas, os dois economistas mergulharam. Saíram do banho mais convencidos do que nunca da pauta ambiental. Em janeiro de 2023, em entrevista à *Folha de S.Paulo*, em que falou basicamente de política ambiental, Scheinkman foi definido como "ativista pela preservação". Ele era, na época, professor da Universidade Columbia e fora por décadas professor da Universidade de Chicago.

O professor Juliano Assunção, da PUC-Rio, coordenava havia dez anos o escritório brasileiro do CPI quando o entrevistei pela primeira vez para este livro, em 14 de dezembro de 2020. Mesmo com uma década de experiência em estudos de políticas públicas na área ambiental, Juliano não se reconhecia como ambientalista:

— Eu me defino como um economista e não como alguém ligado ao meio ambiente.

Em outra conversa, em 2023, ele já não se preocupava com a autodefinição e várias vezes disse que era um alívio e uma sorte ter escolhido o meio ambiente como área de atuação. Ele havia avaliado as políticas públicas com modelos econométricos e chegado a conclusões preciosas. Estava imerso em um estudo com Scheinkman e o prêmio Nobel de Economia Lars Hansen sobre o *trade-off* entre o carbono e o gado na Amazônia. Desde a nossa primeira conversa, a conclusão de Juliano Assunção já estava madura:

— O desmatamento é um desperdício. Não há correlação entre desmatamento e desenvolvimento. Pelo contrário. Não tem nenhum outro local no mundo em que você consiga abordar a agenda da segurança alimentar e a agenda climática de maneira tão natural quanto na Amazônia.

Olhar a floresta do ponto de vista econômico leva a vários caminhos. Nenhum deles justifica a destruição. O desmatamento é sobretudo uma estupidez econômica, segundo Juliano. Na nossa primeira conversa, ainda on-line, ele abriu gráficos e modelos de avaliação para provar, na linguagem própria dos economistas, o ponto que mobiliza tanta gente. Analisando a dinâmica do desmatamento e da produção, Juliano e todos os pesquisadores associados ao CPI concluem que o Brasil tem, hoje, uma enorme disponibilidade de área para aumentar a produção agrícola. As pastagens no país ocupam 234 milhões de hectares, o que corresponde a 27% do território, enquanto a lavoura ocupa 79 milhões de hectares, apenas 9% do território.

— O Brasil tem uma enormidade de pastagens subutilizadas e deu um salto tecnológico na agricultura. Uma série de trabalhos mostra que a lavoura se expande através das áreas de pastagens e não de floresta, até porque é mais barato. Há a ideia de que, com a tecnologia, a rentabilidade da atividade é maior. Isso seria um estímulo para aumentar a produção, o que elevaria a demanda por desmatamento. Mas não no nosso caso, porque temos uma enorme quantidade de terras subutilizadas. Essas áreas de pastagens ineficientes indicam o caminho para aumentar a produção sem desmatamento.

A agricultura brasileira exportadora de *commodities* tem crescido por ganhos de produtividade praticamente sem aumentar a ocupação de novas terras. Numa apresentação que havia feito na Universidade de Princeton, Juliano levantou questões básicas de economia. A produção agrícola está intrinsecamente ligada ao desmatamento? É possível reduzir o desmatamento na Amazônia? Existe um custo de oportunidade de reduzir o desmatamento? Qual é a iniciativa mais eficiente para controlar o desmatamento? Os gráficos e as análises que ele me mostrou foram desfilando as verdades comprovadas. Em um dos estudos, ele comparou municípios que desmataram a outros que não o fizeram e investiram em tecnologia de produção. A conclusão foi que o município que não desmatou conseguiu aumentar sua produção.

— Quando fecho a possibilidade de desmatamento, não perco quase nada. O grosso do potencial de expansão da agricultura no Brasil tem a ver com a melhor utilização de recursos, convertendo as áreas de pastagens e aumentando a produtividade das lavouras.

Onde ocorre o desmatamento? Juliano faz a pergunta e a responde, em seguida:

— Acontece principalmente nas terras públicas não destinadas e não em áreas privadas.

Os ambientalistas vêm dizendo justamente isto com imagens de satélites: que essas florestas públicas não destinadas estão na mira dos grileiros.

Durante a pandemia, em 15 de dezembro de 2020, mediei um seminário on-line do Instituto de Pesquisa Ambiental da Amazônia sobre o tema. O Ipam tem sido particularmente enfático em relação aos riscos que as terras sem destino, antigamente chamadas de "devolutas", correm por estar mais expostas à invasão e ao desmatamento. Na conversa preparatória, o doutor em Ecologia Paulo Moutinho, um dos fundadores do Ipam e um dos inspiradores do Fundo Amazônia, me mostrou dados recentes sobre essas florestas públicas sem destinação, que, somadas, ocupam 57 milhões de hectares em todo o Brasil. Nesse número estão apenas as florestas cadastradas.

— Isso é mais do que o tamanho da Espanha, Míriam, é uma área enorme, muito concentrada nos estados do Amazonas e do Pará e que exerce um papel fundamental no transporte de água do oceano para dentro do continente. As florestas na Amazônia são uma espécie de bomba d'água que transportam a umidade do leste para o oeste, o que acaba irrigando o país. Para funcionar, essa bomba d'água precisa que essas áreas sejam preservadas.

Essas terras públicas são chamadas "não destinadas" porque não são nem Unidades de Conservação — parques, florestas nacionais, reservas extrativistas, estações biológicas — nem Terras Indígenas. Não se decidiu se serão exploradas na agricultura, na pecuária, na mineração — nada. O governo simplesmente ainda não disse o que pretende. Estão por aí, sem uma decisão sobre o que fazer com elas. Se os grileiros já invadem Unidades de Conservação e Terras Indígenas em que há algum controle, imagine o que acontece com essas terras públicas não destinadas.

— A gente monitorou o desmatamento em 2019 e 2020, e mais ou menos 30% de tudo o que foi desmatado está nas florestas públicas não destinadas — conta Moutinho.

Os grileiros chegam nessas áreas e declaram que são seus donos, para efeito de Cadastro Ambiental Rural. Na base de 2017-2018, o estudo do Ipam apontava que havia 11 milhões de hectares de CAR declarado nessas florestas públicas sem destinação, o equivalente a duas cidades do Rio de Janeiro. Porque essa é uma falha na lei. Para entrar no cadastro, basta a pessoa declarar. É o primeiro passo. O problema é que o segundo passo, a validação pelo governo, demora. E, para todos os efeitos, o sujeito pode dizer que tem o CAR. Esse é o princípio da fraude.

— São 105 mil declarações nessa base. Como é autodeclaratório, o cara chega lá e diz: "Olha, aqui estão as coordenadas da minha área." Isso dá a ele um papel que ele usa para pegar dinheiro no banco e até vender [*a área*]. Está chegando a um ponto, Míriam, de o grileiro fazer de tudo para levar multa do Ibama, para poder ir ao cartório e dizer: "Olha aqui a multa em cima do meu CAR, tá vendo? Eles me deram multa, eu sou o dono da área. Faz aí o meu registro de imóvel."

Do total desmatado na Amazônia entre agosto de 2019 e julho de 2020, 60% foi em área em que alguém havia declarado o CAR. "Com o fim da floresta, vem o fogo: foram mais de 14 mil focos de calor nas florestas não destinadas, entre janeiro e novembro de 2020", revela o monitoramento feito pelo Ipam. "O avanço da grilagem nessas florestas ainda colocaria todo o sistema amazônico no chamado 'ponto sem retorno': uma vez ultrapassado, o ambiente amazônico perderia suas funções ecológicas de modo irreversível, o que levaria a um aumento de temperatura em escala regional e global e, por consequência, um efeito em cascata, com mudanças no regime de chuva, na oferta hídrica, na produção de alimentos, na geração de hidroenergia e, por fim, na economia do país e no bem-estar de todos os brasileiros."

Em 2021, novo estudo do Ipam mostrou que os números haviam piorado: 33% do desmatamento na Amazônia ocorrera em florestas públicas não destinadas. Havia não 11 milhões de hectares com CAR, mas 18 milhões. E 72% do desmatamento nessas florestas públicas ocorreu em áreas onde o CAR havia sido declarado. "A demora na correta destinação dessas florestas públicas coloca-as na mira dos grileiros e, consequentemente, do desmatamento", alerta o estudo. Por isso a proposta de tirar o CAR do Ministério do Meio Ambiente, que o Congresso Nacional aprovou no começo do terceiro governo Lula, é tão prejudicial ao projeto de combater a grilagem e organizar a propriedade de terra na região. Pelo menos, dessa vez, não foi para o Ministério da Agricultura e sim para o Ministério da Gestão e da Inovação.

O número do que está sem destinação na Amazônia é, na verdade, muito maior. Aqui neste livro eu já me referi a 143,6 milhões de hectares. A diferença é a seguinte: Moutinho se refere apenas às florestas públicas não destinadas inseridas no Cadastro Nacional de Florestas Públicas (CNFP). Mas existem outras terras que também são públicas e também não têm uma destinação. No estudo "Desmatamento zero e ordenamento territorial: fundamentos para o desenvolvimento sustentável", lançado em 2023 pelo Amazônia 2030, Juliano Assunção, Beto Veríssimo e a doutora em Economia e professora da PUC-Rio Clarissa Gandour usam um determinado cálculo feito pela doutora em Direito e pesquisadora do Imazon Brenda Brito e chegam à quantia de 143,6 milhões de hectares. Essa é a soma das florestas públicas cadastradas no CNFP com as florestas públicas ainda não cadastradas, estimadas em 29 milhões de hectares pelo estudo. Há ainda as áreas de ocupação recente e as terras públicas de ocupação antiga. Para se ter uma ideia da dimensão dessa terra sem destino, Beto Veríssimo resume:

— É um território do tamanho da Espanha, da França e da Alemanha somadas. A Amazônia brasileira são 500 milhões de hectares, portanto, 29% estão sem destino. Esse é o tamanho do território em disputa. Ou não tem dono, ou tem alguém dizendo que é dono, mas não há papel do Estado para confirmar isso. O Brasil tem no coração do seu território uma região do tamanho de três países sem uma definição fundiária clara e sem transparência sobre essas informações.

Tanto os institutos de pesquisa ambiental na Amazônia quanto o economista sentado num escritório no Rio de Janeiro chegam à mesma conclusão: essas são as terras preferidas dos criminosos. O que acontece com as terras depois de desmatadas?

— Um estudo retrospectivo mostrou que, no estoque de áreas desmatadas de 2004 até 2014, aproximadamente 25% haviam sido abandonadas e a floresta estava voltando — responde Juliano Assunção. — Você pode ver isso como um copo meio cheio ou meio vazio. Pode dizer: "Olha, a floresta é superforte, a vegetação está voltando, e quando a floresta cresce captura carbono pra caramba." Ou então você pode dizer: "Poxa, desmataram para nada, é uma área considerável, o desmatamento da Amazônia tem um lado de desperdício que não é desprezível."

Os biólogos, os engenheiros florestais e os botânicos sabem que, mesmo que a floresta se recupere quando deixada em sossego, o que se perdeu foi uma complexidade construída em séculos. O desperdício é astronômico quando se vê de perto, e eu já vi a maneira tosca como o Brasil desmata, com o correntão arrastando vida indiscriminadamente, as árvores centenárias e nobres sendo escolhidas para serem vendidas sem qualquer sistema claro de valor e preço. A impunidade sempre foi um estímulo ao crime.

— A grilagem é uma operação imobiliária muito sensível à expectativa. Quando um presidente da República faz afirmações como as que Bolsonaro fez, os caras falam: "Vamos investir." E o Ibama fica fazendo um trabalho de formiguinha. Combater o desmatamento é uma operação de guerra, é um desafio enorme.

Um instrumento fundamental para combater a operação imobiliária criminosa na Amazônia sempre foi o sistema que vê e alerta sobre o desmatamento enquanto ele está ocorrendo, o Deter.

— A política mais eficiente foi o monitoramento imediato com o Deter — diz Juliano, enfático. — A partir dele foi possível reduzir drasticamente o desmatamento e, portanto, as emissões brasileiras. Se a gente pegar o custo de manutenção do Ibama e do Inpe e o benefício das emissões evitadas, a relação custo/benefício é altamente favorável.

É claro que o monitoramento, por si só, não reduz o desmatamento. Ele faz um aviso para o governo agir. No governo Bolsonaro, o Deter e o Prodes foram desprezados. Os alertas do Deter continuaram e o cálculo do desmatamento anual seguiu sendo feito pelo Prodes, mas o governo não agia. O monitoramento é a ferramenta essencial de um bom plano de ação contra o desmatamento. Entretanto, é preciso ter um plano que envolva ações de comando e programas de geração de renda para as populações locais.

Juliano Assunção conduziu um estudo que mostrou como o monitoramento funciona para inibir o desmatamento. Ele montou um modelo econométrico para provar que o Deter, o sistema de alerta em tempo real, faz uma enorme diferença.

— A gente tenta emular a seguinte situação: uma área que sofreu uma intensidade de nuvens muito forte num determinado ano é uma área que sofreu menor atividade policial. Não porque não havia crime, mas porque ele não era visto pelos sistemas de alerta. As condições meteorológicas foram tais que os satélites não conseguiram identificar nada. Nessas áreas onde a autoridade policial não chegou, houve aumento do desmatamento. Desse nexo causal, a gente quantifica o impacto das políticas públicas.

A conclusão desse estudo é bem interessante. Ele foi feito duas vezes: uma vez a partir dos dados de desmatamento acumulados de 2007 a 2011; depois foi refeito em 2016, com o mesmo resultado. A partir do que ocorreu nas áreas que não foram vistas e, portanto, não foram objeto de operações de combate ao crime, o que aconteceria com todas as outras áreas se as nuvens cobrissem tudo? Sem visibilidade o alerta não é dado e, portanto, a fiscalização não vai ao local.

— Se você desligasse o sistema, não monitorasse mais, em vez de ter sido um desmatamento de 41 mil km² teria sido de 152 mil km². É uma estimativa superprecisa que a gente conseguiu fazer: três vezes mais — diz Juliano mostrando, orgulhoso, mais um gráfico.

Uma das editoras desse estudo foi a prêmio Nobel de Economia Ester Duflo, conta Juliano.

— É uma pesquisadora superlinha-dura para aprovar esse tipo de estimativa usando a técnica chamada de "variáveis instrumentais". Ela analisou o artigo e disse "eu compro", ou seja, ela comprou o método. Depois implicou com o artigo por outros motivos, mas não pela estimativa que mostrava o desmatamento que ocorreria, caso o sistema de monitoramento e fiscalização fosse apagado.

O estudo foi aprimorado, revisto pelos pares e finalmente divulgado em abril de 2023. Sim, o Deter é uma política pública eficiente. Quando começou o terceiro governo Lula, os criadores do sistema o encontraram melhorado pelo Inpe. Era o Deter Intenso. A profissão, o ramo de estudos, a vivência moldam o olhar. Os economistas sempre se perguntam, diante de qualquer evento, quanto custa e que benefício ele traz. Assim é também quando analisam o meio ambiente. Alguns sabem a importância do imaterial e intangível, mas ficam mais confortáveis se tudo couber numa equação.

— Se você faz o mesmo exercício e tenta entender o impacto do combate ao desmatamento na produção agrícola, ou seja, no PIB do setor, você verá que nenhuma medida de atividade econômica foi afetada. O sistema de monitoramento foi superefetivo para combater o desmatamento e a atividade econômica local não sofreu qualquer impacto. Isso combina com a ideia de que o desmatamento daqui está a serviço da grilagem ou de atividades de baixíssimo valor econômico.

Na verdade, os dados mostram que houve o contrário. O cruzamento dos dados do IBGE do PIB da agricultura com os do Inpe de queda do desmatamento mostra que entre 2004 e 2012, quando o Prodes registrou uma queda de mais de 80% no índice de desmatamento, o PIB agropecuário da Amazônia dobrou. Foi de R$ 20 bilhões para R$ 43,8 bilhões. Um gráfico que indica isso está no estudo já citado aqui, "Desmatamento zero e ordenamento territorial", onde os autores concluem que "o desmatamento não é necessário para o desenvolvimento da região". Simples assim.

Juliano, um dos autores do estudo, tenta ver por outro ângulo — o benefício da floresta em pé.

— Vamos imaginar que o benefício da floresta é apenas o carbono, o que, obviamente, é uma visão limitada do problema. Coloque o preço no carbono menor que um dólar por tonelada, o que é incrivelmente baixo, e compare com os orçamentos do Ibama e do Inpe. A conclusão dessa conta é que o Brasil conseguiu derrubar o desmatamento a um custo muito baixo.

Juliano vai se empolgando diante de suas equações e lembra a época em que o Brasil, nas primeiras gestões de Lula, conseguiu enfrentar a derrubada das florestas.

— O Brasil sabe como combater o desmatamento a um custo baixo. É um custo de oportunidade que inexiste. Então, isso é um pouco o drama que a gente está vivendo hoje em dia. A gente conseguiu botar em pé uma coisa totalmente inovadora. Não tem outro local do mundo que tenha uma história tão bem-sucedida em termos de redução das emissões. A gente fez isso com uma tecnologia bem brasileira e a gente está deixando isso passar — lamenta Juliano, apontando dados que mostram um novo aumento do desmatamento.

Essa foi a dúvida que ouvi por parte de especialistas de diversas áreas durante o período do nosso grande retrocesso. Quando todas as pessoas olhavam para a sua área de atuação — economista, ambientalista, procurador, antropólogo, engenheiro florestal, climatologista, policial federal, engenheiro florestal, cientista político —, o que elas manifestavam era perplexidade. Por que o Brasil, mesmo sabendo como trilhar o caminho certo, estava tomando um rumo tão irracional e antieconômico?

Os economistas podem iluminar essa discussão com sua maneira peculiar de ver a conjuntura, que se tornou tão familiar para mim nestas décadas em que exerço o jornalismo de economia. Nos últimos anos, os ambientalistas deixaram a solidão em que estavam. Chegaram reforços. De diversas áreas vieram estudiosos comprovar que eles tinham razão, cada um com a sua forma de analisar. Preservar a floresta amazônica é a coisa certa a fazer. Muitos colegas de Juliano escolheram atuar no mercado financeiro e não entenderam muito bem o que ele fazia na área ambiental nem a que se dedicava exatamente, até que a conversa mudou.

— Hoje meus amigos dos *assets* do Leblon vêm me perguntar o que é mesmo esse negócio de ESG — conta Juliano Assunção, referindo-se à expressão Environmental, Social and Governance (Ambiental, Social e Governança).

Os administradores de recursos do Leblon e os bancos e corretoras da pujante Faria Lima, em São Paulo, começaram a entender do que se falava no ambientalismo. O capital entrou na conversa. Às vezes, essa turma parecia insegura, andando em terreno que pouco conhecia. Alguns achavam, arrogantes, que já tinham entendido tudo, quando apenas vislumbraram o problema. Não estou dizendo que vamos proteger a Amazônia porque a Faria Lima quer. É o contrário, foi a Faria Lima que se rendeu.

O mercado financeiro começa a entender do que, afinal, todos os defensores da floresta têm falado. Mesmo assim, é preciso ficar com o pé atrás. Empresas e bancos que hoje se definem como sustentáveis estão apenas se adequando à moda, muitos deles ainda escondem por trás desse rótulo práticas nada sustentáveis. Fazer algo para inglês ver é uma das raízes do Brasil. Mas pode se cobrar de cada empresa ou banco o compromisso com o que eles estão dizendo que fazem.

Aquelas perguntas iniciais da minha conversa com o professor Juliano Assunção demandavam respostas simples e diretas que ele mesmo deu no final da entrevista. A agricultura está intrinsecamente ligada ao desmatamento? Não, está ligada ao avanço da tecnologia. É possível reduzir o desmatamento? Sim, é. Há um custo de oportunidade em reduzir o desmatamento? Não. O que é mais efetivo para controlar e impedir o desmatamento? O monitoramento e o império da lei.

Parece simples e lógico, mas a questão é vista assim apenas pelos economistas e empresários que entenderam a lógica ambiental e climática na qual estamos definitivamente inseridos. O Brasil enfrenta o retorno do aumento do desmatamento desde 2015, uma pauta medieval no Congresso defendida pela bancada ruralista e uma prática empresarial do século passado. No mercado financeiro, a onda ESG é tratada com o mesmo imediatismo de qualquer outra onda — exige-se que traga um bom retorno: ou financeiro ou de imagem. Todos os relatórios de bancos e empresas que afirmam cumprir princípios e valores corretos em relação ao meio ambiente devem ser olhados com muita desconfiança. A chave da questão econômica é que o custo do erro ambiental precisa subir, do ponto de vista regulatório, financeiro, de acesso a mercados e de reputação. Nos próximos anos, esses custos vão subir.

O foco *em quem* mora na *Amazônia*

Sempre houve uma corrente que quis unir o social ao ambiental, mas agora não existe a possibilidade de se implementar uma política de preservação que não avalie todos os problemas sociais da região. E a Amazônia apresenta vários indicadores muito ruins. A riqueza da biodiversidade precisa ser ao mesmo tempo preservada e aproveitada para se elevar o nível social dos amazônidas. O economista Gustavo Gonzaga, que estudou o emprego na Amazônia, fez um relato das suas conclusões ao jornalista Álvaro Gribel em entrevista para este livro.

— Só 62% dos jovens em idade de trabalhar são ocupados na Amazônia Legal, dez pontos a menos do que no resto do Brasil. A taxa de informalidade, no primeiro trimestre de 2022, era de 57%, 15% acima do país. Todos os dados mostram uma diferença grande em relação ao resto do Brasil — disse Gonzaga.

A população da Amazônia é mais jovem que a do restante do Brasil. A população jovem em idade de trabalhar é muito maior do que a soma de crianças e idosos. É como se a região fosse o Brasil de duas décadas atrás. Só que o desemprego, concentrado exatamente entre os jovens, faz a região desperdiçar o melhor momento, do ponto de vista demográfico, para estimular o seu crescimento. Além disso, elevam-se os riscos de essa mão de obra não utilizada ir para o desalento ou ser cooptada pelo crime.

Mais uma prova de que não é destruindo a Amazônia que o país vai gerar renda para a população. O desmatamento não produz emprego, faltam empregos nas zonas rurais. Os jovens vão para a cidade e acabam recebendo pouco, em serviços de baixa qualificação, como o de vendedores, setor que tem maior oferta de vagas. Os estudos de emprego e renda mostram que a dependência em relação ao Estado se dá tanto entre os mais pobres quanto entre os mais ricos. Os mais escolarizados vão para empregos públicos, que oferecem os melhores salários. Os menos escolarizados não conseguem emprego e dependem das transferências de renda.

— Como mudar isso? Melhorando o capital humano com escolaridade, educação de qualidade, programas de treinamento e qualificação profissional — ensinou Gonzaga.

No domingo 19 de fevereiro de 2022, *O Globo* trouxe uma história de superação de uma jovem amazonense. Mas havia em seu relato um enorme risco de derrota. Rilary Manoela Coutinho mora em Itapiranga, cidade de 4.250 km² de território e 9.064 habitantes, à beira do rio Urubu, a cerca de 340 quilômetros de Manaus. Ela tem o sonho de cursar Engenharia Civil. Os obstáculos do mundo digital lhe pareciam intransponíveis, porque onde ela mora não tem internet. Sem acesso aos estudos on-line e sem fazer cursinho, ela conseguiu tirar nota máxima na redação do Enem. Estudou em livros emprestados pela escola.

O jornal trazia a sua foto — o belo rosto moreno, cabelos lisos e pretos, maçãs do rosto ressaltadas e uma boca de traços grossos, mas que não se abriam em sorriso algum. Rilary estava séria na foto e seus olhos pareciam confirmar o depoimento que deu à repórter, Taís Codeco. Ela já havia sido aprovada no vestibular de 2022 na Universidade do Estado do Amazonas, para Engenharia de Materiais, contudo, não conseguiu se deslocar do local onde mora, a cinco horas de Manaus, para fazer a matrícula. "O preço de R$ 78 comprometia o orçamento da família", informou à repórter.

Mesmo com nota mil na redação, Rilary avisou à família que continuaria estudando para fazer não apenas o Enem, mas também os vestibulares oferecidos pelas próprias universidades. O sonho dela é cursar Engenharia Civil na Universidade Federal do Amazonas. Rilary ficou surpresa com a nota máxima e disse que olhava o rascunho da redação e achava que não tinha ido bem. Estudou em livros de pré-vestibular que estavam, segundo disse, "bem antigos".

— Mas quando eu sentia que precisava muito de mais informações sobre um determinado assunto ou disciplina, corria na biblioteca da escola e pegava mais livros.

Rilary luta sozinha por seu futuro, distante de Manaus e sem internet. Na casa dela há um precedente de sucesso pessoal que não se realizou. O irmão, com quem mora na casa da avó, passou no vestibular para Engenharia de Software, mas teve que trancar o curso por não ter condições financeiras para se manter em Manaus. A covid tornou ainda mais difícil a realização do projeto. Na entrevista ao *Globo*, a jovem foi precisa:

— Tenho muita determinação e vejo que muitas pessoas do interior também têm. Às vezes querem cursar até mesmo cursos menos disputados, mas precisam se deslocar até Itacoatiara e Manaus. Muitas coisas impedem a gente de ir para a faculdade. Inclusive questões financeiras. De que adianta tirar notas altas? Vendo toda essa situação, de se esforçar e não conseguir realizar o sonho de estudar, vai diminuindo muito as expectativas. Me sinto injustiçada.

É, de fato, uma injustiça. Se a política pública ou a filantropia não estenderem para Rilary e seu irmão a rede que permita a manutenção deles em Manaus para cursar a faculdade, eles terão estudado em vão no interior do Amazonas, sozinhos, em busca do seu futuro. Jovens têm superado o insuperável para realizar seus sonhos e têm sido frustrados pela incapacidade de o país acolher seus talentos.

A agenda *ESG* *e o* Banco Central

A agenda ESG no Brasil tem parecido, na maior parte do tempo, uma fachada que esconde velhas práticas. Nas empresas, o S do social se restringe, no melhor dos casos, a algumas políticas internas de diversidade e de apoio aos funcionários. Poucas revelam a consciência do papel social que de fato devem ter, principalmente na região em que atuam. Na área ambiental, todas garantem em seus sites que são sustentáveis, mas só algumas estabelecem metas e cuidam das próprias práticas para merecer esse nome. Os órgãos reguladores e de controle precisam exigir das empresas transparência e compromissos firmes. No Banco Central, a agenda avançou, mesmo no governo Bolsonaro. Afinal, o BC seguia o que seu presidente, Roberto Campos Neto, havia avisado internamente: "O trem já partiu."

Em abril de 2021, entrevistei a então diretora de Assuntos Internacionais e Gestão de Riscos Corporativos da instituição, Fernanda Nechio, quando o BC estava lançando o pilar de sustentabilidade da agenda BC#. Em plena pandemia, Fernanda estava deixando o cargo por razões realmente pessoais. O marido morava nos Estados Unidos. Antes da pandemia, eles se encontravam com frequência, nas viagens dela ou nas dele. A pandemia tornou esses encontros impossíveis. Conto isso porque é relevante. Significa que ela saía de maneira amigável do BC, apaixonada pela agenda que estava tocando e apontando todos os passos que seriam dados dali em diante. Ela é economista, formada pela PUC, com doutorado em Princeton, e já havia trabalhado no Federal Reserve, o Banco Central americano, em São Francisco.

— Acho que um passo importante foi dado em março de 2020, quando a gente entrou no NGFS.

O NGFS é uma rede de Bancos Centrais criada em 2017 e a sigla quer dizer Network for Greening the Financial System (Rede para o Sistema Financeiro Verde). Tinha 88 membros quando conversei com Fernanda. Agora conta com 114 Bancos Centrais do mundo e a ideia é discutir o que pode ser feito, do ponto de vista regulatório e de autoridade monetária, para empurrar a economia em direção à sustentabilidade ambiental e climática.

— A partir da nossa entrada [*no NGFS*], a gente mandou ordem, internamente, para todas as diretorias para saber o que a gente já fazia ou deveria estar fazendo nessa agenda. É uma agenda que tem que estar na fronteira, tem de envolver todo o banco, não pode ser só dos diretores, precisa estar entranhada no sistema, envolver transparência e prestação de contas — disse Fernanda.

O mandato do BC é de cumprir a meta de inflação e regular o mercado financeiro. Então é preciso ter uma agenda que atenda a essa ordem. Isso foi mais mandatório quando a instituição ficou independente, tempos depois.

— O entendimento foi que os riscos ambientais, sociais e climáticos afetam o Banco Central do Brasil, exatamente pela natureza do seu mandato. Isso é um ponto importante porque outros Bancos Centrais têm mandatos diferentes, alguns não são reguladores, nem todos têm metas de inflação. A partir do momento em que eventos extremos passam a ser mais frequentes, eles se tornam um objeto de estudo para o sistema de metas de inflação, porque isso atinge diretamente os nossos pilares.

A mudança climática passou, então, a entrar na modelagem interna. Era preciso aperfeiçoar o sistema, o que abriu todo um mundo de medidas para identificar, divulgar e mitigar os riscos.

— A gente pode pensar, por exemplo, em contratação de um empréstimo para uma instituição que esteja relacionada com trabalho escravo. É muito óbvio que isso gera riscos para o sistema financeiro. Então, os bancos têm que identificar esses riscos. A nossa agenda foi montada para mitigar todos esses riscos, ambientais, sociais, climáticos.

Ponderei que, embora seja evidente que no século XXI não pode haver trabalho escravo, existem questões sociais surgidas, por exemplo, em empreendimentos que afetam populações tradicionais, ou em empresas que apresentam comportamento racista. O que fazer diante disso?

— Estávamos no meio dessa discussão, quando morreu aquele senhor espancado no Carrefour. Ficou claro que é um risco para as instituições financeiras.

O que se percebe nessas conversas é que um tema leva a outro. O caso do Carrefour, em Porto Alegre, mostrava isso. João Alberto Silveira Freitas era negro e morreu espancado por seguranças do supermercado. Era mais uma vítima do racismo. Uma empresa que quer se atualizar com os valores do século XXI precisa repassar cada procedimento, precisa se assegurar de que seus valores serão seguidos em cada etapa do processo corporativo. Mas aquela era a diretoria do Banco Central do governo Bolsonaro, em que o presidente da República ofendia direitos humanos, fazia declarações racistas, homofóbicas e machistas, estimulava a grilagem e o desmatamento na Amazônia e levava populações tradicionais à morte.

Pode se ouvir com ceticismo o que estava sendo dito pelo Banco Central, ou entender essa contradição como sinal de que, mesmo em um mau governo, servidores e órgãos fazem o que é preciso ser feito. O BC tinha sido a primeira instituição a avisar ao governo Bolsonaro que o trem para a sustentabilidade havia partido. E o que eu estava vendo era que, em plena pandemia, com Bolsonaro tendo pela frente mais um ano e sete meses de mandato, havia notícia boa vindo do Banco Central. Fernanda estava de passagem pelo setor público, mas havia funcionários concursados no BC, e em diversos outros órgãos, focados nessa missão, fosse qual fosse o ambiente no governo como um todo. Perguntei à jovem diretora do BC sobre a Amazônia.

— A gente não faz política monetária para uma área só. Você não escolhe uma taxa de juros para São Paulo, outra para o Rio de Janeiro e outra para Manaus. A política monetária é para o país inteiro. A regulação e a supervisão são para o Brasil inteiro. Como afetam a Amazônia? Isso tem que estar no radar.

O BC havia passado a considerar coisas que antes não estavam na sua lista de preocupações. Como fazer, por exemplo, o descarte de moedas que têm metais poluentes? A instituição estava montando naquela época o Bureau Verde, um banco de dados sobre empresas tomadoras de crédito rural.

Nunca será fácil sair de uma análise da lógica econômica para o campo. É óbvio que o Brasil precisa de um Bureau Verde, ou de alguma instância que separe joio de trigo e só financie quem está dentro da legalidade ambiental. Isso, porém, tem sido dificultado por várias razões. A representação empresarial do campo defende propostas primitivas por meio da bancada do agronegócio no Congresso. Há uma dissidência, mas ela não foi capaz de se contrapor à tendência majoritária. Mesmo parecendo ilusória em pleno governo Bolsonaro, a ideia de um banco de dados sobre produtores, o respeito à lei ambiental, os estudos e as iniciativas prosperaram tocados por servidores.

Em 15 de setembro de 2022, no auge da campanha eleitoral, executivos de bancos privados e a Febraban foram chamados ao Banco Central para serem cobrados porque alguns estavam emprestando recursos do crédito rural em áreas de desmatamento. "A régua está subindo", me contou, numa mensagem de WhatsApp, o acionista de uma das instituições financeiras. Os bancos justificaram dizendo que estavam analisando toda a gleba na qual estava o solicitante. O BC argumentou que entendia que tinha de ser considerada toda a propriedade. A Febraban respondeu que concordava com isso e que os bancos que tivessem outra visão que fossem brigar individualmente.

E o trabalho avançou no novo governo. No dia 8 de junho de 2023, em pleno conflito entre a administração Lula e o Banco Central pela alta taxa de juros, o BC e o Ibama assinaram um acordo de compartilhamento da base de dados, para que no crédito rural fosse combatido o crime ambiental. Segundo a nota do BC, "o compartilhamento das informações apoiará as ações de prevenção e repressão de ilícitos ambientais pelo Ibama". A agenda andava, apesar de tudo.

Durante décadas, os bancos repassaram o dinheiro do crédito rural sem olhar a cara e a história do cliente. O subsídio é público, pago pelo Tesouro, a eles cabia o lucro da intermediação. Começou a ficar mais complicado pela pressão dos *stakeholders*, palavra difícil de traduzir e que designa todos os interessados e afetados por um empreendimento econômico. Sem fazer as perguntas certas, as instituições financeiras e as empresas viram cúmplices da máquina de moer floresta que parte do agronegócio representa.

Outra frente de trabalho do Banco Central é ser o administrador das reservas cambiais brasileiras. Esse assunto estava passando por uma revisão para incluir questões como riscos ambientais e climáticos.

— Tudo o que a gente anunciar será em inglês e português. Parece uma coisa boba, mas a gente quer ter o *feedback* de fora. A questão climática é global. O Banco Central do Brasil não pode atuar sozinho nisso. Precisa buscar uma perspectiva global — explicou a diretora Fernanda Nechio.

Os bancos estão dizendo que não vão mais financiar negócios que partam do desmatamento da Amazônia, e as empresas garantem estar longe dessa lógica. Entre falar e fazer há um caminho longo, no qual às vezes se perdem partes da floresta. Mas o que eu quero repetir aqui é que servidores mantêm às vezes a trajetória certa mesmo em tempos incertos. Os bancos, nestes últimos anos, se esconderam atrás da tese de que não dá para avançar na Amazônia sem políticas federais. A verdade é que eles podiam fazer muito pela floresta como agentes da economia privada. No setor público, o BC não era o único a empurrar na direção de que o crédito rural parasse de abonar o crime na Amazônia. Funcionários do BNDES também decidiram ignorar o ambiente de estímulo ao desmatamento no governo Bolsonaro e prepararam uma resolução para proibir empréstimos a empresas ligadas a desmatamento.

Na primeira entrevista que concedeu após ser indicado presidente do BNDES no terceiro mandato de Lula, o ex-ministro Aloizio Mercadante disse que o banco em sua gestão seria "digital, inclusivo e verde". E afirmou que "a Amazônia acende e apaga o Brasil lá fora". Foi o que ele ouviu em todos os contatos externos naquele início de governo. Dentro do banco havia funcionários preparados para essa agenda.

A chegada *da* soja e *a* moratória

O Brasil saiu, em 50 anos, de importador de alimentos para grande exportador, além de ser o país que mais tem espaço para fazer crescer a oferta de grãos e proteínas. Fez isso com mudanças na forma de produção. O grande problema no Brasil é a resistência do agronegócio a ver que a fronteira agrícola não pode ser uma terra sem lei. A Amazônia é vista em grande parte como a fronteira na qual todos os crimes podem ser cometidos.

O economista José Roberto Mendonça de Barros está há várias décadas acompanhando o agronegócio brasileiro e mantém a sua capacidade de ver os erros do setor. Ele é testemunha de toda a evolução da atual agricultura brasileira, agora de grande escala e exportadora, e tem profundo conhecimento do avanço tecnológico no segmento. José Roberto sustenta, inclusive, que a tecnologia se tornou "endógena". Cada mudança tecnológica leva a uma melhora que gera demanda por novos avanços. Eis aí a contradição básica da agropecuária brasileira. Ela é altamente tecnológica e produtiva, mas também é arcaica e agressora do meio ambiente. Nem sempre o limite entre os dois mundos está demarcado. Para entender essa complexidade, não podemos resumi-la à divisão entre bem e mal, sul e norte, moderno e arcaico. É preciso ver a dinâmica e a história.

— Quando escrevi minha tese, comecei em 71, 72, a soja estava começando a aparecer no Brasil — lembra José Roberto. — Ela surgiu em circunstâncias históricas curiosas, porque foi na primeira aparição de um fenômeno climático que agora a gente conhece como El Niño. A mudança de temperatura das águas do Pacífico tornou difícil a captura de anchovetas, o que impedia a produção de farinha de peixe para a ração de frangos e suínos para a produção industrial. O Brasil importava os pintinhos e por isso as primeiras granjas nasceram em Campinas, perto do Aeroporto de Viracopos, em São Paulo. Começou a ser usado farelo de soja. O plantio de soja teve início pelo Rio Grande do Sul, subiu para o Paraná, foi para Mato Grosso, onde encontrou espaço para o modelo argentino, ou seja, grandes plantações, plano mecanizado, e assim entrou na Amazônia, por Rondônia. E aí a questão da sustentabilidade entrou na soja.

Quando a soja chegou ao Centro-Oeste e deixou de ser produção em pequenas e médias propriedades, passou a ser um grave problema ambiental. Os biomas são interdependentes, e o Cerrado sempre foi vítima de uma visão ecologicamente incorreta de que é "mato" e pode ser derrubado. Quando os sojeiros chegaram à Amazônia, eles desembarcaram com a ideia da terra como bem infinito e disponível. A soja ocupa área já desmatada para o boi.

— O primeiro caminho foi o tradicional: grilar a terra, derrubar a mata, explorar a madeira e colocar o boi. Começa com o boi porque a lavoura exige destocar a terra para o plantio. Então, a exploração da floresta começa com o boi e, eventualmente, vira lavoura — diz José Roberto.

O início com a pecuária não livra a soja de ser um dos indutores da grilagem e do desmatamento, mas um dos movimentos mais bem-sucedidos em colocar barreiras ao agronegócio na Amazônia foi o da moratória da soja. A pressão internacional, o cerco das ONGs e a exigência dos compradores europeus levaram uma parte dos produtores brasileiros, os que exportam, a se comprometer a não comprar soja de quem tivesse plantado em área desmatada a partir de 2006, ano da moratória. Com a reforma do Código Florestal, essa data foi para 2008. Mas esse pacto fechou o mercado internacional para grande parte dos produtores da Amazônia.

— O pacto provocou um racha no agronegócio. De um lado a Abag, a Associação Brasileira do Agronegócio, de outro a Aprosoja, a Associação dos Produtores de Soja. Tem uma tensão enorme, especialmente na Aprosoja de Mato Grosso.

A chamada "moratória da soja" começou com uma pressão de organizações não governamentais, principalmente o Greenpeace e o WWF. Uma estratégia de constrangimento foi colocar um enorme frango na porta de

McDonald's na Europa e convocar manifestantes que diziam que os frangos se alimentavam da soja que desmatava a Amazônia. Diante do risco de perder mercados, as maiores produtoras e exportadoras do produto foram para a mesa de negociação. Em 2006 fizeram o primeiro acordo. As *tradings* se comprometiam a comprar soja apenas de produtores que provassem não ter ocorrido desmatamento em suas terras nos dois anos anteriores. No começo eram só ONGs e as grandes comercializadoras. Em 2008, na renovação do pacto, o governo entrou na moratória. Era o segundo governo Lula e o então ministro Carlos Minc, do Meio Ambiente, se recorda:

— A moratória da soja já existia, ela havia sido puxada pelo [*jornalista e ambientalista*] Paulo Adário, no Greenpeace, e pela Abiove, a Associação Brasileira das Indústrias de Óleos Vegetais. O governo não participava. O pessoal me pediu para entrar. O governo entrou e basicamente era o seguinte: a gente dava o selo verde para eles exportarem soja para os Estados Unidos e a Europa e eles se comprometiam a não comprar soja de áreas desmatadas há menos de dois anos.

Entrou também nessa história a Associação Nacional de Exportadores de Cereais (Anec), assim, tanto a venda da soja em grãos quanto a de óleo assumiam esse compromisso.

— A verificação era feita por três satélites. O nosso, do Inpe, o alugado pela Abiove e um alugado por grandes ONGs, como Greenpeace e WWF. Dessa forma, a soja deixou de ser um vetor do desmatamento na Amazônia — completa Minc.

A cada ano, o Grupo de Trabalho da Soja, formado por ONGs e entidades que representam os exportadores de soja e óleo, divulgam o balanço. Atualmente, as maiores empresas que integram o pacto são Cargill, Bunge, Cofco e Amaggi. Em 2022, o relatório do grupo começava lembrando que havia 16 anos esse compromisso se mantinha: "A moratória é o exemplo mais bem-sucedido do mundo de conciliação do desenvolvimento agrícola de larga escala com a sustentabilidade, em seu quesito mais crítico: desflorestamento zero." A soja avançou na Amazônia desde 2006, mesmo com a moratória. Ocupava 1,64 milhão de hectares e, na safra de 2021-2022, ocupou 6,6 milhões de hectares. Desse total, foi produzida sem observância ao acordo em 192,7 mil hectares. "Essa área em desacordo corresponde a 2,9% do total cultivado com a oleaginosa na safra 2021-2022", consta no relatório.

O grupo que ficou fora do acordo integra a Aprosoja. Em 2019, animada com o início do governo Bolsonaro, a Aprosoja alegou que a moratória era uma reserva de mercado e impedia a concorrência no setor, por isso entrou com uma reclamação no Conselho Administrativo de Defesa Econômica (Cade), que fiscaliza ações anticoncorrenciais. O presidente da Aprosoja Brasil, Bartolomeu Braz, declarou à imprensa que a moratória da soja feria a soberania do país: "Quem negocia no Brasil tem que respeitar nossas leis." Parte do agronegócio defende a soberania para destruir a floresta. Naquele governo teve apoio. O então secretário especial da Casa Civil, Abelardo Lupion, divulgou um vídeo no dia seguinte à entrada no Cade, em que declarava que iria "acabar com essa palhaçada". Eles fracassaram em seu projeto. Mas esse estímulo acabou aumentando o total de soja produzida na Amazônia fora do acordo, ainda que tal produção seja minoritária.

É possível repetir o exemplo *da soja?*

O ex-ministro Carlos Minc tentou aplicar a fórmula da soja nos setores de madeira e carne, mas não avançou muito. Na soja, o governo foi apenas o avalista, em 2008, mas a moratória da soja foi basicamente um pacto privado. Ele achou que poderia repetir esse caminho.

— A gente tentou fazer o Pacto Madeira Legal. Fui ao Pará assinar com a Associação dos Exportadores de Madeira. Eles diziam o seguinte: "Praticamente não há planos de manejo licenciados. Nem pelo Ibama nem pelos governos estaduais. Donde, não há madeira legal. Donde, para a gente fazer móvel, exportar madeira, exportar móvel, ou a gente compra de quem oferece madeira ou então a gente fecha 500 mil postos de trabalho." Eu então dupliquei os planos de manejo. Não era madeira certificada, que é muito mais difícil e exige comprovar que não tem trabalho infantil, não tem trabalho escravo e não usa agrotóxico. Era só provar que a madeira saiu de área de manejo — conta Minc.

O ex-ministro diz que no primeiro ano do pacto se comprovou que 70% eram de área de manejo. Mas, na verdade, esse pacto nunca foi adiante. O Pacto da Carne Legal, negociado pelo Ministério Público com frigoríficos, também teve um alcance reduzido. Mesmo assim, fica claro que o caminho é envolver produtores e exportadores em compromissos ambientais e usar o mercado consumidor, externo e interno, como parte da fiscalização desses acordos. O economista José Roberto Mendonça de Barros é otimista, acha que a nova agropecuária sustentável será a vencedora inexorável, por várias transformações no próprio capitalismo empurradas pela mudança climática e até pela pandemia.

— Há uma crítica ao capitalismo versão Chicago, da primeira versão do [*economista*] Milton Friedman, dos anos 1950, que levava ao pé da letra a ideia de que a empresa tem que gerar o maior lucro possível para o acionista e ponto. Esse capitalismo produziu exclusão de renda e destruição do meio ambiente. Há um volume gigantesco de literatura produzido nos últimos anos. E houve uma visão que triunfou em Davos, a do *stakeholder capitalism* — explica José Roberto.

Essa nova visão leva a empresa a prestar contas não apenas aos acionistas, mas também a todos os envolvidos nos negócios, dos fornecedores aos clientes e aos financiadores. José Roberto avalia:

— Uma parte dessa nova governança tem a ver com a sustentabilidade e o meio ambiente, e isso pega diretamente a Amazônia. No caso do agronegócio brasileiro, a pancada é direta e vai muito além do supermercado europeu, chegou agora à grande finança. O "agrotroglodita", para usar uma expressão do [*jornalista*] Elio Gaspari, acha que o mercado mundial tem que comprar do Brasil. Mas isso não é verdade. Se o comprador quiser, em dois ou três anos ele viabiliza outro fornecedor. Então só um suicida diz: "Eu não dou bola pra isso."

José Roberto acha que algumas tendências se aprofundaram na pandemia, como o reconhecimento da mudança climática, a necessidade da descarbonização e a preferência por uma alimentação mais saudável.

— Não tem como negar, por mais negacionista que alguém seja. Eu não gosto de palavras fortes, mas tenho que dizer assim: é uma ameaça mortal. E por quê? Para continuar na dinâmica do crescimento do agronegócio, nós dependemos de aumentar continuamente o nosso mercado, especialmente através das exportações. Por isso a rastreabilidade é um componente necessário para a venda. Quem não entendeu isso vai se dar mal. Os frigoríficos, em alguns anos, só vão comprar bezerro que possa ser rastreado até o nascimento, até a matriz.

Hoje o país está no meio do caminho. Há pecuaristas na Amazônia que conseguem fazer parte dessa rastreabilidade, visitei fazendas assim. O produtor tenta cumprir os requisitos da conformidade e consegue comprovar suas práticas, mas não as do fornecedor e muito menos as do fornecedor do fornecedor. Fato é que o alerta de José Roberto Mendonça de

Barros não tem mais como ser ignorado no Brasil. Se o país não coibir o gado criado em área de desmatamento ilegal, terá de enfrentar barreiras ao comércio dos seus produtos.

— Quem termina o boi terá que provar de onde veio o bezerro ou o garrote que comprou, caso não tenha nascido nem sido criado na propriedade — diz o economista.

A pecuária de corte geralmente tem fazendas especializadas em etapas do processo produtivo. Há as que se dedicam à cria, ou seja, do nascimento ao desmame, depois vêm as de recria, entre o desmame e o início da engorda, quando o animal é definido como garrote, e as fazendas da fase final, onde os bois ficam apenas para pegar peso. Segmentada assim a cadeia, fica mais difícil saber a origem do boi, mas a rastreabilidade hoje é, tecnicamente, uma possibilidade.

Os maiores frigoríficos exportadores asseguram que só compram de fornecedor garantido. Reportagens, porém, já mostraram os pés de barro dessas grandes empresas brasileiras. Em 5 de agosto de 2020, a revista *Veja* trouxe uma matéria em que mostrava os crimes de grilagem e desmatamento ligados à pecuária na Amazônia e como alguns dos autuados constavam da lista de tais frigoríficos. Os repórteres Edoardo Ghiroto e Eduardo Gonçalves fizeram um levantamento dos dez empreendimentos agropecuários recordistas de multas ambientais e analisaram cada um dos casos. O principal recordista era Édio Nogueira, da Fazenda Cristo Rei, em Mato Grosso, multado em R$ 52 milhões por desmatamento e uso de agrotóxico para acelerar a morte das árvores.

A fazenda fica em Paranatinga, a 18,5 quilômetros do Parque Nacional do Xingu, e os repórteres descrevem o que viram no caminho até chegarem à Cristo Rei: árvores queimadas e outdoor exaltando Bolsonaro. "Seu dono está sendo processado por ter ceifado quase 24.000 campos de futebol", publicou a revista. A fazenda pertence à Agropecuária Rio da Areia, de Édio Nogueira, e no seu site, segundo a *Veja*, está escrito que ela fornece para os maiores frigoríficos do país, como JBS, Marfrig e Minerva.

A *Veja* procurou as três empresas. A Minerva declarou que a última vez que tinha comprado daquele produtor havia sido em 2015 e que depois o bloqueou de qualquer negócio com o grupo. A JBS admitiu ter adquirido mercadoria do grupo no ano anterior, em 2019, mas de outra propriedade, sem histórico de "embargos ambientais". A Marfrig disse que só comprara até 2017. "As três empresas têm selo de sustentabilidade e de respeito à preservação da Amazônia", escreveram os repórteres. Essa ligação entre os criminosos e as empresas líderes do agronegócio é o grande desafio. Há muitas zonas de sombra entre os elos dessa cadeia produtiva, principalmente na pecuária — tratarei mais de boi na Amazônia no último capítulo deste livro.

Em 2006, ouvi, numa entrevista que fiz com Joesley Batista, um dos donos da JBS, a seguinte frase: "Se eu não comprar o bicho, alguém compra." Assim ele justificava o fato de comprar bois criados em fazendas que cometiam crimes ambientais ou eram acusadas de manter funcionários em regime de trabalho semelhante ao da escravidão. Hoje ele não repetiria isso. A JBS virou um grupo global, alavancado em grande parte com dinheiro do BNDES, ainda sócio do conglomerado. Fato é que essa reportagem da *Veja* revelou o quanto é recente a relação perigosa do grupo com malfeitores. E essa conexão entre empresas legais e o submundo do crime ambiental tem sido ruim para o Brasil, para o meio ambiente, para a Amazônia e para o próprio agronegócio, como explica José Roberto.

— É um negócio tão evidente que é ruim para o Brasil... É um *trade-off* entre o enriquecimento de uma pessoa que faz coisa ilegal e as dificuldades e os problemas de um sistema inteiro de produção. Toda a agenda de sustentabilidade na agricultura já é vencedora.

Não se deve comprar pelo valor de face as juras de sustentabilidade de nenhuma empresa, ainda que, agora, o constrangimento público leve a perdas econômicas imediatas. A barra da sustentabilidade subiu para as grandes exportadoras. Os maiores fundos de investimento passaram a exigir boas práticas para investir em determinados ativos. Os fundos são o canal pelo qual o capital circula no mundo. O estranho é como um capital sem pátria e sem valores se tornou tão exigente.

Os fundos e o *dinheiro* delegado

Esse fenômeno em que grandes fundos de investimento passaram a fazer exigências ambientais e de conformidade com padrões de respeito social intriga muita gente. O que houve com o capital? Ele não há de ter sentimentos. Por que os fundos começaram a ser cada vez mais explícitos em suas exigências de valores sociais e ambientais na hora de escolher onde colocar o dinheiro? Fiz essa pergunta ao economista José Alexandre Scheinkman.

E o escolhi como interlocutor porque, embora ele entenda da lógica do capital, sempre se manteve na academia, nas universidades de Chicago, Princeton e Columbia. Tem, portanto, um bom distanciamento. A resposta de Scheinkman foi clara: "É que eles trabalham com o 'dinheiro delegado'."

Quando o entrevistei — ele em Nova York e eu no Rio —, vivíamos o auge do isolamento da covid. Trocávamos e-mails, com ele me alertando sobre a irracionalidade da destruição ambiental no Brasil, diante da tendência das decisões dos grandes fundos de investimento. "Fico surpreso que a equipe econômica seja incapaz de explicar ao resto do governo que atrair investidores estrangeiros é bem diferente de convencer um fundo de previdência complementar a fazer um aporte num FIP", me escreveu ele, referindo-se aos Fundos de Investimento em Participações, uma forma de aplicação financeira casual e transitória.

A conversa com Scheinkman seguiu por e-mail com ele me explicando, na linguagem dos economistas, o que estava acontecendo no mundo dos grandes fundos. Eram conversas entremeadas por mensagens assim: "Estou em NY e saindo pouco. A situação da covid-19 continua a se deteriorar." Um dia mandei uma mensagem por WhatsApp e pedi uma conversa, convencida de que teria de esperar dias por ela. "Hoje é um dia complicado. Nossa conversa poderia começar em 35 minutos", respondeu ele. Logo depois, iniciei o encontro rindo da contradição daquela resposta. Ele confirmou:

— Hoje está um dia doido. Fiz duas reuniões on-line, agora você e depois mais duas.

Era uma janela no tempo em que o planeta vivia uma distopia. Naquele 1º de outubro de 2020, as vacinas não estavam ainda disponíveis e a duração da pandemia estava sendo muito maior do que todas as previsões. Os Estados Unidos se preparavam para uma eleição presidencial difícil, que ocorreria em pouco mais de um mês, e o então presidente, Donald Trump, dizia que o processo não acabaria na eleição em si, nem mesmo com a apuração, mas apenas quando as Cortes proclamassem o resultado. O mundo ainda não sabia, mas aquelas declarações já eram a preparação para o ataque ao Capitólio, que aconteceria em 6 de janeiro de 2021.

No Brasil, o governo Bolsonaro aproveitava a pandemia para dobrar a aposta no projeto de destruição da Amazônia. Numa das mensagens que me enviara, Scheinkman havia manifestado espanto diante do apoio oficial ao ataque à floresta. "Para um país com pouca poupança privada, um déficit das contas públicas e enormes necessidades de investimento, é um desastre. É um preço muito alto para atender ladrões de terras públicas, os principais responsáveis pelo aumento da destruição da floresta." Na entrevista, perguntei então sobre a indústria dos fundos.

— Antigamente os fundos eram múltiplos, compravam ações. Os fundos de pensão compravam ativos líquidos, ações, *bonds*. Esse negócio começou a mudar mesmo quando o cara de Yale [*do fundo da universidade*] passou a dizer o seguinte: "Olha, tem dinheiro para ser feito se você comprar *alternative assets*." Nessa linha, Harvard comprou várias coisas, eu soube que comprou até florestas. As universidades começaram a procurar ativos alternativos. Isso acabou chegando aos fundos, que fazem grande investimento do que a gente chama de "dinheiro delegado". O Calpers, por exemplo, um dos maiores fundos dos Estados Unidos, é dos funcionários do estado da Califórnia. Investe os recursos para as aposentadorias deles. Médicos, professores, universidades como Berkeley e UCLA, funcionários em geral. Califórnia é uma economia quase do tamanho da do Brasil. Os pensionistas do Calpers estão dizendo: "Olha, eu não quero que você contribua para a deterioração do meio ambiente." O que ele pode fazer? Dizer ao *money manager*: "Olha só, negócios que ponham em risco o meio ambiente os meus pensionistas não querem"? O Calpers é um espetáculo, porque pode assinar um cheque de centenas de milhões de dólares. O cara vai pensar duas vezes antes de colocar na carteira um ativo que possa ter qualquer envolvimento com o prejuízo ao meio ambiente.

O fundo de Harvard tem uns US$ 30 bilhões. O administrador recebe orientação de toda a comunidade da universidade — professores, alunos, o fundo de *endowment*, formado por doações para manter a universidade — de que certos investimentos estão vetados. Os gestores então vão se afastar desse tipo específico de risco.

— Isso está se tornando universal porque são grandes fundos. Claro que a Arábia Saudita tem um monte de dinheiro, o Kuwait. Tem pessoas com muito dinheiro que não se preocupam. No Brasil existem fundos de investimento complementar que não dão satisfação às pessoas, que são os verdadeiros contribuintes dos fundos, mas na equipe econômica tem muita gente com experiência internacional que sabe a nova dinâmica do dinheiro delegado — disse Scheinkman, referindo-se ao governo Bolsonaro.

Ele próprio, Scheinkman, é do comitê de investimento do fundo da National Academies of Sciences.

— Não é um gigante, tem US$ 1 bilhão e, desses, US$ 500 milhões com mais liberdade de escolha de investimento. A última coisa que eu quero é que meus colegas da academia venham atrás de mim dizer: "Pô, José Alexandre, por que você escolheu investir desse jeito, nesse projeto que ameaça a Amazônia?". Isso se tornou normal nesse negócio.

E por que isso aumentou? Scheinkman explica que é porque não apenas aumentou a consciência das pessoas, como se intensificaram as evidências da mudança climática e do papel que a Amazônia joga nesse cenário. Ele disse que é claro que há pressão do protecionismo. O produtor de alimento na Califórnia pode pressionar contra investimentos na indústria de alimentos do Brasil.

— O Calpers vai ser totalmente indiferente a esse tipo de pressão, mas precisa saber o que pensam os professores e os médicos públicos da Califórnia.

Isso chegou até os grandes fundos, que não têm ligação com funcionários públicos ou universidades. Um dos maiores do mundo, o Black Rock tem feito sucessivos comunicados ao mercado avisando que não fará investimentos.

— O Black Rock não é uma instituição de caridade. Não está lá para melhorar o planeta. Está lá para captar dinheiro e recolher *fees* [*remuneração do gestor dos recursos*]. Mas tem que agradar às pessoas. O dinheiro do Black Rock não vem de um funcionário, vem de fundos que manejam dinheiro de outros fundos, por exemplo, ou dos pensionistas das universidades. Existem fundos não institucionais, mas a maior parte do dinheiro vem dos fundos institucionais.

Perguntei a ele se o movimento era irreversível. Ele disse que sim.

— Eu não sou cientista, mas escuto meus amigos cientistas. E percebo sinais. As universidades americanas decidiram que *climate science* é superimportante. Columbia acabou de abrir um College of Climate Science. Columbia tem poucos *colleges*. Tem um College of Arts and Sciences. Tem de medicina, tem Escola de Business, tem Escola de Engenharia. São poucas, o resto fica em Arts and Sciences. Criar um *college* é uma decisão importante. Não tem um para economia, matemática ou física. Pela sua interdisciplinaridade, o novo *college* terá toda uma estrutura separada. Então, a menos que todo esse pessoal esteja errado sobre a ciência, o que acho difícil, isso torna essa questão a mais urgente do nosso tempo.

Foi essa constatação que levou Scheinkman a aceitar o convite de Beto Veríssimo e Juliano Assunção para integrar a rede de pessoas que estão produzindo estudos e análises para o Climate Policy Initiative e o Amazônia 2030.

— Beto e Juliano estão na missão que acho correta, que é a de pensar o Brasil de longo prazo para começar a influenciar o debate agora. Participo com prazer, mas não quero tomar muito crédito do que está acontecendo. Leio os trabalhos, dou opiniões e sugestões — disse ele, mas sua participação foi se aprofundando, à medida que constatava a irracionalidade do Brasil diante do seu principal ativo.

— Se você olha os números, o rendimento da ocupação da terra não se justifica. Então o cara está ganhando dinheiro como? Ele está especulando com a terra. Aí é que entra a política econômica. Esses contínuos perdões para quem ocupou a terra ilegalmente, essa tolerância do governo estimula esse movimento especulativo. As empresas brasileiras precisam convencer que fazem rastreabilidade, precisam dizer "a gente não faz isso [*desmatamento*]". Dá um trabalho que não é necessário quando o governo tem uma atitude de defesa da lei. Os bancos privados brasileiros muitas vezes se financiam no exterior. Então, eles precisam também fazer esse mesmo movimento de defesa da reputação. Não seria necessário, se o governo fosse outro e dissesse "a nossa política é não permitir isso".

Scheinkman dizia que a equação, conforme havia sido colocada no governo Bolsonaro, era totalmente irracional:

— As pessoas estão cometendo crime, o governo não pune e ainda as incentiva. E isso tem um custo enorme para o resto da sociedade. O lógico seria proibir. Se alguém começar a tocar uma música estridente às três da manhã toda noite, o prejuízo de toda a comunidade fará com que aquilo seja coibido. Mas o Brasil está permitindo que um custo enorme seja imposto ao país.

Um outro governo no Brasil ainda não estava no horizonte, mas, em pouco mais de 30 dias, os Estados Unidos iriam às urnas. Scheinkman contou que Wall Street estava fazendo doações para o candidato democrata, Joe Biden.

— Biden, provavelmente, vai aumentar a taxação sobre certos tipos de ganho, mas eles acham que Trump criou uma confusão grande. Quanto tempo a economia mundial pode suportar um maluco como Trump, que a cada dia tem uma ideia e depois volta atrás e diz que não falou aquilo?

Compartilhávamos irracionalidades naquele momento. Mas a política, lá e cá, deu aos dois países uma segunda chance. Se naquele 1º de outubro de 2020 a gente pudesse ter dado um salto no tempo por dois anos, quatro meses e nove dias, o que veríamos? O presidente Lula entrando no Salão Oval da Casa Branca, ao lado do presidente Joe Biden, e fazendo, de improviso, uma fala vigorosa:

— Nos últimos anos a Amazônia foi invadida pela irracionalidade política, pela irracionalidade econômica.

Biden, atento, concordava com a cabeça. Lula falou de seu antecessor:

— O mundo dele começava e terminava em *fake news*, de manhã, à tarde e à noite. Ele parecia desprezar relações internacionais.

— Isso soa familiar — interrompeu Biden.

Governantes da mesma espécie, Trump e Bolsonaro levaram os países a conflitos com o meio ambiente e com o multilateralismo. Lula propôs que a Amazônia fosse "um centro de pesquisa compartilhado com o mundo todo":

— Cuidar da Amazônia hoje é cuidar do planeta Terra, é cuidar da nossa sobrevivência. Uma árvore de 300 anos não tem proprietário, ninguém pode derrubá-la, é um patrimônio da humanidade. Ela está lá para nos garantir a sobrevivência do planeta. E por isso vamos levar muito a sério essa questão do clima. No Brasil, vamos fazer o que for possível.

Lula, que estava errando ao falar de economia e criticar a independência do Banco Central, acertava em um tema que teria reflexos diretos na economia, no custo de financiamento para o Brasil, para as empresas e para os bancos. Por que os bancos? Eles também são dependentes dos fundos. No fim dos anos 1980, em plena crise da dívida externa brasileira, no governo Sarney, entrevistei John Reed, presidente mundial do Citibank, que, na época, era o maior credor brasileiro. Perguntei a ele quem tinha mais poder, se os fundos ou os bancos. E ele me respondeu que os fundos eram os donos dos bancos.

O pacto *dos três* bancos

Hoje os bancos reciclam o capital que captam nos fundos. Os bancos estavam assim afetados pelo despropósito de Bolsonaro, que atingia diretamente um dos critérios de alocação de recursos. Isso é o que explica aquele movimento, em julho de 2020, dos três maiores bancos privados no Brasil — Itaú-Unibanco, Bradesco e Santander — de anunciar que atuariam juntos na Amazônia, com o propósito de defender a sustentabilidade. No debate virtual que mediei com os executivos dos três bancos, eles se esforçaram para dizer que tudo estava mudando. Candido Bracher era presidente do

Itaú, Sergio Rial, do Santander. Pelo Bradesco falava o presidente Octavio Lazzari. Durante uma hora e meia eles explicaram que eram competidores, mas não adversários, e que tinham o objetivo de induzir boas práticas econômicas e empresariais que levassem à proteção na região. Queriam estimular cadeias produtivas em torno de frutos da floresta, como açaí, cacau e castanha, e fechar o crédito para empresas que tivessem ligação com atividades ilegais. Entrevistei os três para este livro para saber como eles transformariam essas boas intenções em realidade.

O curioso é que, da perspectiva da rentabilidade, para qualquer banco os negócios tradicionais é que davam lucro. O ouro e a terra, por exemplo, estavam se valorizando. Já os frutos da floresta eram explorados em atividades artesanais sem capacidade de cumprir requisitos de crédito. E aqueles três banqueiros estavam afirmando que era preciso mudar a lógica econômica e levar também a pecuária a se enquadrar, da mesma forma que ocorrera com a soja. E que o caminho da redução do carbono era inexorável. Os banqueiros disseram que sabiam estar no epicentro das cadeias econômicas, "da fazenda ao garfo".

Bolsonaro falara naquela semana que as ONGs eram um câncer. Perguntei aos presidentes dos três bancos o que eram as ONGs. Eles escolheram a palavra "parceiras" para defini-las. O capital se distanciava de Bolsonaro. Na disputa eleitoral, dois anos depois, haveria muita torcida entre os operadores dos bancos e os economistas do mercado financeiro pela vitória de Bolsonaro, mas, na cúpula dos bancos, em 2020, não era o que se via. Eles apontaram a Amazônia como a grande questão do país e admitiram que sabiam pouco sobre a floresta, mas que estavam na curva de aprendizagem.

Bracher saiu do Itaú pouco depois da entrevista, por ter atingido a idade-limite que o banco permitia, e tem se envolvido cada vez mais em ações de defesa do meio ambiente. Teresa, sua mulher, é, há muito tempo, uma defensora do Pantanal. Sergio Rial deixou a presidência do Santander e foi administrar as Lojas Americanas, grupo no qual se descobriu um grande rombo, anterior à ida dele para a empresa. Lazzari permaneceu no Bradesco. A decisão de se juntar quando ainda presidiam os bancos começara fora da área ambiental. A pandemia obrigara os bancos a tomar decisões de alongamento de crédito. Decidiram dar os mesmos prazos. Depois, foi criado o Todos pela Saúde, que fez doações para o enfrentamento da covid. Na época, as conversas entre os três executivos ficaram mais frequentes após um encontro na casa de Bracher. A partir daí, a caminhada para a questão ambiental foi natural, segundo eles.

O passo seguinte foi anunciar um documento com dez itens que compunham um plano para promover o desenvolvimento sustentável na Amazônia. E aí veio o escorregão. Foram levar ao governo, propondo uma atuação conjunta. Na reunião estavam o vice-presidente, Hamilton Mourão, a ministra da Agricultura, Tereza Cristina, o ministro do Meio Ambiente, Ricardo Salles. Era 22 de julho de 2020. O país já sabia que Salles queria "passar a boiada", porque o vídeo daquela reunião presidencial havia sido divulgado em maio. Tereza Cristina havia defendido aquela fala indefensável de Salles alegando que ele falara apenas sobre "desburocratização".

Um mês antes, em 23 de junho, 29 investidores institucionais de Noruega, Suécia, Dinamarca, Reino Unido, França, Holanda, Japão e Estados Unidos, que administram quase US$ 4 trilhões, divulgaram uma carta aberta ao governo brasileiro na qual pediam o fim do desmatamento na Amazônia e da "violação dos direitos dos indígenas". Em seguida, esses fundos solicitaram uma reunião com o governo. Mourão fez uma reunião virtual com eles. Nada tinha a dizer, a não ser que o país tentaria levar o desmatamento a um nível menor. O que estava acontecendo era a pressão dos fundos estrangeiros sobre o governo.

Em julho, os presidentes dos três maiores bancos foram para aquela reunião com o governo. No *release* que divulgaram, defenderam a intensificação das ações de proteção da floresta e disseram que, por isso, a atuação dos bancos seria "coordenada com o governo". Critiquei na minha coluna do jornal. Com aquele governo não havia como coordenar nada: "Nesse ponto a banca privada terá que escolher. Ou faz o que diz, ou dá a mão ao governo no momento em que ele é pressionado pelos fundos." Eu terminava o texto lembrando que o governo havia cometido crimes ambientais.

Um dos banqueiros me mandou uma mensagem em que dizia: "Não desgosto da coluna." Mas fazia uma longa lista dos pontos pelos quais discordava dela. O que havia de interessante na mensagem dele era o reconhecimento de que a Amazônia era tema complexo. "Não sendo especialistas no assunto, vamos formar um grupo de profundos conhecedores." E, de fato, fizeram isso. Um ponto positivo dessa união de concorrentes foi que, assim que os presidentes das instituições deram as ordens, as equipes dos três bancos começaram a trabalhar e, em um mês, tinham um projeto. Os executivos passaram então a se reunir frequentemente com especialistas de diversas áreas da questão ambiental.

O surpreendente foi o pedido do então procurador-geral da República, Augusto Aras, para uma reunião com os três. Não com a Febraban, não com outros banqueiros, mas aqueles três. A conversa com Aras, virtual, foi na sexta-feira 2 de outubro de 2020. Ele estava ao lado do vice-procurador-geral, Humberto Jacques de Medeiros. Aras começou perguntando o que eles estavam achando da economia para, em seguida, pedir a opinião dos três a respeito da Amazônia. Quis saber por que eles haviam se unido para trabalhar juntos na questão ambiental e por que haviam falado publicamente de suas preocupações. Esse era o motivo evidente do pedido de Aras. Quando os banqueiros disseram que era preciso combater o crime na Amazônia, Aras respondeu:

— Não adianta encher as cadeias.

Um dos participantes da reunião lembrou que as prisões seriam inevitáveis, até para demonstrar o poder coercitivo do Estado. Mas aquele era o procurador-geral da República, Augusto Aras, do qual a História certamente não falará bem.

A qualidade do *gasto*

Na economia, o tema mais áspero e o que provoca mais conflitos é o fiscal. Os economistas ortodoxos vão olhar os dados e calcular trajetórias assustadoras para o crescimento da dívida e prescrever austeridade. Há os que, na ponta oposta, acreditam que a despesa pública empurrará o crescimento e isso trará o aumento de arrecadação que mitigará o problema fiscal. Há os que comparam o Brasil a outros países para dizer que novas teorias monetárias e fiscais sustentam que não existe limite para o endividamento público emitido em moeda local.

Como jornalista de economia, não posso esquecer o que vi. O gasto público precisa ser olhado com cuidado porque ele se transforma, quando deficitário, em mais dívida ou mais impostos. Não há um terceiro caminho. Se a sociedade não quer pagar mais impostos, é preciso que a dívida seja sustentável. Como o endividamento público é a imagem no espelho das economias das famílias e das empresas aplicadas em títulos públicos, acho mais prudente que os governos sejam cautelosos em relação ao crescimento da dívida. Em 50 anos de jornalismo econômico, vi a inflação deixada pelo governo militar crescer, virar hiperinflação no governo Sarney, ser debelada numa verdadeira saga, em que se mobilizaram o governo e a sociedade no Plano Real sob a liderança de Fernando Henrique, vi o calote da dívida interna no governo Collor, as penosas negociações da dívida externa conduzidas pelo ministro Pedro Malan, a cara e acertada acumulação de reservas cambiais pelo PT, vi a aposta no aumento do gasto como indutor do crescimento e o que isso provocou de recessão e inflação.

Como não sou economista, mas, sim, jornalista, não pertenço a qualquer corrente econômica. Minha matéria-prima são os fatos. E os fatos que relatei ao longo da minha carreira me convenceram de que, sim, é preciso ter controle dos gastos públicos — será inevitável aumentar os impostos pagos por alguns a fim de reduzi-lo para outros e ter uma trajetória futura da dívida que pareça segura e crível aos poupadores. E é fundamental evitar a alta da inflação, porque ela é inimiga do pobre.

É preciso também olhar o gasto público pelo lado da qualidade. O gasto certo na missão de cada órgão. Os números sozinhos não contam toda a história. Um real gasto na área ambiental na administração de Marina Silva no Ministério do Meio Ambiente é totalmente diferente da mesma unidade gasta por Ricardo Salles. Um real gasto na desastrosa administração da Funai do delegado Marcelo Xavier é totalmente diferente da despesa autorizada pela líder indígena Joênia Wapichana. É certo que a viagem de Bolsonaro para visitar os garimpeiros na Amazônia saiu muito mais cara do que a viagem de Lula para acudir os Yanomami.

Haverá sempre uma dimensão subjetiva incontornável no gasto público, se a pessoa quiser fazer uma análise plena. Quem olha para o número de superávit primário do último ano do governo Bolsonaro e acha que isso nos afasta do risco fiscal está errando. Aquele número foi fabricado com "pedalada" no pagamento de precatórios, com o aumento de arrecadação trazido pela inflação de dois dígitos, que dominou a maior parte do ano de 2022, e, principalmente, com a repressão de despesas indispensáveis. O governo Bolsonaro deixou na penúria órgãos vitais para o país. Gasto público para subsidiar carvão, gasolina e diesel pesa mais do que no incentivo à energia solar fotovoltaica, em especial se for para que a geração distribuída nas áreas isoladas da Amazônia substitua o diesel.

O cálculo a ser feito é o do valor qualitativo do gasto. Bolsonaro subverteu a missão de cada órgão público, colocando-os para fazer o oposto da função para a qual haviam sido criados. O Ministério do Meio Ambiente estimulava a destruição da floresta, o das Relações Exteriores queria que o Brasil fosse um país pária, o da Mulher defendia a submissão ao homem e constrangia meninas estupradas e grávidas, o órgão de defesa dos negros atacava o povo preto com teses racistas, o de proteção aos indígenas ameaçava a sobrevivência de diversos povos, o Ministério da Saúde alimentava a desconfiança na vacina, o da Educação defendia a educação domiciliar, o que deveria cuidar da Segurança Institucional conspirava contra as instituições. Cada braço do Estado gastava recursos públicos praticando o avesso da missão que lhe cabia. A despesa em um governo assim fica mais pesada porque está financiando o retrocesso. Aumentar o gasto para que o Estado possa corrigir a rota, acudir emergências e cumprir sua missão é perfeitamente aceitável e até desejável. Contudo, não existe déficit do bem nem descontrole bom da dívida pública. Gastar mais com as missões certas dos órgãos do Estado exige que administradores públicos avaliem as outras despesas com olhar crítico.

O Brasil sempre gastou mal e errado em programas que não fazem sentido, com destinatários que não merecem o gasto, em distorções que se acumularam no orçamento público, em feudos, em lobbies, em privilégios. Os ricos brasileiros, as grandes empresas, sempre souberam que caminhos trilhar para capturar o Orçamento. Gastar mais com os pobres exige cortar despesas com os ricos. É inarredável.

A chamada "questão fiscal" é mais complexa do que parece. Quanto custará para o país não proteger a Amazônia? O gasto não realizado pode ser mais desorganizador da economia do que a despesa executada na hora certa, com destino correto e eficiência verificada por órgãos de controle. Há novas dimensões do debate fiscal que nos libertam da planilha fria e, ao mesmo tempo, não nos entregam à irresponsabilidade fiscal. Esta é a hora de gastar mais na proteção da floresta pelo ganho incomensurável que isso nos trará. É preciso equipar o Ibama, o ICMBio, o braço ambiental da Polícia Federal. É importante investir em processos que garantam a floresta em pé. É fundamental construir modelos de desenvolvimento econômico sustentável na Amazônia. Perder a floresta tem um custo impagável para o Brasil. E para a Terra.

Estradas, usinas e *fábricas na* Amazônia

Um dos enormes desafios econômicos na Amazônia é a infraestrutura. A via natural são os rios, mas as rodovias sempre testaram quem tenta encontrar uma forma sustentável de construí-las. Existem também os projetos das ferrovias a assombrar florestas e povos indígenas. Um desses projetos é o da Ferrogrão, uma ferrovia de 933 quilômetros para ligar o município de Sinop, em Mato Grosso, a Miritituba, no Pará. Seu traçado acompanha um trecho da BR-163 e tem também o objetivo de fazer escoar a soja e outros grãos, tal qual a rodovia. Desde que foi concebida, há mais de dez anos, a Ferrogrão fica entre idas e vindas de mesas de autoridades.

Foi em nome da Ferrogrão que o então presidente Michel Temer baixou uma MP desafetando a Floresta Nacional do Jamanxim. O debate foi intenso, porque a floresta perdia 862 hectares e se transformava, parte em Parque Nacional (Parna), parte em Área de Proteção Ambiental (APA), que é uma unidade de proteção com menos restrição de uso. Em 2020, quando a Rede entrou com uma Ação Direta de Inconstitucionalidade no STF contra a medida provisória de Temer, a MP já havia virado lei, mas o argumento foi o de que a lei teria de ser suspensa porque provocaria efeitos irreversíveis à floresta. Coube a Alexandre de Moraes, justamente o ministro indicado por Temer, a decisão. E ele suspendeu, em março de 2021, a vigência da lei que diminuía o tamanho do Jamanxim.

No começo do terceiro governo Lula, Alexandre de Moraes voltou ao voto, a fim de encontrar um meio-termo para o conflito entre os produtores que defendiam a construção da ferrovia e os ambientalistas e indígenas, que apontavam todos os riscos de se pôr abaixo quase metade da floresta para fazer a obra. Moraes concluiu que os riscos ambientais justificavam a manutenção da suspensão da lei. Mas ponderou: "Não há dúvidas, entretanto, da importância da Ferrogrão para o escoamento da produção de milho, soja, farelo de soja, óleo de soja, fertilizantes, açúcar, etanol, derivados de petróleo." Além disso, disse que a ferrovia reduziria em 50% o total de emissões e o congestionamento na rodovia.

Então este é o destino da floresta do Jamanxim: primeiro, ser cortada por uma rodovia; depois, ficar sob a ameaça de ser cortada para a construção de uma ferrovia. Moraes tentou ser salomônico e decidiu o seguinte, em 31 de maio de 2023: autorizou a retomada dos estudos e dos processos administrativos para a construção da Ferrogrão, mas disse que qualquer execução teria de ser submetida à "autorização judicial desta Corte, para nova análise de todas as condicionantes legais, em especial as socioambientais". Em suma: pode-se estudar, mas não se pode fazer nada, a menos que se discutam sob que condições.

É sabido que ferrovia gera impacto menor no entorno do que rodovia. Então, as ferrovias seriam a solução? O que os pesquisadores dizem é que elas podem ser uma solução, desde que atuem como uma esteira de ponta a ponta, sem terminais no meio. Mas é preciso estudar previamente os impactos de uma forma mais ampla do que foi feito até agora, como explica Juliano Assunção. No Climate Policy Initiative foram desenvolvidas várias pesquisas sobre a sustentabilidade de obras de infraestrutura na Amazônia:

— Adaptamos para o Brasil estudos de um pesquisador do MIT, David Thomas. No caso da Ferrogrão, por exemplo, analisamos todo o impacto econômico que a região terá pelo efeito da maior acessibilidade, em vez de olhar apenas o impacto no traçado da ferrovia. Analisamos toda a área de influência e não apenas a obra civil. Pode haver um aumento no retorno das atividades econômicas e do emprego nos municípios, o que geraria mais incentivo ao desmatamento. A proposta é simular esses efeitos nos estudos do impacto ambiental. Às vezes o impacto ambiental é tão grande, o esforço mitigador é tão forte, que inviabiliza o projeto. Esse embate entre meio ambiente e desenvolvimento precisa ser definido antes.

A Rede Xingu+, que une diversas entidades de defesa dos indígenas, mandou para o Ministério dos Transportes e a Agência Nacional de Transportes Terrestres (ANTT) um documento lembrando que agora teria de ser considerado o novo PPCDAm, com regras explícitas para obras de infraestrutura. As condicionantes precisariam ser atualizadas. "Quais as condições necessárias para que um projeto dessa complexidade possa seguir, considerando que se trata de uma ferrovia de 933 quilômetros de extensão e que impacta 16 Terras Indígenas e mais de uma dezena de áreas protegidas? E levando em conta o papel central do Brasil nos esforços globais de produzir resposta à emergência climática?", questiona a Rede Xingu+, fazendo uma lista de propostas objetivas.

Caso seja construída, a Ferrogrão levará dez anos para ficar pronta e os custos já estão em R$ 30 bilhões. A ferrovia é esperada pelos produtores como a concretização do velho sonho de se ter um corredor logístico com ferrovia e rodovia para escoar a produção de forma rápida e eficiente. Esse dilema desafiará o Brasil nos próximos anos. As rodovias, por sua vez, sempre geraram o fenômeno conhecido como "espinha de peixe" — elas se transformam no tronco principal do qual saem estradas muitas vezes clandestinas, abertas apenas para levar o desmatamento cada vez mais para dentro da floresta. O asfaltamento de uma rodovia é um estímulo forte à ocupação dessas vias laterais, que lembram o formato de uma espinha de peixe.

Em 2004, no primeiro governo Lula, houve muita discussão sobre como fazer uma rodovia sustentável na pavimentação da Cuiabá-Santarém, de 1.902 quilômetros. A Cuiabá-Santarém faz parte da gigantesca BR-163, que vai do Rio Grande do Sul ao Pará em mais de 4 mil quilômetros. Na parte conhecida como Cuiabá-Santarém, os trechos mais importantes para o agronegócio eram a ligação de Nova Mutum, em Mato Grosso, com Miritituba e Rurópolis, no Pará. E, depois, entre Rurópolis e Santarém. Ao todo, eram 1.553 quilômetros. Foi preparado um plano, que reuniu vários ministérios, para que se evitassem os problemas ambientais de sempre, como o aumento da grilagem e a invasão de Terras Indígenas.

A Cuiabá-Santarém começou a ser construída em 1973, dentro do Plano de Integração Nacional dos militares, cuja proposta era avançar mesmo sobre a floresta. Teve alto custo ambiental e humano, com a morte de indígenas da etnia Panará, também conhecidos como Krenakarore, contactados naquele ano exatamente para a construção da rodovia. O cálculo do ISA é que dois terços dos Panará morreram na ocasião. Foram transferidos, mas conseguiram o direito à parte do que havia sido preservado de seu território e conquistaram um feito histórico em 2000, uma ação indenizatória contra a União.

No começo do primeiro governo Lula havia então muita pressão dos produtores de soja para o asfaltamento da estrada construída pelo regime militar. Isso melhoraria enormemente o escoamento dos grãos, mas serviria de estímulo para mais desmatamento. Esse era o temor. A intenção do governo era criar Unidades de Conservação no entorno da rodovia para que ela se tornasse sustentável. O ambiente, contudo, já era de muita especulação, como ressaltava um documento do governo preparado pelo Inpa na época: "A grilagem de terras públicas tem se acentuado na região Cuiabá-Santarém nos últimos anos. A abertura de estradas clandestinas por madeireiros, em lugares isolados, facilita a entrada de grileiros e posseiros, que praticam derrubadas para estabelecer a posse da terra. Um dos alvos principais dos grileiros é a Terra do Meio, entre os municípios de Altamira e São Félix do Xingu. A grilagem de terras públicas tem ocorrido de forma associada ao desmatamento acelerado, à exploração de madeira ilegal e a outros atos ilícitos, como o trabalho escravo e o porte ilegal de armas."

O governo Lula avaliou que havia dois cenários: o primeiro seria promover uma dinâmica de sustentabilidade na região; o segundo, seria repetir a trajetória das rodovias pavimentadas da Amazônia que aceleravam o desmatamento. Apostou no primeiro cenário: estabeleceu um plano de ordenamento fundiário local, dialogou com a população, criou UCs. "No fim de 2004, o governo federal criou uma série de Unidades de Conservação na área de influência da rodovia e interditou administrativamente 8 milhões de hectares na margem esquerda da estrada", escreveu a pesquisadora Ane Alencar, do Ipam. Segundo ela, ainda que o governo desse sinais numa direção positiva, a intensidade e a velocidade da dinâmica da ocupação não pareciam ceder. E mais: o governo teria que enfrentar o desafio de "nadar contra a corrente". O resultado foi o aumento do desmatamento na região, e pode se dizer que teria sido pior, caso não houvesse o plano.

Havia toda essa experiência anterior de uma época em que o governo tentou fazer uma rodovia sustentável, tomou tanta decisão certa e, mesmo assim, a rodovia serviu para o avanço dos grileiros. Por isso, quando o assunto da BR-319, que liga Manaus a Porto Velho, foi parar na mesa do ministro Carlos Minc, ele parou tudo para analisá-lo. Decidiu que teria de fazer mais do que criar Unidades de Conservação ao longo da via. A licença só poderia sair se essas UCs já estivessem funcionando. A pavimentação da ligação entre Manaus e Porto Velho tinha uma complicação a mais. O ministro dos Transportes do segundo governo Lula era Alfredo Nascimento, do Amazonas. E ele tinha dito que a rodovia seria a sua marca no governo. Minc se recorda:

— Nascimento era presidente do antigo PR [*hoje PL*] e colocou como condição para o apoio do partido à candidatura Dilma a pavimentação dessa estrada. Eu expliquei ao presidente Lula: "Não estou dizendo que não vai ter asfalto, apenas que tem que ter de um lado e de outro da estrada uns 20 parques nacionais, todos já instalados." Falei isso porque na BR-163 a Marina tinha criado as Unidades de Conservação, mas a estrada começou a ser feita antes de estar tudo instalado. Não tinha o chefe do parque, não tinha guarda, não tinha fiscalização. A estrada foi sendo asfaltada e foi se formando a espinha de peixe.

Rodovias e ferrovias continuam parando sempre no mesmo conflito. Todo mundo quer um transporte mais eficiente de pessoas e de mercadorias, mas não se consegue impor o cumprimento da lei em torno das áreas protegidas. Então, as obras são paralisadas e os ambientalistas e os indígenas levam a fama de serem contra o progresso, quando a noção em torno de progresso é que tem estado distorcida desde sempre no Brasil.

A energia é outra questão que está no centro da discussão econômica. O Brasil praticamente inteiro é ligado por um mesmo sistema de energia, o Sistema Integrado Nacional (SIN), que conecta geradores aos consumidores, à exceção de áreas isoladas da Amazônia. Nelas, a energia consumida vem de geradores a diesel. Uma contradição. A Amazônia gerou, em 2020, 26% da energia do país e consumiu apenas 11%, no entanto, 14% das pessoas da região estão fora do SIN, sendo abastecidas por combustível fóssil. É o que ressalta um estudo de Amanda Schutze e Rhayana Holz, do projeto Amazônia 2030.

A maluquice é que gerar energia para esses sistemas isolados custa muito caro para todos os consumidores. Segundo o cálculo das pesquisadoras, em 2022 o custo foi de mais de R$ 10 bilhões de acréscimo nas contas de luz na rubrica CCC, Conta de Consumo de Combustíveis. A proposta tradicional para esse problema é a construção de linhões caros, com alto impacto ambiental, para ligar todos no SIN. As pesquisadoras e outros especialistas que tenho ouvido acham mais sensato, barato e atualizado investir em geração distribuída com energia solar fotovoltaica. Deixar essas regiões fora do SIN, mas com energia de baixa emissão.

Quando o assunto é energia na Amazônia, há um ponto sensível que atende pelo nome de Usina Hidrelétrica de Belo Monte, cuja construção se iniciou em 2011 e foi inaugurada oficialmente em 2016. Recentemente, em uma conversa com uma líder indígena do Xingu, eu usei o verbo "ter" no passado, ao afirmar que a usina teve um impacto forte entre os povos indígenas, e ela me corrigiu.

— Não é "teve". Belo Monte está ainda impactando negativamente nossas vidas.

Como o potencial hidrelétrico remanescente do país está na Amazônia e existem nas gavetas das empreiteiras muitos outros projetos de usinas nos rios amazônicos, o risco é o reinício do lobby por novas barragens. O Brasil precisa investir nas novas fontes de energia — as novas renováveis, solar, eólica, biomassa — e em geração distribuída. O custo social, ambiental, humano e econômico das usinas hidrelétricas na Amazônia ficou impagável depois das últimas experiências. As usinas de Santo Antônio e de Jirau, ambas no rio Madeira, em Rondônia, também tiveram problemas antes, durante e após a sua construção, que vão da dificuldade de geração de energia ao aumento da violência no estado.

Quando o então candidato Lula esteve no Acampamento Terra Livre, em abril de 2022, em Brasília, as lideranças indígenas o abraçaram e deram demonstrações públicas de apoio à candidatura dele, que ainda nem havia sido oficializada. Em determinado momento o levaram para uma conversa reservada e lá, longe do público, um líder indígena lhe disse diretamente:

— Nós não esquecemos de Belo Monte.

Escrevi inúmeras colunas contra a construção de Belo Monte. Ponderei que a usina seria negativa do ponto de vista energético, ambiental, social, fiscal, econômico, financeiro e hídrico. O modelo do leilão foi horrível. Grande parte das condicionantes não foi cumprida. Ouvi todo tipo de especialista na época. Os climatologistas alertavam para o fato de que o regime hídrico mudaria ao longo da vida útil da hidrelétrica e os especialistas em energia a comparavam a um elefante branco. Construída para gerar 11 mil megawatts, produziria menos da metade disso, em média, e haveria momentos de produção de apenas mil megawatts.

Os indígenas se indignavam com o fim da Volta Grande do Xingu — ponto em que o rio faz uma curva acentuada para o sul, após passar por Altamira, antes de seguir para o norte, em direção ao rio Amazonas. Indignavam-se também com o impacto negativo direto na vida deles e em suas terras. Todas as piores previsões se confirmaram. A construção de Belo Monte foi um erro da presidente Dilma Rousseff que começou a ser gestado no segundo governo Lula e custou muito caro. Ainda custa. A discussão teve início no período de Marina Silva no ministério, mas a licença prévia foi dada na gestão de Carlos Minc. Depois, as licenças de instalação e de operação saíram quando a ministra era Izabella Teixeira.

Em 16 de abril de 2010, antes mesmo de se iniciarem as obras, escrevi no *Globo* sobre as dúvidas ainda existentes em torno do assunto, apesar de todo o debate no país:

> Por 100 quilômetros o rio Xingu vai passar a ter uma vazão mínima de água, e às margens dessa área há povos indígenas, ribeirinhos e florestas. Os técnicos do Ibama escreveram que não garantiam a viabilidade ambiental da Hidrelétrica de Belo Monte. Duas das maiores empreiteiras do país desistiram porque acham arriscado demais economicamente, mas o governo diz que fará o leilão. Há dúvidas de todos os tipos sobre a hidrelétrica: ambientais, econômico-financeiras e políticas. Por que ignorar tantas dúvidas? Por que leiloar a mais polêmica das hidrelétricas brasileiras, a seis meses das eleições, com um só grupo interessado? Por que tentar forçar a formação improvisada de um novo grupo, usando os fundos de pensão de estatais? A primeira vez que se pensou em fazer essa hidrelétrica foi no auge do poder do governo militar, em 1975. Nem eles, com o AI-5, sem audiências públicas, com um Estado maior e mais insensato, nem eles, que fizeram Balbina, tiveram coragem de levar adiante o projeto.

O Ministério Público atuou fortemente contra a hidrelétrica, os servidores do Ibama deixaram escrito que divergiam da licença que fora concedida e eu publiquei trechos desses documentos na coluna "Ossos do ofício", de 17 de abril de 2010. Esses trechos mostravam o Ibama sendo atropelado. Na época do leilão, o governo rejeitou a ideia de se fazer um consórcio só e fez outros, às pressas. No fim, as empreiteiras saíram dos consórcios e ficaram apenas como contratadas do grupo vencedor para a construção. O BNDES financiou quase tudo e estatais e fundos de pensão de empresas públicas entraram na formação do consórcio que construiu a usina. O custo ficou muito maior do que o previsto inicialmente. Na época do licenciamento, o governo disse que ela custaria R$ 9,6 bilhões; um grupo de ONGs fez um estudo e concluiu que não ficaria por menos de R$ 30 bilhões. Dito e feito. A obra foi leiloada por R$ 19 bilhões. Mas custou muito mais. O BNDES chegou a emprestar R$ 28 bilhões.

Em abril de 2016, escrevi que o procurador Ubiratan Cazetta, que atuava então no Pará, lamentava não ter colocado seus alertas sobre Belo Monte numa cápsula do tempo. Os alertas de Cazetta e de todos os que avisaram que aquele projeto era um erro se confirmaram. Um deles foi sobre o risco de não se cumprirem as condicionantes. O MPF propôs 26 ações contra a usina. Uma delas denunciava "etnocídio" e o consórcio teria que compensar os indígenas afetados pela parte do rio que ficaria com a vazão reduzida. Contudo, em vez disso, eles distribuíam alimentos industrializados às populações.

Os ribeirinhos, que viviam da pesca, foram encaminhados para o programa habitacional do governo Minha Casa, Minha Vida, longe do rio. Altamira não foi protegida do impacto da usina. Por causa do que escrevi, a Norte Energia, responsável pela construção e operação da usina, mandou para o jornal um texto em que dizia tratar-se de "direito de resposta". O texto não foi publicado por não se enquadrar nesse direito: era muito ofensivo, era maior do que o texto que eu publicara e não comprovava erros na minha coluna. O título era "Míriam Leitão optou pela mentira". O consórcio então publicou esse mesmo material no site Brasil 247. Os danos que Belo Monte espalhou no Xingu provam que eu estava certa. Conto aqui esse episódio para mostrar o grau de autoritarismo do qual esse empreendimento lançou mão no debate em torno da mais polêmica usina erguida na Amazônia.

A hidrelétrica chegou a pedir formalmente à Agência Nacional de Energia Elétrica (Aneel), em novembro de 2019, autorização para construir termelétricas em Belo Monte que compensassem a queda da sua produção de energia. O país estava em crise energética, em 8 de setembro de 2021. Naquele dia, a Usina de Belo Monte gerou apenas 244 megawatts, segundo o Operador Nacional do Sistema. Apenas uma das 18 turbinas estava funcionando. As notícias confirmariam, ao longo do tempo, que estavam certos os que criticaram a construção de Belo Monte, sob todos os pontos de vista, entre eles o energético. Foi um péssimo negócio para o país. Continua sendo.

O jornalista Lúcio Flávio Pinto, que há muito tempo cobre com olhar único e corajoso o que se passa na Amazônia, fez inúmeros alertas antes do início das obras. Em 2021, ele republicou alguns de seus artigos no site Amazônia Real. Em um desses textos, Lúcio Flávio diz que o custo da hidrelétrica foi de R$ 40 bilhões. Avisa que "o Brasil já pagou muito caro" por Belo Monte, mas "ainda pagará muito mais". Essa história deveria ao menos servir para mostrar o erro que é a construção de grandes hidrelétricas na Amazônia.

O ISA fez junto com o povo Juruna (ou Yudjá, como eles se denominam) um monitoramento interdisciplinar e intercultural da vida na Volta Grande do Xingu após Belo Monte. Por quatro anos o grupo analisou o que aconteceu com a fauna do rio e a vida de dois povos, os Juruna e os Arara, das Terras Indígenas Paquiçamba e Arara da Volta Grande do Xingu. Mudara completamente tudo, principalmente para os Juruna, que são um povo canoeiro. A empresa Norte Energia começara por renomear a Volta Grande do Xingu como TVR da UHE de Belo Monte. TVR significa Trecho de Vazão Reduzida. "Os povos indígenas e ribeirinhos se negam a transformar em uma sigla burocrática seus territórios de vida", consta no relatório de monitoramento. Na visão de mundo dos Juruna, o ser mítico Senã'ã criou num só sopro a Volta Grande do Xingu, as cachoeiras de Jericoá e eles mesmos. Nasceram juntos do mesmo sopro o povo indígena e a Volta Grande.

O monitoramento traz inúmeros dados sobre mudanças na oferta de peixes, sobre o que aconteceu com os seres da biodiversidade local e sobre o modo de vida dos indígenas. De canoeiros que eram, eles agora dizem que têm que aprender "a viver no seco". O estudo aponta como um dos problemas para eles o chamado "hidrograma de consenso", sistema cujo objetivo é reproduzir artificialmente as cheias e as secas do rio. "Os dados coletados pelo monitoramento independente, entre 2014 e 2017, demonstram, portanto, que as vazões estabelecidas de forma unilateral, apenas pelo empreendedor e o governo, não são suficientes sequer para a inundação das áreas de planícies aluviais mais baixas."

Há outro problema grave. O rio é uma ameaça, por causa da vazão decidida pela usina. "Imagine se as crianças estiverem nadando quando liberarem a água. Não gosto nem de pensar nisso. Por isso, agora, nós não deixamos mais os meninos irem banhar no rio", disse dona Jandira, da aldeia de Mïratu, entrevistada pelos autores do relatório de monitoramento. Tanto nas hidrelétricas quanto na industrialização, os projetos parecem implantes na Amazônia, pois não estruturam o desenvolvimento da região com o que a floresta tem de ativos.

Assim é também a Zona Franca de Manaus, criada pelo governo militar com o objetivo oficial de desenvolver a Amazônia. A ideia inicial era atrair indústrias para lá, dando-lhes subsídios que compensassem todas as desvantagens logísticas locais, com a suposição de que, depois de consolidado, o polo industrial dispensaria as vantagens tributárias. Era para ser temporário e se eternizou. O projeto chegou com o mesmo erro de vários outros concebidos para a Amazônia, que é ter ficado de costas para os ativos da biodiversidade amazônica. A Zona Franca sempre foi controversa e sempre foi fortemente defendida por um cipoal de lobbies.

Evidentemente, nenhum dos formuladores da política original pensou na floresta ou em alguma vantagem natural da região. A Zona Franca se transformou em um enclave de montadoras de produtos eletrônicos, sem desenvolvimento tecnológico local. Além disso, em vez de exportar para outros países, como ocorre nas zonas livres de impostos, virou uma fornecedora para o Brasil. Os benefícios foram sendo prorrogados sucessivamente. Por fim, seriam sustados em 2023, mas, em 2014, o Congresso Nacional aprovou uma PEC que os estendeu por mais 50 anos, até 2073.

No estudo "Aprimorando a Zona Franca de Manaus", as pesquisadoras Amanda Schutze e Rhayana Holz, do Amazônia 2030, informam que 65% dos insumos da Zona Franca vêm do exterior, mas apenas 2% do faturamento do polo industrial deriva de vendas ao exterior. Então é uma zona que importa sem custos, paga poucos tributos e vende para o Brasil. Os trabalhadores do polo ganham, proporcionalmente, menos do que os da indústria do restante do país. Em 2019, o valor pago aos trabalhadores de lá correspondia a apenas 5% do faturamento. Em 2018, a média do Brasil havia sido de 11%, segundo o IBGE. Além disso, 59% dos trabalhadores recebiam até dois salários mínimos. Hoje a Superintendência da Zona Franca de Manaus (Suframa), que administra o polo, abriga cerca de 600 indústrias nos estados do Amazonas, do Acre, de Rondônia, de Roraima e do Amapá.

A grande pergunta sobre a Zona Franca é: quanto custa aos cofres públicos? O projeto do orçamento de 2024 previu que os impostos não arrecadados representariam um gasto tributário de R$ 35,2 bilhões. A Associação Nacional dos Auditores Fiscais da Receita Federal do Brasil (Unafisco) divulgou estudo em 2022 quantificando o que chamou de "privilegiômetro tributário". A Unafisco se referia ao privilégio do não pagamento de impostos e incluía tudo — "isenções, anistias, remissões, subsídios, benefícios de natureza financeira, tributária e creditícia" concedidos a setores ou contribuintes específicos. Por essa conta, a Zona Franca aparece em terceiro lugar na lista dos grupos que têm as maiores vantagens tributárias do Brasil, com uma renúncia estimada em R$ 44,85 bilhões naquele ano. O que esse estudo sustenta é que nem sempre uma renúncia fiscal é "privilégio". Se houver contrapartida ou retorno para a sociedade, não será. No caso da Zona Franca, os auditores acham que não há contrapartida.

Já os defensores da Zona Franca dizem que ela cria empregos, gera atividade econômica na região e, indiretamente, protege a Amazônia por criar alternativa ao desmatamento. O estudo do Amazônia 2030 propõe "aprimorar" o sistema, através de exigências do governo de contrapartidas ambientais, tais como mais investimento em qualificação de mão de obra, mais investimento em incubadoras de inovação e utilização de recursos do bioma amazônico.

Um exemplo que ilustra bem as distorções da Zona Franca pôde ser percebido durante a greve dos caminhoneiros, em 2018. Para conseguir encerrar a greve, o governo Temer se viu obrigado a dar subsídios ao óleo diesel. Como compensação, já que precisava cumprir o Teto de Gastos, reduziu um incentivo do setor de bebidas na Zona Franca. O setor tinha direito a 20% de restituição do IPI, na forma de crédito tributário. "Como as firmas desse setor na Zona Franca já têm isenção de IPI, os 20% de compensação fiscal eram, na prática, uma restituição do imposto que não pagavam", registra o estudo. O governo Temer reduziu esse incentivo de 20% para 4%, nem chegou a zerar. Mas a medida provocou forte reação do segmento.

Há inúmeras outras distorções. O setor de ar-condicionado é obrigado a comprar compressores locais, mesmo que sejam ineficientes. Então, os compressores saem de São Paulo, onde são fabricados, vão para Manaus, onde os aparelhos são montados, e depois voltam para São Paulo, onde está o maior mercado consumidor. Ocorre o mesmo com o segmento de duas rodas do setor automotivo. As peças são levadas até o Porto de Belém, de lá vão para Manaus, onde as motos são montadas e, posteriormente, enviadas para os centros consumidores do país. "As vantagens de produção na Zona Franca de Manaus levam as firmas a tomar decisões logísticas ineficientes", aponta o estudo. Na reforma tributária aprovada na Câmara em 2023, já no terceiro governo Lula, foi criado um fundo de bioeconomia. O deputado Reginaldo Lopes, coordenador do grupo de trabalho da reforma, me disse que dos 4 mil produtos fabricados apenas 20 eram feitos integralmente no local e geravam 85% dos empregos. A ideia era ir reduzindo nos próximos anos e décadas os subsídios aos produtos meramente montados na Zona Franca e usar os recursos do fundo para estimular, em substituição, bens e serviços ligados à economia local.

O ideal seria ter uma área produtiva que aproveitasse os insumos do bioma amazônico. Seria também fundamental que houvesse um cálculo mais preciso de quanto a Zona Franca custa para o país, que retorno traz para a Região Amazônica e que contrapartidas oferece para a sua população. O que aflige é a falta de um modelo de fato amazônico para o desenvolvimento, apesar dos diagnósticos de tanta gente capacitada sobre o assunto. A geógrafa Bertha Becker, professora da UFRJ falecida em 2013, foi responsável por um estudo detalhado e competente — como tudo o que ela fez ao longo da vida na academia — de zoneamento ecológico e econômico da Amazônia. O mapeamento, que reuniu 11 universidades e foi realizado a pedido do então ministro Carlos Minc, ficou engavetado.

No *Amazônia: geopolítica na virada do III milênio*, Bertha Becker registrou a diferença de vozes na região: "ONGs, organizações religiosas, agências governamentais, cientistas, nacionais e internacionais, constituem hoje voz ambientalista ativa na região, influindo nas políticas públicas para a proteção das vastas extensões florestais, até recentemente negligenciadas. É necessário, contudo, registrar que esse movimento é um sucesso político, mas não um sucesso econômico para as comunidades locais (que demandam ações do Estado para suprir sérias carências infraestruturais), nem relativamente à macroeconomia regional."

A Amazônia não pode ter voz ambiental forte e voz econômica fraca. O caminho para corrigir isso, apontou Bertha Becker, é adotar um desenvolvimento que se volte para a população local. Foi o que ela e Carlos Nobre propuseram em artigo publicado pela Academia Brasileira de Ciências, pouco antes da morte da geógrafa. O artigo se tornaria objeto de paciente e inabalável esforço de Carlos Nobre no desenho do Instituto Amazônia 4.0.

Como a Amazônia *pode se* desenvolver

"Sustentabilidade" é palavra que todo mundo usa, mas com sentido diverso, dependendo do ângulo. Na área fiscal, significa equilíbrio das contas públicas para que o déficit público não dispare elevando a dívida do governo. Sem esse equilíbrio, a inflação pode subir e a primeira vítima será o cidadão pobre. "Sustentabilidade ambiental" é a expressão que significa promover um desenvolvimento que não destrua florestas, rios, recursos naturais, que reduza as emissões e o risco climático.

Os economistas se preocupam com as contas públicas, os ambientalistas, com a emergência do clima. Tudo se passa como se fossem realidades paralelas, compartimentos estanques. O mundo, porém, não é partido. O país precisa crescer com equilíbrio nas contas públicas e a partir de um modelo que mitigue os riscos climáticos. Imagine um país em que as despesas estão contabilmente dentro do que o Tesouro arrecada, mas que permita um ataque tamanho ao meio ambiente que eleve os riscos de eventos extremos. Acabará tendo que gastar mais exatamente para mitigar o efeito dos desastres ambientais.

Houve um dia em que a fratura entre os dois lados dessa realidade ficou mais evidente. Era o quinto mês do terceiro governo Lula, que tinha chegado com uma proposta de reposicionar o Brasil nesse mundo de combate às mudanças climáticas, depois do estrago feito pelo governo Bolsonaro na área. Ao mesmo tempo, o novo governo assumiu com um desequilíbrio enorme nas contas públicas, também herdado da gestão anterior. No dia 24 de maio de 2023, a base do governo conseguiu aprovar na Câmara dos Deputados o chamado "novo regime fiscal sustentável", proposto pelo ministro da Fazenda, Fernando Haddad, que punha limite no crescimento das despesas. No mesmo dia, a mesma base do governo, inclusive o PT, partido do presidente Lula, votou a favor do mais violento ataque ao projeto ambiental e indígena da administração Lula.

Parlamentares da coalizão do governo que se mobilizaram para fortalecer o pé fiscal participaram do enfraquecimento do pé ambiental e indígena. O Ministério do Meio Ambiente perdeu várias atribuições e a mais prejudicial delas foi a do controle do Cadastro Ambiental Rural, que passou para o Ministério da Gestão e da Inovação. O Ministério dos Povos Indígenas também foi atingido com a perda do poder de demarcar Terras Indígenas. Integrantes da base e parlamentares do PT votaram a favor disso na Comissão Mista que analisou a medida provisória que reorganizava a estrutura do governo. Foi um dia terrível, porque a Câmara acabou aprovando também o aumento da possibilidade de desmatar a Mata Atlântica e votou pela urgência de um projeto que ameaça indígenas, o do marco temporal.

Não existem duas sustentabilidades. Ou o país é sustentável ou não é. O projeto é único e sistêmico. A agenda de combate à mudança climática é também uma agenda econômica. A economia precisa criar oportunidades de renda, emprego, exportação, pesquisa, desenvolvimento e novos negócios para os povos da floresta. O respeito ao meio ambiente nos coloca na rota dos fluxos de capital. A economia tem de trazer respostas e fazer propostas. O meio ambiente tem de fortalecer a economia. Definitivamente, não são compartimentos estanques.

Um interessante estudo intitulado "O paradoxo amazônico", de autoria de Beto Veríssimo, Paulo Barreto e Juliano Assunção, como parte do Amazônia 2030, foi lançado em setembro de 2022, propondo uma inversão do olhar. E se tudo o que tem de errado pudesse ser visto por outro ângulo? A terra já desmatada poderia ser aproveitada pela agropecuária, para que sua produção aumente sem a derrubada de novas árvores. O replantio de árvores para a captura de carbono poderia gerar renda, emprego, além de reduzir a vulnerabilidade da floresta. O desemprego de jovens é alto na Amazônia e isso, claro, é um problema. Mas, se houvesse um bom projeto de desenvolvimento, esses jovens poderiam ser a força propulsora de uma nova fase de crescimento na região.

O estudo lembra que, em apenas 50 anos, o Brasil desmatou o equivalente aos territórios da Espanha e da Itália somados. Há extensas áreas degradadas e houve aumento do número de conflitos sociais. Como quase todo o desmate é ilegal, o crime se fortaleceu. O absurdo é tal que, segundo o estudo, a "Amazônia Legal, com menos de 9% do PIB do país, gerou 52% das emissões de gases de efeito estufa do Brasil, a maioria devido ao desmatamento e às queimadas".

A demografia traz outra revelação. Em 50 anos, quadruplicou a população na região. Enquanto no Brasil se fala em fim do bônus demográfico, a Amazônia está em pleno bônus. Até pelo menos 2030, a região terá mais pessoas em idade produtiva, entre 18 e 64 anos, do que crianças e idosos. Está perdendo esse patrimônio com a altíssima taxa de desemprego entre jovens que também não estudam. A violência cresce na região, a taxa de homicídios foi, em 2020, 40% superior à do restante do país.

Mas, olhando o reverso, os pesquisadores informam que, com educação de qualidade, acesso à internet, tecnologia e empregos, a força jovem pode estimular o desenvolvimento.

O que os três especialistas mostram ao analisarem o paradoxo é que se os problemas fossem enfrentados eles se transformariam em alavanca. A redução do desmatamento geraria US$ 18 bilhões em crédito de carbono até 2030, como o valor oferecido pela Coalizão Leaf, um fundo privado que financia a preservação de florestas tropicais. O fundo paga por redução das emissões provenientes do desmatamento. Se subir o preço da tonelada, o valor chegará a US$ 25 bilhões. Segue o mesmo princípio do Fundo Amazônia.

A produção e a exportação de produtos típicos da floresta podem aumentar, ocupando áreas que já foram desmatadas. São produtos como açaí, frutas tropicais, peixes, castanha, cacau, pimenta-do-reino. Ainda assim sobrariam grandes regiões para a regeneração. Esse é um mercado que movimenta muito no mundo e nós temos uma pequena participação. É óbvio que podemos ser mais competitivos. Termina-se a leitura do texto "O paradoxo amazônico" convencido de que não é hora de desanimar, apesar das terríveis notícias que vêm da região. Ainda é possível virar o jogo na Amazônia.

Os frutos da *floresta*

Os economistas precisam ter resposta para a seguinte pergunta: como desenvolver a Amazônia para os seus 28 milhões de habitantes, aproveitando o melhor da floresta mas com ela em pé? O professor Salo Coslovsky, da Universidade de Nova York, especializado em planejamento urbano e desenvolvimento econômico, debruçou-se sobre dados de comércio internacional e chegou a conclusões interessantes.

Coslovsky analisou a balança comercial da Amazônia Legal e, posteriormente, a exportação de produtos compatíveis com a floresta. As empresas sediadas na Amazônia exportam 955 produtos, mas apenas 64 são o que ele chamou de "produtos compatíveis com a floresta", ou seja, que vêm do extrativismo florestal não madeireiro, de sistemas agroflorestais, de pesca, da piscicultura tropical e da hortifruticultura tropical. O Brasil, apesar de abrigar um terço das florestas tropicais do planeta, tem uma participação irrisória nessa lista dos produtos compatíveis com a floresta.

Os principais produtos que a Amazônia exporta são soja, minério de ferro, milho e algodão. Um quarto de tudo o que a região vende para o exterior é soja, que, entre 2017 e 2019, apresentou um valor anual de exportação de US$ 9,8 bilhões e representou 25% do total exportado pela região. O minério de ferro responde por 24%. Os dez maiores produtos representam, juntos, US$ 33,8 bilhões e significam 86% do total exportado. Nessa lista dos dez mais, a carne bovina ocupa o sétimo lugar, com US$ 1,8 bilhão, 5% do total, e o ouro fica em décimo, com US$ 475 milhões, ou 1%. Aquele estrago todo provocado pelo rebanho crescente e a devastação do ouro resulta em desempenho medíocre, olhando-se por esses percentuais.

Os produtos compatíveis com a floresta conseguiram uma receita de exportação de US$ 298 milhões naquele período. Apesar disso, veja só o disparate: o Brasil consegue menos de US$ 300 milhões com esses produtos, mas, no triênio 2017-2019, esses mesmos produtos movimentaram, no mercado global, uma média de US$ 176,6 bilhões por ano. Somos traço no mundo em vendas de produtos da floresta, apesar de termos a maior floresta tropical do planeta. Representamos apenas 0,17% do mercado global. O mundo está no patamar dos bilhões e nós no nível dos milhões. Alguma coisa está muito errada com nossa estratégia econômica para a região.

O Brasil exporta pimenta, peixes, castanha-do-pará, frutas e sucos. O primeiro item dessa pauta específica, para o qual Salo Coslovsky olhou, é a pimenta seca não triturada nem em pó, que representa 36% dos US$ 108 milhões que o Brasil obtém com tudo o que exporta dos produtos compatíveis com a floresta. "O enorme tamanho desses mercados revela o desempenho até agora pífio das exportações na Região Amazônica", diz o professor no estudo, também da série Amazônia 2030. O Brasil, como se sabe, é um país fechado, com pouco comércio, qualquer que seja o cálculo. Nesse triênio que Coslovsky estudou, o Brasil manteve a média de 1,3% de participação no mercado global. Se as empresas da Amazônia que exportam produtos compatíveis com a floresta conseguissem esse mesmo percentual, de 1,3% do comércio global, faturariam US$ 2,3 bilhões por ano.

O cacau é fruto típico da Amazônia e hoje mobiliza muitas famílias e produtores no sistema agroflorestal. Eu mesma vi isso em visita a pequenos produtores do Pará. No mundo, o cacau movimentou US$ 9,3 bilhões por ano no período estudado. A Costa do Marfim é o maior exportador: fornece para 39 países e tem 40% do mercado. A Amazônia brasileira ocupa apenas 0,02% desse mercado e vende para quatro países. Abacaxi, outra fruta de florestas tropicais, movimentou US$ 2,3 bilhões. Costa Rica vende 50% do abacaxi comercializado no mundo e fornece para 77 países; a Amazônia vende para dois países e responde por apenas 0,01% do mercado.

Os números se repetem com espantosa monotonia para qualquer dos produtos que a floresta fornece. O Brasil só possui participação importante em castanha com casca. Chega a 47%, mas isso também prova a desimportância do país, porque esse é um mercado que movimenta somente US$ 24 milhões por ano. "Esses países não só faturam mais exportando os produtos que constam da pauta da Amazônia, como alcançam também um número maior de mercados competidores", analisa o professor. Ele lembra que a gente perde até para quem possui logística adversa.

A Bolívia não tem saída para o mar, Equador e Peru precisam atravessar os Andes para alcançar um porto e, depois disso, passar pelo Canal do Panamá para ir até a Europa. Mesmo assim, ganham do Brasil em diversos produtos. Não é por sorte. A Bolívia conseguiu dominar o mercado mundial de castanhas sem casca porque, em 1998, investiu para cumprir as normas sanitárias rígidas impostas pela União Europeia. Já os exportadores brasileiros, revela o estudo, não conseguiram atender a essas exigências e acabaram perdendo mercado. Na Bolívia, as empresas se uniram e investiram em laboratórios, controle sanitário e consultorias. Hoje o país domina 52% do mercado de castanha sem casca, e o Brasil, 4,4%.

A conclusão de Salo Coslovsky é que o Brasil pode ser um fornecedor muito maior desses produtos. É uma economia mais forte, conta com inúmeras vantagens, como uma floresta mais extensa. Mesmo com todos os cuidados, evitando-se o agrotóxico em plantações, ou a exploração descontrolada de peixe, o desempenho do Brasil poderia ser muito melhor. Bastaria o país olhar para a floresta como fonte de riqueza e não como algo que deve ser tirado da frente para então se implantar ali um processo produtivo estrangeiro à própria floresta. É preciso ter projeto, planejamento, visão estratégica. Decidir qual é o melhor arranjo produtivo, atender às exigências do mercado internacional, respeitar o equilíbrio ambiental e capacitar as comunidades da Amazônia. O diagnóstico de Coslovsky mostra que há enormes chances de extrair mais riqueza da floresta sem ameaçá-la, chances que sempre foram desprezadas pelo Brasil.

Esse estudo de Coslovsky dialoga inteiramente com a proposta que Carlos Nobre tem defendido no Instituto Amazônia 4.0, projeto que parte do reconhecimento da existência de um conhecimento natural e da habilidade de se aprender com a natureza. E da necessidade de se levar em consideração a bioeconomia, produzindo com base na biodiversidade da floresta. A proposta, porém, não é eternizar a região como fornecedora de matérias-primas, mas investir na capacidade de empreender e na possibilidade de se adicionar valor agregado aos produtos da floresta. Carlos Nobre montou laboratórios criativos para serem operados por comunidades locais.

Em estudo publicado na Fundação FHC, os cientistas irmãos Ismael e Carlos Nobre explicam que a Amazônia está sempre entre duas vias. A da proteção, que criou grandes Unidades de Conservação, e a da exploração da região para a produção de *commodities*, como minério de ferro, carne bovina, soja, madeira. Eles propõem uma terceira via, um modelo sustentável e inclusivo, que agregue valor às cadeias produtivas e desenvolva na Amazônia o conceito da indústria 4.0.

Lembram que as florestas da Região Amazônica são consequência de milhões de anos de evolução no decorrer dos quais a natureza desenvolveu grande variedade de ativos biológicos. E que esses ativos estão sendo cada vez mais utilizados na 4ª Revolução Industrial "para a elaboração de produtos farmacêuticos, cosméticos e alimentícios ou até mesmo pesquisa de novos materiais, soluções energéticas e de mobilidade, com significativo potencial de lucro". Mas Ismael e Carlos Nobre lamentam que toda essa riqueza esteja "longe de ser devidamente aproveitada e canalizada de volta para a região".

Essa terceira via que eles propõem implica o desenvolvimento de uma economia verde que aproveite o valor da floresta, com a "ajuda de novas tecnologias físicas, digitais e biológicas já disponíveis ou em evolução" para que se estabeleça um novo modelo de desenvolvimento para a Amazônia. Parece futurista, mas, na verdade, tudo o que os irmãos Nobre falam está ao alcance da mão. Exige pesquisa e desenvolvimento, mas com respeito ao conhecimento acumulado pelas populações tradicionais. Trata-se de uma verdadeira economia do conhecimento, "um modelo que permite acessar toda a gama de riquezas da própria floresta como base de uma economia forte, de base local, sem desmatar, poluir e comprometer a biodiversidade".

Ismael e Carlos Nobre alertam que precisamos de soluções inovadoras, com raízes profundas na região, para enfrentar a crise climática e a ameaça global à biodiversidade. Afinal, a floresta não é apenas local de extração e produção de insumos primários. Eles dão exemplos objetivos do que falam. O óleo de pau-rosa, cuja fragrância é usada para fazer o perfume francês Chanel 5, é cotado a US$ 200 o litro. O óleo de amêndoa de castanha-do-pará, usado em cosméticos, é comercializado por US$ 30 o litro ou, quando usado como suplemento alimentar, por US$ 150 o litro. Mencionam também a ucuúba, árvore que era cortada para fazer cabo de vassoura até se descobrir que a manteiga de sua planta tem potencial para a indústria de cosméticos. Hoje, essa árvore em pé gera muito mais renda do que derrubada.

O melhor caso é o do açaí, que, nos últimos 20 anos, conquistou outras regiões do Brasil e mercados globais. "O lucro líquido da produção do açaí varia de US$ 200 por hectare por ano em sistemas não manejados até US$ 1,5 mil por hectare por ano em sistemas agroflorestais", afirmam os irmãos em seu estudo. O produto hoje beneficia 300 mil produtores. É uma realidade. O camu-camu é o fruto com a maior concentração de vitamina C na natureza; o buriti tem duas vezes mais vitamina A que a cenoura. Eles não estão falando de uma utopia, mas de fatos. "As plantas da Amazônia contêm segredos bioquímicos, como novas moléculas, enzimas, antibióticos e fungicidas naturais que podem ser sintetizados em laboratórios e resultar em produtos de alto valor", atestam.

Considerando projetos de assentamentos, vilas, cidades, aldeias indígenas e povoados, existem 4.438 comunidades na Amazônia. É lá que precisam ser desenvolvidos esses projetos da "economia da biodiversidade das florestas", segundo os dois cientistas. E eles concluem dizendo que "o fato é que a Amazônia encerra um infinito de oportunidades de encontrar funcionalidades para atender às mais diversas necessidades humanas no século XXI. Cabe a nós, brasileiros, liderarmos as pesquisas para nos apropriarmos de todo esse conhecimento".

O *que* é progresso na *Amazônia*

Em 1996, fiz uma reportagem sobre progresso no interior do Brasil para o *Jornal Nacional*, dentro da série "Caminhos do Brasil", em que afirmei: "O que é progresso na Amazônia o Brasil ainda não sabe." Hoje muitos já sabem. Juliano Assunção e Beto Veríssimo se debruçaram justamente sobre as condições necessárias para que a Amazônia se desenvolva e colocaram suas conclusões no relatório "Desmatamento zero e ordenamento territorial: fundamentos para o desenvolvimento sustentável da Amazônia".

Será mesmo possível desenvolver a Amazônia com a floresta em pé? A melhor resposta é mais radical: a Amazônia só se desenvolve se for com a floresta em pé. Beto e Juliano me explicaram isso quando os entrevistei, em abril de 2023, sobre o relatório que haviam acabado de fazer junto com Clarissa Gandour. Eles sustentam que só haverá crescimento se houver desmatamento zero e ordenamento territorial. Os investidores sérios virão apenas se a bagunça fundiária for organizada pelo Estado e houver tendência de queda do desmatamento.

— O desmatamento zero e o ordenamento fundiário são parte da estrutura do desenvolvimento da Amazônia — sintetizou Juliano. — Uma agenda econômica tem muito a ver com a redução da incerteza e de melhoria do ambiente de negócios.

O que eles estavam me dizendo é que, para crescer, a Amazônia precisa superar dois problemas, numa espécie de negócio ganha-ganha. Neste momento exato, empresas estão se organizando para investir em plantio nas áreas desmatadas da floresta, refazer a mata com espécies nativas e repor o que foi arrancado pelos erros, pelo descuido, pelo crime. As empresas não fazem isso por filantropia, mas porque podem investir no negócio de capturar carbono da atmosfera para reduzir os gases de efeito estufa. Quem sabe capturar carbono muito bem são as árvores em fase de crescimento. Nenhum outro ser vivo sabe fazer isso melhor que elas. Enquanto crescem, elas trabalham incessantemente pelo equilíbrio do clima.

— Há situações em que empresas grandes olham para a Amazônia como oportunidade, mas acabam não vindo porque tanto o desmatamento criminoso quanto o caos fundiário provocam um risco enorme. Ao adquirir uma terra para fazer um projeto, qual a garantia que a empresa tem de que a área está bem definida e com a documentação em ordem? — questionou Juliano.

Beto Veríssimo citou exemplos que conheço bem, porque são regiões que visitei para escrever reportagens:

— Hoje, na Amazônia maranhense ou em São Félix do Xingu, você encontra áreas desmatadas que não são tituladas, que estão em disputa. Quem quer fazer restauração florestal, plantar floresta para sequestrar carbono, o que é um grande negócio, ou fazer agricultura sofisticada não consegue comprar áreas na Amazônia na escala que precisa porque não tem título. Tem que esperar tudo isso estar resolvido.

Beto continuou explicando que o momento é agora. É nesta hora que as empresas estão prospectando áreas:

— Você viaja pela Amazônia, vai passando por terra arrasada, a floresta foi embora e o que se encontra é um colapso social e econômico. Não se resolve o problema, então a fronteira vai se movendo cada vez mais para dentro da Amazônia. As empresas que estão tentando fazer negócio de carbono estão se confrontando com esse problema de comprar terras tituladas. São empresas que têm reputação no mercado.

Nessa economia, em que a base do negócio é o respeito ao meio ambiente, haverá mais emprego e renda para quem vive na Amazônia — na agricultura de baixo carbono, na restauração florestal para captura de carbono, na pecuária com rastreabilidade, no valor agregado dos frutos da floresta. Na produção e exportação dos produtos compatíveis com a floresta. No investimento em pesquisa e desenvolvimento de remédios. Nas infinitas possibilidades da biodiversidade brasileira, com renda e emprego para quem mora na região.

A economia precisa ser sustentável em todos os sentidos, inclusive no ambiental. É importante para o planeta Terra e fundamental para nós mesmos. Manter a floresta em pé, adensá-la com espécies nativas, refazer as matas, viver dos seus frutos é a forma pela qual os brasileiros da região podem prosperar. Até hoje, em todos os ciclos, o Brasil ficou de costas para a sua maior riqueza. O primeiro ato de um projeto econômico para a Amazônia é ficar de frente para a floresta.

Os bons estudos e as novas iniciativas vão todos na mesma direção. O Amazônia 4.0, defendido por Carlos Nobre, tem o objetivo de aumentar a produção de frutos da floresta, com mais valor agregado, para beneficiar a população em geração de emprego e renda. O estudo de Salo Coslovsky mostra que o Brasil pode aumentar exponencialmente sua presença no mercado global de produtos compatíveis com a floresta saindo dos milhões para os bilhões de dólares em exportação. O Amazônia 2030 está produzindo um volume considerável de informações sobre a região para que os projetos econômicos partam de maior conhecimento. Diversas propostas, hoje, têm essa atitude de busca da informação de qualidade, para combater a nossa ignorância histórica sobre a Amazônia. Isso é uma animadora novidade numa região que tem uma coleção impressionante de projetos derrotados.

Em todos os fracassos foram cometidos os mesmos erros: tentar transplantar projetos com lógica de outras regiões e adotar como primeira etapa a remoção da floresta. Há mais de 500 anos o Brasil comete o mesmo equívoco fatal e se nega a ouvir a verdade que a floresta nos conta. A riqueza da Amazônia está na Amazônia.

7 A viagem

Uma ideia na cabeça e *um* livro *na mão*

Estive no sul da Amazônia entre o fim de abril e o começo de maio de 2022, com o objetivo de gravar um programa especial para a GloboNews. Minha equipe tinha Cláudio Renato na produção, o editor Rafael Norton, o cinegrafista Rafael Quintão e o operador de áudio Jefferson Muros. Foram 15 dias intensos, de aflição, encantamento e esforço exaustivo. Era trabalho da madrugada à noite fechada, sem trégua, sem interrupção. Já havia feito outras viagens à região antes, em todas aprendi bastante, mas esta trouxe novos elementos que ajudaram a compor este livro. Era o meu reencontro com a Amazônia, depois da pandemia, com um livro incompleto na bagagem e um documentário por fazer.

Sempre sinto uma apreensão quando saio para uma reportagem de fôlego, mas não pelos riscos que, eventualmente, possam surgir. Meu temor sempre foi o de não conseguir contar uma história ao voltar, de não ter o melhor da reportagem, de não ter apurado direito, de não ter visto o essencial. Liguei para vários especialistas a fim de saber por onde ir, o que fazer nessa imensa Amazônia, que caminho tomar. Numa das reuniões feitas antes de escolher a rota, a diretora de Programas do canal, Fátima Baptista, me perguntou o que queríamos abordar: a gravidade da crise ou algum caso que mostrasse o caminho da solução? Falar do desmatamento seria inevitável, mas o coração pedia algum alívio, alguma esperança, em meio ao ambiente político trágico vivido pelo Brasil naquele quarto ano do governo Bolsonaro.

Meu filho Vladimir passou rapidamente pelo Rio de Janeiro, eu o peguei no café da manhã e perguntei que história ele achava que eu devia perseguir na Amazônia. Ele respondeu que não havia como escolher entre os dois caminhos, o melhor seria escolher ambos:

— A Amazônia está numa encruzilhada: aprofundar a destruição ou procurar o caminho de volta à proteção. Isso é o que tem que estar numa reportagem.

A notícia estava lá em algum ponto daquela bifurcação. Mas onde exatamente? Vladimir sugeriu Alter do Chão, no Pará, onde seria possível ver as marcas da degradação provocada pelo garimpo no rio, num lugar que tem tudo para ser o destino do turismo sustentável, onde há muita beleza. Infelizmente há também crime. Descobri que uma equipe da Globo já estava lá e tentei pensar em outro lugar. O cientista Carlos Nobre lembrou um dos melhores casos da Amazônia, a criação de uma cooperativa em Tomé-Açu, também no Pará. Essa cooperativa é mesmo muito interessante, mas fora retratada em uma das reportagens da série "História do futuro", de 2017. Eu mesma não pude ir até lá na época.

Estava tudo marcado para viajarmos, quando veio o escândalo dos áudios gravados por Joesley Batista, do grupo JBS, que implicavam o então presidente Michel Temer. Eu já estava em Brasília para embarcar com destino ao Pará, mas a direção da GloboNews pediu que eu ficasse na Capital Federal, para acompanhar os desdobramentos do escândalo. A equipe seguiu para as gravações sem mim — foi a Tailândia, que fica perto de Paragominas, e depois a Tomé-Açu. E eu em Brasília, vendo aquele governo curto passar por sua maior crise. Findo o momento mais agudo da crise, pude retomar as viagens daquela série.

Contamos sobre os japoneses que desembarcaram na região e iniciaram suas primeiras tentativas de promover uma agricultura de qualidade por lá, o que culminaria com a criação da Cooperativa Agrícola Mista de Tomé-Açu, de produção e beneficiamento de cacau. Em suas redes sociais, Cláudio Renato escreveu o seguinte sobre um dos integrantes da cooperativa, Hajime Yamada, então com 90 anos: "Ele é o único sobrevivente da primeira leva de japoneses que, em 1929, cruzou os oceanos no navio *Montevideo Maru*." Hajime Yamada nasceu em Hiroxima e era o mais novo do grupo de 129 japoneses que desembarcou no rio Acará. Vieram plantar arroz e verduras, mas plantaram também pimenta e outras culturas locais. "Desde os 9 anos pego na enxada pelos cacaueiros de Tomé-Açu", disse Yamada quando foi entrevistado. Os descendentes de japoneses criaram essa cooperativa, que cultiva, além do cacau, em torno de 60 produtos da floresta. Eles também replantam espécies locais, como castanheira, mogno e ipê. É um caso exemplar de superação de um grupo totalmente estrangeiro à floresta que soube ouvir a Amazônia. Hoje formam uma empresa lucrativa.

Como a experiência dos japoneses já havia entrado na série "História do futuro", tive que continuar minha busca. Carlos Nobre sugeriu, ainda, que eu ouvisse a opinião da cientista Luciana Gatti, que havia acabado de publicar na revista britânica *Nature* um artigo em que revelava que a floresta no sul da Amazônia começava a secar. Liguei para ela, que estava de malas prontas para sair de férias, mas antes me deu uma longa aula sobre as mudanças concretas do clima. Ela me contou que quando voltasse de férias faria uma viagem, da qual participaria uma equipe do *New York Times*, em que ela entraria em um avião para coletar partículas na atmosfera a fim de mostrar o avanço da mudança climática. Os meus competentes colegas Sônia Bridi e Paulo Zero haviam feito um voo desses. Luciana Gatti sugeriu que eu fosse até Alta Floresta, no norte de Mato Grosso, que eu já conhecia de outra reportagem, para o telejornal *Bom Dia Brasil*.

O que o resultado dessa sondagem indica é quanto o jornalismo tem para revelar sobre a Amazônia. Há muitas Amazônias. Todas elas têm o seu desafio, suas perdas e seus ganhos. É sempre difícil a escolha inicial. Liguei para o líder indígena Beto Marubo e perguntei quanto tempo levava para ir até o Vale do Javari e como eu devia fazer para chegar lá. Isso foi antes dos terríveis assassinatos de Bruno Pereira e Dom Phillips. Ele me explicou a logística complexa e eu deduzi que, para o nosso curto tempo, não seria viável. Continuei a pesquisa ligando para Beto Veríssimo.

— Tem muitos lugares onde essa encruzilhada está presente — disse ele. — Tem São Félix do Xingu, Novo Progresso, Itaituba, que é garimpo. Tem a região de Pacajá, entre Tucuruí e Altamira, onde há muito desmatamento e grilagem. Posso fazer uma lista grande.

Com todas essas conversas, concluí que, se queríamos mostrar algo impactante em pouco tempo, teríamos de ir atrás da pata do boi. Há muitos vetores do desmatamento na Amazônia. Um dado do Imazon indica que 90% da área desmatada na região foi para fazer pasto. Poderíamos, então, focar o desmatamento e procurar bons produtores para fazer o contraponto.

— Me fale de São Félix do Xingu — pedi a Beto.

— São Félix chama a atenção pelos dados de emissão de gases de efeito estufa. O município emite mais gases do que São Paulo. O maior rebanho bovino do país, com 2,4 milhões de cabeças, está lá.

O gado emite metano pela fermentação que ocorre em seu organismo durante a alimentação e o processo digestivo. Além disso, o desmatamento para a formação de pastos emite gás carbônico. Isso faz da pecuária uma atividade intensamente emissora de dois dos gases que provocam o aquecimento global. São Félix do Xingu é uma cidade pequena se comparada, por exemplo, à maior do país, que é São Paulo. O último Censo do IBGE, de 2022, trouxe a informação de que São Félix tem apenas 65.418 habitantes, o que representa uma queda de 28,38% em relação aos dados de 2010. Havia uma estimativa feita pelo próprio IBGE, em 2020, de que a população do município era mais densa, com mais de 100 mil habitantes. Seja como for, o que quero comparar aqui é com os 11.451.245 habitantes recenseados em São Paulo em 2022: mesmo tendo apenas uma fração da população da maior cidade do país, São Félix havia sido, em 2021, a cidade campeã das emissões no Brasil. Decidido. Para lá iríamos e arrumamos as bagagens com a preocupação de sempre nessas viagens a trabalho: elas deveriam conter tudo o que fosse necessário, no entanto, deveriam ser leves. Cláudio Renato entrou em contato com pessoas que poderíamos entrevistar, mas, na verdade, saímos do Rio de Janeiro sem um roteiro completo. Viajamos com alguns contatos na mão, a gana de repórter e muita vontade de voltar com uma história.

Partimos para o Pará no dia 26 de abril de 2022. Uma coisa que o fotógrafo Sebastião Salgado me ensinou, na viagem que fiz com ele pela Amazônia, é "escolher bem o calçado". Peguei uma bota usada — confortável, já íntima do meu pé, impermeável, resistente. Ela descolou o solado, mas só no voo de volta para o Rio. A primeira parada de nossa viagem seria Belém, depois seguiríamos para Marabá e, de lá, de carro, até São Félix. A logística é sempre um problema na Amazônia, porque um erro toma tempo para ser corrigido e tínhamos apenas 15 dias. O medo de não conseguir mostrar os dois lados da encruzilhada me inquietou durante toda a viagem e só terminou mesmo quando o programa foi ao ar.

Voltamos com material mais do que suficiente para a reportagem que imaginávamos fazer. Aquele mar de informação foi organizado magistralmente por Rafael Norton em um documentário de uma hora com o título de *Amazônia na encruzilhada*, que ganhou o Prêmio de Melhor Documentário do Festival de Cinema de Alter do Chão. Formamos naqueles dias de dúvida e trabalho uma equipe unida e divertida. Cláudio Renato é um velho companheiro de reportagens e programas, Rafael Norton já havia sido editor e cinegrafista na "História do futuro". Rafael Quintão, que é da mesma região que eu em Minas Gerais, tem uma visão como câmera impressionante. Jefferson Muros, em sua primeira viagem, estava atento a tudo, como um veterano. Um ponto em comum entre nós: todos *workaholics*. Havia momentos em que eu me inquietava se haveria como mostrar a destruição, já que estávamos dedicados também a procurar os bons exemplos.

— Não se vai ao inferno sem ver fogo — respondia Cláudio Renato.

A viagem para fazer o documentário foi tão produtiva que, depois de exibido na TV, *O Globo* me perguntou se eu não queria escrever um texto para a série "Amazônia 200+20", usando parte do material que havia recolhido. A série era um projeto em torno do bicentenário da Independência do Brasil, que seria comemorado em 7 de setembro de 2022, mas com um olhar para os desafios das duas décadas seguintes. Aceitei, mas voltei às apurações. Pedi nova conversa com o climatologista Carlos Nobre, que estava em dias particularmente ocupados, e a conversa teve que ser quando ele estava em trânsito. Finalmente, concluí a reportagem e, no domingo 28 de agosto, o jornal a publicou em duas páginas, com uma chamada de capa: "Na Amazônia, o Brasil decidirá seu futuro." E dentro o título: "O destino da Amazônia. O Brasil irá escolher em 20 anos o seu futuro e o do mundo." No fundo, é isso. Os próximos anos serão decisivos para o país e o planeta, e o ponto da definição será na floresta equatorial. O texto ocupou duas páginas, mas nem de longe esgotou o extenso material que eu trouxera da viagem, por isso continuarei falando dela neste capítulo — a viagem que precisa ser contada em detalhes. E republico, no bloco a seguir, com mínimas alterações, a reportagem que *O Globo* trouxe naquele domingo, e o faço porque ela é uma espécie de entrada no relato dessa viagem.

Na Amazônia o *Brasil decidirá* seu futuro

O cientista Carlos Nobre parece um viajante no tempo, mas seus pés ficam bem fincados na Amazônia, esteja onde estiver. Naquele momento, o carro dele atravessava, pela Via Dutra, a distância entre São Paulo e São José dos Campos, no começo de uma noite de agosto de 2022, mas na nossa conversa estávamos na floresta. Do passado e do futuro.

— Antes de falar dos próximos 20 anos da Amazônia, vamos fazer um breve olhar para trás e pensar nos últimos 200 anos. Poderia ter sido tudo diferente. José Bonifácio era contra o desmatamento, a favor de incorporar o conhecimento dos povos indígenas, preservar as línguas indígenas, e queria que o Brasil fosse o primeiro país a abolir a escravatura. Defendia um modelo de agricultura diferente daquele expansionista que estava destruindo a Mata Atlântica — diz Carlos Nobre.

Um breve lamento sobre o que o Brasil poderia ter sido e que não foi e, em seguida, ele pula, ágil, para os próximos anos, pauta que eu havia proposto para a nossa conversa. Para um climatologista, 20 anos não é nada, porque os tempos dilatados, as projeções de décadas, chegam facilmente a meados ou ao fim do século como se fossem amanhã.

Nesse tempo curtíssimo, de duas décadas, o Brasil escolherá seu futuro. E o do mundo. Sim, é grave assim. Temos errado tanto, por tão longos anos, que chegamos ao bicentenário, como país independente, à porta dessa escolha fatal entre vida e morte. Os caminhos se estreitaram. Estamos na encruzilhada.

— Vinte anos é um tempo marcante. Estamos tão próximos do ponto de não retorno que, se a gente não conseguir zerar o desmatamento, a degradação e o fogo, a jato, o mais rápido possível, não conseguiremos deter o processo. Temos de dar uma oportunidade para todo o sul da Amazônia. O que eu falo agora não é previsão ou projeção futura, como eu fiz em vários artigos científicos. São observações. A estação seca está cinco semanas mais longa, se comparada a 1979. Aumentou uma semana por década. Então a estação seca está agora com quatro ou cinco meses. Se aumentar mais duas semanas, ela chega a seis meses. Aí não tem mais volta. Já é clima de savana tropical. Mas uma savana pobre e não rica como o nosso Cerrado. Vários estudos mostram que, entre 30 e 50 anos, a floresta pode desaparecer porque as árvores da Amazônia não evoluíram milhões e milhões de anos para a estação seca longa. As árvores vão morrendo. E isso começa no sul da Amazônia.

Viajei, no documentário da GloboNews, por horas a fio na ausência das árvores, estando na Amazônia. A falta da floresta dá concretude física ao que os cientistas falam e os ambientalistas alertam. Ela pode desaparecer, deixar de ser. É aflitivo e asfixiante não ver a floresta onde a floresta deveria estar. No seu solo, em quilômetros e quilômetros que viajei, nada há, a não ser capim.

Edro Rodrigues dos Reis é um homem despachado, engraçado. Ele nos recebeu na varanda voltada para as plantações e áreas de mata da sua Fazenda Santa Luzia, de 150 hectares, na zona rural de São Félix do Xingu, no sul do Pará. Para as dimensões da Amazônia, era uma propriedade pequena. Fomos, a equipe e eu, conhecer um dos vários exemplos de agricultura familiar voltada para a produção, que concilia tudo no chamado sistema agroflorestal. A conversa foi rica e esclarecedora, com ele, sua filha Ana Kelle e sua nora, Maria Helena. Depois de passear pela produção, de comer cacau no pé e de muita prosa na varanda, perguntei como ele via o futuro da Amazônia.

— O futuro da Amazônia vai por água abaixo.

— Por água abaixo?

— Vai, ué, porque Bolsonaro liberou o garimpo pra todo lado, o que não pode. Liberou arma, diz que é pra todo mundo, mas ele liberou arma pros bandido que andam tudo armado. Se um colono matar um bandido vai pra cadeia, se um bandido rouba ou mata colono, nem vai preso. Que segurança nós tá tendo neste mundo?

O crime e a impunidade se espalharam na Amazônia com grande velocidade nos anos Bolsonaro. A economia vive de estímulos e expectativa. Todas as indicações naqueles anos foram de que vale a pena investir na destruição da floresta.

Há uma relação direta entre o que fala o cientista Carlos Nobre sobre os sinais de mudança climática e o que todas as pessoas da agricultura familiar, com quem conversei, relatam do seu cotidiano. O próprio Edro e sua família, e o casal Joaquim e Generina. Eles viram a mudança do tempo, sobre a qual o cientista alerta.

— A gente lembra quando mudou para cá, era mata até a beira do rio. Hoje você olha, não vê mais isso, e tá muito calor — me contou Generina na sua varanda espaçosa, que nascia na cozinha e era voltada para as áreas de plantio e da mata.

— Quando eu vim para cá, do São Félix até aqui, você não via dois alqueires de abertura. Hoje você não vê dois alqueires de mata para você ficar na sombra — lamentou Edro.

— A região aqui mudou muito de quando eu mudei pra cá. Eu morava em Xinguara, e quando a gente mudou pra cá, aqui chovia demais. Aqui era semanas e semanas chovendo sem parar, e hoje a gente vê aí, né, teve essa mudança no clima. Tá totalmente diferente. Você anda nessas estradas aí, você vê só poeira — disse Maria Helena, uma jovem produtora integrante de um movimento de agricultoras do sistema agroflorestal.

— Vi com meus próprios olhos, os fazendeiros desmatando mil alqueires, 2 mil alqueires aí, de uma vez. Às vezes, o Ibama vai lá e prende. Depois solta. E ele vai e faz o mesmo processo. Desmata. Conheço gente que comprou 4 mil alqueires, já desmatou 2 mil. Foi preso e quando saiu desmatou o resto. E a gente está sentindo o impacto na natureza — afirmou Joaquim.

Perto é um lugar que não existe na Amazônia. Apesar de estarem os dois, Edro e Joaquim, na área rural da mesma cidade, tive que ir à casa de cada um em dias diferentes, porque a distância entre elas é grande. Contudo, ouvi o mesmo relato, como se a conversa não tivesse tido interrupção. Contei para Edro que tinha viajado naqueles dias pelas estradas da Unidade de Conservação Triunfo do Xingu e perguntei:

— Cadê a floresta, seu Edro?

— Cabô. E muitos não têm nem beira de córrego, o garimpo atacou tudinho, acabou tudo, tudo. E eles vinham aqui dois, três dias, me atentar.

— Atentar com o quê?

— Para garimpar, nos vizinhos do pai tudo tem garimpo — explicou Ana Kelle, a filha do Edro.

— E eles vêm insistindo. Eu vou pagar pra você, e eu, não, não, não — disse Edro.

O que faz o povo da Amazônia ainda dizer "não" ao lucro fácil, ao dinheiro que bate na porta atentando, ao poder político e econômico, às ameaças do crime que domina a paisagem? Talvez seja o mesmo sentimento inexprimível que leva os indígenas a proteger a floresta como se fosse parte da própria existência.

Uma encruzilhada tem o caminho alternativo. É para ele que Carlos Nobre gosta mais de olhar com seus projetos concretos que ligam floresta, economia e ciência. Ele tem muitas ideias e as coloca em prática, com sua mente treinada no Instituto Tecnológico da Aeronáutica, o ITA, e no MIT. Por isso, quer fazer um MIT na Amazônia. O estudo ainda preliminar foi lançado na USP, em julho de 2022.

— É o meu sonho. Demos o nome de AMIT, Instituto de Tecnologia da Amazônia. Mas em italiano podemos falar como se fosse amigo, "amici" da Amazônia. Estamos buscando apoio, pois a ideia é transformá-lo em realidade nos próximos anos. Não seria universidade, mas cursos de graduação, mestrado e doutorado específicos, voltados para a bioeconomia.

Há outros institutos, organizações, associações e movimentos trabalhando por um futuro sustentável na Amazônia. O que eu senti é que todos precisam de reforços porque o crime avançou muito.

— Há duas trajetórias. O desmatamento, a degradação e o fogo continuarem a aumentar. Aí a gente chegaria ao fim dos 20 anos tendo já passado do ponto de não retorno. Outro cenário oposto é o da redução rápida, para zerar o desmatamento e a degradação. Como 95% de todo o desmatamento é ilegal, é preciso haver uma ação muito efetiva dos governos para zerar, acabar com o crime. E crime ambiental é fácil identificar porque, hoje, o satélite revela até a imagem de uma árvore cortada. Os satélites avançaram muito, não são aqueles de 20 anos atrás — diz Carlos Nobre.

Bastava olhar para trás e saber que 20 anos é um tempo suficiente para alterar uma trajetória.

— É tão fácil, o satélite vê, você vai e destrói tudo, começa a dar prejuízo tão grande para o crime que os financiadores fogem. Foi o que aconteceu quando a gente derrubou o desmatamento — lembra Nobre, referindo-se à década em que o desmatamento caiu.

Agora será preciso também retomar o trabalho no sentido contrário, de refazer a mata. Uma parte do trabalho foi executada pela floresta. O pesquisador Paulo Amaral, do Imazon, conseguiu comprovar que, ao todo, 7,2 milhões de hectares já estão em processo de regeneração com mais de seis anos.

— Pegamos a imagem de satélite e vimos áreas que tinham sido desmatadas e voltaram a ter floresta. Fomos a campo e constatamos. Para nossa surpresa, em grande parte das áreas abandonadas a floresta está se refazendo — disse Amaral.

Carlos Nobre me contou que lançaria na COP27, no Egito, no Painel Científico da Amazônia, um Policy Brief, um estudo propondo o "arco da restauração florestal". E ele de fato fez isso, em novembro de 2022, em Sharm El-Sheikh.

— Para combater o arco do desmatamento, nós vamos propor um projeto global que precisa de muito apoio internacional para restaurar mais de 1 milhão de km^2 na Amazônia, principalmente no sul — diz Nobre.

A ideia é deixar áreas regenerando sozinhas e replantar nas regiões muito desmatadas e degradadas. Nobre já tem o custo desse replantio por hectare e o cálculo do benefício para o planeta.

— Para cumprir as metas do Acordo de Paris será preciso retirar gás carbônico da atmosfera. Uma floresta secundária na Amazônia cresce por 30, 35 anos em ritmo acelerado, removendo por ano 11 a 18 toneladas de gás carbônico por hectare. Esse projeto do arco da restauração pode retirar 1 bilhão de toneladas de gás carbônico da atmosfera. Estão estimando que, até 2030, o preço da tonelada, se houver um mercado de carbono forte, pode chegar a US$ 30. Além de combater a mudança climática, essa restauração da floresta vai levar renda para os pequenos agricultores envolvidos nos sistemas agroflorestais.

Sistema agroflorestal foi o que eu vi nas fazendas da agricultura familiar que visitei. Josefa Machado Neves é presidente da Associação das Mulheres Produtoras de Polpa de Frutas de São Félix do Xingu. Ela mora no distrito de Tancredo Neves, zona rural do município. Quando me sentei em sua acolhedora varanda virada para a mata e para as suas plantações perguntei qual era o principal problema da região. Não era apenas um.

— Primeiro, os problemas mais graves eram o fogo e o garimpo. Mas agora tem o veneno.

Produtores grandes espalham agrotóxicos por avião e o vento leva para a plantação de Josefa e de suas amigas. Elas estão replantando árvores frutíferas amazônicas, entre as quais sobressai o cacau. São mulheres que batem no peito dizendo que são "agricultoras". Querem viver em paz com a floresta. Se a lei barrar os crimes ambientais e o mercado de carbono chegar até elas, a história do futuro será diferente.

Debaixo dos pés de cacau é um fresquinho só. Lá, Maria Helena e Ana Kelle, nora e filha do Edro, me explicaram como transformaram um lugar abandonado numa área altamente produtiva com o sistema agroflorestal. Enquanto falamos, fomos comendo cacau. Eu e Mayza, de 6 anos, filha da Maria Helena. A mãe explica que tudo ali é sustentável e reaproveitado. Nesse momento, Mayza interrompe, com o seu cacau já todo comido.

— E eu ainda posso pegar a casca e usar como copo para beber água — diz, mostrando que entendeu o conceito de "sustentável".

A água brotava limpa entre as pedras debaixo do cacaueiro. E, naquele entardecer, comendo cacau no pé, vendo uma menina bebendo água com seu novo "copo", foi possível por um minuto sonhar com o futuro da Amazônia.

Com o pé *nos caminhos que* bifurcam

Carlos Nobre gostou tanto do caso da menina Mayza, que passou a usar em palestras e aulas um slide sobre ela e seu entendimento de economia sustentável a partir de um "copo" de casca de cacau. Eu grafei o nome dela como "Maisa" no texto impresso e só depois, em novas conversas com a agricultora Maria Helena, descobri ser com y e z. E foi num momento curioso. Pedi a Maria Helena que me mandasse o endereço dela, porque queria presentear a menina com o novo livro infantil que estava lançando. Ela me disse que morava na rua Presidente Médici, na área rural de São Félix do Xingu. Lembrei-me então, mais uma vez, de que o Brasil tem estado parado em outras encruzilhadas sem tomar o caminho certo. No caso, ainda homenageando ditadores.

Voltando à viagem a Belém, Marabá e São Félix do Xingu, passamos alguns dias em Belém conversando com quem entende do assunto. A primeira entrevista foi com o pesquisador Carlos Souza Júnior. Ele nos recebeu na sede do Imazon, numa sala com um telão no qual ele projetava a Amazônia toda recortada por estradas. Os especialistas desenvolveram a capacidade de ver o futuro do desmatamento. Como é possível? Enquanto a equipe tentava captar as imagens da Amazônia, com sua malha de estradas clandestinas, eu fiquei pensando em tudo o que havia visto de avanço da tecnologia de monitoramento do desmatamento. O primeiro desafio para os estudiosos havia sido registrar o que se passava em solo, depois o de encurtar o tempo entre a captação das imagens pelo satélite e seu processamento. Em seguida, viria o Deter, que exibe o desmatamento em tempo real.

O que Carlos Souza estava me contando, no fim de abril de 2022, era ainda mais ousado. Agora era possível prever onde, provavelmente, as árvores tombariam. O Previsia, como é chamado esse sistema, calcula antecipadamente a provável localização da mortandade de árvores. Mas como?

— Bom, Míriam, é baseado em ciência de dados. Nós precisamos ter uma base de dados robusta, que é histórica e mostra quais são os principais vetores do desmatamento. Descobrimos que as estradas — todas, legais ou ilegais — são os principais vetores. As estradas ilegais são abertas para acessar terra pública. Há uma rede que a gente monitora. Cruzamos isso com outros dados, a distância entre cidades, o PIB dos municípios, as condições biofísicas do ambiente, o tipo de floresta, a vocação para a pecuária. A gente combina tudo. É a ciência do *big data*, já conhecida, e que usa modelos estatísticos.

Enquanto Carlos Souza falava, a equipe ouvia em silêncio. Olhei para Norton e imaginei o que ele deveria estar pensando. Que seria difícil explicar tudo aquilo no tempo de televisão e que aquela imagem na tela dos milhares de pequenos traçados indicando as estradas ilegais seria impossível captar. Dias depois, nós estaríamos pisando em uma dessas estradinhas, numa Unidade de Conservação de São Félix do Xingu. São reais, não são apenas um slide no telão do Imazon. Para Carlos Souza, tinham história.

— Nós descobrimos que 95% do desmatamento acumulado ocorre a 5,5 quilômetros ao redor dessas estradas. Isso restringe a área do monitoramento. Se a gente souber onde há mais estradas, conseguiremos encontrar o local onde há mais probabilidade de desmatar.

Era pura inteligência artificial. Com todos os dados, as imagens de satélite e um modelo desenvolvido por eles, era possível prever onde possivelmente ocorreria o desmate. Assim, um governo comprometido com a causa da proteção poderia ir para o local antes dos bandidos.

— A ciência está bem estabelecida. Com esse modelo, o Previsia, estamos interessados em desmatamento no curto prazo e não desmatamento daqui a 10 ou 20 anos. No curto prazo, a gente tem mais chance de precisão.

O Brasil, seus institutos públicos e as organizações do terceiro setor, onde há vários *think tanks*, como o Imazon e o Ipam, o MapBiomas, o Instituto Clima e Sociedade, o Observatório do Clima e tantos outros, haviam feito um trabalho admirável nas últimas décadas. O país acumulara uma grande base de dados, os satélites expunham todas as estradas oficiais ou clandestinas, o Imazon incluía dados sobre a dinâmica desse desmatamento e podia, portanto, avisar às autoridades com antecedência qual seria o trajeto provável do crime.

— As estradas têm o poder de predição muito forte, porque o desmatamento está confinado ao redor dessas estradas. As clandestinas são abertas para a ocupação de terra pública, para a extração de madeira ilegal, para dar acesso aos garimpos, e por isso, depois dessas estradas, nós temos o desmatamento — explicou Carlos Souza.

O sistema de *big data* precisa de muita capacidade de processamento. Se o processo fosse realizado com os computadores do Imazon, levaria tempo. Os pesquisadores fizeram então uma parceria com a Microsoft, para usar a ferramenta "computador planetário", a capacidade de processamento em nuvem, e isso dá agilidade. Na meteorologia, a sociedade está acostumada a essa rapidez da informação, mas ali era para outro uso.

— Hoje nós temos possibilidade de fazer previsões para toda a Amazônia, inclusive a não brasileira, a Pan-Amazônia.

A equipe acompanhava com interesse aquele diálogo, mas a gente sabia que apenas uma parte da conversa caberia na reportagem de televisão. Jornalistas trabalham com excesso de informação para fazer a edição, com a escolha do melhor, da frase-síntese, da imagem mais eloquente. Ali, certamente teríamos problemas, porque a luz excessiva do telão estouraria a imagem e Carlos Souza e eu ficaríamos no escuro. Sabia disso e podia ler essa preocupação no rosto de Norton e Quintão, mas, ao mesmo tempo, sou também jornalista de jornal impresso. Trabalhamos em outra paralela, ainda que na mesma direção. São duas trilhas. Há coisas que só o jornalismo audiovisual consegue mostrar, há coisas que só o impresso consegue descrever. Vivo nessas paralelas, indecisa sobre o que amo mais no jornalismo.

— Você poderia indicar uma área crítica pra gente?

Perguntei e pude ver o alívio na cara dos meus colegas da GloboNews. Eu estava perguntando "onde", uma pergunta do *lead* que é bem visual, portanto, do jornalismo de TV.

— Bom, no Pará tem três municípios críticos. Temos Altamira, São Félix do Xingu e Novo Progresso, 60% do desmatamento que está acontecendo agora é nesses três municípios.

— Como está especificamente São Félix? — questionei, vendo mais alívio na expressão dos meninos, porque era para lá, afinal, que iríamos.

— São Félix tem várias áreas críticas. A Previsia detectou 610 km² de risco de desmatamento e 33% disso já aconteceu — disse Carlos Souza, apontando no município três manchas onde estava acontecendo o desmatamento naquele momento.

Era uma aflição pensar que nós, num escritório em Belém, víamos num mapa projetado que naquela parte da Amazônia alguma árvore poderia estar tombando. Carlos Souza trocou o slide para mostrar detalhes de São Félix.

— Aqui está um dos maiores problemas, a APA Triunfo do Xingu.

Dias depois estaríamos andando exatamente na Área de Proteção Ambiental Triunfo do Xingu, verificando no local o que acontecia na Unidade de Conservação mais desmatada do Brasil em 2021. Mas ali eu precisava de um dado global para construir a matéria.

— Com a tecnologia de que vocês dispõem, qual o tamanho da malha de estradas?

— Míriam, nós fizemos um mapeamento com interpretação visual e deu resultado. Com a inteligência artificial, a gente está detectando dez vezes mais. A gente já mapeou 300 mil quilômetros de estradas não oficiais na Amazônia. São as artérias da destruição.

Cláudio Renato anotou em seu caderno: "artérias da destruição". Até o fim da viagem, repetiria a expressão em cada estradinha. Por essas estradas abertas por grileiros, desmatadores, garimpeiros ilegais, caminha o desmatamento na Amazônia. São vias pelas quais passam os crimes ambientais. Elas vão fragmentando a floresta, deixando pedaços isolados, transformando a ocupação em fato consumado. Depois, é só pedir no Congresso que se aprove uma lei considerando aquela área "consolidada". O país vai consolidando a morte da floresta.

Carlos Souza falava com entusiasmo do seu modelo de inteligência artificial, que poderia fornecer dados para o governo agir preventivamente. Contudo, não havia governo no Brasil de 2022. Era o quarto ano do desgoverno. E, mesmo depois, quando houvesse um, seria difícil enfrentar toda a teia de lobby, toda a pressão, todo o crime espalhado pela Amazônia. Mas, pelo menos, haveria a chance de tomarmos o rumo certo da encruzilhada.

— O que eu quero é errar a previsão — afirmou Carlos Souza.

A frase era inesperada. Pedi que a repetisse.

— Sim, errar. Nós já chegamos a 66% de acerto, e esse modelo é inteligente. Ele vai aprender com ele mesmo e aumentar a taxa de acerto. Esses modelos são de Machine Learning, aprendizagem de máquina. A máquina aprende com os erros do passado e corrige o modelo, mas quero errar. O que significa errar a predição? Que haverá uma política pública para controlar o desmatamento. Então, o sucesso da Previsia é não acertar, é errar. A gente está capacitando técnicos para colocar em prática esse tipo de estratégia de prevenção. Isso pode dar um rumo diferente para a Amazônia.

— A gente pode mudar a história do futuro?

— Exatamente. A gente quer mudar o futuro. Essa é a ideia.

O desmatamento foi menor do que se previa graças ao esforço de inúmeras organizações da sociedade, como o próprio Imazon, que não pararam de denunciar. Pelas contas do Imazon, a Amazônia perdeu, de janeiro a dezembro de 2022, 10.573 km². Equivale à derrubada de 3 mil campos de futebol por dia. O Imazon tem tecnologia própria de medição e de processamento de dados de satélite e, além disso, calcula o ano de janeiro a dezembro.

Na conta do Inpe, o desmatamento em 2022 foi de 11.568 km², uma queda de 11% em relação ao ano anterior, mas que não tranquilizava ninguém. Nos quatro anos do governo Bolsonaro, a destruição chegou a 45.586 km², um aumento de 60% em relação aos quatro anos anteriores, de 2015 a 2018, em que o Brasil foi governado pelos presidentes Dilma e Temer. "O regime Bolsonaro foi uma máquina de destruir florestas. Pegou o país com uma taxa de 7,5 mil km² e está entregando com 11,5 mil km²", declarou Márcio Astrini, secretário executivo do Observatório do Clima, em nota divulgada à imprensa. Astrini me disse, na época, que houve influências externas para aquela pequena queda de 2022 em relação a 2021, como chuvas.

— A explicação não está em nada do que o governo tenha feito, mesmo porque ele nada fez. Tanto que os alertas dos últimos meses do ano, que vão compor o número de 2023, são 45% maiores do que no ano passado — informou Astrini.

O país começou o ano de 2023 com esperança de que o novo governo, o terceiro mandato de Lula, estabeleceria políticas públicas para evitar aquela morte anunciada da floresta. A ferramenta criada pelo Imazon se somaria aos alertas do Inpe e também aos do MapBiomas. A ideia com que o Inpe trabalhava e as medições e previsões do terceiro setor eram no sentido de ajudar as políticas públicas de combate ao desmatamento. Ao serem alertadas, elas agiriam. Não apenas o governo federal, mas também os estaduais. E ainda o setor privado. Afinal, as empresas poderiam deter aquele processo ao escolherem corretamente de quem comprar, com quem fazer negócios.

Decidimos naquela conversa com Carlos Souza que, quando chegássemos a São Félix do Xingu, iríamos até a APA Triunfo do Xingu. Antes, era preciso continuar ouvindo especialistas em Belém.

Os Tembé *e a luta de* 400 anos

Encontramos em Belém a líder indígena Puyr Tembé, que, na época, era presidente da Federação dos Povos Indígenas do Estado do Pará. Os Tembé vivem no Alto Rio Guamá, perto de Belém. Cláudio Renato escolheu como local da entrevista uma pequena pérola que há na cidade, o Parque Zoobotânico do Museu Paraense Emílio Goeldi. São 5,4 hectares no Centro que abrigam espécies da flora e da fauna amazônicas. O parque, com suas árvores centenárias, como o próprio museu, era excelente para a captação de imagens. Chegamos mais cedo para escolher o melhor cenário e foi agradável passear. A equipe achou perfeito, pela luz e pela beleza, o Lago da Vitória Régia. O que queríamos com Puyr Tembé era conversar sobre os problemas enfrentados pelos vários povos indígenas no Pará. Na cidade para a qual iríamos, os Parakanã, considerados de recente contato, sofriam um ataque duro naquele momento. A Terra Indígena em que moravam, a Apyterewa, havia sido no ano anterior, 2021, a TI mais desmatada no Brasil. Perdera 71 km^2 para os invasores, o que correspondeu a 27% do total desmatado em Terras Indígenas naquele ano, que alcançou 263 km^2.

Em 2019, uma operação desencadeada contra o garimpo ilegal havia sido muito bem-sucedida naquela TI. A Apyterewa tem uma logística particularmente difícil. E isso foi usado a favor da operação. Foi assim: o garimpo avançava na TI, quando os investigadores colocaram ali um caminhão cheio de querosene de aviação. No início, os garimpeiros se assustaram e se esconderam. Mas a ideia dos agentes era exatamente não fazer nada. Como nada acontecia, os garimpeiros retornaram aos poucos. Um mês depois, com o caminhão fazendo parte da paisagem, o garimpo voltou a funcionar em plena atividade. Foi esse caminhão que abasteceu os helicópteros que chegaram de súbito, no dia 28 de outubro de 2019, uma segunda-feira, para desbaratar o garimpo, que já tomava 1 milhão de m^2 na Apyterewa, com seus maquinários, armas e mercúrio. Atuaram juntos os agentes do Ibama, do MPF, da Polícia Militar e da Polícia Federal.

Na TI Apyterewa foram encontrados dez conjuntos de motores bomba, sete pás-carregadeiras e um trator, além de armas, munições e mercúrio. O garimpo foi fechado e as máquinas, atendendo ao Decreto nº 6.514/08, destruídas. Bolsonaro mandara não destruir, mas os agentes públicos seguiram o que estava escrito no decreto. O êxito da operação levou a outras investidas do Ibama contra invasores de Terras Indígenas da região. Em seguida, contudo, houve pressão do governo para inibir a fiscalização do Ibama, o que estimulou o retorno de criminosos ao local, não mais garimpeiros e sim grileiros. Na entrevista, Puyr Tembé contou que tinha ido visitar os Parakanã na Apyterewa e se impressionou com o risco que corriam, principalmente as crianças. Falou do drama dos Munduruku pela ação do garimpo em seu território, dos Kayapó, também ameaçados por garimpeiros, e dos Xipaia, que haviam sofrido pouco antes um ataque de uma balsa no rio Iriri. Ela sabia o que cada povo enfrentava naquele momento no Pará. Então perguntei pelos Tembé, o povo dela.

— Sou suspeita para falar, porque acho linda a história dos Tembé e a nossa resistência de 407 anos de contato. Nós resistimos ao extermínio, resistimos mesmo.

Os Tembé falam língua Tenetehara, do tronco linguístico Tupi-Guarani, e se dividem em dois grupos que vivem em regiões diferentes. Uma parte mora no Alto Rio Guamá, perto de Belém. Puyr é de lá. Esses foram os primeiros da etnia a serem contactados, por isso sofreram um impacto maior. O segundo grupo habita o Alto Rio Gurupi, mais ao sul, na divisa com o Maranhão.

— A Funai, durante muitos anos, nos dividiu. Separava os do sul e os do norte. Os do norte, do Alto Rio Guamá, sofreram mais pressão e foram, na verdade, uma barreira para que a invasão não chegasse de imediato ao sul. Em determinado momento fomos inclusive considerados pela Funai como não indígenas, porque chegamos a perder a nossa língua. Mas nunca perdemos a nossa identidade, porque sabíamos quem éramos, e sabemos até hoje. Somos Tembé Tenetehara. E aí houve um processo de retomada e fortalecimento da nossa cultura. Hoje você vai aqui no município de Santa Luzia, você entra na terra e vê os indígenas falando a língua que recuperaram, mantendo sua cultura, sua tradição.

O histórico de invasões dessa TI por fazendeiros é longo, com episódios de exploração dos indígenas por fazendeiros e comerciantes. O território do Alto Rio Guamá foi reconhecido como Terra Indígena em 1945 e demarcado em 1993. Vivem também na TI grupos de outros povos, como os Timbira e os Kaapor. A desintrusão na área, de 280 mil hectares, foi feita pagando-se indenização aos ocupantes. No entanto, mesmo após as indenizações e o processo de retirada dos não indígenas, alguns fazendeiros permaneceram.

— A gente lutou por anos, mas retomamos a nossa terra e hoje conseguimos recuperar a floresta. Eu estou resumindo uma história de resistência, de luta, que é linda. Antes, a gente escutava a motosserra nos acuando, hoje não escutamos mais. Hoje temos caça e pesca. Tivemos muita persistência, mas ainda há muito a fazer. É uma parte da terra que precisa ser "desintrusada", porque grande parte dela ainda está invadida.

Essa nova desintrusão foi determinada pela Justiça Federal e começaria um ano depois daquela entrevista, já no governo Lula, em maio de 2023, por meio de negociação com os ocupantes da TI e sob o comando do Ministério dos Povos Indígenas. Então é uma luta ainda por terminar, mas que registra conquistas importantes. Na conversa conosco, Puyr também falou do sentido geral da luta indígena e, em determinado momento, olhou para a câmera e declarou, firme:

— Nós, povos indígenas, defendemos esta floresta. Os povos indígenas vêm fazendo um trabalho milenar. Não apenas para os povos indígenas, mas para o coletivo do planeta. Está na hora de a sociedade acordar para o que está acontecendo no mundo na área ambiental. A responsabilidade de cuidar do planeta não pode ser apenas dos povos indígenas. Nós estamos cansados de lutar sozinhos. A sociedade precisa ver e se juntar conosco para entender do que nós estamos falando. Quando a gente fala da terra, a gente está falando do chão que nos alimenta, que nos tempera, um chão que é a nossa mãe, a mãe da humanidade.

Em 2023, Puyr Tembé foi nomeada secretária dos Povos Indígenas do Pará, no segundo governo de Helder Barbalho.

A história *do* *boi* lavado

Aqui, neste relato, é preciso ir e vir no tempo e no espaço. Nada é linear nesta intrincada realidade brasileira. A cidade para onde iríamos, São Félix do Xingu, tinha, ao mesmo tempo, a Unidade de Conservação e a Terra Indígena mais desmatadas em 2021, e isso não era coincidência. Era uma consequência direta do forte aumento de produção de gado no município. E o gado é incompatível com a proteção ambiental? Essa pergunta, que deve afligir os mais carnívoros, admite várias respostas. Uma delas é que é possível reduzir bastante o dano da pecuária com boas práticas e mais produtividade. Num esforço pequeno para aumentar a produtividade, 33 bovinos podem ser colocados no lugar hoje ocupado por dez. Mas há estímulos na direção inversa. É possível ocupar e recuperar terras invadidas e abandonadas, mas a certeza da impunidade faz com que seja mais fácil ocupar cada vez mais terra pública para transformar a floresta em pasto.

Diante dessa constatação, nossa equipe concluiu que precisávamos aproveitar o fato de estarmos em Belém para falar também com quem entende de pecuária. Procuramos, então, uma das grandes especialistas em impacto ambiental da pecuária, a pesquisadora Ritaumaria Pereira, diretora executiva do Imazon. Comecei pedindo a ela que desse a dimensão do setor no desmatamento da Amazônia.

— Hoje, nós estimamos que 90% do total desmatado na Amazônia está convertido a pasto. Mas isso não quer dizer que todos esses 90% estão sendo usados para a pecuária. A gente sabe que há uma relação grande da pecuária com a especulação de terra. A pecuária é a forma mais fácil de garantir a posse da terra. Coloca-se o pasto e uns "boizinhos" ali. Essa terra foi grilada, ou seja, foi roubada dos brasileiros, desmatada, e hoje está em estado de degradação ou completamente degradada.

Perguntei se isso poderia explicar a baixa produtividade da pecuária na região.

— Com certeza há essa falsa ideia de que a Amazônia tem ainda muita terra para ser aberta, por isso as pessoas continuam desmatando, para exercer a pecuária extensiva e de baixa produtividade. Os últimos cálculos que fiz, considerando o rebanho bovino na Amazônia e a quantidade de pasto, mostram que a gente tem, em média, 1,42 boi por hectare. O que significa que a gente pode aumentar muito a produtividade sem derrubar mais nenhuma árvore.

Essa era a conta mais otimista que eu tinha ouvido. Outras pessoas me falaram em um boi por hectare. De qualquer maneira, se há menos de um boi e meio por hectare, realmente é possível, com pouco esforço, aumentar muito o rebanho sem derrubar mais floresta. Mas é preciso explicar um pouco os termos usados pelos especialistas. Quando eles falam em "área aberta", querem dizer área desmatada; e sempre que falam que a área foi "convertida a pasto" querem dizer que depois do desmatamento a área virou pasto.

Hoje, relata Ritaumaria, estima-se que 43% do rebanho nacional está na Amazônia, o que significa que há 93 milhões de cabeças de gado na região, mais do que o triplo da população de seres humanos.

As exportações de carne bovina bateram recorde em 2022, tanto em valor quanto em tonelada. Segundo dados oficiais, elas chegaram a 1,99 milhão de toneladas, um crescimento de 47% sobre os 1,35 milhão de toneladas em 2018. Em valores, o salto foi de 116% — de US$ 5,4 bilhões para US$ 11,8 bilhões —, influenciado também pelo aumento nos preços internacionais. Com 43% do rebanho na Amazônia, não era difícil imaginar que parte desse produto de exportação estava sendo criada ali naqueles pastos, onde a ilegalidade e a legalidade se misturam de forma tão intensa. Os grandes frigoríficos garantem a seus clientes no exterior que eles são todos sustentáveis, mas as falhas ao longo do processo são evidentes.

Contei a Ritaumaria que tomaríamos o caminho de São Félix do Xingu e perguntei o que ela podia nos informar sobre a cidade.

— São Félix hoje é o município que detém o maior rebanho bovino do Brasil. Expandiu muito e de forma rápida, pressionando as áreas protegidas, como as Terras Indígenas. Nós temos dados estimados de que há pelo menos 32 mil hectares de pastos dentro de Terras Indígenas em São Félix do Xingu — disse Ritaumaria.

Em seguida, ela relatou um episódio que ocorreu quando estava cumprindo na cidade uma etapa de uma grande pesquisa que revela como a lei é burlada e por que os acordos não funcionam. O Ministério Público Federal havia firmado com os frigoríficos Termos de Ajustamento de Conduta, os chamados TACs, para que eles se comprometessem a só comprar de produtor cujo gado fosse criado em área legal. Ela procurou verificar se o acordo estava funcionando:

— Uma vez, conversando com um produtor, ele foi muito sincero. Perguntei onde ele criava o gado e se o processo era legal ou ilegal. Ele falou para mim que mantinha duas propriedades, uma delas dentro de uma Terra Indígena. Ele disse: "Dentro da Terra Indígena eu crio os meus animais, mas tenho uma terra no município vizinho de Água Azul do Norte que é completamente legalizada. É lá que eu registro os animais."

O que o produtor estava dizendo para a pesquisadora é que ele fazia a lavagem dos bois. Criava-os na Terra Indígena, onde alegava ter uma "propriedade" — o que não era verdade, porque aquela é uma terra da União, protegida —, e os registrava como se eles fossem criados na outra propriedade, legalizada. Quando o boi era levado para o frigorífico, ia com o Guia de Trânsito Animal registrado na propriedade legal e, assim, o frigorífico podia dizer que estava comprando boi de terra legalizada. Tudo era ilegal, mas tudo parecia dentro da lei e do TAC.

— Era uma confissão de crime. Mas ele falava que, em algum momento, esperava ser recompensado por estar dentro daquela terra, ter ocupado aquele pedaço de terra.

Esse produtor entrevistado pela pesquisadora apostava que o futuro seria de mais desmatamento e que, algum dia, a fazenda que ele havia instalado em uma Terra Indígena seria legalizada. Mas havia quem fizesse a aposta contrária no futuro. E isso nossa equipe pôde constatar pessoalmente. Dias depois, estaríamos visitando justo uma das fazendas apontadas como modelo na região por cumprir a lei e se esforçar para ficar dentro de todas as conformidades.

A Fazenda Maringá, do pecuarista Manoel Lemos, tinha um acordo com a ONG TNC para a implantação do programa Bem-Estar Animal. Manoel Lemos estava tentando seguir a lei fundiária e a ambiental e também certas regras, como ter áreas com sombra no pasto para o animal se abrigar do excesso de calor e sol. Quis saber por que ele fazia esse esforço, já que o vizinho podia perfeitamente estar criando boi em Terra Indígena e vendendo para o mesmo frigorífico, pelo mesmo preço. Ele me disse que estava apostando que no futuro todos teriam que se enquadrar.

O entrevistado de Ritaumaria estava especulando para no futuro ter reconhecimento de propriedade na terra que invadira, mas a aposta de Manoel Lemos era a de que o gado criado dentro da lei seria valorizado. Dois caminhos — essa é a encruzilhada. Quando o ambiente de impunidade é estimulado, que incentivo tem o produtor para continuar fazendo tudo certo? Para tomar o outro caminho, é preciso separar o legal do ilegal. Ritaumaria admite que é difícil.

— Não há garantia alguma, nem daqueles que assinaram o TAC. Quem assinou o TAC não consegue fazer a exigência a seus fornecedores diretos, que são as fazendas de engorda, que vendem diretamente aos frigoríficos. Antes de chegar nas fazendas legais, os bois já passaram por quatro, cinco outras fazendas. Não existe um monitoramento eficaz desse trânsito. Então, hoje, não há garantia alguma de que a carne que chega ao nosso prato é livre de desmatamento.

Em resumo: tem frigorífico que assinou um acordo com o MPF de que só vai comprar boi do produtor legal, aquele que não está em terra grilada, nem desmatada ilegalmente, nem está em terra pública. E tem frigorífico que nem sequer assinou. Tem produtor que finge que está produzindo em terra legal e o frigorífico finge que acredita. Uma mistura completa de joio e trigo.

— E quando a gente vê os mapas de zonas de compra dos frigoríficos, há uma sobreposição de 82% daqueles que assinaram o TAC e dos que não assinaram. E se o frigorífico deixa de comprar de quem não está legalizado, o boi não morre de velho no pasto, pois ele vende para quem não assinou o TAC. O mercado consumidor está comendo essa carne de origem duvidosa.

Ritaumaria me explicou que nessa sobreposição há uma concorrência desleal. Os frigoríficos que assinaram os TACs e os que não assinaram atuam na mesma área. Não há qualquer obrigação por parte do produtor que está naquela região de parar com as atividades ilegais, dado que ele também terá um comprador para o seu boi — aquele frigorífico que não assinou o TAC.

Em qualquer viagem pelo sul da Amazônia, principalmente no Pará, é possível ver enormidades de terras desmatadas, com mero capim e raros bois pastando. É a terra roubada para especulação. E este é o alerta da especialista: a carne do nosso prato pode estar ajudando a desmatar a Amazônia.

— A gente tem que pensar em soluções sustentáveis. A primeira é trazer os frigoríficos de fato para os Termos de Ajustamento de Conduta. Hoje nós temos só 50% dos frigoríficos com os termos assinados, o que corresponde a 58% da capacidade de produção.

É possível reduzir o dano da pecuária na Amazônia, mas já não é possível eliminá-lo, com esse rebanho de quase 100 milhões de cabeças. Para Ritaumaria, o caminho da legalidade requer que muita gente mude.

— Para a pecuária ser legal, a gente tem que mobilizar vários atores. Os governos locais precisam estar comprometidos, é preciso acabar com a grilagem, é preciso destinar as terras públicas não destinadas. O Brasil tem que parar de mudar as leis de tempos em tempos, porque isso estimula o grileiro, já que ele aposta que no futuro vão reconhecer sua invasão como sendo legal.

A pecuária continua crescendo na Amazônia de forma desordenada. Poucos são os produtores que tentam respeitar a lei. São Félix do Xingu tem o maior rebanho do Brasil, o segundo lugar fica fora da Amazônia, em Corumbá, em Mato Grosso do Sul. O terceiro maior rebanho volta a estar localizado na Amazônia, é de Marabá. Não há conversa sobre os problemas da Amazônia que não chegue ao mesmo ponto — a falta de ordenamento territorial. Já falei sobre isso neste livro, mas quis entender melhor e fui ouvir uma das maiores especialistas no tema, a pesquisadora do Imazon Brenda Brito.

Conheço Brenda desde antes de sua partida para a temporada de doutorado na Califórnia. Sempre foi uma grande conhecedora desse tema árido, amarrado por um cipoal de leis que vão sendo sempre alteradas para beneficiar quem ocupou a terra de forma ilegal. Escolhemos para o local da entrevista outro lugar lindo de Belém, o Parque Zoobotânico Mangal das Garças. Gosto da cidade, gosto de seus recantos, que vão lembrando que, por mais asfalto e concreto que se veja, o verde está logo ali, a floresta não tarda. Poderia dizer também que amo a comida paraense, e que o jambu, para mim, é uma experiência sensorial inigualável, mas o leitor me dirá que isso não tem nada a ver com a história que estou contando. Voltemos ao ponto.

Por onde começar a arrumar a bagunça do solo na Amazônia? Brenda repetiu que a primeira coisa a fazer é definir a situação das terras não destinadas. Nas terras sem destino é onde tudo acontece, e isso — Brenda lembra sempre — é quase 30% da Amazônia. É nesse imenso vazio de destinação que ocorre 40% do desmatamento. Os grileiros ocupam, desmatam e então tem início o ciclo da destruição. Não são empreendedores aproveitando um bom negócio. São ladrões. Aquilo é propriedade coletiva. É de todos. Se for para privatizar, que seja sob um modelo definido pelo poder público e não pela lei do mais forte, do mais esperto. Para ocupar uma terra nesses ermos é preciso ter muito capital. Grandes grupos e muito capital são mobilizados para essa cadeia de crime.

— Se a gente quiser combater o desmatamento nesse processo, a gente tem que destinar essas áreas, principalmente as florestas públicas, para finalidade de proteção. E aquelas pessoas que já ocuparam terra pública há muito tempo podem receber títulos, desde que a terra não esteja incidindo em áreas de conflito nem haja sobreposição de territórios — disse Brenda.

Mas como saber quem está onde e há quanto tempo? Ter essa visão espacial de uma terra tão gigante pode parecer impossível. Acontece que a tecnologia está muito evoluída. Hoje é fácil saber o que acontece em cada polígono da Amazônia. Perguntei a Brenda sobre a situação de quem está produzindo. Que prioridade devem ter os produtores, ainda que em terra pública, no processo de regularização da terra? Porque este tem sido um argumento apontado pelo agronegócio a seu favor.

— Muitas pessoas dizem que estão produzindo, mas quando vai se ver, elas estão ocupando a terra de forma improdutiva para fins de especulação. Essas áreas são típicos latifúndios improdutivos. Essas pessoas esperam receber o título e lucrar com a terra que ocuparam. A legislação federal já permite que os que ocuparam terra pública até 2011 possam ser beneficiados.

O Código Florestal veio para pacificar. Exigiu uma discussão dura entre os ambientalistas e os ruralistas que durou anos e acabou sendo aprovado em 2012. O relator era um parlamentar que nada tinha de ambientalista, pelo contrário. O deputado Aldo Rebelo, na época no PCdoB, é capaz de fazer as teorias mais sem sentido sobre a Amazônia. A ideia discutida na época do Código era marcar uma data. Era 2004, foi prorrogada para 2008, depois para 2011 — a partir daí, qualquer ocupação de terra pública não seria reconhecida. Antes dessa data poderia haver titulação da terra. Era para ser um novo começo. Por que não houve paz nem depois disso?

Porque a ideia é sempre mover a data um pouco mais para a frente. No Congresso, voltaram a aparecer propostas que mudavam a data de corte. Enquanto eu fazia essa reportagem, havia pressões para trazer essa data cada vez para mais perto da atualidade. Na verdade, há vários projetos ameaçando conquistas já consagradas, anistiando grileiros que ocuparam a terra depois da data do Código, permitindo exploração de Terra Indígena para os mais variados interesses, aumentando a permissão para o uso de agrotóxicos. É tanta ideia ruim que esse conjunto de propostas passou a ser chamado de "Combo da Destruição". O governo Bolsonaro havia feito tudo o que podia pela via infralegal, na estratégia de "passar a boiada" que o ex-ministro Ricardo Salles defendeu e praticou. Depois, porém, vieram as iniciativas de mudar as leis. A bancada ruralista tem atuado para passar essa nova boiada, agora pela via legal.

— Há pelo menos quatro projetos ameaçadores — enumerou Brenda Brito. — Alguns já foram aprovados na Câmara. Se passarem no Senado, permitirão o reconhecimento de terras que estão sendo griladas e desmatadas agora. O problema é este: toda vez que se coloca uma data, passam-se alguns anos e aí vem o lobby de mudar a data. E hoje, com as leis que já existem, é possível reconhecer o direito à terra de quem realmente produz há mais tempo.

Entre 2017 e 2020, foram alteradas sete leis fundiárias para facilitar a privatização de terras públicas. Quando menciono "privatização", não estou me referindo a um processo com transparência e competição, com editais e modelagens. Falo da lei do mais forte, que é a que impera na Amazônia. Ocupa-se na violência, com muito capital, e depois aprova-se uma lei permitindo que o bem público vire privado. As que tramitam, que Brenda cita, são outras. Há também o problema da venda de terra a preço de banana. Estudo do Imazon compara os preços de mercado com os preços com os quais as terras são vendidas nos estados. Em Tocantins, "o valor médio cobrado para a venda de terras públicas é de R$ 3,95 por hectare, ou apenas 0,5% do valor médio no estado", atesta o Imazon. É o menor valor médio cobrado na Amazônia Legal para a regularização fundiária. Na prática, o país subsidia criminosos para que eles legalizem o fruto do roubo de terra pública. Isso é diferente dos caminhos legais que existem para regularizar quem realmente merece.

Curioso é que o governo Bolsonaro falou que estava entregando muitos títulos de propriedade aos produtores. Contudo, este foi o governo que menos fez. Se na gestão Dilma houve um momento em que foram expedidos 10 mil títulos de terra por ano, no primeiro ano da administração Bolsonaro esse número caiu para praticamente zero. Durante a campanha da reeleição, Bolsonaro aparecia ao lado de pequenos produtores dizendo que os estava libertando e que agora eles passariam a ser donos da terra. Brenda me explicou que o governo distribuía títulos em áreas de assentamento de projetos de mais de dez anos, e em muitos casos eram títulos temporários.

— De 2009 a 2018, houve o programa Terra Legal, que distribuiu, em média, 3.900 títulos por ano e chegou a 10 mil, em 2014. O que aconteceu é que o programa sofreu um violento corte de recursos e de equipe e começou a cair. Em 2019, foi extinto. Suas atribuições foram passadas para o Incra, sem repassar a capacidade de operação, e em 2019 o governo emitiu um título de terra. Um.

O governo fazia uma encenação de que estava regularizando a propriedade de terra na Amazônia, enquanto o Ministério do Meio Ambiente destruía, por portarias e instruções normativas, tudo o que impedisse o desmatamento. Nesse ínterim, a base do governo no Congresso apresentava projetos para enfraquecer a legislação ambiental. Ao lado disso, não havia demarcação de Terra Indígena nem criação de qualquer Unidade de Conservação.

— Na Amazônia, 57 milhões de hectares, uma área do tamanho da França, são florestas públicas não destinadas. Esse tem que ser o foco do governo, de qualquer governo que queira ter uma política para a região. E quando digo dar uma destinação, podem ser inclusive concessões de uso sustentável, como manejo florestal em áreas com licitação. Outros 56 milhões de hectares são áreas onde há ocupações por quem está aguardando título. E, nesse caso, é preciso separar o legal do ilegal, o joio do trigo, e retomar o controle da terra pública ilegalmente ocupada.

Ao todo, como já explicado aqui, são 143,6 milhões de hectares sem destinação na Amazônia. Perguntei a Brenda sobre essa encruzilhada que o país tem de enfrentar. Que futuro haverá se a Amazônia continuar a ser destruída do jeito que está sendo, e como seria se o Brasil fizesse o dever de casa do ordenamento territorial?

— Se tudo continuar como está, toda a Amazônia ficará conforme está se tornando o sul da Amazônia. Áreas públicas serão invadidas e desmatadas para, eventualmente, os invasores receberem o título de propriedade da terra. O outro caminho é reconhecer os que estão há mais tempo, mas impor a lei sobre o que está ilegal. O governo precisa dar um sinal claro de que não será tolerante com a grilagem.

Há formas concretas de se punir o crime na Amazônia. A tecnologia de monitoramento permite recuar no tempo. Se a gente quiser saber o que acontecia numa determinada área, um pequeno polígono, há cinco, dez, 20 anos, consegue visualizar nos bancos de imagem. O Cadastro Ambiental Rural é autodeclaratório. A pessoa declara que tem a propriedade daquela área, mas o ente público precisa ir lá conferir e confirmar. O problema é que essa confirmação não tem sido feita. Tem gente declarando ter CAR dentro de Parque Nacional ou de Terra Indígena. Se o governo quiser, ele pode separar o joio do trigo. Basta conferir o CAR declarado com as imagens de satélite. Simples assim.

Perguntei a Brenda como seria possível essa separação do joio e do trigo, uma vez que o agronegócio brasileiro moderno, tecnológico e exportador estava muitas vezes associado ao agronegócio atrasado e ilegal e, em alguma zona cinzenta, ambos se misturavam. O Brasil precisa de um agronegócio dinâmico para ter superávit comercial e poder alimentar a própria população, mas não deveria ter que aceitar a destruição ambiental como parte do negócio. Como conciliar?

— Não falta área para produzir, a gente tem muita terra desmatada e abandonada. Há mais ou menos 12 milhões de hectares de pastos degradados que podem ser recuperados. O problema é que a gente vive ainda esse movimento de fronteira, em que eles [*grileiros*] preferem invadir terra nova a recuperar área já degradada. E se a gente não der um basta nesse processo, vai ser ruim inclusive para o agronegócio, porque a gente sabe, de acordo com a ciência, que é preciso manter a floresta em pé para ter chuva regular. Esse processo desenfreado, com a desculpa de que é preciso terra para produzir, está jogando contra todo mundo, contra a gente, contra os cidadãos brasileiros, contra o agronegócio.

As mortes *nos arquivos de* Marabá

Marabá estava no caminho da reportagem, mas nossa equipe passaria por lá rapidamente. Aquela é uma região de muito conflito fundiário e por isso Cláudio Renato marcou uma conversa na Pastoral da Terra. Era sábado à tarde quando chegamos à sede da Pastoral de Marabá, que cobre todo o sul do Pará. Fomos recebidos pelo advogado José Batista Afonso, diretor jurídico da Pastoral, numa sala inteiramente ocupada por um arquivo de gavetas e mais gavetas de metal, organizadas por tarjas nas quais se liam: "Massacre"; "Eldorado dos Carajás"; "Violência no Campo"; "Morte de Trabalhadores"; "Trabalho Escravo". Pastas em cima da mesa e prateleiras avisavam sobre mais ocorrências fatais na região.

A equipe olhou aquele desfilar de tragédias num registro frio, quase cartorial, e quis imediatamente captar as imagens. Enquanto Batista perguntava qual seria o melhor lugar para fazer a entrevista, nós já o tínhamos encontrado e as câmeras estavam em ação. Era ali. Ele contou que parte dos arquivos estava digitalizada e que naquelas gavetas restavam os que ainda não tinham sido transpostos para o computador. Eram o suficiente para mostrar onde estávamos chegando.

— Essa região é, sem dúvida nenhuma, a que tem no Brasil o maior número de conflitos no campo — disse Batista. — Isso ocorre pelo modelo de desenvolvimento que se implantou e continua sendo implantado nessa região, o que acaba gerando muitos conflitos na forma de expulsões violentas de trabalhadores de suas terras, de assassinatos, de ameaças e outras violações de direitos dos camponeses. A cada três confrontos, dois ocorrem nessa microrregião, no sul e no sudeste do Pará.

A Amazônia tem hoje os piores índices de violência do país. No relatório de 2022 do Fórum Brasileiro de Segurança Pública, há um capítulo com um sugestivo título de "A Amazônia como síntese da violência extrema". A taxa de homicídio na região é de 30,9 a cada 100 mil habitantes, a do restante do país é de 22,3. O Anuário do Fórum cita dados da Pastoral para dizer que 77% das mortes no campo em disputa por terra no país ocorreram na Amazônia. Das 30 cidades mais violentas do Brasil, dez estão lá. A segunda mais violenta é Jacareacanga, com 199,2 mortes violentas intencionais por 100 mil habitantes a cada ano. Só perde para São João do Jaguaribe, no Ceará, que, aliás, apresenta um número espantoso: 224 mortos por 100 mil habitantes.

A Pastoral começou a organizar esses casos dramáticos de forma sistemática no início da década de 1980. Antes não havia todo esse método. Mas eles sabem que, por mais que guardem informações, como matérias de jornal e depoimento de vítimas, dos parentes ou de testemunhas, conseguem saber apenas uma parte do muito que acontece.

— Do começo da década de 1980 para cá, a Pastoral conseguiu fazer o registro de 937 assassinatos ocorridos no Pará. O número é alto, mas não representa a totalidade das mortes. Alguns trabalhadores foram assassinados em territórios clandestinos, dentro das fazendas, e seus corpos foram deixados na floresta, ou jogados nas represas, ou sepultados como indigentes. Esses não estão nas nossas estatísticas.

Há, portanto, muita subnotificação. A Pastoral guarda essa memória, mas alerta que a realidade é ainda pior do que os registros dão conta de mostrar. Perguntei sobre as mortes em São Félix e o ambiente na cidade para a qual iríamos.

— Em São Félix foram registrados 62 assassinatos nesse período de 40 anos. Uma das características marcantes do município é a situação de impunidade. Em São Félix não houve até agora um único julgamento de algum acusado de assassinato no campo. A gente pode dizer que lá a impunidade é de 100% — disse Batista.

No Anuário, esses dados negativos da Amazônia são atribuídos, em geral, à forma como a área foi ocupada durante o governo militar. "O modelo de integração nacional dos anos 60 desencadeou uma dinâmica de conflitos entre povos da floresta, empresas mineradoras, garimpeiros, grileiros, pescadores ilegais", registra o documento. Há também um baixíssimo efetivo de policiais, o que torna o combate ao crime quase impossível. Em 2022, o Fórum constatou que havia apenas 78 delegados no Acre: "Se considerarmos que estamos falando de uma área que exige plantões de 24 horas, 7 dias por semana, teríamos, se todos estivessem em trabalho operacional, cerca de 19 delegados por turno para atender à população inteira do Acre."

No Pará, no Acre, em todos os estados da região, os crimes acontecem e fica tudo por isso mesmo. "Sem investigação, não há justiça, e sem o sentimento de justiça cria-se o clima de impunidade que leva à escalada do uso de armas pela população", é dito no relatório. Com o estímulo recente à compra de armas, hoje o país como um todo está muito mais armado. E, na Amazônia, é em geral dessa forma que se resolvem os conflitos de terra.

O mais comum é o grileiro chegar numa terra, encontrar um posseiro explorando um pedaço e lhe dizer que é tudo dele; havendo resistência, ele manda matar o pequeno produtor. Um novo caso acontecera em janeiro de 2022, exatamente em São Félix. O ambientalista José Gomes, conhecido como Zé do Lago, que lutava pela proteção dos quelônios na região de Cachoeira do Mucura, foi morto em um atentado no qual morreram também sua mulher, Márcia Nunes Lisboa, e sua enteada, Joane Nunes Lisboa, de 19 anos. Eles moravam na terra reclamada por Francisco Torres de Paula Filho, o Torrinho, irmão do prefeito, João Cleber de Souza Torres. Os corpos foram encontrados em estado de decomposição no dia 9 de janeiro. Todos foram mortos a tiros e havia 18 cápsulas no local.

O site Repórter Brasil fez uma reportagem sobre o crime, informando que Zé do Lago vinha sendo pressionado para vender sua terra. Entrevistado na época do assassinato, Torrinho declarou que o ambientalista morava dentro da sua área, mas que ele nunca tentara expulsá-lo. A *Folha de S.Paulo* mandou para lá dois experimentados repórteres, Fabiano Maisonnave e Bruno Santos. Eles escreveram: "Durante seis dias, a reportagem da *Folha* viajou em lancha entre Altamira e São Félix do Xingu. Nas conversas, moradores descreveram Zé do Lago como um 'ambientalista de coração' que vivia de forma bastante despojada e percorria o rio por conta própria para ensinar ribeirinhos e indígenas a fazer o manejo dos quelônios. O repovoamento de tracajás e tartarugas no Xingu era a sua grande obsessão." Os repórteres foram ao sítio de Zé do Lago, que fica exatamente entre a fazenda do irmão do prefeito e a fazenda do prefeito.

Meses depois, quando chegamos lá, nada se sabia ainda sobre quem executara e quem mandara matar Zé do Lago e sua família. Na Pastoral havia uma nova pasta, nomeada "Zé do Lago". O ambientalista que sonhava salvar as tartarugas e os tracajás da região é agora mais um arquivo na fileira de crimes sem solução no sul do Pará. Batista contou que, até a década de 1960, aquela área era ocupada basicamente por indígenas, ribeirinhos e populações tradicionais que haviam ido para lá décadas ou séculos antes.

— No caso dos indígenas, há milênios — disse.

Na ditadura militar, o governo iniciou uma intensa propaganda para a ocupação da região e a sua transformação em polo de criação extensiva de gado. Mas, sem qualquer planejamento, tratou-a como se fosse terra vazia, como fez com toda a Amazônia.

— Não levou em consideração as terras dos posseiros que já estavam aqui; algumas Terras Indígenas foram demarcadas e outras não. Chegaram as primeiras fazendas, todos foram se estabelecendo e começaram os conflitos com quem já estava aqui. Foram distribuídas terras para os grupos econômicos. Houve a convocação de muitos trabalhadores para a derrubada da floresta e eles chegavam com a expectativa de que teriam terras também. O conflito pela posse da terra continua sendo uma das principais causas de morte, mas existem muitas também relacionadas a trabalho escravo contemporâneo.

Batista ia explicando e nós todos, em silêncio, tínhamos a sensação de que seria muito difícil mudar aquela realidade. Eu perguntei sobre a regularização fundiária. Não seria uma solução? Quem sabe seria o caminho da pacificação?

— Essa é a região de maior concentração de projetos de assentamento de reforma agrária. Só no sul e no sudeste do Pará são 516 projetos. Mas, ao mesmo tempo, o Pará sempre foi campeão dos casos de grilagem, de falsificação de documentos de propriedade. Após muita pressão, em 2008 foi criada uma comissão, no âmbito do Tribunal de Justiça do estado, a Comissão de Combate à Grilagem. Essa comissão solicitou que os cartórios encaminhassem todos os registros de imóveis. Ao fazerem a somatória de todos os registros recebidos, chegou-se a um número que representa bem o nível da desorganização fundiária do Pará. Para conter toda a área somada, o estado teria que ter quase quatro vezes o seu tamanho.

Era uma conta da qual eu já tinha ouvido falar, mas agora Batista dava detalhes. Era a soma de todos os registros em cartórios de um estado que, sozinho, é maior do que duas Franças. Mas como é possível tanta fraude?

— Os cartórios são obrigados, a partir dos documentos de propriedade apresentados, a abrir uma matrícula de cada imóvel. A falsificação ocorre de duas formas: ou no título de propriedade, ou na matrícula cartorial. Para ter mais segurança, o mais correto é pedir a matrícula dos cartórios. E assim se chegou a esse número.

Batista disse que a conexão entre essa confusão fundiária e a violência contra seres humanos é direta.

— Essa questão fundiária é, sem dúvida, uma das principais causas da instabilidade e da violência no campo. Se a gente observa os dados da Pastoral da Terra, em nível nacional, 80% dos conflitos registrados no Caderno de Conflitos de 2021 ocorreram na Amazônia. E não é em qualquer lugar da Amazônia, é principalmente nos estados onde avança a fronteira do agronegócio e do desmatamento: Rondônia, Mato Grosso, Pará, Tocantins e Maranhão. Se a gente pega as estatísticas dos últimos 20 anos, vê que não foi diferente. A violência está muito relacionada com a expansão dessa fronteira do agronegócio, da pecuária, da exploração da madeira.

Perguntei a Batista, naquela sua sala cercada de arquivos metálicos com etiquetas trágicas e fichários sobre assassinatos não resolvidos, se ele havia ouvido falar do movimento do mercado financeiro chamado ESG, em que empresas e bancos firmam compromissos públicos com a proteção ambiental, o social e a boa governança.

— Você acha, Batista, que esse tipo de nova atitude do mercado financeiro e da grande economia tem algum reflexo no solo da Amazônia?

Batista tem um jeito sereno de falar, mas também direto:

— Na região que nós moramos, nós não percebemos o impacto desse movimento. Aqui há descontrole total da atividade, descontrole que eu digo no sentido da fiscalização, do monitoramento, da exigência de compromissos com o meio ambiente, com respeito aos direitos humanos. Aqui frigoríficos têm assinado Termos de Ajustamento de Conduta com o Ministério Público Federal, mas não há qualquer monitoramento e controle do cumprimento dessas obrigações.

Segundo ele, a história do boi lavado é frequente naquela região. O animal é criado em área embargada, em terra flagrada na ilegalidade, mas depois é levado para uma fazenda legal e lá é registrado para enganar o frigorífico.

— Utiliza-se uma área como "laranja" para se chegar ao frigorífico como se fosse uma carne legal.

O ESG, sigla de Environmental, Social and Governance, badalado na Faria Lima, era um desconhecido na Amazônia. É, de novo, o Brasil fazendo leis, normas e modas para inglês ver.

Uma terra *para chegar* de dia

No dia seguinte ao da conversa na Pastoral da Terra, nós saímos cedo de carro para São Félix do Xingu. Era preciso pegar a BR-155, em Marabá, com destino a Eldorado dos Carajás. Impossível não lembrar, nesse caminho, do massacre de 19 trabalhadores sem terra ocorrido em 17 de abril de 1996 em Eldorado dos Carajás. Uma ferida ainda aberta. Depois seguimos pela PA-279 até São Félix do Xingu, passando por Parauapebas, Xinguara e Redenção. A PA-279 foi construída pelo governo militar exatamente para impulsionar a ocupação da região. Seria ao todo um trecho de 500 quilômetros, mas precisamos de 12 horas para vencê-lo, tal a buraqueira na estrada. Um amigo de São Félix havia nos avisado para não chegarmos lá à noite. Não seria seguro, dissera.

No caminho, vimos vários outdoors dos clubes de tiro agradecendo a Bolsonaro a liberdade de ter armas e outros que ofereciam serviços para transformar o ilegal em legal — "Retire os embargos e os Prodes das suas fazendas". Prometiam, enfim, "desembargo de áreas", "retirada do Prodes" e "conversão de multas com desconto de 60%". Desci do carro para fotografar essa estranha oferta de serviço. O Prodes é o serviço de monitoramento por satélite do Inpe, o que tem mais precisão e é divulgado uma vez por ano. Não é possível simplesmente mudar a imagem que o satélite capta. Uma área embargada só pode ser desembargada se passar a cumprir a lei. Ainda havia a promessa de redução da multa até o percentual do desconto a ser dado. Aquilo era tão verdadeiro quanto o "trago seu amor de volta em sete dias".

Almoçamos em Xinguara. Entramos no restaurante e os olhares se voltaram para nós. Não pareciam amigáveis, exceto por três pessoas, que se aproximaram identificando-se como professores universitários e pediram para tirar fotos conosco. Depois, seguimos viagem nas duas picapes que alugamos, avançando devagar pela PA-279, contornando os buracos. Paramos algumas vezes para fazer imagens dos pastos infindáveis sem árvores e poucos bois. No meio da Amazônia, sem a floresta. Não conseguimos seguir o conselho do amigo. Anoitecia quando chegamos a São Félix do Xingu, uma cidade de 84 mil km². São Félix é cercada por rios, principalmente o Xingu e o Fresco, que atenuam a asfixiante realidade das cidades amazônicas, em que poder se mistura ao crime. A cidade tinha, no ano de 2022, o maior rebanho do país — 2,4 milhões de cabeças — e também a maior área sob risco na Amazônia. Naquele momento, 610 km² de floresta estavam sob a ameaça de desaparecer antes do fim do ano. Isso era 9% de toda a área do Pará sob risco, num único município.

Até o começo do século XX aquela área era habitada apenas pelos indígenas Kayapó, Parakanã, Arauetê e Asurini. Mortos ou pilhados, eles permanecem com partes importantes do território, como a terra onde vivem os Kayapó e, principalmente, a TI Apyterewa, dos Parakanã. A história de São Félix do Xingu é, como registram os arquivos implacáveis da Pastoral da Terra, de 100% de impunidade. Crimes ligados à disputa pela terra nunca são punidos. O prefeito na época era João Cleber de Souza Torres, acusado pessoalmente de vários crimes. Nós o entrevistamos.

Fundamental numa reportagem é saber ouvir. Mesmo aquilo do qual a equipe pode desconfiar não ser verdade ou não gostar de ouvir. Ainda que nosso trabalho fosse ver o estrago que a pecuária tem promovido, como principal vetor do desmatamento, queríamos bons exemplos, uma vez que sabíamos que eles existiam, o que é um alívio para quem está numa empreitada assim. Em contrapartida, não se pode contar apenas a parte boa de uma história ruim. Ninguém queria edulcorar a realidade, mas também ninguém queria fazer prejulgamentos. Quem sai da redação para procurar a história na rua precisa de olhos e ouvidos atentos e capacidade de mudar de ideia.

O dono do hotel em que ficamos em São Félix do Xingu era falante e perguntador. Queria saber tudo o que iríamos fazer. Nós o driblávamos com respostas vagas. Ele não conseguia esconder sua preferência por Bolsonaro na eleição que se avizinhava. Na cidade, o então presidente ganharia com grande vantagem em outubro, ainda que a campanha do governador Helder Barbalho, em favor de Lula, tenha sido vitoriosa no estado.

No pasto *com o gado* *na* fronteira *entre* o velho *e o* novo campo

Desci para o café logo depois de deixar gravado o comentário sobre economia que faço diariamente no rádio e a equipe já estava conversando com o primeiro entrevistado, o pecuarista Mauro Lúcio. Com seu chapelão texano e o cinturão com enorme fivela, Mauro Lúcio de Castro Costa está sempre vestido de caubói. Eu o havia conhecido 14 anos antes, com indumentária idêntica, na reportagem que fiz em Paragominas, em 2008. Norton e Cláudio Renato o conheceram por meu intermédio, em 2017, quando fizemos a série "História do futuro". Quando se pede a ambientalistas da região que indiquem um bom exemplo de pecuarista, eles sempre apontam Mauro Lúcio. A impressão que dá é que ele é o único exemplar com um comportamento diferente do usual. A fazenda dele fica em Tailândia, quase 800 quilômetros ao norte de São Félix. Lá, ele respeita totalmente a reserva legal de 80% da propriedade. Sua fazenda é mais produtiva que as dos vizinhos e ele estava envolvido em um programa de replantio de algumas espécies amazônicas já escassas. Mauro Lúcio se tornou uma referência internacional pela defesa da pecuária intensiva com tecnologia, que é mais produtiva e ocupa menos espaço.

Mauro Lúcio possui também uma fazenda em São Félix, que se chama Mombaça e fica a uns 30 quilômetros da sede do município. Nós iríamos visitá-la. A propriedade é arrendada para o sogro, mas quem prestou atenção à conversa dos empregados com ele percebeu que, na verdade, ele é o gestor e não o sogro, que, aliás, nem tivemos oportunidade de conhecer, exceto pelas iniciais bordadas na camisa dos trabalhadores — JB, de João Bueno. Trata-se de uma fazenda de engorda de boi de corte de 1.450 hectares. Desse total, 1.198 hectares são de área produtiva, o que significa que a fazenda não conta com a reserva legal exigida na região para uma propriedade antiga, que é de 50% de mata. O Código Florestal permitiu a compensação no mesmo bioma, quer dizer, se a pessoa tiver área preservada em outra propriedade pode considerar que está cumprindo a lei. Então, nós estávamos indo para uma propriedade com apenas 18% de área preservada, o que é ínfimo. Mesmo se estivesse na Mata Atlântica, estaria fora da lei. Mas ela se enquadrava porque João Bueno tinha área preservada em outro local na Amazônia.

Avisei à equipe que iria na picape de Mauro Lúcio para ir adiantando a conversa com ele até chegarmos à fazenda. Norton então instalou uma câmera Go Pro no para-brisa do carro, o que sempre pega a gente no pior ângulo, mas o importante era registrar nosso diálogo. E Mauro Lúcio abordou a questão dos valores da terra hoje na Amazônia:

— Eu vou te falar, por exemplo, você tem mil hectares, no sentido figurado. Se ela [*a propriedade*] é toda aberta, aí ela vale R$ 1 milhão. Se tiver esses mil hectares na legislação até 2008, 50% aberto, 50% em floresta, aí ela vale R$ 700 mil. Se for na legislação atual, 20% aberto e 80% de floresta, ela é Mastercard. Não tem preço, ninguém quer comprar.

Eu fazia esforço para guardar todos aqueles dados, porque se começasse a tomar notas enjoaria com o balanço do carro. Sou dessas. Mas o que ele estava falando parecia o inverso da lógica. "Aberto" quer dizer desmatado. Mauro Lúcio estava me dizendo que uma fazenda em completa conformidade com a lei ninguém compraria. Já uma terra fora da lei, valia muito e tinha comprador. Reagi, com espanto:

— Gente!

— Você entendeu? Se eu estiver com esse carro e quiser ser Uber, mas tiver um vidro quebrado, eles não vão deixar, porque tem que estar tudo certinho. Quem não tem reserva legal, consegue vender a propriedade na Amazônia muito mais valorizada do que aquela que está dentro da lei.

— Que loucura — foi o que consegui dizer.

— Na hora que o cara tiver que ter reserva, do contrário não vende o produto dele, ele vai ter reserva. O que nós precisamos? Ter coragem pra isso. Se tiver que travar, tem que travar, não pode é continuar tudo ilegal.

O que estava acontecendo ali era uma jornalista ouvindo de um produtor rural da Amazônia que era preciso cumprir a lei. Ele próprio, na Mombaça, não tinha reserva no percentual exigido pela lei, estava longe disso, mas compensava com outra área protegida no mesmo bioma. Ele estava fazendo um esforço para se adequar. Isso, porém, tinha um custo: para que a Mombaça fosse considerada legal, a outra área na qual ele mantinha a floresta nativa não poderia ser explorada economicamente.

Esse é um dos problemas. Custa caro ser legal e a maioria dos incentivos é para ser ilegal. Eu passaria as horas seguintes visitando a Mombaça. Mesmo sendo um caso de sucesso, a cena era de uma multidão de bois e nenhuma floresta. Via-se um remanescente de mata em cima do morro. Era Amazônia e não parecia ser. A ausência da floresta era uma presença constante a nos indicar que há muito para se caminhar, mesmo nos bons casos, para que se possa falar de pecuária sustentável na Amazônia.

Marcos Antonio Moreira de Paula, o gerente da fazenda, enfrenta touro brabo mas não encara a câmera. Ele estava nos contando o método usado para aumentar a produtividade da fazenda, mas foi só a gente falar que ia gravar a entrevista que ele passou a atropelar as palavras, a ficar nervoso, a olhar com aflição para o filho, estudante de veterinária que também trabalhava na fazenda.

— Filho, me traz água.

Eu disse que poderia não entrevistá-lo, mas ele queria falar, ainda que com toda aquela ansiedade. Perguntei quantos bois a fazenda conseguia engordar por hectare, porque essa é a medida da produtividade.

— Aqui nós, onde nós estamos intensificando, é um trem fora do padrão, onde a gente tá intensificando é diferente. Rodamos aí com sete, oito UA por hectare.

A entrevista passou a ser desafiadora para mim também, porque ele falava com todo o jargão de um administrador de fazenda, sem concessão aos não iniciados, como fazem os economistas do mercado financeiro. Ele falava em uma UA, ou seja, uma Unidade Animal, um boi de 400 quilos. Na fazenda toda havia três bois por hectare, isso é mais que o triplo da média da Amazônia, que é de 0,8 boi por hectare. Mas o "trem fora do padrão" era justamente o experimento de pecuária intensiva que elevava para oito ou até dez por hectare. Isso era feito, explicou, com a rotação de pasto. Perguntei, para confirmar, como era possível "intensificar".

— O que você tem que fazer? — ele respondeu, me devolvendo a pergunta. — Intensificar, reformar, melhorar. Melhorar o capim, melhorar a cerca, melhorar o manejo. Tudo. Em fazenda, hoje, a peça principal chama-se "manejo". Não adianta pegar uma fazenda top, top de capim, meter gado e acabar com ela, que você acaba no primeiro ano.

Algumas partes da explicação dele seriam incompreensíveis para qualquer urbano. Eu imaginava a dificuldade de editar essa "sonora", como nós falamos em televisão. Uma das formas de manejo é fazer o gado ir mudando de pasto: enquanto um descansa, o outro está sendo usado. Lá na Mombaça, explicou Marcos Antonio, havia 56 piquetes — que são cercas dividindo o pasto em várias partes — e era preciso saber como distribuí-los e ir alternando os pastos, a "rotação", como eles dizem. Nesse manejo, o gado fica num pasto e quando o capim está diminuindo é levado para outro. Isso é a rotação do pasto.

— É preciso classificar por peso. Porque se você deixar 300 bois rodar no rotacionado junto com um bezerrinho de 160 quilos, ele morre, porque não aguenta o bagaço todo. Porque boi compete. Compete para beber, compete para lamber o sal, boi compete pela ração. Se colocar um fraquinho, ele não come nada.

Quando perguntei se ele gostava do que fazia, Marcos Antonio não teve dúvidas:

— Estou aqui há nove anos. Amo essa minha lida.

Ele saiu apressado, dizendo que tinha pasto para reformar, ração para distribuir, gado para separar. E eu tinha entrevistas a fazer e a equipe, imagens a captar.

Fomos para o pasto e lá conversei de novo longamente com Mauro Lúcio. Fazia um calor amazônico naquele local sem árvores. Elas estavam no horizonte, encolhidas e insuficientes. O que havia de próximo era o rebanho. Perguntei por que era tão difícil fazer uma pecuária sustentável na Amazônia.

— As pessoas têm mais vontade de investir em terra do que em produtividade. Existe uma crença muito grande na especulação imobiliária. As pessoas preferem investir em mais terra.

— Investir em terra quer dizer, vamos ser sinceros, ocupar terra pública — eu disse.

— É. Existe um crescimento muito grande dessas áreas em terra pública, porque como o olhar é imobiliário, a terra é mais rentável. As terras são públicas, não têm documento, as pessoas vão chegando, vão entrando e depois vão vendendo para os outros que vão chegando. Não são investidores que querem chegar e fazer uma pecuária. A pecuária é consequência. E o desmatamento também.

— Você está usando palavras suaves como "as pessoas vão chegando". Na verdade, é invasão de terra pública, especulação, impunidade.

— Eu não quero nem entrar no mérito dessa questão, o que a gente vê no Pará é que se a terra não tem a presença do dono, ela é invadida. O que dirá de uma terra que é do governo. Se o governo não dá conta de administrar isso, as pessoas vão entrar.

Mauro Lúcio defendeu a tese de que a única forma de deter o desmatamento é toda terra ter documento. Ter uma função. Como outros entrevistados, ele acha que as terras não destinadas deveriam ter destino, deveriam ser definidas como Unidades de Conservação. Ou então o governo deveria vendê-las. Segundo ele, vender terra de floresta seria um modo de permitir que a pessoa que está irregular passe para a legalidade.

— O maior déficit que a gente tem aqui no Pará, entre Marabá e Redenção, para ficar dentro da lei, é de reserva legal. Aqui estão os maiores déficits. As propriedades não têm a quantidade de floresta necessária. O governo ainda não documentou essas áreas, são terras devolutas, ainda não são áreas de conservação. Ele venderia essas terras para as pessoas que quisessem se legalizar. O governo poderia dizer: "Eu sou o dono, quero que você compre, mas o uso é restrito."

Dificilmente isso daria certo antes de o governo implantar a obediência à lei na região. O preço da terra na Amazônia, quando o governo vende para fins de legalização, é irrisório, o que seria um estímulo às invasões. É o círculo da grilagem: invasão, desmatamento, alguns poucos bois, valorização da terra. Foi o que mais ouvimos ao longo de todas as conversas e entrevistas feitas nessa viagem. O calor aumentava e, como nós e a equipe caminhávamos no pasto, os bois se agitavam correndo de um lado para outro. Eu tentava verificar se havia como sair daquele círculo do crime que cercava a pecuária. Argumentei com Mauro Lúcio que se ele estava tentando cumprir a lei e os outros a descumpriam, ele estava ficando no prejuízo. Ele concordou:

— Esse desmatamento é prejudicial para mim pelos motivos que você falou. Não existe almoço de graça. Tem alguém ganhando dinheiro com o desmatamento, não tem? Alguém está pagando. Esse alguém sou eu. Eu já faço, mas eu quero que a classe dos pecuaristas faça. Que nós monitoremos os nossos fornecedores. Hoje sou monitorado pelo frigorífico. Mas eu tenho que monitorar de quem eu compro. Não vou comprar de quem desmata.

— Você consegue fazer a rastreabilidade?

— Consigo.

— Como consegue?

— Do mesmo jeito que o frigorífico faz comigo. Na hora que eu compro, tenho que saber de quem estou comprando. Eu, pecuarista, tenho que fazer isso. Porque não está prejudicando só a mim. É o meu negócio que está sendo atrapalhado. Quem separa o joio do trigo sou eu. Somos nós.

— Mas eu, consumidora, consigo ter no prato um bife livre de desmatamento?

— Não, ainda não. E nós estamos caminhando a passos largos para um colapso.

— Colapso de quê?

— Se toda hora está aumentando a bandidagem, se só vai aumentando o que é errado, como vou sobreviver?

— E você acha que está aumentando a bandidagem?

— Eu acho que está aumentando o desmatamento. Não sou eu que acho, todo mundo sabe.

Apesar do calor subindo, a conversa continuava e os meninos seguiam andando em torno de nós, gravando tudo. Os bois ora se aproximavam, ora corriam para o outro lado do pasto. A baixa produtividade não é medida apenas pelo fato de ser 0,8 boi por hectare, é que eles engordam na pecuária tradicional 330 gramas por dia. Com manejo, com análise e correção do solo, com cuidado com o pasto e tecnologias já conhecidas, seria possível reunir cinco bois por hectare ganhando 650 gramas por dia.

Segundo o pecuarista, o retorno pode ser muito maior com os cuidados com a terra. Anos atrás, estava se formando um círculo virtuoso em que cada vez mais pecuaristas se esforçavam para manter boas práticas. E então vieram os retrocessos. Os grandes frigoríficos fizeram acordo com o MPF para não comprar de quem desmata e garantem em sua propaganda que fazem isso. Infelizmente, são flagrados com frequência em falhas no seu controle. Como disse Mauro Lúcio, essa é uma tarefa que começa com o pecuarista. Ele não pode ser parte do processo de lavagem do boi. Evidentemente, o frigorífico tem condições de fazer mais do que faz. Os supermercados e o varejo de carne também podem fazer mais do que fazem. O MPF, as polícias estaduais e federal, a fiscalização do Ministério da Agricultura, os líderes da agropecuária, todos podem engrossar a corrente que cerca o crime. Se todos fizessem a sua parte, o consumidor poderia comer carne sem o temor de estar comendo desmatamento e crime.

No fim da entrevista, afastei-me de Mauro Lúcio e saí andando em direção ao rebanho. Ia pensando no que dizer, na passagem a ser gravada ali, sobre tudo que tinha ouvido e visto desde então. A equipe foi me seguindo, sem saber por que eu andava em direção ao gado. Eu apenas pensava em como resumir o que ouvira. Os bois me encararam, mas depois de certo tempo começaram a recuar. Eu me virei, com o rebanho atrás, e olhei para a câmera. O desafio era acertar aquela passagem na primeira tentativa, porque o calor tirava o fôlego de todo mundo e os bois precisavam estar em quadro. Falei o seguinte:

— Em 2021, foi o maior desmatamento da Amazônia em 14 anos, a maior parte, 90%, foi para a construção de pasto para a pecuária. A pecuária é, portanto, o maior vetor do desmatamento. O maior rebanho do Brasil em um município está em São Félix do Xingu. Aqui é a cidade que mais emite gases de efeito estufa, mais do que São Paulo. Também tem a Unidade de Conservação mais desmatada do Brasil, a Terra Indígena mais desmatada do Brasil. Tudo junto. Será que é mesmo fundamental que a pecuária desmate tanto?

Eu estava convencida de que não. A pecuária desmata tanto porque muita gente trabalha para que isso permaneça. Em Brasília, a bancada ruralista ignora todos os bons exemplos e defende propostas que tornam ainda mais fácil grilar e desmatar. Desestimula o bom comportamento. Mas eu ainda encontraria outro caso de produtor tentando acertar o passo. Manoel Carlos Gomes Lemos é de uma família de pecuaristas do interior de São Paulo. A fazenda inicial fica em São José do Rio Preto. Em 2004, o pai dele quis expandir o negócio e foi comprar terra onde ela era — e ainda é — muito mais barata: na Amazônia. Quem me levou até a Fazenda Maringá, de 9.350 hectares, foi a ONG TNC, que tem apoiado produtores que adotam programas de boas práticas, como a do Bem-Estar Animal.

Jovem, alto e com ar de executivo, Manoel usa uma indumentária típica de empresa rural — chapéu texano, camisa xadrez, calça jeans e bota. Ele nos levou, antes de tudo, para o seu escritório e ali iniciou uma apresentação em PowerPoint sobre o planejamento estratégico e a execução do negócio naquela unidade produtora. O problema é que durante a viagem até lá, que fora longa, eu havia cometido o erro de me sentar atrás e ter ficado com o rosto virado para ouvir as explicações do diretor da TNC, que se sentara ao meu lado. Aquelas curvas, a posição e os solavancos foram revirando meu estômago. Cheguei na fazenda inteiramente enjoada, a cabeça pesando. Naquele escuro, eu olhava para a equipe, que se desesperava, porque nada daquilo daria um segundo sequer de imagem. Ninguém vai para a Amazônia para filmar um PowerPoint. Eu bebia água, respirava fundo, mas o enjoo não passava. Fui salva pela assessora da TNC, Fernanda Macedo, que tinha um remédio na bolsa. Tomei e esperei até o fim da apresentação. Quando saímos para o pasto, eu já tinha recuperado as forças e a estabilidade estomacal.

Ficamos entre dois currais. De um lado, os bois que nasceram e foram criados na fazenda, de outro os que ele comprara para engorda. Manoel me explicou que ali era uma espécie de praça de descanso, havia alguma sombra, o sal, a água. Era parte do Bem-Estar Animal. A TNC havia levado até a fazenda técnicos da Esalq, a renomada Escola Superior de Agricultura da USP, e eles haviam indicado onde havia uma APP para recuperar. As APPs são Áreas de Preservação Permanente, caso, por exemplo, da beira de rios e dos topos de morros. Separaram também áreas menos produtivas. Deixaram a mata ser refeita naturalmente e ela se regenerava. Isso tudo teve como resultado o aumento da água na fazenda.

Era o dia 3 de maio de 2022. Pouco mais de um mês antes, no dia 30 de março, Manoel havia convidado seus fornecedores de bezerro e de boi magro a adotar a mesma prática de rastreabilidade que ele. Ele conseguia comprovar para o frigorífico que os bois que fornecia eram ou da Fazenda Maringá ou comprados de bons fornecedores.

— Mas e o fornecedor do fornecedor? — perguntei.

— Essa está sendo a nossa preocupação agora, por isso chamei os fornecedores para essa reunião e vieram 19 produtores. Há sempre resistência, mas a gente já conseguiu bastante adesão.

No momento da reportagem, a exigência do frigorífico era que o pecuarista dissesse de onde estava vindo o boi, quem era o fornecedor direto. Mas o acordo é que, após 2025, o pecuarista terá de contar toda a história do boi.

— Por isso já estamos correndo atrás, para identificar toda a cadeia de fornecedores para regularizar todo mundo.

— Manoel, você está fazendo tudo isso, adotou uma série de regras, está tentando convencer os seus fornecedores, mas o seu vizinho, vamos supor, está fazendo tudo errado. O frigorífico paga mais caro pelo seu boi do que pelo do vizinho?

— Não, por enquanto, não.

— Nos últimos anos aumentou muito o crime ambiental na região. Como você se sente nadando contra a corrente?

— Acho que o cerco está se fechando. Quem tem problemas já não pode vender direto para o frigorífico. A gente sabe das artimanhas de alguns, mas vai chegar uma hora em que se quiser vender o boi ele terá que ser regular.

— Você acha que o mercado de carne está empurrando os ilegais para a legalidade?

— Sim, sem dúvida.

Nem mesmo Manoel, porém, apontado como exemplo, mantinha em sua fazenda a quantidade obrigatória de reserva legal. Faltava ainda uns 10% de mata para cumprir a legislação, que naquela região exige que seja de 50%. Ele não tinha ainda o CAR validado, mas esperava a chegada da fiscalização para breve. Achava que conseguiria validar e contou que estava tentando ampliar sua área de mata. Manoel está fazendo uma aposta de que o futuro será de quem cumprir a lei. Para isso investe e fica na posição. Se o sinal do governo for de incentivo ao crime, ele perde.

— Eu acho que essa parcela de pessoas que permanece ilegal vai sumir — acredita Manoel. — Vai chegar um momento em que essas pessoas não terão como vender a terra delas, porque ninguém vai comprar uma terra irregular, senão será corresponsável pelo que o outro fez. É isso. O cerco está se fechando e vai chegar o momento em que será inevitável diminuírem ou desaparecerem esses problemas.

Manoel estava certo. No dia 30 de maio de 2023, um ano depois daquela conversa, a Febraban anunciou novas regras para financiamento da cadeia de pecuária bovina no país. Até o fim de 2025, os bancos que aderirem a essas regras terão de exigir que seus clientes do setor provem que o gado não está associado ao desmatamento ilegal na região. Frigoríficos terão de implantar a rastreabilidade para obter financiamento em qualquer estado da Região Norte e no Maranhão. Vinte e um bancos já aderiram ao acordo, entre eles o Banco do Brasil, a maior instituição de crédito rural, e o BNDES. Mas fato é que a gente havia dedicado dois dias à procura de bons exemplos, em meio a um mar de ilegalidade, e é preciso ficar claro que os casos que fomos ver eram exceções. A TNC nos informou que havia 11 mil produtores bloqueados por crime ambiental, impedidos, portanto, de fornecerem para os frigoríficos. Só que o pacto feito com os frigoríficos e o Ministério Público Federal era de 2009. Tantos anos depois, os bloqueados continuavam a vender seus bois. O sistema estava, evidentemente, sendo burlado. E contavam-se nos dedos os que realmente tentavam cumprir a lei.

A trava que os bancos deram em 2023 significava mais um passo numa luta que se vê na Amazônia entre o novo e o velho campo. A expectativa é que o novo campo ganhe terreno nos próximos anos, porque, afinal, é preciso se perguntar: tudo isso, o desmatamento, a pecuária que se agigantou na Amazônia, a riqueza dos produtores, os conflitos de terra, o desrespeito visível às leis ambientais do país, os assassinatos impunes, tudo isso leva ao desenvolvimento? O Imazon usou o Índice de Progresso Social (IPS), criado em 2013, para tentar responder a essa questão e analisou um total de 722 cidades da Amazônia Legal. A conclusão do instituto foi de que a destruição da floresta está associada ao baixo desenvolvimento. A média de todos os municípios, nesse índice que mede o progresso social, é 16% inferior à do restante do país.

Para construir o índice, foi preciso juntar 45 indicadores, como saúde, saneamento, segurança, educação, equidade e qualidade do meio ambiente. No Brasil, o Imazon lidera esse estudo na Amazônia Legal. Há várias outras abordagens que mostram que o desmatamento está relacionado à pobreza e às más condições de vida, mas o IPS é uma nova evidência importante disso, por ser um índice síntese e por demonstrar que os indicadores são piores em municípios que desmatam mais. Os dados do último IPS disponível, o de 2021, revelam que os 20 municípios que mais desmatam têm um IPS 21% menor do que o resto do Brasil e até abaixo da média da Amazônia. São Félix do Xingu e Altamira, campeões de desmatamento, têm IPS de 52,94 e 52,95, abaixo do IPS do Brasil, que é de 63,29, e do IPS da Amazônia Legal, que é de 54,59.

As diferenças podem parecer pequenas, mas pense que o município de São Félix tem o maior rebanho do Brasil e números muito negativos de desmatamento. Mesmo assim, seu desempenho social está abaixo do apresentado pelo Brasil e pela Amazônia. Os números do IPS nos trazem mais uma evidência de que o progresso social dos que vivem na região não está vinculado à destruição da floresta.

A produção *em paz com a* floresta

Em 2012, fiz uma série de três reportagens para o *Bom Dia Brasil*. O país estava se preparando para receber uma reunião de representantes do mundo inteiro de balanço da Conferência Rio-92. Era a Rio+20. A pauta era saber o que havia mudado naqueles 20 anos, em que ponto estávamos. Peguei o caminho de Mato Grosso. Lá, em duas décadas, haviam sido desmatados 117 mil km², uma área equivalente a três vezes o estado do Rio de Janeiro. O Brasil, como um todo, tinha desmatado, em 20 anos, 328 mil km². Mas, naquele 2012, o país estava otimista e com a sensação de estar ganhando a guerra, porque o desmate havia chegado ao seu menor número.

Assim que desembarquei em Sinop, fui ao Ibama e, depois, à Embrapa. A Empresa de Pesquisa Agropecuária, como se sabe, tem especialidades diferentes em cada parte do Brasil. Lá em Sinop funcionava uma recém-instalada Embrapa Agrossilvipastoril. A ideia que eles estavam desenvolvendo, desde 2009, era a de estimular produtores a conciliar agricultura, pecuária e floresta. Eram contrastantes as sedes dos dois órgãos. A da Embrapa era agradável, ventilada, bonita e toda de madeira. A do Ibama, um imóvel sem graça, com divisórias metálicas e ar de repartição de parcos recursos. Curioso é que a madeira para a construção da sede da empresa de pesquisa agropecuária havia sido doada pelo Ibama, como resultado de suas apreensões.

O esquisito nome da cidade tem uma explicação. Sinop é sigla. Quer dizer Sociedade Imobiliária do Noroeste Paranaense, que fica em Mato Grosso. Nasceu nos anos 1970, quando o governo distribuiu grandes áreas de terra para empresas a fim de forçar a ocupação da Amazônia e do Cerrado. A cidade fica numa área de transição entre os dois biomas e, naquele momento, estava em transição entre a velha e a nova forma de produção, entre as velhas e as novas práticas. O nome do aeroporto já indicava que pelo menos parte da cidade estava presa ao passado: era Aeroporto Municipal Presidente João Baptista Figueiredo. No pátio do Ibama tratores, retroescavadeiras e correntões tomados de criminosos ambientais da região mostravam o rastro dos flagrantes do crime ambiental, ou seja, os funcionários estavam mal instalados, mas me pareceram eficientes.

O balanço daqueles quatro meses do ano de 2012 era bom. Haviam sido expedidas multas que somavam R$ 78 milhões, lavrados 125 autos de infração, embargados 7 mil hectares de terras e apreendidos 41 tratores. Ilustrei a reportagem com um dos tratores adaptados para o desmatamento, com garras para remover as árvores de maior valor e lâminas para cortá-las. Quando eu estava na cidade, foi desencadeada a maior operação daquele ano contra o desmatamento ilegal, numa área de 500 hectares. Flagramos então máquinas e o correntão. O Ibama de Sinop cuidava de 30 municípios, por isso os funcionários trabalhavam com metas e método.

— A estratégia é descapitalizar o potencial infrator. Nós vamos retirar o equipamento dele. Se ele persistir, nós vamos tirar o grão que ele produzir — me disse, na época, Evandro Selva, gerente executivo do Ibama.

Na empresa que dava assistência aos produtores, nossa equipe viu os exemplos da experiência que tentava convencer os fazendeiros de soja ou os pecuaristas da região de que eles seriam mais produtivos se manejassem com inteligência e técnica o espaço das propriedades, mantendo a floresta em pé e explorando os frutos das espécies nativas. O que era teoria e experimento em 2012 na sede da Embrapa de Sinop, eu vi na prática, em 2022, com a equipe da GloboNews, entre os pequenos agricultores do Pará. Eles faziam o certo e sabiam o que faziam. Acreditavam realmente que a conciliação entre agricultura, pecuária e floresta era possível. Por isso quero dar outro salto no tempo e voltar a 3 de maio de 2022, à viagem a São Félix do Xingu.

Ao fim da visita à fazenda de Manoel Carlos, que fica na Gleba Xingu, tomamos a estrada para a Fazenda Santa Luzia I, localizada na Comunidade Nereu, ainda no município de São Félix, mas a 120 quilômetros da propriedade de Manoel. Na Santa Luzia I, passei horas divertidas e agradáveis com Edro Rodrigues dos Reis, o "seu" Edro, e sua família. Esse é o mesmo seu Edro que mencionei na reportagem do *Globo* transcrita aqui. Em sua pequena terra, ele resistia à tentação do garimpo e se dedicava, com a família, a um pequeno gado de corte e de leite, algumas culturas agrícolas e uma produção crescente de cacau. Em certas áreas da fazenda, inserida no sistema agroflorestal, o cacau foi replantado junto com outras espécies de árvores amazônicas.

— Venham aqui, venham comer puxa. Depois endurece — apressou-nos seu Edro.

A fala dele pareceu incompreensível aos meus colegas. Cláudio Renato me cochichou perguntando o que ele estava dizendo, mas eu havia entendido perfeitamente, por causa dos meus tempos no interior de Minas. Ele estava fazendo rapadura de cana-de-açúcar. A Santa Luzia I tem aquele ambiente agradável das misturas. Via-se a floresta por perto, alguns bois no pasto, e havia uma casa avarandada voltada para a mata. Andando pela lateral, encontrava-se um grande pátio, onde secavam as sementes de cacau. Mais distante um pouco, ficava a plantação de cacau que visitaríamos. Próximo da casa, num terreno mais embaixo, Edro fazia rapadura em grandes tachos. Há um ponto, antes de a rapadura endurecer, em que a consistência é de bala macia. Esse é o "puxa", que meus amigos desconheciam. A pressa do Edro tinha razão de ser — joga-se um pouco da calda na água fria e sai a balinha doce, mas, passado o ponto, não se consegue mais fazer a bala.

O que fomos ver lá valia a pena contar. Seu Edro vive daquela terra há muito tempo, criou os filhos nela — a mais nova, Ana Kelle, e o mais velho, Edmilson, casado com Maria Helena. E essas duas jovens acabaram sendo as personagens principais da história que eu estava escrevendo ali. Edro produzia cacau sempre com meeiro. O último fora tão descuidado que a terra se deteriorou, a plantação também, deu praga. Aí Maria Helena e Ana Kelle propuseram ser as meeiras de seu Edro. Maria Helena vinha com a experiência de plantar na própria terra, junto com o marido. Foram elas que recuperaram a plantação e introduziram novas espécies de plantas amazônicas na Santa Luzia I, para aumentar a produtividade, e plantaram mudas de cacau. Aquelas sementes que estavam secando tinham sido da primeira colheita, mais de uma tonelada, e já iam ser vendidas. E havia mais cacau no pé para ser colhido.

— O pai colocou um meeiro que não estava zelando, não estava dando o que precisava. Aí o pai falou: "Se for para cuidar assim, pode ir embora." Aí eu e Maria Helena conversamos: "Bora pegar? Vambora." E pegamos — contou Ana Kelle.

Era mais uma ousadia feminina, porque eram duas mulheres que iriam fazer tudo diferente da produção tradicional. Maria Helena, mãe de dois filhos, de vez em quando carrega as crianças para a lida, entre elas Mayza, interessadíssima em tudo o que a mãe explica.

— Pra mim, cacau é como se você cuidasse de uma criança, você tem aquele trabalho — comparou Maria Helena. — O plantio da semente, o berçário, depois tem que cuidar. Floresta é isso, esse cuidado que a gente tem que ter permanente. A gente tá trabalhando duro, mas está tendo resultado.

Ana Kelle lembrou que o produtor anterior tinha deixado o cacaueiro com muitas doenças. E Maria Helena acrescentou:

— Quando a gente pegou ele, estava completamente infestado de vassoura de bruxa, doenças, podridão, estava uma área suja. Ele não tinha controle do que ele produzia e do que se perdia. A gente tá anotando tudo. E vamos melhorar.

O cacau é nativo da Amazônia, mas, normalmente, nos chamados sistemas agroflorestais, é preciso manter outras espécies no meio da produção. Elas me apontaram as árvores preservadas. Jaborandi, cajazinha, castanheira, sapucaia. Nas conversas, falaram também dos animais que circulam por lá, inclusive comendo parte da produção. Anta, paca, quati, macaco.

Ana Kelle achava que alguns eram até indesejáveis, porque reduziam a produtividade, mas Maria Helena pedia calma à cunhada.

— A gente também tem a compreensão assim de que, com o desmatamento e essas coisas, o cacau acaba sendo um ambiente perfeito para eles. Aqui eles vão encontrar comida, vão se sentir à vontade nesse ambiente. Aí eu falo para ela assim: "Aqui tem bastante bicho consumindo nosso cacau, então a gente tem que combater as doenças ainda mais, para poder fazer ele produzir mais e dividir pra todo mundo." Sem nenhum tipo de estudo, o que a gente perde com eles é bem menos do que para a doença.

Seu Edro entrou na conversa, fazendo uma brincadeira:

— Fica sendo a meia, você trabalha pra você e o resto para a bicharada.

— É gostoso, faz parte do ecossistema, faz parte do todo — resumiu Maria Helena. — Não adianta ser só nós aqui. Se fosse só nós aqui não existiria o resto, se não existisse o resto, não existiria a gente.

E o resto existia ali porque aquela propriedade tinha uma reserva que enchia de interesse os vizinhos, que tentavam ir lá caçar para revender. Uma paca, R$ 100.

— O vizinho veio aqui e pediu para caçar uma paca para comer, eu deixei. No outro dia voltou o mesmo e pediu. Não deixei. Ele tem 20 alqueires, por que não largou uns alqueires para a reserva? — contou seu Edro.

— Eu acho que as pessoas deviam ter mais consciência, porque se não parar e ficar desmatando, desmatando, vai acabar a floresta. Tudo o que você vai tirando e não vai repondo acaba — disse Ana Kelle.

Eu andava encantada pelo cacaueiro arborizado, enquanto conversava com as jovens agricultoras. Pisava numa bonita serrapilheira, comia cacau do pé, via uma fonte de água que brotava. Segundo elas, a fonte reapareceu depois do fino trato com o cacau. Elas tiveram ajuda de um técnico agroflorestal, Jessé Ramos, da TNC. Mas o esforço era mesmo delas.

— A gente vem cedo. Derruba o cacau, junta, a gente faz todo o trabalho. Poda, cuida — detalhou Ana Kelle, que estava com unhas bem-feitas, leve maquiagem, e mostrava destreza no manejo de uma ferramenta com a qual se derruba o cacau de galhos mais altos.

— E aí você tem duas mulheres tomando a frente de um cacau, indo contra o que os outros fazem, porque ninguém faz o trato certinho. A gente está fazendo e está vendo o resultado. Agora mesmo a gente fez uma colheita de 1.100 quilos nesta área, e o que tem para colher a gente acredita que vai dar uns mil quilos de novo. Então, isso prova que a gente é capaz. Que se a gente quiser, a gente pode trabalhar em qualquer área, em qualquer ambiente a gente consegue. Só não se importar, né? Deixa que os outros falem — completou Maria Helena, terminando a fala feminista com uma bela risada de triunfo.

Ana Kelle me disse que haviam começado naquele ano a produção de polpas de frutas e fez a lista das delícias: açaí, maracujá, cacau, cajá, goiaba, cupuaçu, taperebá. E até uma fruta da região de nome "golosa". Faz sucesso por ser específica de São Félix, mas confesso que não gostei.

— Golosa eu nunca tinha ouvido falar. Tomei outro dia aqui em São Félix um suco de golosa, mas depois a minha boca ficou prendendo, os lábios prendiam como se eu tivesse passado aquele tipo de batom meloso — contei, para gargalhada geral dos locais.

Conversei com o técnico em conservação ambiental Jessé Ramos, também morador da região. Perguntei a ele se o sistema adotado na fazenda era o que, tecnicamente, é chamado de agroflorestal.

— Justamente, aqui nesse cacaueiro e em redor há um consórcio com espécies endêmicas da região, como a sapucaia. Por baixo a gente vê. Tem ipê, sapucaia e castanheira. Esse arranjo com árvores faz com que as plantas tenham maior durabilidade, faz com que haja mais conforto térmico e as plantas precisam de menos irrigação. Quanto mais próximo e semelhante ao ambiente natural for, mais fértil será o solo, por causa da ciclagem de nutrientes que as árvores vão deixar. Essa serrapilheira reduz o custo de adubação. Meu trabalho aqui é orientar a melhoria da cadeia produtiva do cacau com arranjos agroflorestais.

A conversa havia começado na varanda da casa de seu Edro, com ele explicando sua forma de produção, a queda da receita na pandemia, suas preocupações com o futuro da Amazônia na era Bolsonaro, o assédio dos garimpeiros que queriam entrar nas terras dele. Depois, andamos juntos pela propriedade, comemos o puxa, nos refrescamos debaixo do cacaueiro. Era um homem adaptado à lida naquele campo que se mistura com a floresta. Mas, ao mesmo tempo, era uma testemunha da devastação. Todos eles tinham histórias para contar sobre como a floresta estava desaparecendo aos poucos, alterando o regime de chuvas.

Escurecia quando nossa equipe tomou o caminho de volta para o centro de São Félix do Xingu. Dias depois, nós reencontraríamos as duas, Ana Kelle e Maria Helena, na visita que faríamos à Associação das Mulheres Produtoras de Polpa de Frutas de São Félix, da qual elas também fazem parte. Mayza, a filha de Maria Helena, tem reivindicado a camisa da entidade. Do alto dos seus 6 anos, declarou, com orgulho, que era parte da Associação de Mulheres e também "agricultora". Na Amazônia, a gente oscila entre a esperança e o desânimo. É como se a encruzilhada estivesse posta o tempo todo em cada ponto da estrada. Naquele momento de 2022, estava claro para todos que o Brasil havia retrocedido. Por outro lado, pessoas resistiam. Por alguma razão, resistiam. Por estratégia, por teimosia, por coragem, por amor. No entanto, eram meses tensos e, naquele lugar em que estávamos, os que apostavam na destruição da floresta aguardavam as eleições para dobrar a aposta no projeto de pôr a floresta abaixo.

"O correr da vida embrulha tudo", escreveu Guimarães Rosa. E eu vou embrulhando esse relato. Quero, de novo, voltar à viagem de 2012, dez anos antes, naquela ida a Sinop. Na época, visitei também a cidade de Alta Floresta para registrar um momento de virada para melhor com uma série de reportagens, por ocasião da Rio+20. Gustavo Gomes, Luiz Paulo Mesquita, Cesar David e eu fomos do Rio de Janeiro para São Paulo, Campinas, Brasília, Sinop e Alta Floresta, buscando esse fio da meada entre o ultraurbano e a floresta, entre a pesquisa e a prática, entre os diferentes impactos da mudança climática.

Alta Floresta havia passado por um processo implacável de desmatamento a cada ciclo econômico — exploração de madeira, garimpo ilegal, pecuária. Em 2012, estava colhendo os primeiros frutos do retorno à proteção, depois de ter ido fundo demais no caminho da destruição. O desmatamento a havia levado a um ponto-limite. A cidade, anteriormente, era conhecida por sua floresta densa, daí o nome, e seus milhares de nascentes de água. Havia 6 mil nascentes conhecidas no entorno do município. Mas o desmatamento foi tão violento que as fontes começaram a secar. Em 2007, Alta Floresta entrou na lista vermelha dos 40 municípios que mais eram desmatados no Brasil. Em 2010, enfrentou uma seca inédita em sua história. Era uma escalada de más notícias. A falta de água na cidade das nascentes foi o alerta que os habitantes ouviram.

Começou então o caminho de volta. Inspirada na paraense Paragominas, que de campeã de desmatamento transformara-se em exemplo de proteção em anos anteriores, numa virada que eu também acompanhara, Alta Floresta adotou uma mudança que unia as autoridades do município, organizações da sociedade e produtores. As nascentes passaram a ser isoladas e protegidas. Quando fui lá, 1.200 delas já estavam recuperadas. O desmatamento passou a ser combatido e os produtores estavam sendo atraídos pelas técnicas da Embrapa de conciliação entre agricultura, pecuária e floresta.

Visitei um produtor, Rodrigo Arpini, que estava colhendo frutos da troca de método de produção. Era pecuarista, mas seus pastos estavam degradados. Ele plantou arroz por dois anos em parte dos pastos e, com essa técnica, conseguiu recuperá-los para a pecuária. Introduziu o sistema de rotação do pasto. O mais importante é que reservou parte da propriedade para a recuperação da mata e protegeu as margens do rio que passava por sua terra. Eu estava lá num dia de replantio da beira do rio, no estilo muvuca. Eles misturam várias sementes e plantam no entorno dos cursos d'água. Assim a mata ciliar já renasce com diversidade. Foi gostoso colocar as mãos nas sementes, misturá-las e plantar com esperança.

— A minha área há três anos não tinha preservação — me disse Arpini. — Hoje tem. Eu diminuí minha área produtiva e dobrei a minha capacidade de produção, então é perfeitamente possível a gente fazer isso.

Conversei com a então secretária do Meio Ambiente de Alta Floresta, a jovem Gercilene Meira.

— Existem vários municípios que têm nos ligado e perguntado como Alta Floresta fez isso — informou Gercilene. — Porque o grande desafio é como fazer, como viver com sustentabilidade.

Era a corrente dos bons exemplos. Alta Floresta aprendera com Paragominas e agora estava ensinando. Nós estávamos lá quando veio a notícia que aguardavam com ansiedade: a cidade havia sido tirada da lista das que mais desmatam. Das 40 cidades, só três haviam conseguido o feito naquele ano.

Entre as duas reportagens — a de 2012 e a de 2022 —, a história foi intensa no Brasil. Em 2012, o Brasil estava trilhando o caminho de redução do desmatamento e do estímulo às boas práticas, que começaram quando Marina Silva assumiu o Ministério do Meio Ambiente, em 2003. O país vinha melhorando um pouco a cada ano e parecia que continuaria sempre assim. Contudo, a partir de 2013, o desmatamento voltou a aumentar e seguiu nesse ritmo ano a ano. Em 2022, último ano do governo Bolsonaro, o país acabara de passar por quatro anos de desmonte sistemático e deliberado da política ambiental.

O Brasil, nas últimas décadas, tem vivido esses ciclos de aumento de desmatamento seguido de períodos de controle. Paragominas era uma cidade que tinha ido de um extremo a outro. Fui em 2008, retornei anos depois e o esforço de proteção estava funcionando. O que estaria acontecendo na cidade depois de iniciado o governo Bolsonaro? O procurador do Ministério Público Federal Daniel Azeredo, que entrevistei em 2020 para este livro, me repassou uma conversa que ele teve com o ex-prefeito do município, Adnan Demachki. Ele havia administrado a cidade de 2005 a 2013, durante o processo de derrubada do desmatamento, e elegeu o sucessor, Paulo Tocantins, que permaneceu no cargo de 2013 a 2020.

Naquele ano, 2020, os dados do Inpe informaram que Paragominas apresentara o menor índice de desmatamento da sua história: 10 km² (0,05% do município). Para se ter ideia, Paragominas é do tamanho de Sergipe. Os vizinhos tiveram uma taxa 10 a 20 vezes maior. Dos 10 km² desmatados, 15% foram desmate legalmente autorizado para a extração de bauxita. Em 2005, a cidade perdera 330 km² de florestas e por isso foi incluída na lista elaborada pelo Ministério do Meio Ambiente dos 36 municípios críticos, o Arco do Desmatamento. O município reagiu, sob o comando do prefeito, fez um pacto pelo desmatamento zero e começou o projeto de Município Verde. Em 2010, conseguiu sair da lista, derrubando a taxa para 44 km². Ao longo de 12 anos, a taxa continuou caindo e seu método passou a ser copiado por outras cidades, como Alta Floresta.

Paragominas persistiu no projeto, mesmo quando do governo federal vinham incentivos ao desmatamento. O ex-prefeito derruba com números a ideia de que desmatamento é igual a desenvolvimento. Com a redução do desmatamento, o PIB *per capita* quase triplicou, a taxa de mortalidade infantil caiu, melhoraram os indicadores do Ideb, o percentual da população com acesso a água encanada e esgoto aumentou. Esse misto de sentimento é o que fica em viagens à Amazônia. Alguns municípios e alguns produtores fazem esforço para caminhar na direção certa. Mas o estímulo do governo federal, nos quatro anos de 2019 a 2022, foi muito forte no sentido de desrespeitar as leis ambientais do país. O que aconteceria com a Amazônia com mais quatro anos daquela política? Em maio de 2022, a dúvida era esta: que caminho tomará a Amazônia? As urnas disseram que o país não poderia continuar com aquela política.

A árvore *morta*, os pastos *vazios* e *a* surpresa

Era bem cedo quando saímos do hotel para ir à APA Triunfo do Xingu. Norton, Cláudio Renato, Quintão, Jefferson e eu tomamos a primeira balsa para atravessar o rio. A Unidade de Conservação foi criada em 2006 com 1,7 milhão de hectares. Uma APA não é uma unidade de proteção integral, como um Parque Nacional. Pode fazer uso dos recursos naturais, desde que seja de forma sustentável. É área protegida, mas não para ficar intocada. O dia seria longo, com boas histórias e algumas surpresas.

Havia uma tensão na balsa. Duas pessoas do governo do Pará foram conosco. A UC Triunfo do Xingu é estadual e, ainda em Belém, pedimos permissão ao governo do Pará para entrar. Como resposta, fomos orientados a falar com Socorro Almeida, diretora de Gestão e Monitoramento de Unidades de Conservação do Ideflor-Bio, responsável pelas 27 UCs do Pará. Chegamos para a reunião e ela estava acompanhada do gerente da APA Triunfo do Xingu, Dilson Lopes. Na conversa, Socorro nos mostrou o grande mapa do Pará. Argumentou, já na defensiva, que se estávamos querendo ver aquela UC, por que não ver outras, como as do norte do estado, por exemplo, a da Calha Norte, onde há florestas bem preservadas? Diante do mapa daquele estado enorme, Socorro discorreu sobre a complexidade do trabalho de acompanhar o que acontecia em tantas áreas. Eu disse que entendia. Dilson, mais espinhoso, nos interrogava sobre o que queríamos ver lá.

— É a mais desmatada do Brasil. Isso é notícia — respondi.

Ficou acertado que iríamos à APA, mas eles iriam junto. Aproveitei e pedi uma cópia do mapa, com todas as reservas, florestas e UCs marcadas, já pensando em futuras viagens. Naquela manhã, nos encontramos na entrada da balsa quando ainda amanhecia. Fiquei no carro estudando alguns dados da APA. Foi quando Cláudio Renato veio me dizer que achava melhor eu ir lá fora conversar com Socorro e Dilson porque ambos tinham programado tantas visitas a bons exemplos que nos deixariam sem tempo de fazer qualquer outra coisa. O que mais irrita jornalista é a sensação de estar sendo monitorado e guiado. Fui lá. Ouvi a explicação deles e argumentei:

— Vocês estão querendo mostrar as boas notícias numa grande má notícia. Essa área de preservação tem sido muito destruída. Nós queremos imagens, queremos viajar na APA para ver a situação. Vocês querem contar os casos bons. Nós gostamos também desses casos. Podemos ter um dia produtivo para todos. Vamos nessa visita aqui, mas antes disso passamos algumas horas circulando por lá. Não queremos fazer uma visita guiada.

Eles entenderam, o clima desanuviou e passamos a falar sobre a APA em si. Ela pertence às UCs criadas pelos governos federal e estadual na Terra do Meio, após a morte da irmã Dorothy. A religiosa Dorothy Mae Stang foi assassinada no município de Anapu em 12 de fevereiro de 2005, época em que o primeiro governo Lula implantava sua forte política de combate ao desmatamento. A irmã, em sua defesa dos pobres e do meio ambiente, contrariava interesses dos madeireiros e deles recebia ameaça de morte. Levou seis tiros aos 73 anos de idade, quando caminhava numa estrada da região, no mesmo dia em que o ambientalismo comemorava o início da Reserva Extrativista Verde para Sempre, no Pará, e sua morte provocou uma comoção no país.

Em reação, o governo Lula, em seu primeiro mandato, criou várias UCs, como a Estação Ecológica Terra do Meio. Um ano depois, foram mais oito UCs ao longo da BR-163 no que foi considerado, então, o maior pacote ambiental da história do país. O governo do Pará também instalou áreas de preservação estaduais, como a APA Triunfo do Xingu. O esforço conteve a ação do crime por um tempo, depois a criminalidade voltou a se fortalecer. Nos últimos anos, a devastação ressurgira com força. A Estação Ecológica Terra do Meio, federal, teve 21 quilômetros quadrados derrubados em 2021, uma área 91% maior do que no ano anterior. Estava na lista das dez mais desmatadas, liderada pela Triunfo do Xingu. O país estava claramente numa escalada e ali era o centro. O meio do redemoinho.

Entramos na UC Triunfo do Xingu esperando ver floresta. Não havia floresta. Às vezes, conseguíamos avistar ao longe áreas de mata, mas o descampado era a imagem mais comum. Logo nos primeiros quilômetros, nos deparamos com uma cena que valia a pena usar como ilustração eloquente da história que queríamos contar. Havia uma árvore. Linda, enorme. Caída. Em volta dela, o nada. O pasto vazio. Lá no fundo, um verde escasso. A área estava com cerca e havia uma porteira fechada com corrente. Mas aquela árvore, morta por corte raso, ao lado de um pequeno pedaço do tronco ainda enraizado, mostrava que na Amazônia se mata por nada. Certamente ela fizera sombra a eventuais bovinos. Certamente embelezara o pasto inútil. Certamente nenhum mal faria. Fora cortada apenas pelo horror de alguém ao ser vivo vegetal. Paramos o carro, descemos e ficamos olhando a cena em silêncio. Norton pegou a câmera, Quintão pegou o drone, Jefferson investigou o som em volta. Tudo era silêncio. Cláudio

Renato tomou notas. Um deles perguntou como chegaríamos mais perto. Eu subi na porteira e disse:

— Assim, pulando a cerca.

Eles me seguiram. Eu, sentada no toco que restou da árvore caída, no vazio do pasto improdutivo, gravei que a Amazônia estava numa encruzilhada. Não precisei descrever a cena, ela revelava por si mesma, de forma contundente, a morte sem sentido e sem propósito das árvores da Amazônia. Comecei falando para a câmera de Norton e terminei sendo registrada pelo drone, que se aproximava. Era uma conversa sincera que eu queria ter com quem me ouvisse. Contei que, antes de sairmos da redação para a reportagem, nos perguntamos: "Que futuro terá o Brasil se a Amazônia não tiver futuro?" Contei, ainda, que em uma semana no Pará quase não tínhamos visto floresta, e a sensação era de que a Amazônia estava numa encruzilhada.

Aquela cena passou a ser, para mim, o cartão-postal daquela Unidade de Conservação: uma enorme árvore cortada por nenhum motivo aparente. Não ameaçava ninguém, nada impedia, dava apenas sombra aos viventes. A morte inútil da floresta. Viajamos pela Triunfo do Xingu sem ver mata por muitos quilômetros. Nem mata nem nada. Havia bois. Bois havia. Mas eram poucos, não chegavam a indicar uma unidade produtiva. Raramente se via alguma casa. Era sobre isso que os especialistas tinham alertado. A terra é desmatada, juntam-se ali alguns bois e diz-se que a área é produtiva. O desmatamento lá fora feito havia algum tempo — é o que, no jargão dos produtores, é chamado de "área consolidada". A especulação é isso. Ocupa terra pública, desmata, coloca alguns bois, deixa o tempo passar e depois diz que é área consolidada ou desmatamento antigo. Com o fato consumado, aparece algum projeto no Congresso pedindo anistia.

Em determinado ponto da estrada, encontramos uma vendinha. Meus companheiros quiseram comprar água. Eu havia levado a minha garrafa, mas eles não e estavam com sede. Pagávamos o que tínhamos comprado quando ouvimos um barulho. Notável ruído naquele silêncio. Olhei para fora e vi vários carros parando um atrás do outro. Era um comboio. Saí imediatamente e fui perguntar ao motorista do primeiro carro o que era aquilo. Fui tão rapidamente, que parte da conversa não foi gravada, porque cheguei antes do cinegrafista.

Na frente, havia dois carros do Ibama e, atrás, carros da Polícia Rodoviária Federal e da Força Nacional. Perguntei ao motorista do primeiro carro para onde eles estavam indo e que operação era aquela. Experiente, Roberto Scarpari, fiscal do Ibama, me mostrou um mapa. Disse que recebera um alerta de desmatamento detectado por satélite e que estavam indo para as coordenadas indicadas. Perguntei se esse tipo de alerta era frequente naquela unidade e ele me contou uma incrível história:

— A área aqui é totalmente embargada, a gente tem ações de anos e anos, desde a morte da irmã Dorothy. O pessoal invade, mas usa "laranjas". Então, fazer a busca e identificar quem efetivamente é o responsável por algo aqui é difícil. Eles pagam para usar outro nome, R$ 50 mil. Em Novo Progresso, já chegou a R$ 100 mil para emprestar o nome. Uma vez a gente foi ver um desmatamento e o borracheiro aparecia em todos os documentos.

Eles saem para a fiscalização já sabendo que a luta será para ver a verdade através dos nomes que servem de fachada e de documentos falsificados.

— Como vocês, do Ibama, lidam com tanta impunidade?

— Pois é. Nós fomos muitos já. Agora somos poucos e a gente faz o que pode.

Ele não disse para onde estava indo, mas achamos que aquele era um desses momentos de sorte que o repórter na rua tem.

— Podemos seguir vocês?

— Vocês estão por sua conta — disse Scarpari.

O carro da frente, do Ibama, arrancou, os outros partiram em seguida, os nossos dois carros e o do governo do Pará também. Acabávamos de aderir ao comboio que ia não se sabe para onde, no ermo de uma Unidade de Conservação desmatada. Socorro e Dilson, do governo do Pará, desaconselharam nossa ida:

— Quando eles falam assim, é porque não querem vocês.

— Mas aí é que a gente quer mesmo — respondi.

Fomos. Maior poeirão. Para onde? Não sabíamos. Viajamos 120 quilômetros para dentro da reserva e a paisagem era a mesma. Sem floresta por perto. Ao longe, de vez em quando, era possível ver um conjunto de árvores. A estrada de terra passou a ficar enlameada, os carros sambavam um pouco. Eles pararam.

— Vocês tiveram essa informação por satélite? — perguntei, para me certificar da informação já dada.

— Sim, de que o desmatamento está em andamento — respondeu Scarpari.

— Em plena época de chuvas, mesmo assim houve desmatamento?

— Talvez por estratégia, porque sabem da dificuldade da gente para alcançar essa área. Aqui tem umas estruturas abandonadas, mas parece que faziam parte da logística, então, muito provavelmente, eles estavam usando o rio para escoar.

— Madeira?

— Acho que pecuária ilegal. Você viu que tem bois, né? Existem muitas áreas embargadas aqui.

Se a área está embargada, não pode ser usada para nenhuma atividade produtiva até que se resolva a razão do embargo, certamente algum crime ambiental, ou ocupação ilegal. Portanto, o boi criado ali era ilegal. Nós estávamos parados numa estradinha enlameada, uma das nossas picapes ficara atolada, depois de horas seguindo aqueles carros oficiais, e nada ainda havia sido encontrado.

— Vocês fizeram um planejamento da operação? — perguntei ao funcionário do Ibama.

— Tem um traçado que foi estabelecido pelas imagens — respondeu Scarpari. — O pessoal da geolocalização tenta identificar caminhos para a gente conseguir atingir a materialidade, no caso, o desmatamento que está aqui na imagem. A gente já tem suspeitos, mas temos que fechar um quebra-cabeça. O desmatamento ainda está distante daqui.

O outro servidor do Ibama, que ia no banco de carona, pouco falava. Os do carro de trás, lá pelas tantas, quebraram o gelo e me contaram das dificuldades do cotidiano do órgão — orçamento curto, poucos servidores, nenhum apoio dos chefes. Da PRF só um aceitou conversar, os outros ficaram a distância, com suas armas expostas. Os da Força Nacional também estavam distantes. Scarpari era o único falante, e ele apontava para a desoladora paisagem em volta:

— Do lado de lá, a gente percebe que teve desmatamento. Ali já passou o trator, já foi feito o trabalho de preparar o pasto.

Retomamos o caminho, depois de desatolar a picape até com uma forcinha da Força Nacional. A estrada cada vez mais precária. Em determinado momento, não havia mais estrada. Nessa área perto do rio, havia resquícios de mata, mas parecia ser o fim do caminho para nós. Os carros não conseguiam ir adiante. Scarpari nos contou que o local correto ficava ainda a uns cinco quilômetros e a distância teria que ser percorrida a pé, porque ali a mata estava mais presente e o chão mais encharcado. Deixaram o carro e saíram andando com os cantis e as armas.

Norton e Quintão tiveram a ideia de pegar com eles a localização precisa do alerta de desmatamento e subiram o drone atrás do ponto indicado. Em minutos, as imagens no aparelho revelaram uma grande área de recente desmatamento. Gravei um relato para a reportagem, com a imagem dos servidores ao fundo, caminhando.

— Os agentes do Ibama, da Polícia Rodoviária Federal e da Força Nacional foram andando a pé, cinco quilômetros, atrás do flagrante do crime que o nosso drone conseguiu pegar. Ele pegou exatamente o que eles disseram que tinham visto por imagens de satélite, um desmatamento ilegal — eu acabava de falar e a câmera mostrava a cena da floresta em corte raso no visor do drone.

Nós não conseguiríamos ir até lá com todos os nossos equipamentos, e isso nos tiraria totalmente do rumo. Havia muita coisa a ver ainda naquele dia. Mais tarde, entramos em contato com o Ibama. Nem eles tinham chegado até a área de desmatamento. Depois de certo ponto, viram que só de barco chegariam ao local. Voltaram e fizeram outra abordagem, dias depois. Prenderam na área alguém que se dizia proprietário. Não era. Era um "laranja" que já fora preso outras vezes em outros flagrantes.

Quando nos separamos dos agentes, pegamos o caminho para encontrar a área de um pequeno produtor que trabalhava de forma sustentável, com tudo legalizado, no sistema agroflorestal. Só que a gente havia entrado muito na reserva, estava longe do local, e no carro só tínhamos para comer algumas frutas que Norton, felizmente, comprara na véspera. Foi quando deu vontade de ir ao banheiro, depois de horas tomando água para não secar, naquela longa manhã de corrida atrás das forças federais. E nada havia no horizonte, nenhum estabelecimento comercial, nenhuma casa. Quando já perdia a esperança, vi uma casa. Aliás, duas. Paramos. Fomos andando rápido, as mais necessitadas. Eu e Aldirene, assessora de imprensa do governo do Pará. E só conto esse caso aqui porque há um dado interessante para entender esses ermos, onde o crime se instala com facilidade.

A primeira casa parecia não ter ninguém, mas, curiosamente, havia sinais de que tudo acabara de ser arrumado. A cozinha era aberta como uma varanda e fechada apenas por um portãozinho. Entramos, batendo palmas. Ninguém aparecia. Nem encontramos banheiro na parte de fora. Havia uma porta que dava acesso ao interior da casa. Abri devagar, gritando, como aprendera em Minas: "Ô de casa!" Aldirene pediu cautela. Lá dentro estava tudo na penumbra. E silencioso. A porta aberta dava para uma espécie de sala, com portas laterais. Abri uma a uma, sempre perguntando se havia alguém em casa. Eram quartos. Fechados. Abri devagar a porta de cada um, onde havia lençóis dobrados em cima da cama. Nada de banheiro.

— Gente, onde esse povo faz suas necessidades? — perguntou Aldirene.

Nada, uma casa com vários quartos sem banheiro. Saímos. Na cozinha avarandada, Quintão e Jefferson procuravam algo no fogão. Fui andando em direção à outra casa para fazer a mesma busca de banheiro. Lá no fundo do quintal, vi três homens. Concluí que eram os moradores e poderiam nos ajudar. Agitei os braços e gritei.

— Oi??? Moram aqui? Podem falar comigo?

Os homens estranhamente sumiram. Vi apenas os chapéus baixando, como se eles estivessem se agachando, como se tivessem algo a esconder. Nada nos restou, a não ser entrar nessa segunda casa, que, felizmente, tinha um banheiro, e limpo.

Na saída do banheiro, os homens ainda não haviam dado as caras. Quintão me aguardava com um copinho descartável na mão.

— Quer café?

— Onde você pegou isso, menino?

— Na cozinha, está fresquinho.

O café, saboroso, parecia ter acabado de ser passado. Mas os moradores das casas queriam distância de qualquer visita. Norton sugeriu que fôssemos logo embora. Estava evidente que alguma ilegalidade queriam ocultar. Como a gente havia passado antes por ali com o comboio das forças federais, talvez pensassem que éramos policiais ou fiscais do Ibama. Por isso se esconderam. Nada nas casas dava a impressão de ilegalidade. Eram construções sólidas, casas bem-feitas e não barracão improvisado. Contudo, o fato era que os moradores nos viram e fugiram do contato. Isso era muito suspeito.

Quando a gente viaja para a Amazônia, encontra esses sinais suspeitos com frequência. Na travessia do rio Xingu para a visita à APA Triunfo do Xingu, um ônibus entrou na balsa. Na placa de identificação estava escrito Vila Canópolis. Lá dentro estava cheio de garimpeiros. Eles tinham como destino um garimpo ilegal de ouro e cassiterita a 300 quilômetros de distância, nos limites da Estação Ecológica Terra do Meio. O crime ocorre assim, à vista de todos.

Joaquim, Generina *e* *a* reserva *mais que* legal

Chegamos com atraso amazônico à casa do agricultor Joaquim Lopes Barbosa, uma propriedade de 32 hectares, dentro da Colônia Xadazinho. Ele comprara o direito de posse em 1990 e em 2009 conseguira legalizar toda a documentação da área.

— Joaquim, me desculpe o atraso. Nós estávamos correndo atrás da polícia — eu disse.

— Pior seria se estivessem correndo da polícia — respondeu ele, com bom humor.

Sua mulher, Generina, nos esperava com mesa farta. Bolos, sucos de frutas da região, pães caseiros. A conversa foi naquele cômodo tão agradável das casas dos pequenos agricultores que visitávamos: era cozinha, varanda e espaço de convivência ao mesmo tempo. Todo voltado para fora. E, de novo, tive a sensação de integração com o meio ambiente. O olhar conseguia captar, investigando o entorno, a floresta e a plantação. O agro e o florestal. Por ser espaço aberto, o vento circulava e, quando chegava a chuva, breve, comum na Amazônia, refrescava ainda mais. Ficamos conversando, com as crianças em volta, sob o olhar atento e silente de um irmão mais velho de Joaquim que era dono da propriedade da frente. O irmão mais novo, contou Joaquim, era dono da propriedade do lado. Eu brinquei com esse controle de todo o horizonte pelos irmãos e Joaquim, sempre com presença de espírito, brincou:

— Agricultura familiar.

Joaquim é muito religioso. Católico. Quando eu estava naquela vendinha em que fomos surpreendidos pelo comboio do Ibama e das polícias, eu tinha perguntado por ele. E a vendedora havia me contado que ele era "dirigente". Não tive tempo de perguntar dirigente do quê porque fomos interrompidos pelo comboio. Imaginei que fosse sindicalista. Depois ele me contou que assim se definiam as lideranças da igreja e que ele havia estado recentemente num encontro com outros líderes de diversos países vizinhos, organizado pela Igreja Católica, para conversar exatamente sobre produção sustentável.

Sóbrio, inteligente, sólido, Joaquim impressiona pela segurança ao falar. A visita foi agradável. Fora uma boa ideia ter aceitado a sugestão de Socorro de ir visitá-lo. Gravei com ele e Generina olhando para o verde em volta. Depois ele me levou para um passeio pelas plantações. Ele e Generina têm uma produção variada, na qual ambos trabalham com um filho mais velho de Joaquim. Ela também produz polpas de frutas *in natura*. Generina me mostrou, entre os utensílios domésticos, um aparelho que parecia um grande espremedor de frutas, que eles haviam comprado para incrementar a produção.

— A gente aqui trabalha com agricultura familiar. O carro-chefe é a produção de cacau. Mas temos também lavoura branca. Arroz, feijão, milho e macaxeira. E as frutas — listou Joaquim.

Ele cultiva também dois viveiros, um para consumo próprio de espécies que quer plantar e outro para venda de mudas.

— A principal muda que a gente produz é a de cacau, mas tem de várias frutas também.

Contei que havíamos andado bastante na APA e verificado que ela estava muito desmatada. Perguntei o que, na opinião dele, os pequenos produtores podiam fazer contra isso. Ele respondia, sempre chamando o interlocutor de "rapaz".

— Rapaz, eu acho que pra reverter esse caso, no caso da agricultura familiar, que são pequenos, a base mesmo é o plantio de cacau, porque eu mesmo já tive experiência com gado e não funcionou. O que fez a gente se fixar na terra foi o plantio de cacau, e vem associado com essas outras plantas frutíferas, como açaí. O que a gente precisa é de apoio dos governantes.

Perguntei se na propriedade dele havia reserva legal, mas a resposta era até visível, com a mata em volta.

— Eu tenho 32 hectares de terra e tenho, em média, de oito a dez hectares em que estou trabalhando. Só que dentro desses oito hectares eu estou reflorestando com o plantio de cacau. Então eu vou ter, em média, um hectare de área descoberta e as outras, reflorestadas.

Ele fazia muito mais do que manda a lei. Dos 32 hectares, só um, na prática, está desmatado, já que em outros oito ele está replantando cacau, árvore da região, e nos restantes dos 23 hectares há a floresta preservada. Ainda assim, Generina contou que não se podia dizer o mesmo de todos os vizinhos, e uma prova disso era que antes havia mata até a beira do rio, e agora não, por isso o calor aumentara. O marido concluiu:

— A gente tem que recuperar e preservar a Natureza, porque a Natureza é vida. Sem Natureza não há vida. E para nós, seres humanos, é fundamental esse equilíbrio do meio ambiente.

Joaquim disse que está difícil trabalhar pelo excesso de uso de herbicida na região. A mesma queixa que eu ouviria depois, em outra visita a pequenos produtores. O agrotóxico está destruindo as hortaliças, segundo explicou. Os responsáveis? "Os fazendeiros grandes", disseram. Passeei com Joaquim pela propriedade, bem cuidada e produtiva. Ele, porém, reclamou que a água dos córregos já está suja com os herbicidas, por isso usa água de poço. Perguntei o que ele achava que deveria ser feito para mudar aquela situação.

— Rapaz, eu acho que tem que ter uma política voltada mesmo para preservar. A gente assiste a tanta atrocidade que a gente fica pasmo de ver.

Vi com meus olhos fazendeiro desmatando mil a 2 mil hectares. Conheço gente que comprou 4 mil hectares para desmatar tudinho. Tem que ter uma política voltada para esse lado e para o apoio aos pequenos.

A receita de Joaquim, que, com a mulher, Generina, respeita as leis ambientais do país numa terra sem lei e numa área de proteção desmatada e fustigada pelo agrotóxico, envolve uma política de proteção ambiental e apoio ao pequeno produtor.

Quando saíamos da Unidade de Conservação e voltávamos para a sede do município, encontramos na estrada restos de garimpo abandonado. A terra mostrando as entranhas revolvidas, a água correndo pouca e visivelmente contaminada. A um canto, pedaços de maquinário. Eles usam, destroem e somem. Paramos, fizemos umas imagens, gravamos e seguimos em silêncio. O dia fora longo o suficiente para a gente entender que fazer o certo na Amazônia é trabalhoso e requer muita persistência. O crime é fácil, acontece à luz do dia e deixa feridas abertas no solo. Anoitecia, mas o trabalho ainda não havia terminado.

Prefeito: "Aqui, *autodeclarou tá* validado"

A gente tinha pedido uma entrevista com o prefeito de São Félix do Xingu, João Cleber de Souza Torres. Voltei para a cidade de balsa e na travessia fui estudando os dados sobre ele. O prefeito era acusado de ocupar terra pública, seu irmão era investigado pela morte de Zé do Lago e ele próprio já fora acusado de outras mortes. João Cleber apoiava a reeleição de Jair Bolsonaro. O município era fortemente bolsonarista. Nas eleições no fim daquele ano, a cidade daria 19.548 votos a Bolsonaro (66,58% dos votos) e a Lula, 9.778 votos (ou 32,97%).

O prefeito disse que poderíamos encontrá-lo numa praça. Olhamos a praça de longe. Estava apinhada de gente. Por que ele marcara a entrevista em local tão cheio em um tempo de polarização política e de ataques à imprensa? Não quisemos saber a resposta. Alegamos, por mensagem para o celular dele, que não poderíamos gravar ali porque tinha muito barulho e o convidamos a ir ao hotel em que estávamos, o que deixou o proprietário animado. Era um admirador do prefeito. Organizamos as câmeras num canto, colocamos duas cadeiras. Tudo certo, quando então Quintão me olha, aponta para as pernas da minha calça comprida e balança a cabeça em sinal negativo. Elas estavam cobertas de barro. Não era a indumentária de uma entrevistadora.

— Quintão, vai ter que ser assim. Não tenho tempo de tomar banho e trocar de roupa.

Achei por bem começar a entrevista com uma frase que explicaria aquela sujeira toda na roupa:

— Prefeito, passei o dia na APA Triunfo do Xingu e difícil mesmo foi ver mata. Muita área completamente desmatada. Por que tanta impunidade no seu município?

— Eu não vejo questão de impunidade. O município está fiscalizando. Agora, a questão é que o desmatamento é antigo. É um município maior do que muito estado brasileiro e tem muitas Unidades de Conservação.

— O seu município é o que mais emite gases de efeito estufa no Brasil. O que o senhor acha disso?

— Eu não acredito nesse estudo — disse o prefeito, fazendo referência a outro estudo, feito por uma associação ruralista, que desmentira esse dado da emissão.

— O senhor foi acusado de ocupar terra pública e de desmatar essa área. Como o senhor explica isso?

— Se você for falar em terra pública, Míriam, você vai desenterrar Pedro Álvares Cabral, porque desde quando ele descobriu o Brasil tudo é área pública. Ninguém tinha documento, todo mundo foi fazendo as ocupações e foram legalizando. São Paulo, Rio Grande do Sul, Bahia, Pernambuco, todo mundo.

— O senhor acha normal ocupar terra pública?

— Eu não ocupo terra pública.

— O senhor está em terra pública não destinada.

— A minha terra é destinada e eu não desmato há mais de 20 anos. Não tem motosserra lá dentro.

— Os sinais de satélite mostram um desmatamento recente.

— Não tenho área desmatada recente.

— E aquela área que o satélite mostra?

— Não é mata primária, é secundária.

— Como o senhor, como prefeito, pode reprimir o desmatamento se o senhor desmata?

— A imprensa sempre vai falar isso aí. Minha área não tem desmatamento recente e eu ocupo ela desde os anos 1980. Tenho CAR, tenho titularizado.

— O CAR está validado?

— O CAR tá validado.

— Validado por quem?

— Aqui, autodeclarou tá validado.

— Não, prefeito, não é assim. Autodeclarou, e aí passa por um processo de validação.

— Deixa eu te falar, nós passamos muitos anos aqui sem ter regularização fundiária. O grande problema da Amazônia aqui é que as pessoas falam que as pessoas ocupam terra pública, mas o governo não tinha os olhos para a regularização. O governo atual [*Bolsonaro*] tá fazendo um trabalho muito sério de regularização. A minha área está em fase de regularização.

— Prefeito, três pessoas foram mortas, entre elas um ambientalista, numa área que é requisitada pelo seu irmão. O crime já foi esclarecido?

— A Justiça, a polícia, os órgãos competentes estão investigando. Tem culpado? Que seja punido. Meu irmão não tem nada a ver com isso. Eu não tenho nada a ver com isso.

Quando voltamos para o Rio, mandamos mensagem ao prefeito pedindo que nos mostrasse o documento que provava que a terra dele estava validada. Depois de muita insistência, ele admitiu não ter documento validado. O crime de Zé do Lago ainda não foi esclarecido. Jaz impune numa pasta do arquivo da Pastoral da Terra.

No dia 31 de julho, o jornal americano *The Washington Post* publicou uma reportagem com destaque na primeira página, assinada pelo chefe do escritório do jornal no Brasil, Terence McCoy, e Cecília do Lago. Eles também haviam ido a São Félix e entrevistado o prefeito João Cleber, a quem a reportagem definira como "o Deus de São Félix". O título da matéria era: "Destrua a floresta e seja eleito". A reportagem informava que o prefeito já havia sido investigado por um homicídio em 2002; que seu histórico policial registrava envolvimento com outras duas tentativas de homicídio, em 2003 e 2005; que ele fora multado em US$ 2,4 milhões por crime ambiental; e acusado por procuradores, em 2016, de submeter trabalhadores a trabalho análogo à escravidão. O *Post* sustentou que João Cleber era um dos piores casos de pessoas da Amazônia envolvidas com crime e que acabavam eleitas, mas não era o único. A reportagem afirmava ainda que documentos analisados pelo jornal identificaram 1.189 autoridades acusadas de crime ambiental que haviam sido eleitas.

Investigações feitas para este livro encontraram diversos relatórios do Ministério Público em que testemunhas ligam João Cleber a inúmeros crimes na cidade. A investigação começou em 2003, quando houve uma chacina de sete trabalhadores recrutados em Tocantins para trabalhar em São Félix. A denúncia foi feita pela Comissão Pastoral da Terra e o Ministério Público do Estado do Pará foi investigar. Durante as investigações, o que se descortinou é que a cidade estava dominada por chefes de pistoleiros. Alguns chegavam a ter 100 pistoleiros. Um dos nomes citados com mais frequência por diversas testemunhas como sendo um dos chefes mais temidos era o de João Cleber.

A informação dos relatórios internos do Ministério Público dava conta de que, na década de 1980, ele enriquecera extraindo mogno, depois se dedicara à grilagem em terra pública e em Terra Indígena. Quando o entrevistei, ele estava no segundo mandato como prefeito da cidade, enquanto o irmão, Torrinho, era candidato a deputado estadual. Torrinho disputou pelo Podemos e ficou em terceiro lugar como primeiro suplente. Em 4 de fevereiro de 2023, o site paraense Uruá-Tapera publicou uma nota na qual informava que o governador do Pará, Helder Barbalho, escolhera o deputado Igor Normando para secretário de Articulação da Cidadania e, dessa forma, abriu caminho para que o primeiro suplente do Podemos, exatamente Torrinho, ocupasse a vaga de deputado. João Cleber ficava assim mais forte e realizava seu objetivo de ter o irmão com mandato na Assembleia Legislativa.

Àquela altura, a investigação sobre a morte de Zé do Lago continuava inconclusa. Em janeiro de 2023, um ano após o triplo assassinato, a Comissão Pastoral da Terra do Pará e a Sociedade Paraense de Defesa dos Direitos Humanos divulgaram nota conjunta, protestando contra o fato de a Secretaria de Segurança Pública e o Ministério Público do estado ainda não terem pronunciado "uma única palavra sobre as investigações e a identificação dos responsáveis pelo crime. Fato é que até o momento não sabemos absolutamente nada sobre o trabalho da polícia e da promotoria que acompanha o caso". A nota lembra que Zé do Lago e sua família eram conhecidos pelo trabalho ambiental na APA Triunfo do Xingu. O jornal *O Liberal* procurou as autoridades estaduais para ouvir uma resposta à nota, mas elas não responderam. E assim o silêncio vai caindo sobre mais um crime no sul do Pará, enquanto São Félix do Xingu permanece sendo a cidade com 100% de impunidade, como nos dissera o advogado José Batista Afonso, diretor jurídico da Pastoral de Marabá. Em grande parte, isso acontece porque os principais suspeitos dos mais diversos crimes ocupam cargos públicos ou têm mandatos políticos.

Na vizinha Itaituba, o caso do prefeito Valmir Climaco é notório. Em 2022 viralizou um vídeo em que ele aparece dançando sem camisa e de óculos escuros, com sinais de embriaguez, dizendo que "comeria umas 20 raparigas" que estavam ali presentes. Um áudio em que ele fala de si próprio e da cidade pela qual é responsável, divulgado pelo *Globo* em 15 de abril de 2021, era suficiente para mostrar a sordidez do indivíduo:

— Pessoal, boa tarde, aqui é Valmir Climaco, prefeito de Itaituba, mas eu quero aqui aproveitar e dar um recado para quem está desempregado. No município de Itaituba nunca se viu o ouro tão caro, tão bom de preço, que nem neste momento. Só para você ter uma noção, eu mandei fazer uma pesquisa nesses dois dias. Em 1997, que foi o ano em que eu cheguei aqui em Itaituba, a média do preço do ouro era de US$ 8 mil a US$ 10 mil, hoje o preço do ouro é de US$ 60 mil o quilo. Nunca se viu tanto ouro extraído na nossa região que nem agora. Eu, conversando hoje com o Edinho, lá do Penedo, e ele me contando o movimento que está nessas regiões de garimpo. Você, que tem um marido preguiçoso, você, mulher, só para você ter uma noção, é 30 grama de ouro que uma cozinheira ganha no garimpo, e ela ainda lava as roupas dos garimpeiros e recebe um dinheirinho. E se ela for solteira, ainda faz outra coisa e ainda ganha outro dinheirinho. Então, o que que acontece? Os garimpo é opção de trabalhar e ganhar dinheiro — disse o prefeito de Itaituba, que depois foi punido pela Justiça com multa de R$ 40 mil pelas frases machistas.

A reportagem do *Globo* que divulgou o áudio, escrita por Daniel Biasetto, contava que empresários, comerciantes, moradores e lideranças do garimpo ilegal na Terra Indígena Munduruku haviam organizado uma vaquinha para financiar uma caravana que saiu de Jacareacanga e Itaituba para pressionar as autoridades em favor do garimpo ilegal. Era o momento mais crítico da pandemia e eles estavam indo a Brasília, com indígenas corrompidos pelo garimpo ilegal, para passar a ideia de que eram os indígenas que queriam a aprovação do PL nº 191, aquele projeto de lei de Bolsonaro que legalizava o garimpo em Terra Indígena. Foram protestar também contra a decisão do ministro Luís Roberto Barroso de retirar os garimpeiros das Terras Indígenas.

Valmir ficou rico como garimpeiro ilegal. Em 2019, ele já era prefeito, quando foram apreendidos na Fazenda Borboré, de sua propriedade, 580 quilos de cocaína, 200 gramas de skank, dois fuzis AR-15 e uma pistola, mira holográfica, luneta de precisão e um avião. Em depoimento à Polícia Federal, ele disse que tinha vendido um garimpo a 60 quilômetros de Jacareacanga, mas com tudo registrado em cartório. Em 2019, Valmir foi condenado pela Justiça Federal a cinco anos e nove meses de prisão. Ele foi considerado culpado por desmatar ilegalmente 745 hectares, o equivalente a mais de mil campos de futebol. Ele tirou essa madeira de uma terra pública entre 2002 e 2003. Foi denunciado pelo MPF em 2008 e condenado em 2019. Aguardando recurso em liberdade, em 2020 foi reeleito com 77,42% dos votos.

O prontuário do cidadão é extenso. Levantamento feito por Cláudio Renato para este livro identificou quatro ações por improbidade administrativa e duas ações penais por crime de responsabilidade por suspeita de desvio de recursos destinados à educação do município. No MPF, o nome de Valmir consta em um inquérito que apura suspeita de licitação fraudulenta para desviar dinheiro da saúde e da educação. Na Justiça Federal do Amazonas, ele responde a uma ação por mineração ilegal em Maués. Em Brasília, no Tribunal Regional Federal, foi condenado a quatro anos e nove meses de prisão por desmatamento ilegal. Ele apelou e aguarda decisão. Na Justiça Estadual do Pará, Valmir está arrolado em 61 processos, 57 em nome dele e quatro em nome da prefeitura. Dados do Observatório da Mineração e da ONG De Olho nos Ruralistas indicam que ele é um suspeito *serial* de ocultação de bens. Um exemplo foi o avião Cessna, declarado à Receita por R$ 250 mil, mas modelos semelhantes são anunciados na praça por R$ 3,5 milhões. No TSE, ele não declarou 2 mil cabeças de gado. Os dados do Ibama mostram um número muito maior de propriedades do que ele apresentou à Justiça Eleitoral — três delas, aliás, estão embargadas.

Essa é a mistura que tem sustentado o crime na Amazônia. Bandidos ou seus sócios chegam ao poder nos municípios e criam um ambiente favorável ao avanço maior do crime. São várias as cidades da Amazônia que reproduzem esse modelo. O grileiro, madeireiro ilegal ou garimpeiro ilegal chegam ao centro do poder local e de lá abrem as portas. Houve um tempo em que os bandidos compravam os líderes políticos. Agora são eles mesmos o poder na região.

O ambiente de terra sem lei se nota a cada momento. Quando eu saía da conversa com Batista na Pastoral da Terra, em Marabá, ele me falou de dois trabalhadores da Equatorial Energia que tinham ido a uma fazenda cobrar contas de energia atrasadas e foram mortos.

— Onde foi isso? — perguntei.

— Em Rio Maria, fica a uns 15 minutos de Xinguara. Vocês vão passar em Xinguara.

Gutemar Pereira de Sousa e Jaime Moura dos Santos trabalhavam numa empresa terceirizada da Equatorial, a Dínamo. No dia 14 de abril de 2022, eles saíram de Redenção para verificar uma denúncia de roubo de energia. A polícia achou vestígios de sangue, cápsulas de armas de fogo e objetos queimados dentro da fazenda, mas não divulgou o nome nem a localização da propriedade. Os corpos foram encontrados na área de mata de Rio Maria. Eu me lembrei da conversa que tive, relatada aqui neste livro, com o delegado Alexandre Saraiva, da Polícia Federal, sobre o fato de que grileiros e madeireiros ilegais não costumam pagar contas de luz. Em janeiro de 2023, o Ministério Público do Pará informava apenas que o caso está "em fase de investigação da Polícia Civil, na Divisão de Homicídios da capital". A polícia, por sua vez, declara que as mortes estão sendo investigadas em sigilo. A gente vai andando na Amazônia e ouvindo essas histórias. O crime se uniu, se espalhou e se entranhou na região.

O novo fantasma que ronda agora a Amazônia é o domínio dos crimes ambientais pelo narcotráfico. O Escritório das Nações Unidas sobre Drogas e Crimes, em seu último relatório, de 2023, chama a atenção justamente para essa conexão que vem se fortalecendo entre os dois tipos de crime: "O tráfico de drogas ilícito está exacerbando e amplificando um conjunto de outras economias criminosas na Bacia Amazônica, incluindo ocupação ilegal de terras, desmatamento ilegal, garimpo ilegal, tráfico de espécies silvestres e outros crimes que afetam o meio ambiente." É a nova fronteira das ameaças à floresta, o narcodesmatamento. Enquanto a periculosidade dos crimes escala, pessoas lutam pela proteção da floresta. A minha viagem atrás dos pequenos produtores de São Félix do Xingu me incentivou a me levantar cedo no dia seguinte e de novo pegar a primeira balsa.

As mulheres *em* luta *contra* o veneno

No dia 5 de maio, saímos bem cedo do hotel em direção à Vila Tancredo Neves. O endereço não indicava rua, era uma estrada vicinal na área rural de São Félix do Xingu de nome Linha 51. A pauta do dia era conversar com as integrantes da Associação das Mulheres Produtoras de Polpa de Frutas, e o combinado era nos encontrarmos na casa da presidente da entidade. No meio do caminho, encontramos outro garimpo abandonado. Paramos para fazer imagens. O vermelho do amanhecer dava mais dramaticidade à cena da terra ferida. Água suja, restos de equipamentos abandonados, terreno revirado. O mesmo cenário da véspera.

A presidente da Associação, Maria Josefa Machado Neves, é uma mulher baixa, magra, decidida e franca. Gostoso conversar com ela na varanda estreita de sua casa, virada para a mata e a plantação. Perguntei quais eram os principais problemas da região e ela citou fogo, garimpo e veneno, mas disse que, ultimamente, o pior era o veneno. Pedi que me explicasse.

— É o que os fazendeiros bate de avião, entendeu? Ninguém proíbe de bater veneno no pasto deles. Nós não queremos é que eles bate de avião porque nós temos sido prejudicado.

Ela contou que o agrotóxico é jogado e pega um raio de 15 quilômetros, pois o vento faz com que a substância atinja toda a plantação ao redor. Ela vive numa propriedade pequena e produtiva, também do sistema agroflorestal. Planta frutas para a produção de polpa da Associação, que estava se preparando para inaugurar uma usina de beneficiamento das polpas de frutas, resultado do trabalho e do investimento de várias mulheres do entorno e da assistência de Celma de Oliveira, coordenadora dos projetos da ONG Imaflora, em São Félix. Nascida em Minas Gerais, Celma é uma pedagoga que se mudou para a Amazônia e hoje dá assistência aos pequenos produtores.

As mulheres que se uniram na Associação são fornecedoras de frutas e verduras para o programa Merenda Escolar. É necessário seguir uma série de regras de plantio para se enquadrar como produtora de orgânicos. O agrotóxico destrói a plantação e contamina os alimentos e, naquele momento, esse era o principal problema da Associação, já que o veneno impede o desenvolvimento do que elas plantam.

— Na minha propriedade, o que vai me prejudicar é o meu mamão. Eu tenho o meu mamão plantado, o mamão não pode nem pensar em veneno, tá com as folhinhas todas "engruvinhadas". Aí o que ele produzir vai ficar duro. Eu entrego mamão para o programa de alimentação escolar, mas eu nem sei como vai ser o meu contrato.

Pedi para ver o mamão "engruvinhado". Saímos pela propriedade, eu e todas as mulheres, a equipe atrás, filmando. A fazendinha da Josefa era bem arborizada e isso protegeu outras produções, porque as árvores serviam como barreira, absorvendo o primeiro impacto dos agrotóxicos.

— Pra nós, desde o ano passado pra cá, eles estão com essa jogação de veneno. Antes disso só jogavam de trator, não atrapalhava a gente. Mas tá com uns dois anos que a gente vem sofrendo isso.

— Já tentou conversar com eles?

— Sim, a gente já tentou, mas de uma fazenda não apareceu o dono. Fomos fazer a ocorrência para ver quem é, mas não aparece o dono. Um diz que já se foi, o outro diz que já morreu.

— Então as propriedades estão na mão de "laranjas"?

— É, só tem "laranja". Aqui nós trabalhamos com produto orgânico. Nós não podemos mexer com veneno. A nossa produção de polpa de fruta é tudo orgânico, o veneno deles contamina o nosso produto.

— E não é fácil fazer tudo orgânico — falei.

— Não é fácil, você peleja pra fazer, para levar uma polpa de boa qualidade para a escola.

Josefa me contou que antes morava em outra propriedade e cultivava cacau, mas o fogo colocado por um grande fazendeiro se alastrou e destruiu toda a plantação. Ela vendeu a terra e comprou essa na qual está.

— Meu marido se desesperou porque não demos conta de apagar o fogo. Vendemos tudo, viemos para cá e fomos batalhando para produzir frutas. Hoje produzo caju, golosa, goiaba, graviola, cacau e mamão. No começo, eu catava o que tinha aqui ou comprava dos vizinhos. E hoje eu consegui tudo isso. Tem a Associação, entrei como vice-tesoureira, sou presidente e consegui arrastar todas as mulheres dessa Linha onde eu moro.

Naquele momento, Josefa, outras 11 mulheres e eu andávamos por entre a produção. O mamão, vítima do veneno, tinha as folhas retorcidas e furadas, havia nascido, mas era pequeno e não se desenvolveria. Era fruto do trabalho cuidadoso dela na terra, mas Josefa já não podia contar com o mamão. Perguntei a ela sobre o futuro da Amazônia e ela me disse que estava replantando algumas espécies, mas de novo seu trabalho era vítima do agrotóxico:

— Nós temos viveiro aqui. Nós estamos tentando fazer reflorestamento, e aí vem o veneno e acaba com nossas coisas. O veneno é tão forte que até o olho da árvore morre.

— O olho da árvore?

— O olho, o broto dela, porque a árvore é um ser que nem nós. Se a gente sente o cheiro do veneno, a minha plantação também sente. Já fizemos abaixo-assinado e eu não sei o que será de nós. Estamos dentro de território sustentável, mas como é que vai ser território sustentável dessa maneira?

Pedi a cada uma das mulheres que contasse a sua história.

— Lá em casa o meu cacau foi prejudicado e minha mandioca — começou Aparecida Machado, uma das agricultoras.

— Eu perdi a horta, eu mexo com hortaliça, eu tenho até estufa, mas o veneno passa e onde ele chega cai as folhas — continuou Andréa da Silva Souza.

— Lá em casa foi os maracujá, a mandioca e o abacaxi — lamentou Alessandra Rodrigues.

— Lá em casa a gente tem viveiro de muda para reflorestamento, tá tudo com a folhinha enrolada — acrescentou Darlene Pereira de Souza.

— A gente planta feijão e em vez de florar e vingar, o feijão "engruvinha" como o mamão da Josefa — completou Maria Enildi.

E foram, assim, me relatando os prejuízos, me falando da produção de cada uma. Havia ali agricultoras de três localidades: da Vila Tancredo, da Vila Nereu e da Vila Maguari, onde estava sendo instalada a usina. Todos distritos de São Félix. Aquelas mulheres se orgulhavam de serem agricultoras, tinham investido em suas pequenas propriedades, na forma de produção orgânica, se organizaram como produtoras associadas, tinham contrato a cumprir. Elas representam uma parte da resistência da floresta, já que replantavam árvores nativas e frutas do bioma. Zelam pela terra. E estavam sendo atingidas pelas práticas nocivas dos grandes produtores.

Na conversa que tive com o economista José Roberto Mendonça de Barros, grande conhecedor do agronegócio, ele foi taxativo ao decretar o fim dos defensivos conforme existem hoje:

— Os defensivos pesados estão datados para sair do ar. Já há lugar que não pode usar avião porque, por definição, quando o avião joga o defensivo, aquilo se espalha no ar. Não pode usar vizinho a uma cidade, a nuvem de defensivo vai em cima de tudo. Os biodefensivos estão ganhando cada vez mais espaço. Não é mais aplicar veneno, é um sistema que faz parte da biologia, tipo probiótico, e com tecnologia que vai aspergir apenas onde é necessário.

Josefa, em São Félix do Xingu, na sua pequena fazenda, e José Roberto Mendonça de Barros, na sua consultoria em São Paulo, concordam. Em Brasília, no Congresso, parlamentares da bancada ruralista tentavam, no final do governo Bolsonaro, aprovar uma lei que liberava ainda mais o uso de agrotóxico e tirava da Anvisa, do Ministério da Saúde e do Ministério do Meio Ambiente poderes para decidir sobre isso. Pela proposta, a autoridade seria só o Ministério da Agricultura. Os ambientalistas chamavam esse projeto de "Pacote do Veneno". Já havia passado na Câmara e, nos últimos meses do ano, começara a tramitar no Senado. Na gestão Bolsonaro, foram liberados 2.097 novos agrotóxicos, dos 5.181 registrados desde o ano 2000. Isso significa que 40% dos agrotóxicos em uso no país foram aprovados em quatro anos.

"Sustentabilidade" é uma palavra que soa teórica quando dita em ambiente corporativo, mas ali, andando no chão da Amazônia e ouvindo as mulheres produtoras de polpas de fruta, eu sentia que a palavra era real. Ali a produção sustentável lutava contra o insustentável uso de agrotóxico que envenena a Amazônia. Uma das agricultoras, Valcilene Santos Pinto, mostrou que entendia a força da sua atividade:

— A agricultura familiar, apesar de ser o carro-chefe que sustenta todas as mesas, desde o pequeno ao grande, o pobre ao rico, o feio e o bonito, não importa a classe social, que sustenta tudo, não é bem-vista, não é valorizada. Nós somos agricultoras. Se a gente tivesse apoio das autoridades, todo o município ia ganhar com isso, porque ia trazer desenvolvimento.

— Alguns dizem assim: vocês vão fazer denúncia de fazendeiro, isso é muito perigoso. Digo, perigoso é nós ficar desse jeito, isso é perigoso. Morre nós e a Natureza junto. Nós sem a Natureza não é nada — concluiu Josefa.

Saí impactada por tudo o que havia aprendido naquelas conversas e em outras na aconchegante varanda da casa da Josefa. Aquelas mulheres sabiam tudo, faziam tudo correto e estavam sendo prejudicadas pelas más práticas dos grandes.

Quando o documentário foi ao ar, troquei mensagens com várias dessas mulheres incríveis que conheci. "Que essa sua reportagem possa nos trazer um impacto positivo para o nosso trabalho. A cada dia mais mulheres entram na Associação na expectativa de um futuro melhor", escreveu Maria Helena, nora de Edro, contando que estava animada com a usina de beneficiamento de polpas e os cursos de capacitação que estava fazendo com a ajuda de ONGs. "Buscamos a cada dia a valorização dos nossos produtos e o impacto que ele gera na Natureza. O nosso propósito é chegar o momento em que a pessoa que comprar um produto da Associação, ela possa ter a plena consciência de que contribui para a preservação da Amazônia, de que ela gera renda para as mulheres." Em outro dia, elas me mandaram mensagens dizendo que o cacau de São Félix do Xingu havia entrado para a categoria dos melhores da Amazônia. E agora queriam mais, queriam a certificação da amêndoa que produziam. Sonhavam alto as mulheres da Associação das Mulheres Produtoras de Polpa de Frutas de São Félix. Lutam muito essas mulheres.

Em 28 de novembro de 2022, elas me mandaram vídeos dos aviões espalhando veneno por toda a região. Vieram com uma mensagem: "Você disse que quando tivesse alguma novidade para te contar, olha que triste realidade. Esse episódio aconteceu ontem. Tenho vídeos mostrando os pés de maracujá morrendo, as plantas estão sentindo o efeito do veneno." Eu divulguei nas minhas redes. Elas denunciaram, foram à prefeitura, foram aos produtores, fizeram um Boletim de Ocorrência, foram à Secretaria Executiva Municipal de Meio Ambiente e Mineração (Semmas), ameaçaram ir ao Ministério Público. Fizeram tanto barulho, que chegou aos ouvidos do governador Helder Barbalho. O governo estadual mandou agrônomos para verificar as denúncias e identificar as propriedades, e em algumas ouviram que os proprietários tinham licença da Semmas para jogar o agrotóxico.

O governo estadual confirmou que o problema existia e os fiscais fizeram uma lista de cinco grandes propriedades do entorno com indícios de uso abusivo de agrotóxico: as fazendas Terra Sol, de Raimundo Menezes de Abreu; Serra do Campo, de Cesar Randolfo Pimentel Alves; Água Boa, da Frigol; Santa Clara, de Adriane Teixeira Matins; e São Félix do Xingu, da Xingu Agroindustrial de Alimentos. O dono da Fazenda Serra do Campo tem uma empresa agropecuária, a Raça, que vende o agrotóxico. Ele tem também um posto de gasolina, o Petro Xingu, e é lá que as equipes da Semmas se abastecem. A Frigol tem sede em São Paulo.

No dia 15 de dezembro, o município baixou uma instrução normativa que proibia o uso de herbicida por avião em áreas sensíveis, que definiu como "áreas de plantio de culturas utilizadas para consumo humano, produção de polpa de fruta e outros alimentos como: cacau, mamão, açaí, laranja, maracujá, mandioca, hortaliças". Ficou proibida a aspersão de herbicidas nessas áreas e nas proximidades de nascentes e de povoados. Foi proibida também a aplicação aérea de fertilizantes e sementes em mistura com agrotóxico: "As aeronaves que contenham produtos químicos ficam proibidas de sobrevoar as áreas povoadas, moradias e agrupamentos humanos."

Josefa estava feliz quando nos falamos por aplicativo de celular no dia 19. Ela escreveu: "Com todas as nossas lutas, todas as nossas batalhas, nossos encontros, a prefeitura fez essa instrução normativa. Para nós vai ser um avanço. Vamos ver se será cumprida. Se for cumprida, vai ser uma conquista nossa sobre os venenos. Nós fomos no prefeito, fizemos mais um Boletim de Ocorrência e falamos que estamos dentro de um território sustentável. Como a gente podia se sustentar assim? Lutamos pelo direito de viver. Porque o direito de viver é o direito de plantar e colher, porque vivemos da agricultura."

Nos últimos dias do ano, no apagar das luzes daquele governo nefasto, a Comissão de Reforma Agrária e Agricultura do Senado aprovou parecer favorável ao PL nº 1.459/22, o Pacote do Veneno. A sociedade civil e científica se mobilizou. Os senadores aprovaram o pedido de urgência para a apreciação da matéria. A pressão dos ambientalistas aumentou. O Ministério Público do Trabalho pediu que o assunto fosse antes discutido nas comissões de Saúde e Meio Ambiente. Ativistas do Greenpeace foram até o Congresso com cartazes que diziam: "Defensivo, pesticida, agrotóxico. É tudo veneno." No dia 22 de dezembro, encerrou-se o ano legislativo sem que o Senado votasse a liberação de mais agrotóxico no país. Mas, no governo Lula, os defensores do veneno voltaram à carga no Congresso.

Assim se luta no solo da Amazônia. Nada é abstrato. É pelo direito de viver, como disse Josefa. E viver em paz com a floresta. São milhões de pequenos produtores rurais, de indígenas, de ribeirinhos, pesquisadores, ativistas, organizações da sociedade civil. As palavras que nos relatórios das grandes empresas parecem ocas, ganham significado quando se anda pela Amazônia ouvindo os povos da floresta. No entanto, a sensação que me acompanhou em toda a viagem foi a de que, mesmo nos piores momentos do país, a resistência em favor da Amazônia nunca parou.

Tem sido uma luta dura, desigual e que às vezes parece não ter horizonte. Os inimigos da floresta se uniram, se armaram, se fortaleceram e avançaram. Quem esteve na resistência nunca desistiu. Agora a floresta e seus povos pedem reforços.

A floresta *como* *herança* ancestral

Foi bom para mim escrever este livro, aprendi muito no meio do caminho. Torço para que tenha sido bom para você ter chegado até aqui. Compartilho agora minhas inquietações, dúvidas e meu encantamento.

Nós nunca a entenderemos, porque a floresta é intangível e inexplicável. Acalme-se, se você tem a mesma inquietação que eu tive todas as vezes que a encontrei. Entendi, ao escrever o livro e ao andar entre as árvores, que a floresta se apresenta para nós como um mistério real. Ela é concreta, verdadeira, mas é um bem que está além daquilo que os economistas chamam de ativo e muito adiante da nossa capacidade de compreensão. Nisso reside sua magia. Se você anda na Amazônia e sente calor, desconforto, se seus pés têm que se equilibrar num tronco caído no solo úmido para continuar a caminhada, se você tem medo sob uma tempestade repentina que despenca quando você está no meio de um grande rio, se algo o pica, ou um som no meio da floresta o assombra, está tudo bem. É a Amazônia.

O que precisamos ter em mente nessa hora é que nem todos os que falam dela querem que ela esteja em pé e viva ao longo deste século. Sejamos sinceros. Muitos falam seu nome em vão. O entendimento cético da conjuntura econômica ajuda a analisar todo o movimento dos empresários, dos agentes do mercado financeiro, dos que garantem seguir os princípios do Environmental, Social and Governance, o ESG, a sigla da moda. Para muitos, é apenas uma forma mais rápida de ganhar dinheiro ou "lavar" a imagem.

Um economista que saiu do anonimato para dirigir um banco público apenas porque era amigo dos filhos de Bolsonaro e que conviveu em silêncio com os abusos cometidos contra a Amazônia durante aquela administração, ao fim do governo resolveu ganhar a vida criando um fundo "verde". O que é isso? Compromisso com o meio ambiente é que não é. Oportunismo define melhor. Outro dia li no anúncio de uma entidade de ensino: "Faça um curso ESG em quatro aulas e tenha um diploma." O entendimento da complexidade dos conceitos exige, evidentemente, bem mais tempo.

Entre os empresários e os gestores de ativos, nunca se falou tanto em sustentabilidade e em princípios do trio meio ambiente, social e governança do que durante o governo que mais ameaçou todos esses valores. A maioria dos empresários e gestores de ativos achava, e ainda acha, que o governo Bolsonaro é que estava certo. Há aí uma contradição insanável. A administração que assumiu em 2023 vinha fazendo esforços reais para reconciliar o projeto econômico com o combate ao desmatamento e às mudanças climáticas. Se esses executivos não perceberam é porque tinham o ESG apenas como uma placa sem conteúdo.

O agronegócio brasileiro adota práticas cada vez mais tecnológicas e digitais, e algumas empresas realmente se modernizaram. Mas a maioria dos empresários do setor é adepta das ideias da extrema direita. Uma parte integra a cadeia que lava o crime ambiental e social. Quem duvida disso precisa se lembrar do que aconteceu em 2023 bem longe da Amazônia, nos vinhedos do Rio Grande do Sul, onde foram encontrados trabalhadores baianos submetidos a trabalho análogo ao da escravidão em algumas vinícolas. Alguns relataram terem sido torturados e ameaçados de morte. Alta tecnologia apurando o vinho e muito investimento em marketing para abrir espaço num mercado no qual o Brasil sempre foi estrangeiro — ao lado dessa modernidade, um enorme desprezo pelos trabalhadores que colhiam as uvas, na repetição do passado escravista.

Aqui, para entender, é preciso voltar a mestre Warren Dean e à sua explicação sobre a razão da destruição da Mata Atlântica, ligando-a diretamente aos três séculos de exploração de africanos escravizados. "Para a Mata Atlântica os perigos eram imensos, porque uma sociedade baseada na mão de obra compulsória não levava em conta o meio ambiente", escreveu Dean. Mais adiante foi ainda mais forte: "A conservação dos recursos naturais iria mostrar-se irrelevante em uma sociedade na qual a conservação da vida humana era irrelevante."

O capital brasileiro tem sido empurrado para as novas práticas por um conjunto de constrangimentos impostos, não por alguma epifania redentora, mas pelos *stakeholders*, ou seja, os envolvidos no negócio: investidores, clientes, financiadores, fornecedores, consumidores. Essa grande comunidade é que pode levar o mundo empresarial e financeiro para uma nova atitude diante do conflito entre preservação e destruição do meio ambiente. Os que errarem pagarão caro no sentido que eles entendem mais, que é o do prejuízo econômico e financeiro.

A maioria do mercado financeiro apoiou o governo mais destrutivo da floresta enquanto proclamava valores ambientais. Meu pai, um pernambucano corajoso e franco, costumava, ao ver uma hipocrisia, perguntar com ar de indisfarçável ironia:

— Há sinceridade nisso?

Evidentemente, não há. Mas a engrenagem que levará o mercado financeiro ao compromisso real com a defesa da floresta é a que o economista José Alexandre Scheinkman explicou em entrevista para este livro. Eles administram um "dinheiro delegado". Se os investidores exigirem compromisso, eles terão que prestar contas das escolhas financeiras que fazem.

A maioria do agronegócio brasileiro, além de ter apoiado o governo antiambiental, sustenta a defesa de projetos desastrosos no Congresso.

Tudo isso enquanto fala de agricultura de alta tecnologia. O fechamento dos mercados externos vai punir o mau comportamento. O problema é que o maior mercado da agropecuária brasileira é o próprio Brasil. Portanto, é necessário que os consumidores brasileiros exijam saber o que estão abonando quando estiverem escolhendo um produto na gôndola do supermercado ou clicando num site de compras.

O que realmente espanta nessa dissonância entre as escolhas políticas do capital brasileiro e a propaganda ambiental de suas organizações é o fato de os grandes bancos e a maioria das empresas ainda não terem entendido o sentido de "risco". Agora que nada mais restou aos negacionistas do clima, a não ser uma correção envergonhada de rota, em que as evidências científicas e factuais da mudança do clima são tão contundentes, os capitalistas brasileiros poderiam, finalmente, mudar de atitude. O maior dos riscos a que estamos todos expostos é não haver mais a possibilidade de sobrevivência da espécie humana no planeta. Um perigo existencial. Portanto, isso deveria entrar nos modelos de planejamento estratégico e nas projeções de perdas e ganhos.

Todos os que sinceramente estudam a Amazônia, por qualquer ângulo que seja, concordam que a preservação só será possível com atividades econômicas eficientes em gerar emprego, renda e prosperidade para seus habitantes. Se há algumas décadas existia uma clivagem entre os conservacionistas puros e os que seguiam a linha socioambiental, hoje já não há dúvidas. Indígenas precisam ser respeitados na sua diversidade cultural. Ribeirinhos, extrativistas, quilombolas, pequenos produtores precisam se tornar mais prósperos com atividades econômicas que tenham a ver com a floresta. Para isso é fundamental que os bons exemplos ganhem escala e que as pequenas iniciativas que deram certo sejam multiplicadas. E o momento é agora, quando a demografia da Amazônia é favorável ao salto, porque a região ainda conta com o bônus demográfico.

Para errar menos no futuro, o país precisa entender que a palavra-chave da Amazônia é "diversidade". Não apenas biológica, não apenas humana. Tudo é extremamente diverso. O escritor Márcio Souza explica isso muito bem no início de sua obra *História da Amazônia*: "Fica claro que não há uma única saída para a preservação e o desenvolvimento da Amazônia, como não há uma solução única para o planeta. Aqueles que se arrogam a propor soluções gerais para a Amazônia desconhecem o funcionamento e a estrutura das partes que a compõem, e tratam a região como se fosse uma coisa só e conhecida."

O pensamento convencional brasileiro carrega, historicamente, a marca do desentendimento sobre o que é a Amazônia. Empilham-se os erros. O mundo das míticas guerreiras amazonas, o local onde haveria uma civilização perdida, um vazio demográfico, uma terra sem história, um inferno verde, terra de povos "selvagens" a serem integrados à cultura dominante. O escritor Márcio Souza dá muitos exemplos de como o Brasil precisa abandonar velhos conceitos enraizados se quiser de fato entender a riqueza amazônica. "A imensa dificuldade para reconstruir o passado dos povos da Amazônia não significa que se trata de uma terra onde a história foi inaugurada com a chegada dos europeus", diz Márcio.

É mais ou menos o que alerta o arqueólogo Eduardo Góes Neves, que há anos faz pesquisas sistemáticas na região. Ele escreveu no seu *Arqueologia da Amazônia* que parte dos problemas da discussão sobre estratégias de desenvolvimento sustentável na floresta está "diretamente ligada ao completo desconhecimento, ou até mesmo desinteresse, com relação à milenar história da ocupação humana na região". Por isso ele propõe entrarmos num acordo sobre alguns parâmetros. "Em primeiro lugar, é importante reconhecer que a Bacia Amazônica era densamente ocupada por diferentes povos indígenas no fim do século XV, época do início da colonização europeia nas Américas." O estudioso sugere que se abandonem as ideias da "última fronteira" e da "natureza intocada", porque "a Amazônia é ocupada há mais de 10 mil anos, em alguns casos por populações de milhares de pessoas". Curioso é que a ocupação pré-colonial guia os passos dos processos de ocupação do presente. Cidades como Santarém, Manaus, Manacapuru e Tefé foram erguidas sobre sítios arqueológicos.

O que nos revelam os novos estudos é que os povos antigos do Brasil conseguiram manejar a floresta de forma sábia e sustentável. Enriqueceram a floresta, domesticaram as principais espécies e trabalharam para tornar o meio ambiente ainda mais produtivo. A terra que é considerada pobre foi fertilizada por sucessivas gerações das civilizações antigas e isso nos legou o que se chama de "terra preta de índio", o solo muito fértil que é encontrado em várias áreas da Amazônia brasileira.

O tempo dos indígenas no Brasil se conta em milênios, o dos europeus no continente se conta em séculos. O tempo histórico do Brasil, como o entendemos hoje, é breve. Os povos antigos sobreviveram na floresta, vivendo dela e com ela, sem destruí-la. Para isso foi necessário que acumulassem um conhecimento considerável, através de pesquisas, experimentos e técnicas. "Uma das maiores contribuições dos indígenas das Américas para a humanidade foi a domesticação de uma série de plantas que atualmente são consumidas de diferentes modos em todo o planeta. A lista é grande e será aqui parcialmente mencionada em ordem alfabética: abacate, abacaxi, abóbora, amendoim, batata, caju, feijão, mamão, mandioca, maracujá, milho, pimenta-vermelha, pupunha, tabaco, tomate", escreve Eduardo Góes Neves. "O processo de seleção intencional que leva à domesticação de uma planta é bastante longo, com duração de muitas décadas ou mesmo séculos", acrescenta. A mandioca evoluiu de espécies altamente venenosas para o alimento consumido em larga escala em várias partes do mundo. Pense em quanto isso exigiu de sabedoria, persistência e técnica dos indígenas.

A ciência dos nossos primeiros povos trouxe a floresta até nós. Ela chegou íntegra e enriquecida pelo manejo que selecionou espécies mais promissoras e mais produtivas, que transformou plantas venenosas em alimentos. A Amazônia, com tudo o que ela é, com tudo o que nós ainda não sabemos dela, é a grande obra dos primeiros habitantes desta terra. É a maior herança ancestral do Brasil.

FIM

Agradecimentos

Ninguém vai para a Amazônia sem companhia. Eu me cerquei de gente que me ajudou no trabalho que resultou neste livro. Começo por agradecer ao meu editor, Jorge Oakim. Ele deu o primeiro impulso. Pediu uma conversa on-line, no início da pandemia, quando todos nós estávamos tristes e perdidos, e me fez uma pergunta provocativa: Quais são seus planos literários? Eu tinha dois. O primeiro virou o livro *Democracia na armadilha*, sobre os riscos do projeto autoritário de Jair Bolsonaro. O outro parecia ambicioso demais, por isso foi graças à capacidade do Jorge de ouvir que acabei revelando: escrever um livro sobre a Amazônia, mesmo estando presa no confinamento exigido pela covid-19. Loucura? Ele aplaudiu a ideia. Foi o começo.

Eu sabia que a caminhada seria intensa, difícil, me mobilizaria inteiramente, consumiria todo o tempo disponível e eu, ao fim, concluiria que faltava muito a dizer. Mesmo assim iniciei a aventura. Liguei para Beto Veríssimo e para Tasso Azevedo e contei o que estava pensando. Tive as primeiras orientações. Telefonei para Carlos Nobre e pedi conversas.

O que parecia ser uma desvantagem, não poder viajar, passou a ser um facilitador. Em outras circunstâncias, eu escolheria estar pessoalmente com cada entrevistado. Por causa da pandemia, as entrevistas tinham de ser por plataformas de reunião on-line. Eram conversas longas, que se desdobravam em mais de uma sessão, e várias delas foram em fins de semana, quando eu tinha mais tempo. Sem sair do meu escritório, falei com a procuradora Ana Carolina Haulic Bragança, que estava na casa dela, no Amazonas; com Sebastião Salgado, em Paris; com Gilberto Câmara, em Genebra. Fiz uma longa reunião conjunta com a ministra Marina Silva, João Paulo Capobianco e Carlos Vicente, que havia sido chefe de gabinete de Marina no primeiro ministério. Cada um estava num ponto diferente do país e eu permanecia na Gávea, no Rio de Janeiro, onde fiquei fechada até a segunda dose da vacina.

Falei com Rubens Ricupero, Fernando Henrique Cardoso e José Roberto Mendonça de Barros, os três em São Paulo. Estive em seminários virtuais, acompanhei audiências públicas no Supremo Tribunal Federal. Falei com Carlos Nobre, enquanto ele estava em São José dos Campos, com o historiador Miqueias Mugge, do Brazil Lab, em Princeton, com o economista José Alexandre Scheinkman, em Nova York, e com o ex-governador do Acre Binho Marques, no interior de São Paulo.

Corri atrás de todas as fontes com esta vantagem: a distância física não era mais um problema porque o mundo estava em contato virtual. Uma das minhas fontes conversou comigo do quarto do filho, onde o sinal era melhor, outra enquanto empacotava as coisas para uma mudança. Houve uma reunião sobre a questão dos indígenas isolados em que uma das pessoas me atendeu de Brasília, a outra de São Paulo, a outra do extremo oeste da Amazônia, perto do Peru. Sim, algumas vezes o sinal caía, mas era só esperar que a comunicação voltava.

A todos os que abriram virtualmente as suas casas e me cederam seu tempo, seu conhecimento e suas lembranças, eu agradeço. São muitos e alguns preferiram não ser identificados no livro.

Depois das vacinas, pude circular com mais liberdade e voltei ao mundo físico. Mesmo assim, híbrido. Com Beto Marubo houve conversas virtuais e presenciais. Com o economista Juliano Assunção também. A entrevista com Carlos Minc poderia ser presencial, escolhemos, pelo apurado do tempo, conversar no modo remoto. O encontro com os líderes Munduruku foi presencial, mas seguindo os protocolos sanitários, como o uso de máscara.

Alguns dos meus entrevistados me socorreram nas perguntas aleatórias que eu mandava por mensagem de aplicativo em horas inesperadas, na tensão do fechamento. "Fechamento" é palavra comum na vida de jornalista, é quando estamos terminando a edição do jornal. No caso, do livro.

Meus colegas jornalistas que escreveram sobre o tema, sob qualquer ângulo, me ajudaram mais do que saberei agradecer. Os que estão na Amazônia, os que fizeram reportagens especiais, os que apuraram denúncias, os que nunca se esqueceram dessa pauta essencial, todos me ajudaram. Eu li, vi, guardei física e digitalmente tudo o que pude. O trabalho dos meus colegas me orgulha e me ajudou no meu trabalho.

Os jornalistas Álvaro Gribel e Cláudio Renato Ferreira participaram ativamente do projeto, levantando dados, fazendo apurações e entrevistas. Tem sido um prazer a convivência com os dois: Álvaro, no jornal;

Cláudio, o "Crena", na televisão. São muitos os anos da nossa convivência diária.

A diretora de Programas da GloboNews, Fátima Batista, tornou possível a ideia de fazer um documentário que acabou se tornando também parte deste livro.

O editor do documentário *Amazônia na encruzilhada*, Rafael Norton, companheiro também em outra viagem pelo Brasil, em 2017, transcreveu todas as entrevistas feitas na viagem intensa, de 2022, o que facilitou demais as minhas consultas para narrar a história.

Na viagem ao Pará, tive ajuda de Fernanda Costa, do Imazon, Fernanda Macedo, da TNC, Celma Oliveira, da Imaflora, e Joice Bispo Santos, do Museu Paraense Emílio Goeldi. Em Brasília, no STF, contei com Mariana Oliveira. Agradeço também ao amigo Afonso Borges.

Adriana Ramos, do Instituto Socioambiental, teve paciência de me dar um longo *briefing* sobre os indígenas da Amazônia. A antropóloga Luísa Molina foi ajuda constante nessa questão, inclusive tornando possível a entrevista que fiz com os líderes Munduruku.

A advogada Brenda Brito me ajudou nas dúvidas sobre a árida questão fundiária.

O engenheiro florestal Tasso Azevedo pegou um avião e me encontrou no Pará, onde concedeu longa entrevista para o livro e o documentário.

O climatologista Carlos Nobre foi fonte de informação e de inspiração para este livro.

O projeto Amazônia 2030, do Imazon e do Climate Policy Initiative, me serviu como uma fonte rica de dados e de estudos sobre os vários ângulos pelos quais o tema deve ser estudado.

No início do levantamento para o livro, num intervalo entre trabalhos, Giselly Siqueira fez as primeiras pesquisas. Posteriormente, Isabel Kopschitz fez uma leitura atenta dos capítulos iniciais.

Agradeço à minha assistente Laíssa Carvalho, porque ela entende a intensidade com que me jogo nos livros. E me ajuda em tudo o que pode.

Minha família é sempre fundamental e incentivo permanente nesse sonho nunca findo de ser escritora que trago da infância em Caratinga. O lar construído pelos meus pais, Uriel e Mariana, era cheio de livros. Minha irmã Beth me alertou durante todo o trabalho a nunca esquecer os povos originários e, muitas vezes, trouxe ideias que costurei no texto. Agradeço aos meus filhos, Vladimir Netto e Matheus Leitão, jornalistas como eu, pela constante troca de ideias, pelo estímulo e, sobretudo, pelo amor.

Meus netos, Mariana, Daniel, Manuela e Isabel, me indicam a direção do olhar. Por causa deles, é pelo futuro que eu trabalho. Sérgio Abranches me cercou de livros, dados, estudos, ensaios e material relevante com sua singular capacidade de pesquisa. Depois, fez leituras das várias versões dos capítulos. Não consigo imaginar a vida de escritora sem tê-lo a meu lado. Não consigo imaginar a vida sem ele.

Escrever livros é sempre um ato coletivo, por mais solitário que possa parecer em determinados momentos. Na Intrínseca, tive conversas iniciais muito boas com o editor Lucas Telles. Depois, tive a orientação lúcida das editoras Rebeca Bolite e Elisa Rosa. Foi particularmente agradável uma conversa com Elisa, em que levei ideias para mudanças na estrutura dos capítulos que coincidiam exatamente com as sugestões que ela faria. Rimos ao comparar nossas anotações coincidentes. Livro é isso.

Há momentos em que quem escreve precisa saber que outra pessoa entendeu o espírito da obra. E foi exatamente isso que encontrei em Kathia Ferreira, quando mergulhamos juntas na preparação do texto. Kathia tem o talento de fazer uma leitura ao mesmo tempo distanciada e íntima do livro, o que é muito valioso na reta final de qualquer trabalho.

De cada viagem à Amazônia trago lembranças fortes. Em todas elas tive epifanias. Descia o rio Caru, no Maranhão, em 2013, num pequeno barco manejado por dois jovens Awá Guajá. Um deles, Yui, havia sido uma fonte importante de informação. A meu lado, a jornalista Heloisa D'Archanchy, da Funai. Olhei a floresta que cercava o rio e aqueles jovens indígenas e tive a noção da fragilidade da Amazônia.

Navegando no rio Negro com o Sérgio, em meio a uma grande e repentina tempestade, em 2008, entendi a força da Amazônia.

Em Paragominas, naquele ano o engenheiro florestal Paulo Amaral me explicou quais eram as espécies amontoadas no pátio de uma madeireira suspeita. Houve um momento em que, para identificar uma delas, ele teve de subir em uma pilha. Eu vi que a morte da Amazônia vai sendo empilhada em pátios.

Nas viagens às Anavilhanas, sempre entrei nos igapós com o motor do barco desligado, para ouvir o silêncio. É misterioso e vivo o silêncio de um igapó. É mágico.

Em 2022, em visita a pequenos produtores, principalmente mulheres, soube um pouco como é o cotidiano de quem resiste no chão da Amazônia.

Em Alta Floresta, em 2012, entrei na cavidade maior de uma sumaúma e tive o entendimento mais profundo da conexão entre os seres vivos.

Eu andava, em 2013, numa área alagada, chegando à Terra Indígena Caru, no Maranhão, onde vivem os Awá Guajá. Havia chovido muito na véspera e um pequeno trecho teve de ser percorrido a pé. Estava com a equipe da Funai e o fotógrafo Sebastião Salgado. No instante em que andava por cima de um tronco, numa parte mais exigente da caminhada, Sebastião me fotografou. Guardo a imagem como um privilégio e um delicado presente. É também a lembrança de uma reportagem na qual foi plantada a primeira semente do sonho de escrever este livro.

Siglas usadas

Abag Associação Brasileira do Agronegócio
Abiove Associação Brasileira das Indústrias de Óleos Vegetais
ADI Ação Direta de Inconstitucionalidade
ADPF Arguição de Descumprimento de Preceito Fundamental
AGU Advocacia-Geral da União
AI-5 Ato Institucional nº 5
Anec Associação Nacional dos Exportadores de Cereais
Aneel Agência Nacional de Energia Elétrica
ANM Agência Nacional de Mineração
Anoro Associação Nacional do Ouro
ANP Agência Nacional do Petróleo, Gás Natural e Biocombustíveis
ANTT Agência Nacional de Transportes Terrestres
Anvisa Agência Nacional de Vigilância Sanitária
APA Área de Proteção Ambiental
Apae Associação de Pais e Amigos dos Excepcionais
Apib Articulação dos Povos Indígenas do Brasil
APP Área de Preservação Permanente
Aprosoja Associação dos Produtores de Soja e Milho
Ascema Associação Nacional dos Servidores Ambientais
Autex Autorização para Exploração Florestal
BC Banco Central
BIS Banco de Compensações Internacionais
BNDES Banco Nacional de Desenvolvimento Econômico e Social
Brics Brasil, Rússia, Índia, China e África do Sul
Cade Conselho Administrativo de Defesa Econômica
Caop Comando de Aviação Operacional
Capes Coordenação de Aperfeiçoamento de Pessoal de Nível Superior
CAR Cadastro Ambiental Rural
CCBB Centro Cultural Banco do Brasil
CCC Conta de Consumo de Combustíveis
CEO Chief Executive Officer
Cfem Compensação Financeira pela Exploração de Recursos Minerais
Cimi Conselho Indigenista Missionário
Cites Convenção sobre Comércio Internacional das Espécies da Flora e Fauna Selvagens em Perigo de Extinção
Civaja Conselho Indígena do Vale do Javari
CNAE Comissão Nacional de Atividades Espaciais
CNFP Cadastro Nacional de Florestas Públicas
CNPq Conselho Nacional de Desenvolvimento Científico e Tecnológico

COE Centro de Operação de Emergência
Cofa Comitê Organizador do Fundo Amazônia
Cofis Coordenação de Operações de Fiscalização
Conama Conselho Nacional do Meio Ambiente
COP Conferência das Partes da Convenção-Quadro das Nações Unidas sobre Mudança do Clima
CPF Cadastro de Pessoa Física
CPI Climate Policy Initiative
CPI Comissão Parlamentar de Inquérito
CPMI Comissão Parlamentar Mista de Inquérito
CTFA Comitê Técnico do Fundo Amazônia
Defra Department for Environment Food & Rural Affairs (Reino Unido)
Delemaph Delegacia de Repressão a Crimes contra o Meio Ambiente e Patrimônio Histórico
DEM Democratas (partido político)
DOF Documento de Origem Florestal
DTVM Distribuidora de Títulos e Valores Mobiliários
Embrapa Empresa Brasileira de Pesquisa Agropecuária
Enem Exame Nacional do Ensino Médio
Esalq/USP Escola Superior de Agricultura da Universidade de São Paulo
ESG Environmental, Social and Governance (Ambiental, Social e Governança)
FAB Força Aérea Brasileira
FAO Organização das Nações Unidas para a Alimentação e a Agricultura
Febraban Federação Brasileira dos Bancos
Fema Fundação Estadual do Meio Ambiente
Femarh Fundação Estadual do Meio Ambiente e Recursos Hídricos
Fiocruz Fundação Oswaldo Cruz
FIP Fundo de Investimento em Participações
Flona Floresta Nacional
Funai Fundação Nacional dos Povos Indígenas
Funasa Fundação Nacional de Saúde
GEF Global Environment Facility (Fundo Global para o Meio Ambiente)
GF Guia Florestal
GLO Garantia da Lei e da Ordem
GPS Sistema de Posicionamento Global
GSI Gabinete de Segurança Institucional da Presidência da República
GTCO Guia de Transporte e Custódia de Ouro
Ibama Instituto Brasileiro do Meio Ambiente e dos Recursos Naturais Renováveis
IBGE Instituto Brasileiro de Geografia e Estatística
Ibram Instituto Brasileiro de Mineração
ICMBio Instituto Chico Mendes de Conservação da Biodiversidade
ICMS Imposto sobre Circulação de Mercadorias e Serviços
Ideb Índice de Desenvolvimento da Educação Básica
Ideflor-Bio Instituto de Desenvolvimento Florestal e da Biodiversidade do Pará
Imazon Instituto do Homem e Meio Ambiente da Amazônia
IN Instrução Normativa
Incra Instituto Nacional de Colonização e Reforma Agrária
Inpa Instituto Nacional de Pesquisas da Amazônia
Inpe Instituto Nacional de Pesquisas Espaciais
IOF Imposto sobre Operações Financeiras
Ipam Instituto de Pesquisa Ambiental da Amazônia

IPCC Painel Intergovernamental sobre Mudanças Climáticas
Ipê Instituto de Pesquisas Ecológicas
Ipea Instituto de Pesquisa Econômica Aplicada
IPI Imposto sobre Produtos Industrializados
IPS Índice de Progresso Social
ISA Instituto Socioambiental
ITA Instituto Tecnológico de Aeronáutica
Iteraima Instituto de Terras e Colonização do Estado de Roraima
JBNs Jatos de Baixo Nível
MGI Ministério da Gestão e da Inovação em Serviços Públicos
MIT Massachusetts Institute of Technology
MMA Ministério do Meio Ambiente
MP Medida Provisória
MPF Ministério Público Federal
MST Movimento dos Trabalhadores Rurais Sem Terra
Nasa National Aeronautics and Space Administration (Administração Nacional da Aeronáutica e Espaço)
NGFS Network for Greening the Financial System (Rede para o Sistema Financeiro Verde)
OCDE Organização para a Cooperação e Desenvolvimento Econômico
OMC Organização Mundial do Comércio
ONG Organização Não Governamental
ONU Organização das Nações Unidas
OPI Observatório dos Direitos Humanos dos Povos Indígenas Isolados e de Recente Contato
PAC Plano de Aceleração do Crescimento
PCdoB Partido Comunista do Brasil
PCO Posto de Compra de Ouro
PDT Partido Democrático Trabalhista
PEC Proposta de Emenda à Constituição
PEF Pelotão Especial de Fronteira
PF Polícia Federal
PGR Procuradoria-Geral da República
PIB Produto Interno Bruto
PL Projeto de Lei
PLG Permissão de Lavra Garimpeira
PM Polícia Militar
Pnud Programa das Nações Unidas para o Desenvolvimento
PP Partido Progressistas
PPCDAm Plano de Ação para Prevenção e Controle do Desmatamento na Amazônia Legal
PPG7 Programa Piloto para Proteção das Florestas Tropicais do Brasil
PR Partido da República (atual Partido Liberal)
PrevFogo Centro Nacional de Prevenção e Combate aos Incêndios Florestais
PRF Polícia Rodoviária Federal
Prodes Projeto de Monitoramento do Desmatamento na Amazônia Legal por Satélite
PSB Partido Socialista Brasileiro
PSD Partido Social Democrático
PSOL Partido Socialismo e Liberdade
PT Partido dos Trabalhadores
PUC-Rio Pontifícia Universidade Católica do Rio de Janeiro
PV Partido Verde
RED Redução da Emissão de Desmatamentos
REDD+ Redução de Emissões Provenientes de Desmatamento e Degradação Florestal
Renca Reserva Nacional de Cobre e Associados
RG Registro Geral
RPPN Reserva Particular do Patrimônio Natural
SAD Sistema de Alerta de Desmatamento
SBPC Sociedade Brasileira para o Progresso da Ciência
Secom Secretaria de Comunicação

Sema Secretaria de Estado de Meio Ambiente
Semmas Secretaria Executiva Municipal de Meio Ambiente e Mineração
Sesai Secretaria de Saúde Indígena
SIN Sistema Integrado Nacional
Sinaflor Sistema Nacional de Controle de Origem dos Produtos Florestais
SPA Scientific Panel of the Amazon
STF Supremo Tribunal Federal
Suframa Superintendência da Zona Franca de Manaus
SUS Sistema Único de Saúde
TAC Termo de Ajustamento de Conduta
TI Terra Indígena
TSE Tribunal Superior Eleitoral
UA Unidade Animal
UC Unidade de Conservação
UCLA University of California
Ufam Universidade Federal do Amazonas
UFPA Universidade Federal do Pará
UFRJ Universidade Federal do Rio de Janeiro
Unafisco Associação Nacional dos Auditores Fiscais da Receita Federal do Brasil
UnB Universidade de Brasília
UNE União Nacional dos Estudantes
Unica União da Indústria de Cana-de-Açúcar
Univaja União dos Povos Indígenas do Vale do Javari
UPP Unidade de Polícia Pacificadora
USP Universidade de São Paulo
VAR-Palmares Vanguarda Armada Revolucionária Palmares
WWF World Wide Fund for Nature

Bibliografia

ABRAMOVAY, Ricardo. *Amazônia: por uma economia do conhecimento da natureza*. São Paulo: Elefante/Outras Palavras/Terceira Via, 2019.

_____. *Infraestrutura para o desenvolvimento sustentável da Amazônia*. São Paulo: Elefante/Outras Palavras, 2022.

_____. "O 8 de Janeiro, os militares e a Amazônia", revista *Piauí*, 20 jan. 2023. Disponível em: <piaui.folha.uol.com.br/o-8-de-janeiro-os-militares-e-amazonia/>. Acesso em: 4 jul. 2023.

ABRANCHES, Sérgio. *Copenhague, antes e depois*. Rio de Janeiro: Civilização Brasileira, 2010.

_____. "The Political Economy of Deforestation in Brazil and Payment-for--Performance Finance", Climate and Forester Paper Series #10, Center for Global Development (CDG), s/d. Disponível em: <www.cgdev.org/sites/default/files/CGD-Climate-Forest-Paper-Series-10-Abranches-Deforestation-Brazil_0.pdf>. Acesso em: 4 jul. 2023.

ABREU, Allan de; e TOLEDO, Luiz Fernando. "A conexão. Um caso exemplar de contrabando de madeira amazônica para os Estados Unidos e o papel de Ricardo Salles", revista *Piauí*, nº 185, jan. 2022. Disponível em: <piaui.folha.uol.com.br/materia/a-conexao-2>. Acesso em: 2 jul. 2023.

Ab'SABER, Aziz N. "Bases para o estudos dos ecossistemas da Amazônia brasileira", *Estudos Avançados*, 16(45), pp. 7-30, 2002. Disponível em: <www.revistas.usp.br/eav/article/view/9866>. Acesso em: 4 jul. 2023.

BANCO CENTRAL DO BRASIL. "BC e Ibama compartilharão bases de dados referentes a crédito rural e informações ambientais", 19 jun. 2023. Disponível em: <www.bcb.gov.br/detalhenoticia/698/noticia>. Acesso em: 2 jul. 2023.

BARBOSA, Catarina. "Prefeito garimpeiro convoca a população a resistir", site Sumaúma, 19 fev. 2023. Disponível em: <sumauma.com/prefeito-garimpeiro-convoca-a--populacao-a-resistir/>. Acesso em: 2 jul. 2023.

BARBOSA, Mariana. "CVM abre processo para investigar gestoras que estariam vendendo ouro de garimpo ilegal", jornal *O Globo*, 26 jan. 2023. Disponível em: <oglobo.globo.com/blogs/capital/post/2023/01/cvm-abre-processo-para--investigar-gestoras-que-estariam-vendendo-ouro-de-garimpo-ilegal.ghtml>. Acesso em: 2 jul. 2023.

BARROSO, Luís Roberto. "Acórdão. Arguição de Descumprimento de Preceito Fundamental — ADPF nº 708", Distrito Federal, Supremo Tribunal Federal, 3 mai. 2023. Disponível em: <https://portal.stf.jus.br/processos/downloadPeca.asp?id=15357857290&ext=.pdf>. Acesso em: 2 jul. 2023.

____. "Decisão monocrática. Arguição de Descumprimento de Preceito Fundamental — ADPF nº 709", Distrito Federal, Supremo Tribunal Federal, 5 mai. 2023. Disponível em: <https://portal.stf.jus.br/processos/downloadPeca.asp?id=15357948142&ext=.pdf>. Acesso em: 2 jul. 2023.

____. "Decisão monocrática. Medida Cautelar na Arguição de Descumprimento de Preceito Fundamental — ADPF nº 709", Distrito Federal, Supremo Tribunal Federal, 26 jun. 2023. Disponível em: <https://portal.stf.jus.br/processos/downloadPeca.asp?id=15359222947&ext=.pdf>. Acesso em: 2 jul. 2023.

____; e MELLO, Patrícia Perrone Campos. "Como salvar a Amazônia: por que a floresta de pé vale mais do que derrubada", *Revista de Direito da Cidade — RDC*, vol. 12, nº 2, jun. 2020, pp. 1262-1307. Disponível em: <www.e-publicacoes.uerj.br/index.php/rdc/article/view/50980>. Acesso em: 2 jul. 2023.

BECKER, Bertha K. *Amazônia: geopolítica na virada do III milênio*. Rio de Janeiro: Garamond, 2006.

BIASETTO, Daniel. "Áudios: garimpeiros do Pará articulam protesto em Brasília no Dia do Índio e bancam caravana para pressionar STF e Congresso", *O Globo*, 15 abr. 2021. Disponível em: <oglobo.globo.com/politica/audios-garimpeiros-do-para-articulam-protesto-em-brasilia-no-dia-do-indio-bancam-caravana-para-pressionar-stf-congresso-24972077>. Acesso em: 24 jul. 2023.

____. "Garimpeiros pagam ida de indígenas a Brasília para pressionar STF", *O Globo*, 16 abr. 2021, p. 7.

BRAGANÇA, Arthur; ARAÚJO, Rafael; e ASSUNÇÃO Juliano. "Medindo os efeitos indiretos da infraestrutura de transporte na Amazônia". Rio de Janeiro: Climate Policy Initiative, out. 2020. Disponível em: <https://www.climatepolicyinitiative.org/wp-content/uploads/2020/10/White-Paper-Medindo-Efeitos-Indiretos-da-Infraestrutura-de-Transporte-na-Amazônia-2.pdf>. Acesso em: 2 jul. 2023.

BRITO, Brenda; ALMEIDA, Jeferson; GOMES, Pedro; e SALOMÃO, Rodney. "Dez fatos essenciais sobre regularização fundiária na Amazônia". Belém: Imazon. Disponível em: <imazon.org.br/publicacoes/dez-fatos-essenciais-regularizacao-fundiaria-amazonia>. Acesso em: 2 jul. 2023.

BUENO, Samira; e LIMA, Renato Sérgio de (coords.). "Anuário Brasileiro de Segurança Pública", Fórum Brasileiro de Segurança Pública, ano 16, 2022. Disponível em: <forumseguranca.org.br/wp-content/uploads/2022/06/anuario-2022.pdf?v=15>. Acesso em: 2 jul. 2023.

CAMARGOS, Daniel. "Em ofensiva contra indígenas no Pará, garimpeiros ilegais movimentam mercado bilionário", site Repórter Brasil, 24 nov. 2019. Disponível em: <reporterbrasil.org.br/2019/11/em-ofensiva-contra-indigenas-no-para-garimpeiros-ilegais-movimentam-mercado-bilionario/>. Acesso em: 2 jul. 2023.

CANAL RURAL. "Tereza Cristina: Fala de Salles em reunião foi sobre desburocratização", 25 mai. 2020. Disponível em: <www.canalrural.com.br/canal-rural-play/tereza-cristina-fala-de-salles-em-reuniao-foi-sobre-desburocratizacao>. Acesso em: 2 jul. 2023.

CAPOBIANCO, João Paulo Ribeiro. *Amazônia, uma década de esperança: como o Brasil controlou o desmatamento entre 2004 e 2014 e está pondo tudo a perder*. São Paulo: Estação Liberdade, 2021.

CARDIM, Ricardo. "Arqueologia do desastre: há 50 anos, a ditadura promovia a invasão predatória da Amazônia, marcada por rodovias, projetos megalômanos e propaganda ufanista", revista *Quatro cinco um*, Especial Meio Ambiente, ano 4, nº 37, 1º set. 2020. Disponível em: <https://www.quatrocincoum.com.br/br/artigos/meio-ambiente/arqueologia-do-desastre>. Acesso em: 2 jul. 2023.

CARDOSO, Rafael. "PF realiza megaoperação contra serrarias que atuam na extração de madeira em terras indígenas no MA", G1, 3 ago. 2022. Disponível em: <g1.globo.com/ma/maranhao/noticia/2022/08/03/policia-federal-realiza-megaoperacao-contra-serrarias-que-atuam-na-extracao-de-madeira-em-terras-indigenas-no-maranhao.ghtml>. Acesso em: 2 jul. 2023.

CARTA aberta das instituições financeiras para os embaixadores do Brasil nos EUA, Reino Unido, França, Noruega, Suécia e Países Baixos para deter o desmatamento. Disponível em: <www.oeco.org.br/wp-content/uploads/2020/07/Carta-30-investidores.pdf>. Acesso em: 2 jul. 2023.

CHIARETTI, Daniela. "Quando a Amazônia é maior do que o Brasil", jornal *Valor Econômico*, 1º mar. 2021, p. A2.

_____. "Concertação reúne 100 líderes para 'salvar' a Amazônia: aliança entre empresários e pesquisadores busca meios de desenvolver região sem derrubar floresta", jornal *Valor Econômico*, 26 ago. 2020, p. A14.

CONTROLADORIA-GERAL DA UNIÃO. "Relatório de avaliação da governança do Fundo Amazônia exercida pelo Ministério do Meio Ambiente. Exercícios 2019, 2020 e 2021", Ministério do Meio Ambiente, 10 jun. 2022. Disponível em: <eaud.cgu.gov.br/relatorios/download/1042162>. Acesso em: 2 jul. 2023.

COSLOVSKY, Salo. "Oportunidades para exportação de produtos compatíveis com a floresta na Amazônia brasileira", Projeto Amazônia 2030, 7 abr. 2021. Disponível em: <amazonia2030.org.br/oportunidades-para-exportacao-de-produtos-compativeis-com-a-floresta-na-amazonia-brasileira/>. Acesso em: 2 jul. 2023.

CUNHA, Euclides da. *Amazônia: Terra sem história*. Organização Tenório Telles. Manaus: Editora Valer, 2014.

DEAN, Warren. *A ferro e fogo: a história e a devastação da Mata Atlântica brasileira*. Tradução de Cid Knipel Moreira. São Paulo: Companhia das Letras, 1996.

FALCÃO, Márcio; e VIVAS, Fernanda. "MP questiona decisão de liberar madeira apreendida em maior operação sobre extração ilegal", G1, 20 jan. 2022. Disponível em: <g1.globo.com/politica/noticia/2022/01/20/mp-questiona-decisao-que-liberou-madeira-apreendida-em-operacao-que-mirou-salles.ghtml>. Acesso em: 2 jul. 2023.

FANTÁSTICO. "Crianças Yanomami sofrem com desnutrição e falta de atendimento médico", 14 nov. 2021. Disponível em: <https://g1.globo.com/fantastico/noticia/2021/11/14/criancas-yanomami-sofrem-com-desnutricao-e-falta-de-atendimento-medico.ghtml>. Acesso em: 2 jul. 2023.

_____. "Fantástico mostra a situação dramática do povo Yanomami e as ações para levar socorro até a região", 26 jan. 2023. Disponível em: <g1.globo.com/fantastico/noticia/2023/01/26/fantastico-mostra-a-situacao-dramatica-do-povo-yanomami-e-as-acoes-para-levar-socorro-ate-a-regiao.ghtml>. Acesso em: 2 jul. 2023.

FERRAZ, Lucas; e HENRIQUE, Guilherme. "Ouro ilegal da Terra Indígena Kayapó termina em gigante italiana que fatura R$ 18 bi", site Repórter Brasil, 10 fev. 2022. Disponível em: <ouro-ilegal-da-terra-indigena-kayapo-termina-em-gigante-italiana-que-fatura-18-bi-de-reais>. Acesso em: 2 jul. 2023.

FOLHA DO PROGRESSO. "Dia do Fogo: produtores planejam data para queimada na região", 5 ago. 2019. Disponível em: <https://www.folhadoprogresso.com.br/dia-do--fogo-produtores-planejam-data-para-queimada-na-regiao/>. Acesso em: 2 jul. 2023.

GANDOUR, Clarissa; VERÍSSIMO, Beto; e ASSUNÇÃO, Juliano. "Desmatamento zero e ordenamento territorial: fundamentos para o desenvolvimento sustentável da Amazônia", Projeto Amazônia 2030/CPI/Imazon, nº 56, abr. 2023. Disponível em: <https://amazonia2030.org.br/wp-content/uploads/2023/05/Amz2030DesmatamentoZero.pdf>. Acesso em: 2 jul. 2023.

GARCIA, Uirá. *Crônicas de caça e criação*, Col. Mundo Indígena. São Paulo: Hedra/Fapesp, 2018.

GHIROTTO, Edoardo; e GONÇALVES, Eduardo. "O ranking da destruição", revista *Veja*, 5 ago. 2020, pp. 26-33.

GONZAGA, Gustavo; CAVALCANTI, Francisco; e ALFENAS, Flávia. "Dinamismo de emprego e renda na Amazônia Legal: ocupações qualificadas e de liderança", Projeto Amazônia 2030, nº 15, out. 2021. Disponível em: <https://amazonia2030.org.br/wp-content/uploads/2021/10/Qualificada_Nota-Dinamismo-Economico.pdf>. Acesso em: 2 jul. 2023.

GRANDELLE, Renato. "Perda de vegetação nativa em três décadas equivale a 10% do território brasileiro", jornal *O Globo*, 28 ago. 2020, p. 10. Disponível em: <https://oglobo.globo.com/brasil/perda-de-vegetacao-nativa-em-tres-decadas--equivale-10-do-territorio-brasileiro-1-24610468>. Acesso em: 2 jul. 2023.

GRANDIN, Greg. *Fordlândia: ascensão e queda da cidade esquecida de Henry Ford na selva*. Tradução de Nivaldo Montingelli Jr. Rio de Janeiro: Rocco, 2010.

GREENPEACE. "Dia do Fogo completa um ano, com legado de impunidade", s/d. Disponível em: <www.greenpeace.org/brasil/florestas/dia-do-fogo-completa-um--ano-com-legado-de-impunidade>. Acesso em: 2 jul. 2023.

INSTITUTO ESCOLHAS. "O que não lhe contam sobre o ouro", São Paulo, 2023. Disponível em: <oquenaolhecontam.escolhas.org>. Acesso em: 2 jul. 2023.

INSTITUTO SOCIOAMBIENTAL. "Relatório de Atividades 2021". ISA, jun. 2022. Disponível em: <www.socioambiental.org/sites/default/files/2022-06/Relatorio--2021-F11.pdf>. Acesso em: 24 jul. 2023.

JORNAL DA RECORD. "Presidente Jair Bolsonaro defende regulamentação do garimpo", YouTube, 3 ago. 2019. Disponível em: <www.youtube.com/watch?v=UiST8nwS2Oc>. Acesso em: 2 jul. 2023.

KOPENAWA, Davi; e ALBERT, Bruce. *A queda do céu: palavras de um xamã Yanomami*. São Paulo: Companhia das Letras, 2015.

KRENAK, Ailton. *Ideias para adiar o fim do mundo*. São Paulo: Companhia das Letras, 2ª ed., 2020.

LEAL, Leila Salim; ANGELO, Claudio; e ARAÚJO, Suely. "Nunca mais, outra vez: 4 anos de desmonte ambiental sob Jair Bolsonaro", Observatório do Clima, 2023. Disponível em: <www.oc.eco.br/wp-content/uploads/2023/03/AF_reduzido_20220323_individuais_nunca-mais-outra-vez-1.pdf>. Acesso em: 24 jul. 2023.

LEÃO, Juliana de Araújo Freitas (org.). *Mineração ilegal de ouro na amazônia: marcos jurídicos e questões controversas*. Série Manuais de Atuação, vol. 7. Brasília: MPF, 2020. Disponível em: <www.mpf.mp.br/atuacao-tematica/ccr4/dados-da-atuacao/publicacoes/roteiros-da-4a-ccr/ManualMineracaoIlegaldoOuronaAmazoniaVF.pdf>. Acesso em: 2 jul. 2023.

LEITÃO, Míriam. *Convém sonhar*. Organizado por Débora Thomé. Rio de Janeiro: Record, 2010.

____. *Saga brasileira: a longa luta de um povo por sua moeda*. Rio de Janeiro: Record, 2011.

____. *História do futuro: o horizonte do Brasil no século XXI*. Rio de Janeiro: Intrínseca, 2015.

LÚCIA, Cármen. "Arguição de Descumprimento de Preceito Fundamental nº 760, Voto". Distrito Federal: Supremo Tribunal Federal. Disponível em: <https://www.stf.jus.br/arquivo/cms/noticiaNoticiaStf/anexo/VOTOADPF760.pdf>. Acesso em: 2 jul. 2023.

MACROTRENDS. Gold Prices — 100 Year Historical Chart. Disponível em: <www.macrotrends.net/1333/historical-gold-prices-100-year-chart>. Acesso em: 2 jul. 2023.

MAISONNAVE, Fabiano. "Índios tentam fechar megagarimpo ilegal que polui rio no Pará", jornal *Folha de S.Paulo*, 4 fev. 2018. Disponível em: <https://www1.folha.uol.com.br/ambiente/2018/02/indios-tentam-fechar-megagarimpo-ilegal-que-polui-rio-no-para.shtml>. Acesso em: 2 jul. 2023.

____. "Operação da PF faz a maior apreensão de madeira da história", jornal *Folha de S.Paulo*, 21 dez. 2020. Disponível em: <www1.folha.uol.com.br/ambiente/2020/12/operacao-da-pf-faz-a-maior-apreensao-de-madeira-da-historia.shtml>. Acesso em: 2 jul. 2023.

MARTINS, H.; RIBEIRO, J.; e SOUZA JÚNIOR, C. "Redução da Flona do Jamanxim: vitória da especulação fundiária?", Imazon, 2017. Disponível em: <imazon.org.br/publicacoes/reducao-da-flona-do-jamanxim-vitoria-da-especulacao-fundiaria>. Acesso em: 2 jul. 2023.

McCARTHY, Michael. "The rape of the rainforest... and the man behind it", *Independent*, 20 mai. 2005. Disponível em: <www.independent.co.uk/climate-change/news/the-rape-of-the-rainforest-and-the-man-behind-it-491329.html>. Acesso em: 4 jul. 2023.

McCOY, Terence; e LAGO Cecília do. "The God of São Félix", *The Washington Post*, 27 jul. 2022. Disponível em: <www.washingtonpost.com/world/interactive/2022/brazil-amazon-deforestation-politicians/>. Acesso em: 4 jul. 2023.

MEYER, Henrique (org.). *Porto dos gaúchos: os primórdios da colonização da Gleba Arinos na Amazônia brasileira*. Cuiabá: Entrelinhas, 2015.

Ministérios do Planejamento, Orçamento e Gestão; Meio Ambiente e Amazônia Legal; Integração Nacional; Transportes; e Desenvolvimento Agrário. "Plano de desenvolvimento sustentável para a região de influência da BR-163 (Plano Cuiabá-Santarém Sustentável): diretrizes para sua elaboração e implementação". Brasília, fev. 2004. Disponível em: <http://philip.inpa.gov.br/publ_livres/Dossie/BR-163/Documentos Oficiais/Plano BR163 Sustentavel Proposta final_29.01.2004.pdf>. Acesso em: 12 jul. 2023.

MOLINA, Luísa Pontes (org.). *Terra rasgada: como avança o garimpo na Amazônia brasileira*. Brasília: Aliança em Defesa dos Povos, 2023. Disponível em: <https://acervo.socioambiental.org/sites/default/files/documents/o3d00050.pdf>. Acesso em: 2 jul. 2023.

____; e WANDERLEY, Luiz Jardim (orgs.). *O cerco do ouro: garimpo ilegal, destruição e luta em terras Munduruku*. Brasília: Comitê Nacional em Defesa dos Territórios Frente à Mineração, 2021. Disponível em: <http://emdefesadosterritorios.org/wp-content/uploads/2021/08/Livro-O-cerco-do-ouro-150dpi.pdf>. Acesso em: 2 jul. 2023.

NEVES, Eduardo Góes. *Arqueologia da Amazônia*. Rio de Janeiro: Jorge Zahar Editor, 2006.

____. *Sob os tempos do Equinócio: oito mil anos de história na Amazônia Central*. São Paulo: Ubu Editora/Edusp, 2022.

NOBRE, Carlos; e NOBRE, Ismael. "Projeto Amazônia 4.0: definindo uma Terceira Via para a Amazônia", revista *Futuribles*, nº 2, set. 2019. São Paulo: Plataforma Democrática/ Fundação FHC/Centro Edelstein. Disponível em: <http://www.plataformademocratica.org/Arquivos/Futuribles2/Futuribles2_ProjetoAmaz%C3%B4nia4.0.pdf>. Acesso em: 2 jul. 2023.

O GLOBO. "Saiba quem é o prefeito de Itaituba (PA) ligado ao garimpo e filmado em vídeo com frases machistas em festa", jornal *O Globo*, 9 mar. 2022. Disponível em: <oglobo.globo.com/brasil/saiba-quem-e-o-prefeito-de-itaituba-pa-ligado-ao-garimpo--filmado-em-video-com-frases-machistas-em-festa-25424875>. Acesso em: 4 jul. 2023.

PEZZUTTI, Juarez et al. *Xingu, o rio que pulsa em nós: monitoramento independente para registro de impactos da UHE Belo Monte no território e no modo de vida do povo Juruna (Yudjá) da Volta Grande do Xingu*. Altamira: Instituto Socioambiental (ISA), 2018. Disponível em: <https://apublica.org/wp-content/uploads/2019/12/xingu-o-rio--que-pulsa-em-nos.pdf>. Acesso em: 2 jul. 2023.

PINTO, Lúcio Flávio. *Hidrelétricas na Amazônia: predestinação, fatalidade ou engodo?*. Belém: Edição Jornal Pessoal, 2002.

PL nº 32/22-CN. Nota ténica conjunta nº 5/22 — Subsídios à apreciação do PLOA para 2023 (PL nº 32/22). Disponível em: <www12.senado.leg.br/orcamento/documentos/estudos/tipos-de-estudos/notas-tecnicas-e-informativos/nota-tecnica-conjunta-5-2022-subsidios-a-apreciacao-do-ploa-para-2023--pl-no-32-2022-cn/view>. Acesso em: 2 jul. 2023.

PRAZERES, Leandro. "Presidente do Ibama se reuniu com madeireiras multadas em R$ 2,6 milhões antes de afrouxar regras para exportação", jornal *O Globo*, 26 nov. 2020. Disponível em: <oglobo.globo.com/brasil/meio-ambiente/presidente-do-ibama-se-reuniu-com-madeireiras-multadas-em-26-milhoes--antes-de-afrouxar-regras-para-exportacao-24766354>. Acesso em: 2 jul. 2023.

PREVISIA. "Utilizando inteligência artificial para prever e mitigar o risco de desmatamento na Amazônia: descubra como a tecnologia pode proteger a floresta e suas espécies", Imazon, 14 mai. 2023. Disponível em: </previsia.org.br/utilizando-inteligencia-artificial--para-prever-e-mitigar-o-risco-de-desmatamento-na-amazonia-descubra-como-a--tecnologia-pode-proteger-a-floresta-e-suas-especies/>. Acesso em: 24 jul. 2023.

RAISG. "Amazônia sob pressão", tradução de Nina Jacomini. São Paulo: Instituto Socioambiental (ISA). Disponível em: <https://www.raisg.org/pt-br/publicacao/amazonia-sob-pressao-2020/>. Acesso em: 2 jul. 2023.

RICARDO, Carlos Alberto; e RICARDO, Fani Pantaleoni (orgs.). *Povos indígenas do Brasil 2011/2016*. Brasília: Instituto Socioambiental (ISA), 2017.

RODRIGUES, Larissa; e LEITÃO, Sérgio (orgs.). *Raio X do ouro: mais de 200 toneladas podem ser ilegais*. São Paulo: Instituto Escolhas, fev. 2022. Disponível em: <www.escolhas.org/wp-content/uploads/Ouro-200-toneladas.pdf>. Acesso em: 2 jul. 2023.

_____; e SÉ, Cinthia Sento. *Ouro acima da lei: áreas protegidas da Amazônia em perigo*. São Paulo: Instituto Escolhas, dez. 2022. Disponível em: <escolhas.org/wp-content/uploads/2022/12/Sumario-Ouro-acima-da-lei.pdf>. Acesso em: 2 jul. 2023.

_____. *Blockchain, rastreabilidade e monitoramento para o ouro brasileiro*. São Paulo: Instituto Escolhas, 2022. Disponível em: <https://www.escolhas.org/wp-content/uploads/Proposta-Rastreio-do-Ouro.pdf>. Acesso em: 2 jul. 2023.

SALGADO, Sebastião. *Amazônia*. Edição, concepção e realização Lélia Warnick Salgado. Itália: Taschen, 2022.

SANTANA, Ivone. "Amazônia terá fábrica portátil de chocolate na floresta", Suplemento Empresas, jornal *Valor Econômico*, 17 jan. 2023, p. B6.

SASSINE, Vinicius. "Com aval do GSI de Lula, agência autoriza pesquisa de ouro em área vizinha aos Yanomamis", jornal *Folha de S.Paulo*, 24 mar. 2023. Disponível em: <www1.folha.uol.com.br/cotidiano/2023/03/com-aval-do-gsi-de-lula-agencia-autoriza-pesquisa-de-ouro-em-area-vizinha-aos-yanomamis.shtml>. Acesso em: 2 jul. 2023.

SAUGESTAD, Jan-Erik; e STOCK, Graham. "An investor-led sovereign engagement initiative that aims to halt deforestation", Investor Policy Dialogue on Deforestation (IPDD), dez. 2022. Disponível em: <www.tropicalforestalliance.org/assets/IPDD/Final_IPDD-Deforestation-Report.pdf>. Acesso em: 2 jul. 2023.

SCHUTZE, Amanda. "Aprimorando a Zona Franca de Manaus: lições da experiência internacional", Projeto Amazônia 2030, mai. 2021. Disponível em: <amazonia2030.org.br/wp-content/uploads/2021/05/AMZ2030-Aprimorando-a-Zona-Franca-de-Manaus-2.pdf>. Acesso em: 2 jul. 2023.

____; HOLZ, Rhayana; e ASSUNÇÃO, Juliano. "Aprimorando a Zona Franca de Manaus: lições da experiência internacional", Projeto Amazônia 2030, 10 jun. 2021. Disponível em: <amazonia2030.org.br/aprimorando-zona-franca-manaus>. Acesso em: 2 jul. 2023.

SENADO FEDERAL. Nota técnica conjunta nº 5/2022. Subsídios à apreciação do Projeto de Lei Orçamentária (PLOA) para 2023 (PL nº 32/2022-CN). Disponível em: <www12.senado.leg.br/orcamento/documentos/estudos/tipos-de-estudos/notas-tecnicas-e-informativos/nota-tecnica-conjunta-5-2022-subsidios-a-apreciacao-do-ploa-para-2023-pl-no-32-2022-cn/view>. Acesso em: 2 jul. 2023.

SERVA, Leão. "Sebastião Salgado na Amazônia", Caderno Especial, jornal *Folha de S.Paulo*, 19 dez. 2020.

SOARES, Rodrigo R. "Ilegalidade e violência na Amazônia", Projeto Amazônia 2030, dez. 2021. Disponível em: <https://amazonia2030.org.br/wp-content/uploads/2021/12/Soares-Pereira-Pucci-Relato%CC%81rio-AMZ-2030-26.pdf>. Acesso em: 2 jul. 2023.

SOUZA, Márcio. *História da Amazônia: do período pré-colombiano aos desafios do século XXI*. Rio de Janeiro: Record, 2019.

SPRING, Jake. "Primeiras operações contra madeireiros do governo Lula buscam conter desmatamento da Amazônia", Agência Reuters/G1, 19 jan. 2023. Disponível em: <g1.globo.com/meio-ambiente/noticia/2023/01/19/primeiras-operacoes-contra-madeireiros-do-governo-lula-buscam-conter-desmatamento-da-amazonia.ghtml>. Acesso em: 2 jul. 2023.

TV BRASIL GOV. "Legalização do garimpo", YouTube, 1º out. 2019. Disponível em: <www.youtube.com/watch?v=L0wRGDOWdxM>. Acesso em: 2 jul. 2023.

UNAFISCO NACIONAL. "Nota técnica nº 24/2022 — De gastos tributários à concretização dos privilégios tributários: Privilegiômetro Tributário", Associação Nacional dos Auditores Fiscais da Receita Federal do Brasil, 1º fev. 2022. Disponível em: <unafisconacional.org.br/pais-perde-r-367-bi-unafisco-nacional-lanca-privilegiometro-tributario-2022/>. Acesso em: 2 jul. 2023.

UNODC. "The Nexus between Drugs and Crimes that Affect the Environment and Convergent Crime in the Amazon Basin", United Nations Office on Drugs and Crime, World Drug Report 2023. Disponível em: <www.unodc.org/res/WDR-2023/WDR23_B3_CH4_Amazon.pdf>. Acesso em: 4 jul. 2023.

UOL. “Delegado da PF é morto durante operação contra extração ilegal de madeira”, 27 ago. 2022. Disponível em: <noticias.uol.com.br/cotidiano/ultimas-noticias/2022/08/27/delegado-da-pf-e-morto-em-operacao-contra-extracao-ilegal-de-madeira-no-mt.htm?cmpid=copiaecola>. Acesso em: 2 jul. 2023.

URIBE, Gustavo. “‘Interesse na Amazônia não é no índio nem na porra da árvore’, diz Bolsonaro”, jornal *Folha de S.Paulo*, 1º out. 2019. Disponível em: <www1.folha.uol.com.br/ambiente/2019/10/o-interesse-na-amazonia-nao-e-no-indio-nem-na-porra-da-arvore-diz-bolsonaro.shtml>. Acesso em: 2 jul. 2023.

VALENTE, Rubens. *Os fuzis e as flechas: a história de sangue e resistência indígenas na ditadura*, Coleção Arquivos da Repressão no Brasil. São Paulo: Companhia das Letras, 2017.

____; e MAISONNAVE, Fabiano. “Garimpeiros reagem a ação do Ibama e cobram proteção de Bolsonaro”, jornal *Folha de S.Paulo*, 8 set. 2019. Disponível em: <https://www1.folha.uol.com.br/ambiente/2019/09/garimpeiros-reagem-a-acao-do-ibama-e-cobram-protecao-de-bolsonaro.shtml>. Acesso em: 2 jul. 2023.

VERÍSSIMO, Adalberto; ROLLA, Alicia; RIBEIRO, Maria Beatriz; e SALOMÃO, Rodney (orgs.). “Histórico de criação de Unidades de Conservação na Amazônia brasileira”, *Áreas Protegidas na Amazônia Brasileira: Avanços e Desafios*. Belém/São Paulo: Imazon/ISA, 2011, p. 22. Disponível em: <https://imazon.org.br/areas-protegidas-na-amazonia-brasileira-avancos-e-desafios-2/>. Acesso em: 2 jul. 2023.

VERÍSSIMO, Beto; ASSUNÇÃO, Juliano; e BARRETO, Paulo. “O paradoxo amazônico: o desastroso processo de ocupação da Amazônia Legal nos oferece, atualmente, as chaves para a construção do seu futuro sustentável”, Amazônia 2030, nº 50, Imazon, set. 2022. Disponível em: <amazonia2030.org.br/wp-content/uploads/2023/05/ParadoxoAmazonia_AMZ2030.pdf>. Acesso em: 24 jul. 2023.

____; LIMA, Manuele; e SANTOS, Daniel. “As 5 Amazônias: bases para o desenvolvimento sustentável da Amazônia Legal”, Projeto Amazônia 2023, nº 52, nov. 2022. Disponível em: <amazonia2030.org.br/wp-content/uploads/2022/11/As5Amazonias.pdf>. Acesso em: 2 jul. 2023.

VIEIRA, Sílvia. “Madeira da maior apreensão já realizada pela Polícia Federal na Amazônia é liberada”, site G1, 13 mai. 2021. Disponível em: <g1.globo.com/pa/santarem-regiao/noticia/2021/05/13/madeira-da-maior-apreensao-ja-realizada-pela-policia-federal-na-amazonia-e-liberada.ghtml>. Acesso em: 2 jul. 2023.

VILAÇA, Aparecida. *Morte na floresta*. São Paulo: Todavia, 2020.

WAPICHANA, Joênia. Projeto de Lei nº 2.936/2022. Altera as Leis nº 7.766, de 11 de maio de 1989, e nº 9.613, de 3 de março de 1998, revoga artigos da Lei nº 12.844, de 19 de julho de 2013, e institui novos parâmetros para a compra, a venda e o transporte de ouro em território nacional, bem como define infrações administrativas e penal e respectivas sanções. Câmara dos Deputados, 2022. Disponível em: <www.camara.leg.br/proposicoesWeb/prop_mostrarintegra?codteor=2221646&filename=PL%202936/2022>. Acesso em: 2 jul. 2023.

WULF, Andrea. *A invenção da natureza: a vida e as descobertas de Alexander von Humboldt*. Tradução de Renato Marques. São Paulo: Planeta do Brasil, 2019.

Índice onomástico

1º EDIÇÃO	Setembro de 2023
IMPRESSÃO	Imprensa da Fé
PAPEL DE CAPA	Cartão Supremo Alta Alvura 250g/m²
PAPEL DE MIOLO	Papel Ivory Slim 65g/m²
TIPOGRAFIAS	BW Gradual & GT Sectra